Towards Cooperative Governance:
A Study of School-Enterprise Cooperation Mechanism of
Regionalized Vocational Education in China

走向合作治理：

地方职业教育校企合作机制构建研究

王亚鹏　张晓冬　蒋丽华／著

 南京大学出版社

图书在版编目(CIP)数据

走向合作治理：地方职业教育校企合作机制构建研
究 / 王亚鹏，张晓冬，蒋丽华著. — 南京：南京大学
出版社，2017.11
　　ISBN 978-7-305-19651-5

　　Ⅰ. ①走… Ⅱ. ①王… ②张… ③蒋… Ⅲ. ①职业教
育—产学合作—研究—中国 Ⅳ. ①G710

　　中国版本图书馆 CIP 数据核字(2017)第 302397 号

出版发行　南京大学出版社
社　　址　南京市汉口路 22 号　　邮　　编　210093
出 版 人　金鑫荣

书　　名　**走向合作治理：地方职业教育校企合作机制构建研究**
著　　者　王亚鹏　张晓冬　蒋丽华
责任编辑　王小兰　　　　　　编辑热线　025-83305645
审读编辑　吉小龙

照　　排　南京中经印务有限责任公司
印　　刷　虎彩印艺股份有限公司
开　　本　718×1000　　1/16　印张 18　　字数 352 千
版　　次　2017 年 11 月第 1 版　2017 年 11 月第 1 次印刷
ISBN　978-7-305-19651-5
定　　价　70.00 元

网址：http://www.njupco.com
官方微博：http://weibo.com/njupco
官方微信号：njupress
销售咨询热线：(025)84461646

创新与规范

（代序）

  《走向合作治理：地方职业教育校企合作机制构建研究》这本著作，是江苏工程职业技术学院王亚鹏副研究员带领其课题组成员在完成南通市教育改革发展战略性与政策性研究课题《南通市职业教育校企合作机制研究》基础上修改完善而成的。认真学习了这本著作，我感到有两个鲜明的特点：一是"创新"，二是"规范"。

  先说创新。这本著作对地方校企合作的机制研究有诸多创新，以下仅以三个方面为例来说明。首先是地方职业教育校企合作机制理论创新。作者认为，当前我国职业教育的改革与发展面临许多问题，但主要问题是要解决职业院校与企业的合作问题。我国建立现代职业教育的根本任务是培养高素质技术技能型人才，要培养这样的人才，其核心就是要解决职业院校与企业合作的机制问题。为此，作者认真研究了各种教育机制和教育体制的理论，最后选择了当前在我国教育理论和实践界运用比较普遍的"教育机制理论"，即"要认识教育机制，就要分析教育现象各部分之间的相互关系及其运行方式"，这一认识教育机制的基本方法论的理论观点。以职业教育校企合作培养高素质技术技能型人才这一培养目标统领职业教育中各种关系及其运行方式，创造性地提出了职业教育校企合作的机制是"职业教育校企合作培养高素质技术技能型人才现象各部分之间的相互关系及其运行方式"的理论观点。在此基础上深入系统地分析了职业院校与企业之间的各种关系及其运行方式，建构了职业教育校企合作的层次机制，包括宏观机制、中观机制和微观机制，形式机制，包括行政计划式机制、指导服务式机制和监督服务式机制，以及功能机制的系统理论体系。改变了过去人们对职业教育校企合作机制认识不甚了了的现象，从理论上建构了地方校企合作机制的系统科学的理论基础。

  其次是创新地方职业教育校企合作机制建构的策略。为了更好地落实地方职业教育校企合作机制，作者还建构了地方职业教育校企合作机制的策略。作者在建构这些方面的策略时，首先分析了建构这些机制策略所应遵循的内部和外部规律，确立了校企合作机制策略建立的目标。由于作者认为职业教育校企合作培养高素质技术技能型人才现象各部分之间的相互关系及其运行方式，所以作者认为，建构校企合作的机制的策略，主要是要处理好政府、行业组织、企业、职业院校和社会公众等几个相关主体间的利益和职责的关系。在具体建构职业教育校企合作机制的策略时，围绕层次机制、形式机制和功能机制三个方面的机制，紧紧抓住以上各主体利益和职责之间的关系，从各自应履行职责的角度，系统地建构了一个操作性很强的职业教育校企合作的机制策略。在政府的职责方面，作者认为政府要履行好校企合作机制的顶层设计，包括同步规划职业教育与区域经济社会发展，完善地方职业教育校企合作的政策法规，加强校企合作治理的组织领导机构建设，完善促进职业教育校企合作的财税信贷政策，搭建"校企通"公共智慧平台等。在行业组织方面，要充分发挥在校企合作治理中的桥梁作用，包括优化行业组织能力建设的地方制度环境，建立和完善地方职业教育与产业对话协商机制，行业组织要加强自身能力建设并发挥应然作用。在企业方面，要自觉将企业作为办学主体育人的社会责任，包括提供实习岗位，接纳职业院校师生实习实践，承担用工责任，参与院校教育教学过程等。在职业院校方面，要完善现代职业院校内部治理结构，包括建立完善现代职业院校制度，不断改进高素质技术技能型人才培养效能。在社会公众方面，要树立校企合作育人的文化自觉，包括树立主体性职业教育管理观，加强校企合作的舆论宣传，加强职业与生涯启蒙和工匠精神的培育，加强南通市职业教育校企合作的理论研究等。

这里特别值得指出的是，作者不是单一地就地方职业教育校企合作机制的建构而建构，而是将这种机制的建构及运行与地方职业教育校企的合作治理有机结合起来。作者认为，地方职业教育校企合作机制是地方职业教育校企合作治理的核心，做好地方职业教育校企合作治理，就必须建构地方校企合作的机制，而地方校企合作机制的建立与运行，也必须要依靠地方职业教育校企合作治理。这样，作者在课题的研究中，首次创造性地从理论与实践的结合上很好地解决了地方职业教育校企合作治理与地方职业教育校企合作机制建立与运行的两张皮现象。

再次是地方职业教育校企合作立法的创新。为了更有效地实施地方职业教育校企合作机制，除建立这些机制的实施策略外，还必须使实施地方职业教育校企合作机制制度化和法治化。而要使实施地方职业教育校企合作机制制度化和法治化，建立地方职业教育校企合作机制的法律和法规是基础。这里首先有两个理论问题要弄清：一是机制与制度的关系问题。机制和制度这两个范畴是有区别的，机制是事物现象各部分之间的相互关系及其运行方式，而制度是人和组织的行为规范。然而，机制是可以用制度来体现的，也就是说事物现象的相互关系及其运行方式可以用制度表现，用以更好地约束组织和人的行为，以使机制更好地发挥作用，或者说是更好地形成长效机制。二是机制与法律规范的关系。可以说，法律规范也是一种制度,它是以法的形式所体现的制度,只不过这种法律的制度跟一般的制度比起来其要求的刚性程度更强一些。因此,机制也是可以以法律规范的形式体现出来的。地方校企合作的机制如果以法律法规的制度形式加以规范,就能更好地保证这种机制的实施效果,更有利于形成这种机制的长效机制。这在要加强教育法治的今天尤其重要。可见,地方职业教育校企合作机制的立法既体现了机制与法律制度关系理论上的诉求,又是实践上更好地实施这种机制的需要。从而又从法律与法规上保障了地方职业教育校企合作治理的顺利进行。作者在为南通职业教育校企合作机制立法时,并没有完全照搬其他地方职业教育校企合作机制的立法制度。在《南通市职业教育校企合作促进条例(草案)》中,作者联系南通职业教育校企合作的实际,在具体立法架构的规范上进行了创新。例如,在条例的框架上,比较总则与分则、附则式,总则与政府、行业协会、企业、职业学校(有些条例这几个主体顺序有所不同)、责任式,总则、职责与机制、统筹与管理、扶持与保障式,直接章、条款式的优劣,选取了总则、政府、行业组织、企业、职业院校、法律责任式作为立法构架。在具体规范政府、行业组织、企业、职业院校的权利和义务,以及具体的法律责任上都有所创新,这里就不一一举例展开说明了。

再说规范。我们这里所说的规范其实也是说的规范方面的创新。这方面的创新主要体现在研究的规范和成果表达形式的规范两方面。从研究规范来看,作者从事的课题研究严格按照问题的提出:现实需要与理论诉求;研究意义:理论意义和实践价值;相关问题研究述评:国外研究追溯及国内研究现状;研究方法:文献研究方法、调查研究方法、比较研究方法、个案研究方法;研究思路与内容;研究结论与特色等这样一些规范的研究来展开。从成果形式表达的规范来看,体现课题研究成果的著作是按这样一个逻辑来展开的:第一章是绪论,主要交待上述研究规范的几个方面;第二章对核心的概念进行界定及对支撑课题研究的理论进行阐述;第三章主要是对改革开放以来中国职业教育校企合作的政策的变迁与展望;第四章主要研究了世界发达国家职业教育校企合作机制的启示;第五章主要研究了我国地方职业教育校企合作机制的实践探索;第六章主要是以南通市为例,研究了合作治理视角下的地方校职业教育机制构建。上述六章之间有着紧密的联系。第一章主要是说明课题的研究是按照怎样的一个思路进行的,第二章主要是为后续的研究奠定理论及概念上的基础,在此基础上,第三章和第四章对国内外的职业教育校企合作的机制进行了考察,第五章在前面几章的基础上提出了构建地方职业教育校企合作机制的对策建议。由此可以看出,整个著作各部分是环环相扣,层层推进,构成了一个比较完整的逻辑体系。

总之,这本著作在在创新与规范两个方面特色非常突出。有人可能以为,要创新就不能规范，要规范就不能创新，认为创新与规范是对立的。其实并不尽然。固然创新不需要规范来束缚，用规范来束缚就不能很好地进行创新。但这只是问题的一个方面。我们要看到，科学的规范是有助于创新的，而要创新是需要科学的规范来保障的。本书的作者深深懂得规范与创新之间的这种正向辩证关系。本研究之所以能够在规范与创新两方面都取得了突破性的进展，就是因为正确处理了这二者之间的关系，正确地运用了二者之间的正向关系，在研究方法上运用科学规范进行研究，在成果的表达上运用了问题与问题之间的逻辑规范来表达，才在地方职业教育校企合作机制的研究中，取得了令人信服的创新性成果。

本书的主要作者王亚鹏副研究员是沈阳师范大学教育经济与管理研究所2007届毕业的硕士研究生。在校学习期间，王亚鹏就是一个品学兼优的好学生，待人热情真诚、突出的组织能力和专业学习能力给老师和同学们留下了深刻的印象。特别阅读了这本厚厚的、规范科学的研究成果，看到自己学生将在研究所经过系统严格训练的科学研究的方法及方法论创造性地运用到自己的工作与研究中，在受益良多的同时，更为他在职业教育管理研究方面所取得的新成就感到由衷的高兴。祝愿亚鹏在本职工作和职业教育研究中取得更大的成就。是为序。

沈阳师范大学特聘教授 教育经济与管理研究所所长　博士生导师
中国教育学会教育管理分会副理事长
中国教育发展战略学会教育法制专业委员会副理事长

2017 年 10 月 15 日

前　言

　　职业教育源于企业并兴于企业,建设现代职业教育必须充分发挥企业作为职业教育重要办学主体的治理作用。无论是依据国际经验,还是立足中国国情、企业的深度有效参与,都是保证并持续改进现代职业教育人才培养质量的应势所需。因此,建立健全企业深度有效参与机制是现代职业教育治理的核心议题。改革开放以来,伴随着我国经济社会的快速发展,作为与经济社会发展关系最为紧密的我国职业教育改革发展取得了巨大成就,尤其是在经历了职业教育"国家示范院校建设工程"后,我国已建成了世界上规模最大的职业教育体系,并确立了校企合作办学模式的基本改革方向。与此同时,我国职业教育依然存在发展理念相对落后、人才培养模式创新力度不够、社会吸引力不强、行业企业参与不足、企业参与的基本办学制度不够健全等诸多问题,并集中体现为现代职业教育体系还不适应我国加快经济发展方式转变的要求。造成上述诸多问题的核心原因在于我国企业参与现代职业教育治理的制度安排还不到位,造成企业作为办学主体地位缺失,"学校热、企业冷"的矛盾依然存在,职业教育校企合作治理中还不同程度地存在"政府失灵"和"市场失灵"的现象。

　　作为国家治理体系和治理能力现代化的一个子系统,我国现代职业教育治理在今后相当长的一段时间内,所要解决的核心问题就是"建立健全企业长效参与机制,发挥企业重要办学主体作用",培养数以万计的具有"大国工匠"潜质的优秀技术技能型人才,从而内在地支撑中国建设"世界制造强国"战略目标。因此,现代职业教育校企合作机制的价值在于有效聚集行业企业、政府、学校等方面的优质教育资源以立德树人,培养具备"大国工匠"潜质的优秀技术技能型人才。在提高技术技能型人才培养质量方面,职业教育校企合作机制的构建与职业院校教育教学综合改革犹如"鸟之双翼、车之双轮",缺一不可,需要共同促进,协调发展。现代职业教育校企合作机制的创新为职业院校深化教育教学综合改革提供了优质产业资源支撑,促进将产业先进元素融入人才培养全过程,真正解决人才培养教什么的问题;职业院校的教学综合改革使高素质技术技能型人才培养真正落地,真正实现现代职业教育校企合作机制改革的价值追求。可以说，职业教育校企合作机制是职业教育治理的核心，促进职业教育校企合作治理现代化，就必须建构职业教育校企合作机制，二者相互依赖，相互促进。

企业参与现代职业教育治理作为一种教育现象存在，属于上层建筑的范畴，是一个国家意识形态和主体价值观的反映。创新现代职业教育校企合作治理机制的一个基本命题：一个国家的职业教育校企合作治理机制，依赖于本国的政治经济制度、历史文化传统以及教育法律体系，是本国职业教育法律体系、社会文化传统、教育发展理念和体制机制结构共同作用和塑造的结果。职业教育校企合作机制没有一成不变的"范式"，需要因时因地的自主性、创新性、发展性和实践性。我们创新中国特色职业教育校企合作机制要处理好"国际通行标准"与"中国特色"二者之间形神兼备的关系，坚持"国家顶层设计、地方协同创新、行业企业主动参与、职业院校锐意改革"有机结合，将地方、职业院校和企业实践中创造的带有普遍意义的、比较成熟的好经验、好做法及时上升为国家层面的制度规范，实现从"一枝独秀"到"百花齐放"，以降低现代职业教育校企合作治理机制构建的成本付出。

基于上述分析，本研究从我国教育领域推进管办评分离改革，构建政府、学校、社会之间新型关系，推进教育治理体系和治理能力现代化的改革大背景出发，综合采用了文献研究法、调查研究法、比较研究法、个案研究法等研究方法，借鉴了产教融合理论、利益相关者理论、交易费用理论和公共治理理论等理论分析工具，遵循"体现问题导向—夯实学理支撑—注重经验集成—形成理论体系—转化为决策建议、制度安排和社会舆论"的研究思路，阐述了我国职业教育校企合作机制创新与职业教育利益协调和表达之间的应然关联，并以南通市职业教育校企合作机制构建的实践探索为个案，深入探究我国地方职业教育校企合作机制构建的学理逻辑和实践逻辑，提出了促进南通职业教育校企合作机制构建的基本方略以及促进校企合作机制实施制度化和法治化的《南通市职业教育校企合作促进条例（草案）》，从理论与实践相结合上很好地解决了地方职业教育校企合作治理与地方职业教育校企合作机制建立与运行的"两张皮"现象。本研究取得的成果主要有以下三个方面：

首先，职业教育校企合作作为一种教育现象存在，其机制内涵是指职业院校与企业合作培养高素质技术技能型人才现象各部分之间的相互关系及其运行方式。这种运行方式可以把校企合作培养高素质技术技能型人才现象的各部分有机联系和整合起来，使职业教育校企合作产生促进受教育者全面发展和服务经济社会发展的应然作用。以职业教育校企合作培养高素质技术技能型人才现象各部分之间的内在联系或者联系方式为标准，职业教育校企合作机制包括层次机制、形式机制和功能机制三种基本类型。这三种基本类型的职业教育校企合作机制有机联系、相互渗透、相互呼应和相互补充，构成了我国职业教育校企合作培养高素质技术技能型人才现象各部分之间的内在联系及运行方式的内在逻辑结构，体现了我们认识现代职业教育高素质技术技能型人才培养治理现象的应然逻辑，也是我们考察现代职业教育校企合作运行方式的三个基本维度。

其次，现代职业教育校企合作机制是一种高素质技术技能型人才培养治理结构。从利益的角度看，职业教育校企合作机制在本质上也是一种利益制度，是协调和维护职业教育不同利益主体利益的规则体系。它的效率性与可实施性以及职业教育高素质技术技能型人才培养目标的顺利实现，无不受现代职业教育多元利益主体创造利益、获取利益的主动性、合理性与可协调性的制约。建立能够有效推动职业教育治理现代化的校企合作的层次机制、形式机制和功能机制动态调整、有机结合的机制结构体系，就是要建立健全利益表达与整合的方式，形成能够融利益"激励与约束、增长与协调"于一体，兼顾"效率与公平"内在统一的职业教育校企合作治理结构，使政府、行业组织、企业、职业院校等利益主体在高素质技术技能型人才培养治理中能够"平等协商、良性互动、各司其职、各尽所能、各享其利"，实现现代职业教育立德树人与促进经济社会发展相统一的"善治"效果。

最后，我国地方职业教育校企合作机制的构建是一项复杂的、渐进的系统工程，需要我们立足现代职业教育"有限的政府、规范的市场、专业的行业组织、自律的职业院校、自发的企业、自觉的社会"共同构成的高素质技术技能型人才培养治理格局，通过整体性、系统性的改革来获得完整的社会支持，形成"本土化"校企合作长效治理机制，促进我国职业教育治理现代化。政府作为社会治理主体要履行好校企合作治理顶层设计的任务和职责；行业组织要加强能力建设，充分发挥在校企合作治理中的桥梁和纽带作用；企业作为办学主体要建立健全适应生产方式和人力资源开发需要的校企合作制度，自觉践行校企合作育人的社会责任；职业院校要根据其利益相关者组织属性，加快完善校企合作的内部治理结构，自我切实履行作为办学主体的人才培养质量保证的主体责任，以质量"自律"赢得行业企业、政府以及社会的质量信任和资源投入；社会公众要树立校企合作育人、崇尚工匠精神、认同和尊重职业教育的文化自觉，为增强职业教育文化软实力奠定坚实的社会文化基础。

目　录

第一章 绪 论

现代职业教育是服务经济社会发展需要,面向经济社会发展和生产服务一线,培养高素质劳动者和技术技能型人才并促进全体劳动者职业可持续发展的教育类型。改革开放以来,伴随我国经济社会的快速发展,我国职业教育事业取得了长足发展。目前,我国已经建成了世界上规模最大的职业教育体系,共有职业院校13 300多所,在校生近3 000万人,每年毕业生近1 000万人,累计培训各类从业人员2亿多人次。① 随着新型工业化的推进和科学技术的发展,世界众多国家和地区都将建设和完善现代职业教育体系作为增强国家竞争力的战略选择,力求在新一轮国际竞争中建立巩固的、可持续的人才和技术竞争优势。在全面深化改革的新形势下,围绕加快建设现代职业教育体系,我国在宏观层面通过出台《国家中长期教育改革和发展规划纲要(2010—2020年)》和《现代职业教育体系建设规划(2014—2020年)》初步完成了职业教育改革发展的顶层设计,并带动中观、微观层面的职业教育改革创新活动,以求最大可能释放改革红利。

无论是依据国际经验,还是立足中国国情,企业办学主体主体作用的发挥都是保证并持续改进现代职业教育质量最重要的要素之一,建立健全企业深度有效参与机制是现代职业教育治理的核心议题。在当前我国教育领域推进管办评分离改革,构建政府、学校、社会之间新型关系,推进教育治理体系和治理能力现代化的改革目标引领下,我国职业教育改革发展国家制度层面的总目标:"到2020年,形成适应发展需求、产教深度融合、中职高职衔接、职业教育与普通教育相互沟通,体现终身教育理念,具有中国特色、世界水平的现代职业教育体系。"② 基于"创新、协

---

① 张德江:《全国人民代表大会常务委员会执法检查组关于检查〈中华人民共和国职业教育法〉实施情况的报告——2015年6月29日在第十二届全国人民代表大会常务委员会第十五次会上》,《全国人民代表大会常务委员会公报》2015年第4期。

② 《国务院关于加快发展现代职业教育的决定》,http://www.moe.edu.cn/publicfiles/business/htmlfiles/moe/moe_1778/201406/170691.html.

调、绿色、开放、共享"全新的发展理念诉求，作为国家治理的一个子系统，我国现代职业教育治理在今后相当长的一段时间内，所要解决的核心问题是"建立健全企业长效参与机制，发挥企业重要办学主体作用"，培养具备"大国工匠"潜质的优秀技术技能型人才，以实现对传统职业教育系统的现代化改造，从而内在地支撑中国特色现代职业教育体系建设以及增强现代职业教育的治理能力。

一、问题的提出：现实需要与理论诉求

我们所指的我国企业参与现代职业教育治理中的"现代"，既不是以西方所出现的"现代"作为标准，也不是以中国一般意义上的"现代"作为标准的，而是以"当下"中国的这个现代作为时间点和标准。[1] 我们研究企业参与现代职业教育治理的机制，就是要以解决我国建设"制造强国"所需要的"大国工匠"潜质的优秀技术技能型人才培养问题为中心，遵循职业教育改革发展规律，基于我国现代职业教育体系建设的社会制度基础、实践基础、物质基础、文化基础、人力资源基础和改革创新能力，建立一种什么样的校企合作机制才能适应和推动中国现代职业教育体系建设的需要，又能适应和推动中国经济社会转型发展的需要。

"抓职教就是抓经济，抓职教就是抓发展，抓职教就是抓民生"是一种世界共识。国务院总理李克强在部署发展现代职业教育时也提出要"让职业教育为国家和社会源源不断地创造人才红利"。首先，从区域经济作用职业教育层面看，区域经济通过对职业教育"硬资本"（物力资本和财力资本）的投入，从而保障职业教育系统的正常运行与发展。其次，从职业教育作用于区域经济社会层面来看，职业教育通过对区域人口资源的初级加工，将人口资源转化为具有一定知识和技能的劳动者，实现区域人口资源向人力资源的转化，为服务民生培养基础性技能劳动者。再次，职业教育通过对区域人力资源进行深层次加工与优势开发，提升人力资源本身以知识、技能和价值为主要变现形式的资本积累，不断催生人力资源在区域经济社会发展中的效益，从而实现区域人力资源向人力资本的转化，为区域经济发展方式转变和产业转型升级提供高端技能型人才支撑。[2] 职业教育正是通过对区域人力资源的加工与人力资本的输出方式，实现对区域经济社会发展的"软资本"（技术

---

[1] 孙绵涛：《现代教育治理体系的概念、要素及结构探析》，《教育研究与实验》2015 年第 6 期。

[2] 朱德全、徐小容：《职业教育与区域经济的联动逻辑和立体路径》，《教育研究》2014 年第 7 期。

技能型人力资本)的投入,为区域经济社会发展输入技术技能型人才,从而推动区域经济社会的发展。2016 年,我国共有 262 家企业面向社会首次发布了《企业参与高职教育人才培养年报》,展示了企业参与现代职业教育治理,在确保高职教育教学内容、培养规格、人才供给适应产业发展需求等方面发挥着不可替代的作用。① 这些首批发布参与高职教育人才培养年报的企业普遍具有较高的行业认可度,在一定程度上代表了我国相关产业的发展方向,为我国企业参与现代职业教育治理提供了先期示范,也对通过加快国家层面的制度设计来创新中国特色现代职业教育校企合作机制提出了迫切需求。

当现实的需求持续放大和不断强化时,我国职业教育自身治理现代化的需要和职业教育理论研究不断丰富和完善的需要也就更为凸显。因此,我国职业教育治理现代化进程中的"地方职业教育校企合作机制构建"问题的提出,不仅是我国职业教育治理现代化的需要或建设现代职教体系问题研究的需要,同时也是发展和丰富我国职业教育校企合作机制理论以及丰富职业教育理论体系的诉求。这需要我们"体现问题导向,夯实学理支撑,注重经验集成",加强我国现代职业教育校企合作机制的理论研究创新。

(一)培养具备"大国工匠"潜质优秀技术技能型人才的现实要求

技术技能型人才是产业变革的重要力量,也是受产业变革影响最为直接的一个群体。从历史发展来看,职业教育是大工业生产以及劳动分工的产物,其技术技能型人才培养源于行业企业发展的内在需求。企业参与现代职业教育治理是以自身技术技能型人才的工作模式以及生产组织方式的变化为中介的。职业教育对企业所具有的影响关系是通过对其提供高素质技术技能型人才而产生,同时企业对职业教育的影响关系也是基于参与高素质技术技能型人才的培养来实现的。职业教育高素质技术技能型人才培养质量的高低在很大程度上受企业是否深度有效参与职业教育治理影响。② 我国在计划经济时代,实行行业企业办学,校企关系模式的"一体化"有效解决了企业参与职业教育治理的困境,树立了行业企业参与职业

---

① 《2016 中国高等职业教育质量年度报告发布会在京召开》,http://www.tech.net.cn/web/articleview.aspx? id=20160715140039505&cata_id=N002.

② 耿洁:《职业学校—企业潜在的重要利益相关者》,《中国职业技术教育》2010 年第 21 期。

教育的中国模式，产生了积极的社会效益，为探索"校企合作"的中国模式提供了证据。[①] 客观地讲，当前我们国家创新具有中国特色的现代职业教育校企合作机制已具备了加速起飞的现实基础。一方面，经历了 30 多年的改革开放后，我国经济实力、综合国力显著增强，经济发展水平的持续提升为与经济社会发展关系最为紧密的职业教育发展提供了良好的物质条件、产业驱动需求以及成长平台。在实施职业教育"国家示范院校建设工程"之后，我国已建成了世界上规模最大的职业教育体系，并在探索"校企合作"机制方面产生了不少地方和院校的宝贵经验，有力地提升了职业教育服务产业发展的能力，增强了对企业参与现代职业教育治理的吸引力，为积极探索国家职业教育校企合作治理机制的实现路径和国家制度安排提供了实践参考，也在一定程度上降低了我国企业参与现代职业教育治理机制创新的成本付出。另一方面，随着我国经济社会发展转型、产业优化升级以及科技进步等带来的具有明显阶段性但又极为严重的技能短缺，企业作为职业教育培养的高素质技术技能型人才的接受者或使用者，被迫或主动进行经营发展方式的转变和技术变革，对技术技能型人才质量的需求越来越高。要想得到自身满意的技术技能型人力资本，企业就需要积极、主动参与现代职业教育治理，与职业院校合作培养高素质技术技能型人才。因此，在我国建设"世界制造强国"的战略目标引领下，企业参与职业教育治理在经历了以"拉郎配"为标志的职业教育校企合作治理政府主导的"撮合"阶段、以"剃头挑子一头热"为标志的职业院校求生存、求发展的"壁炉现象"阶段后，现代职业教育校企合作治理正在由职业院校"一头热"的状态向校企共生共在的状态转变。[②]

自工业革命以来，全球范围内的技能短缺一直成为各国经济发展的制约因素，并且从经济周期来看，技能短缺现象是"全天候的"，它会由于经济繁荣而日趋严重，却并不因为经济萧条而突然消失。[③] 导致技能短缺的原因纷繁复杂，从全球视野看，教育培训滞后是技能短缺的内在根源。职业教育属于公共产品范畴，是公益性事业。为社会提供职业教育这一公共产品是国家和政府应肩负的责任。而计划和市场相结合是公共产品提供法律关系的基本准则。政府以公权力追求公益，市场以私权益实现公益。针对技能短缺问题的治理，各国都是在力求促进科技进步

---

① 王东、张慧霞：《行业企业参与职业教育的本土经验及启示》，《职业技术教育》2011 年第 16 期。

② 吴南中：《职业教育校企合作评价制度的价值、维度与策略》，《教育与职业》2016 年第 11 期。

③ 杨伟国：《全球遭遇技能短缺》，《求是》2007 年第 8 期。

的框架内,由国家和企业共同寻求解决问题之对策,纷纷将优化职业教育系统作为应对技能短缺的"秘密武器",立足本国的政治、经济、社会文化和科技发展,充分履行政府职能,采取有力措施引导和规范企业积极参与职业教育,推进产教融合、校企合作,使职业教育人才培养同产业发展、科技进步、社会生活和需要更加紧密结合,促进技术技能训练情景化,培养工匠精神,使技术技能型人才培养真正落地,强化了职业教育的技术技能积累作用。在有力推动本国经济发展和社会进步的同时,形成了适合本国国情的企业参与现代职业教育治理机制,如备受世界推崇的德国"双元制"职业教育模式、英国职业教育的现代学徒制等。所以,世界发达国家发展共同呈现的一个规律是:凡是繁荣发达的国家必定是技术强国、技能大国,也一定是现代职业教育强国。在历经世界经济危机之后,德国经济在欧洲共同体中的强势表现就是其企业参与现代职业教育治理,即在"双元制"职业教育校企合作机制中企业所积累的技术技能就是最好证明。借鉴世界经验,立足我国实践,为推进我国职业教育校企合作治理现代化,2010 年出台的《国家中长期教育改革和发展规划纲要(2010—2020 年)》提出要"建立健全政府主导、行业指导、企业参与的办学机制,制定促进校企合作办学法规,推进校企合作制度化"。之后 2013 年发布的《中共中央关于全面深化改革若干重大问题的决定》在"推进社会事业改革创新"中明确提出"加快现代职业教育体系建设,深化产教融合、校企合作,培养高素质劳动者和技能型人才。"随后 2014 年发布的《国务院关于加快发展现代职业教育的决定》提出要"健全企业参与制度。研究制定促进校企合作办学有关法规和激励政策,深化产教融合,鼓励行业和企业举办或参与举办职业教育,发挥企业重要办学主体作用。"这些政策从国家制度设计层面对理论界和改革实践中创新中国特色现代职业教育校企合作机制提出了明确要求。

(二)创新我国职业教育校企合作机制的理性路径选择

职业教育作为与经济社会发展联系最为紧密的一种教育类型,具有适应区域经济社会发展的灵活性和适应性。我国各地区产业发展水平不尽相同,对人才需求存在差异,再加上大规模的跨区域流动就业,职业教育体系和劳动力市场需求的匹配变得十分复杂。因此,职业教育校企合作治理发展现状地区之间差异较大,校企合作的具体实践模式也多种多样。从当前我国大陆部分地区促进职业教育校企合作治理的实践经验来看,宁波、苏州、沈阳、厦门、深圳、无锡等城市为有效激励和引导企业参与职业教育治理,破解职业教育校企合作治理进程中的矛盾与问题,也出台了一些有关校企合作治理的制度设计,在法律、政策建设上进行了有益探索。

特别是宁波市 2009 年出台了《宁波市职业教育校企合作促进条例》，这是当时国内唯一一个以促进职业教育校企合作治理为主要内容的地方性法规。在该条例的推动下，宁波各职业院校已与 1 000 多家企业建立了合作关系。针对校企合作治理中出现新的一些亟待解决的问题，2012 年宁波又正式实施了《宁波市职业教育校企合作促进条例实施办法》，提出了更加明确和针对性强的解决方案和措施，加强了对职业教育校企合作治理的规范和促进。

南通素有崇文重教的优良传统，有我国"教育之乡"的美誉。南通职业教育起步较早，在上世纪初，我国著名爱国实业家、教育家和职业教育实践家张謇先生就提出"父教育、母实业"的职业教育办学理念，即我们今天倡导的职业教育校企合作办学理念，在兴办实业的同时先后创办了农校、纺校、商校、师范、医校、伶工学社、工人艺徒学校、女工传习所等一批近代职业学校和技能培训机构，开创了南通乃至全国职业教育发展的先河。南通职业教育体系发展与南通近代工业同步崛起，为南通经济社会发展发挥了助推器的作用。历经百年发展，南通职业教育规模不断壮大，结构日趋优化，办学水平不断提升，为南通经济社会发展输送了大量高素质技术技能型人才。截至 2016 年年底，南通市共有各类职业院校 50 所，乡镇成人教育中心 133 所，全市职业院校在校生约 20 万人。其中，全市中等职业学校中，共有国家级重点学校 14 所，省合格职教中心 11 所。6 所高职院校中有国家示范性高职院校 1 所、国家骨干高职院校 1 所、省级示范院校 2 所。南通市的职业院校主要开设了纺织服装、机械电子、化工技术、计算机应用、软件技术、物流管理、金融商贸、酒店旅游、建工技术、船舶制造、航空机电维修、艺术传媒、新能源应用技术、护理、园艺、农牧、医药等专业，专业设置与南通产业结构具有较好的适应性，较好地发挥了服务南通经济社会发展的功能。南通市也被国家教育部确定为"地方政府促进高职教育改革发展综合试验区"。近年来南通市的职业院校积极探索校企合作有效实践形式，通过"共建实习实训基地模式"、"理（董）事会模式"、"校中厂、厂中校"、"订单培养"、"职教集团（联盟）"、"现代学徒制"、"校企一体化办学"、"共建技术研发中心"等形式，不断推进校企合作治理向纵深发展，培养产业发展亟需的高素质技术技能型人才。

教育现代化是南通教育的主题。建设现代化服务型职业教育为南通经济社会发展提供强有力的高素质技术技能型人力支撑是未来南通职业教育的目标和任务。没有高水平的校企合作治理，南通职业教育就难以实现"现代化"的目标。为促进南通职业教育校企合作治理，南通市发展和改革委员会也在 2010 年出台了《南通市关于进一步加强职业教育校企合作办学的意见》。从 2010 年起，南通市教育局、南通市经济和信息化委员会、南通市科技局、南通市科学技术协会联合开展了三批"南通高校校企合作示范基地和校企合作工作先进个人评选",充分发挥了校企合作先进单位和个人的示范、引领作用。南通职业教育校企合作呈现出规模不断扩大、内容不断深化、形式不断丰富、水平不断提升的阶段性特征。据不完全统计,2015年南通职业院校开展校企合作项目560多个,涉及企业600余家,每年惠及学生达65 000多人。放眼我国高职教育校企合作,2015年全国高职院校"有合作企业的专业占全校专业总数50%以上的院校达886所,高职院校共聘用兼职教师16.3万人,兼职教师专业课课时占比在20%以上的院校有563所"。通过校企合作,职业教育有效地引入了企业资源,推进了职业院校的内涵发展。① 在深入调查研究的基础上发现,总体而言,目前由于缺乏系统有效的法律政策的鼓励和保障,南通市职业院校与企业的合作在很大程度上仍处于自发状态,校企间缺乏利益的驱动和有效的互惠互利的动力机制,存在着大量符号化和流于形式的校企合作,形式依然较为松散,双方无法建立起稳定、互利互惠的长效合作机制,"学校热、企业冷"的矛盾依然存在,校企合作中还不同程度地存在"政府失灵"和"市场失灵"的现象,制约着"校企一体化"育人的发展。

企业参与现代职业教育治理作为一种教育现象存在,属于上层建筑的范畴,是一个国家意识形态和主体价值观的反映。现代职业教育校企合作机制创新的一个基本命题是:一个国家的职业教育校企合作机制,依赖于本国的政治经济制度、历史文化传统以及教育法律体系,是本国职业教育法律体系、社会文化传统、教育发展理念和体制机制结构共同作用和塑造的结果。企业参与现代职业教育治理机制没有一成不变的"范式",需要因时因地、因校因企的自主性、创新性、发展性和实践性。我们创新中国特色企业参与现代职业教育治理机制,必须处理好"国际通行标准"与"中国特色"二者之间形神兼备的关系。"国际通行标准"对于政府治理主体责任、企业办学主体责任以及成本补偿、产业界的自治及其职教治理权能、国家资格(资历)框架、职业院校质量自我保证、利益主体参与治理结构等方面的共性要求,是中国在构建现代职业教育校企合作治理机制进程中须遵循的标准,也是推动我国职业教育质量标准与国际相互衔接的制度需要。我们要紧扣立德树人,培养具备"大国工匠"潜质的优秀技术技能型人才根本任务,将"国际通行标准"与我国民族传统优秀职教文化、国家治理体系现代化建设、现代职业教育体系建设、经济社会转型等"中国特色"有机结合并创造性地加以运用,形成中国特色现代职业教育校企合作机制话语体系。在实践中需要将"国家顶层设计与地方先行先试"有机

---

① 上海市教育科学研究院、麦可思研究院:《2016年中国高等职业教育质量年度报告》,高等教育出版社2016年版,第19页。

结合，及时将地方、企业和职业院校实践中创造的共性经验和规律性认识，及时转化为国家层面的制度规范，实现从"一枝独秀"到"百花齐放"。

建立职业教育校企合作的政策法规既是校企合作机制制度化和法制化的基础，又是规范职业教育校企合作治理的保障。在当前我国推进教育治理体系和治理能力现代化，加强现代职业教育国家机制建设，深化重要领域和关键环节改革的时代大背景下，通过研究南通市职业教育校企合作机制构建的理论和实践问题，并形成《南通市职业教育校企合作促进条例（草案）》，有利于我们对职业教育校企合作机制改革中的看不清、拿不准的问题试点先行，总结经验逐渐推广，为积极探索国家和地方职业教育校企合作治理的制度安排提供参考。正如我国整个经济体制改革过程中建立现代企业制度的改革探索一样，在当前我国职业教育创新发展"坚持顶层设计与支持地方先行先试"的相结合改革路径下，以一个个地方的职业教育校企合作机制建设为突破口，可以降低现代职业教育校企合作机制构建的成本付出。因为顶层设计是针对宏观层面政府而言的，力求稳健即"步子要稳"，而"地方先行先试"更多体现在微观实践层面上，鼓励多样化的自主探索与创新，前者为后者提供保障，后者为前者提供经验和宏观制度变迁的路径参考。这也符合我国通过"试点先行—总结经验推广—制度创新—政策突破"的渐进式制度变迁，建设现代职业教育体系、推进职业教育治理体系和治理能力现代化的改革路径。

（三）我国职业教育校企合作机制理论发展的内在诉求

建立和完善中国特色现代职业教育校企合作机制是我国职业教育治理现代化中的核心议题。职业教育校企合作机制的构建是一个亟须认真探讨的重大理论和实践问题。当前，由于我们对现代职业教育校企合作机制的内涵、类型、目标等原理性问题缺乏较为深入、系统的研究，造成在改革实践中对校企合作机制建设往往停留在建立或形成某种机制的"口号"当中的低效现象。要改变这种状况，就要从理论和实践相结合的角度，对职业教育校企合作机制的内涵、类型、目标和建设思路等机制建设背后的原理问题进行深入系统的探索，为我国现代职业教育校企合作机制建设提供科学、可靠的理论支撑。这既是我国职业教育校企合作机制理论逻辑发展的需要，也是提高职业教育校企合作机制研究理论水平的需要。基于高素质技术技能型人才"专业能力、方法能力和社会能力"培养的辩证关系，我国现代职业教育校企合作机制围绕"产教融合"的核心议题，强调以产业优质教育资源支撑职业教育高素质技术技能型人才培养，破除职业教育要素驱动发展壁垒，促进职业院校专业与产业对接、课程内容与职业标准对接、教学过程与生产过程对接、校园文化与产业文化对接,促进专业教育与创新创业教育的融合,以不断增强高素质技术技能型人才培养的针对性和灵活性。可以说,在深化职业教育改革,提升高素质技术技能型人才培养质量方面,现代职业教育校企合作治理机制的构建与职业院校教学综合改革犹如"鸟之双翼、车之双轮",缺一不可,应当"双轮驱动、协调推进"。现代职业教育校企合作机制的创新为职业院校深化教学综合改革提供了优质产业资源支撑,明确了改革方向,促进将产业先进元素融入人才培养全过程,真正解决了人才培养教什么的核心问题;职业院校的教学综合改革使高素质技术技能型人才培养真正落地,真正实现企业参与现代职业教育治理机制创新的价值追求。概而言之,构建中国特色现代职业教育校企合作治理机制的本质在于立德树人,培养具备"大国工匠"潜质的优秀技术技能型人才,促进职业院校毕业生顺利体面就业。

在我国社会转型时期,利益主体多元化、利益表达常态化已经成为一种不可否认的社会现实,实现利益协调与表达的制度化和法治化是一种合理的公共需求。现代职业教育"产教融合、校企合作"的"跨界"属性也决定了我们必须理性审视现代职业教育校企合作治理中的利益主体多元化、利益表达常态化的客观现状。职业教育可以使国家、社会、企业和个人共同受益,符合国家和社会的公共利益。从利益的角度看,现代职业教育校企合作治理机制,在本质上也属于利益制度的范畴。它的效率性与可实施性以及职业教育高素质技术技能型人才培养目标的顺利实现,无不受职业教育治理主体创造利益、获取利益的主动性、合理性与可协调性的制约,特别是受作为办学主体企业获取利益的主动性和合理性的制约。因为,从理论上讲,作为以追求利润最大化为本质特征的经济组织,企业是否参与职业教育办学主要取决于随之带来的净收益。[①] 当前我国职业教育校企合作治理实践中不同程度依然存在的"政府失灵"和"市场失灵"现象的根源在于没有与时俱进建立健全利益表达与整合的方式,即通过创新有中国特色现代职业教育校企合作机制,促进政府、行业组织、企业、职业院校等多元利益主体在高素质技术技能型人才培养过程中的合作共治。我们研究建立现代职业教育校企合作机制的结构体系,就是要形成能够融利益"激励与约束、增长与协调"于一体,兼顾"效率与公平"内在统一的我国职业教育高素质技术技能型人才培养治理结构,使政府、行业组织、企业、职业院校等利益主体在校企合作治理中能够"平等协商、良性互动、各司其职、各尽所能、各享其利",实现职业教育立德树人根本任务与促进经济社会发展相统一的"善治"效果。

---

① 冉云芳:《企业参与职业教育办学的内部收益率分析及政策启示》,《教育研究》2017 年第 4 期。

基于对我国职业教育校企合作价值追求的理解和"利益表达与整合"的制度本质的认识，研究地方职业教育校企合作机制创新，就是要立足我国促进职业教育治理体系和治理能力现代化的改革实践，阐释职业教育校企合作机制构建的理论支撑，构建职业教育校企合作机制的理论框架，并探索和发现新的校企合作治理机制，修正和转换错的、失效的校企合作治理机制以及调整和完善已有的校企合作治理机制，建立能够有效推动我国现代职业教育体系建设的机制动态结构，从而丰富我国职业教育校企合作机制研究的理论体系，最终实现地方职业教育校企合作机制构建理论研究成果转化为服务我国企业参与现代职业教育治理的政策建议，转化为支撑我国职业教育治理现代化的正式制度和非正式制度，转化为有利于全社会支持现代职业教育发展的良好社会舆论。

二、研究意义

世界职业教育发达国家的共性经验和我国职业教育改革发展的实践证明了"校企合作、工学结合"是现代职业教育的本质规律和内在要求，是职业教育高素质技术技能型人才培养应遵循的基本范式。现代职业教育校企合作机制的构建问题是关系到职业教育改革发展的方向性问题，关系到我国职业教育治理现代化的根本性问题，对建设有中国特色现代职业教育体系具有深远影响。因此，在当前我国全面深化改革，推进国家治理体系和治理能力建设的时代背景下，现代职业教育创新发展"坚持顶层设计与支持地方先行先试"相结合的改革路径下，本研究对促进地方乃至全国职业教育治理现代化具有较强的理论和现实意义。

（一）理论意义

"教育问题应跳出教育的视域来看。"现代职业教育校企合作机制的问题解决也应从不同的学科视角对问题进行解读，寻求问题解决之道。本研究试图突破以往从教育学单一角度探究职业教育校企合作机制的研究局限，综合运用教育学、经济学、管理学等多学科理论和知识，基于以我国学者孙绵涛为代表的中国主体教育管理学理论学派关于教育机制的定义，对职业教育校企合作机制的内涵与外延进行了较为全面、明确的界定，并以此为基础提出构建现代职业教育校企合作机制的基本理论体系、构建策略和立法建议。这有利于澄清当前人们对职业教育校企合作机制内涵的一些模糊的认识，在一定程度上丰富了我国职业教育校企合作机制的理论研究，深化了人们对职业教育校企合作机制创新与职业院校教学综合改革之间关系的认识,深化了人们对校企合作治理与校企合作机制构建与运行相互依赖、互为促进的关系,深化了人们对校企合作机制构建与法律制度关系理论上的认识,有利于推动中国特色现代职业教育校企合作机制构建的理论研究向纵深方向发展,为人们在实践中构建具有中国特色的现代职业教育校企合作机制、推进职业教育治理现代化提供理论借鉴。

（二）实践价值

实践需要理论的指导,理论来源于对实践的高度概括和提升,任何理论研究的目的最终都用以指导实践、解决实际问题。本研究立足我国改革走的是一条渐进式道路,属于一种演进式分步走的制度变迁方式,采取先易后难、由表及里的改革路径,①将实证分析与定性研究有机结合,在理清职业教育校企合作机制构建的基本理论体系的基础上,结合对南通市职业教育校企合作现状的调查分析,从公共治理的视角提出了建立健全南通市职业教育校企合作的对策构想,并研究形成了《南通市职业教育校企合作条例(草案)》,有利于促进校合作机制制度化和法治化,保障南通职业教育校企合作治理的顺利进行。这些研究结论和成果有利于在改革实践中推动南通市职业教育校企合作机制的构建,有利于推动南通市职业教育校企合作的立法工作,促进校企合作机制实施制度化和法治化;有利于人们在提高职业教育高素质技术技能型人才培养质量实践改革方面,将职业教育校企合作机制的构建与职业院校内部教学改革协调推进,有利于以法律法规的制度形式规范和保障校企合作治理。特别在当前我国坚持"顶层设计和基层探索互动"的改革方法论的改革语境下,本研究通过对南通市校企合作机制构建实践的分析和校企合作立法的地方经验探索,有利于我们对职业教育校企合作机制改革中的看不清、拿不准的问题试点先行,总结经验逐渐推广,这既可以降低现代职业教育校企合作机制创新制度安排的成本付出,又可以为探索国家职业教育校企合作机制的实现路径和国家层面的制度规范设计提供实践借鉴,有利于实现改革顶层设计和基层探索的良性互动。

三、相关问题研究述评

以南通市为个案,"地方职业教育校企合作机制构建"是本研究的重点对象。

---

① 张计划:《论交易费用的涵义、功能与理论启示》,《当代财经》2007 年第 3 期。

围绕研究主题,本研究从国内和国外两个方面关于职业教育校企合作机制构建的相关研究进行了文献综述和分析,以吸收和借鉴以往优秀研究成果,为本研究开启更宽阔、更理性的视野。

(一)国外研究追溯

伴随着我国职业教育的迅猛发展,为汲取世界有益经验,服务探索形成我国职业教育的有效发展模式,我国职业教育理论界掀起了对国外职业教育校企合作机制的研究热潮。就本研究视野所及,目前关于国外职业教育校企合作机制的研究主要集中在德国、英国、日本、美国、澳大利亚等世界职业教育发达国家,比如德国的"双元制"模式[①]、美国的"合作教育"模式[②]、英国的"学徒制"模式[③④]、日本"产学结合"模式[⑤]以及澳大利亚的 TAFE 模式[⑥],对这些职业教育校企合作的主导思想、基本规律、法律政策设计、利益相关者参与校企合作治理的途径方式以及社会文化自觉等进行了分析总结。其中,德国的"双元制"模式、英国的"学徒制"模式备受我国学者关注,研究内容广泛和深入,涉及两种模式形成的历史传统、民族文化、特征、教学安排、制度支撑以及相关法律法规、师资配备等,并从国际比较角度对我国加强职业教育校企合作机制的顶层设计提出了政策建议。特别是关于德国的"双元制"模式,我国学者指出企业参与"内部化"制度安排是其典型做法,即通过完备法律体系,将职业院校和企业两个组织间市场交易转变为"企业内部"的交易方式,从而降低了企业参与职业教育治理管控费用,提升了校企间交易的确定性与频率。[⑦]

这反映了在我国职业教育合作相关政策的驱动下,我国学者理论研究服务改革实践的理论自觉。学者们的研究显示,世界职业教育发达国家都基于本国经济、

---

① 雷正光:《德国双元制模式的三个层面及其可借鉴的若干经验》,《全球教育展望》2000年第1期。

② 徐平:《美国合作教育的基本模式》,《外国教育研究》2003年第8期。

③ 李玉静:《国际视野下我国学徒制的未来发展——德、英、澳、新学徒制发展特点及对我国学徒制发展的建议》,《职业技术教育》2015年第21期。

④ 王玉苗:《英国学徒制改革之开拓者项目研究》,《外国教育研究》2016年第3期。

⑤ 徐海峰、李德方:《新形势下日本产学合作的举措及启示》,《世界教育信息》2006年第11期。

⑥ 杨一琼:《澳大利亚TAFE模式对我国职业教育的启示》,《职教通讯》2016年第12期。

⑦ 肖凤翔、李亚昕:《论企业参与现代职业教育治理的制度供给路径——基于交易费用的分析方法》,《教育研究》2016年第8期。

政治、历史和文化等现实情况建立起适合本国实际的校企合作机制及其实现模式，并形成了具有本国特色的企业参与职业教育治理模式和校企合作机制，有力地支撑了本国经济社会的发展。具体经验体现在以下几个方面：

第一，校企合作的核心是保证职业院校培养的技术技能型人才能够满足行业企业需要，工学结合是校企合作普遍采用的形式之一。第二，在校企合作机制的建立上，政府切实履行了统筹规划、协调指导、信息服务、政策立法等方面的公共服务职能。第三，注重国家层面的相关立法工作，以法律法规的"硬性"形式保障政府、行业企业、职业院校共同参与校企合作治理，切实降低校企合作的交易费用。第四，建立了协调校企之间关系的具有桥梁和纽带功能的中介组织，以有效协调政府、职业院校和行业企业之间的合作关系。第五，在管理体制方面，实行国家统一管理和地方自治管理的有机结合，建立了政府不同部门的共同参与治理的机制，使政府不同部门切实履行发展职业教育中应履行的政府职能，形成工作合力。第六，校企合作的保障措施还有最重要的"软性"、"无形"的经验，即职业教育校企合作的社会文化自觉，这种校企合作文化广泛内化为企业，甚至是社会的一种自觉意识，在校企合作中企业具有较强的自觉意识，这是国外职业教育发达国家开展校企合作的坚实基础。[①] 学者们关于国外职业教育发达国家校企合作机制方面的研究和启示为本研究提供了有益的借鉴和参考，拓展了研究的视角和研究的深度。

（二）国内研究现状

2005 年我国职业教育工作会议确立了"大力推行工学结合、校企合作的培养模式"，从国家宏观政策层面确定了职业教育"校企合作的基本办学制度"，为推进我国现代职业教育校企合作机制建设指明了方向。在改革的宏观语境下，我国学者紧扣服务职业教育发展决策与改革实践，加强理论创新，围绕探索形成适合中国国情的职业教育校企合作机制建设，进行了较为广泛深入的系统研究，在取得较为丰富的研究成果的同时促进了我国职业教育校企合作改革向纵深发展。

1. 关于职业教育校企合作的模式与评价的研究

"所谓模式，是指人们对某种或某组事物的存在或运动形式进行抽象分析后做出的理论概括，即人们为了某种特定目的，对认识、研究对象的运动、表现或相关联

---

① 张慧霞、王东:《美、英、澳职业教育校企合作制度化的经验及启示》,《职业技术教育》2011 年第 19 期。

系的形状、发展态势以及机制、动作的方向等方面做出的高度理论性描述。"①关于我国职业教育校企合作的模式与评价,有学者指出校企合作的基本内涵表现为以人力资源合作为基础,资源信息共享为手段,技术服务为推动力,文化交流为纽带等,并主要发展出订单培养、"校中企"、"企中校"、产学研合作、实习基地建设、专业建设等六种模式,基于每种模式的内涵、基本要件和发展方向,应建立对应六种校企合作模式的评价指标体系,以实现对校企合作的科学评价。② 随着全球化、信息化和科技革新的提速,有学者认为,"合作性"职业教育共同体成为职业教育改革的主导方向,并针对全球化进程、现代性境遇、技术的革新、经济的转型等时代特征下职业教育行动者(包括个体和组织)出现的种种分离状态(如学校与社会的分离、学校与行业企业的分离、学校与市场的分离等)提出了"职业教育共同体"概念,具体表现为职业教育的行动者(学校、家庭、政府、行业、企业等),基于一定的价值认同和共识,以合作的形式进行有机结合而形成的群体或组织,其作为形式或实体而存在,既是一种利益共同体也是一种伦理共同体,成员在这个群体或组织中有共同的归属感,采取合目的理性与价值理性统一的共同行动。通过职业教育共同体的建构,政府、学校、企业(行业)等相关主体能进行有机结合和互动,职业教育与社会、市场协调发展,稳步提升教育质量。③ 针对校企合作中企业方合作绩效的评价,有学者认为,成功的校企深度合作对学校与企业都将产生显著效益。在实际运营中,企业方更多关注的是直接与间接经济效益的体现,这与主要职能人才培养、科学研究的学校方有很大区别。因此,在进行校企合作的绩效评价时,不应仅仅局限于传统的单角度整体评价,还要考虑从学校管理角度、企业运营角度对校企合作中的各个主体进行综合评价,这样才能在学校方遴选优秀合作企业以及合作企业优化投入产出比等方面起到实际意义。④

2. 关于职业教育校企合作机制内涵的研究

职业教育校企合作机制的内涵是校企合作机制概念所反映的思维对象本质特有的属性的总和。如有学者指出,教育机制就是指教育现象各部分之间的相互关

---

① 赵庆典:《高等学校办学模式谈论》,《辽宁教育研究》2003 年第 9 期。
② 邹珺:《高职院校校企合作模式内涵及评价指标体系构建》,《现代教育管理》2014 年第 6 期。
③ 赵军:《职业教育共同体研究》,华东师范大学博士论文,2013 年,第 32 页。
④ 陈超逸、汪波、陈洛:《校企合作中企业方合作绩效的多角度评价研究》,《电子科技大学学报(社科版)》2014 年第 2 期。

系及其运行方式。[①] 在借鉴此论断的基础上,有学者认为,职业教育校企合作机制指的是职业院校与企业合作现象各部分之间的相互关系及其运行方式。这种运行方式可以把职业教育校企合作的各部分有机联系起来、整合起来,使校企合作发生推动职业教育发展的应然作用。职业教育校企合作机制主要有以下三种基本类型:校企合作的层次机制、校企合作的形式机制、校企合作的功能机制。[②] 还有学者把职业教育校企合作制度界定为:将校企合作作为主要任务,以促进人的全面发展为本质或核心,以促进经济社会发展为目标,以提高职业院校和企业双方积极性及合作育人的效率,并在人才培养过程中认真履行各自职责、保障学生成长成才权益为基本要求,由政府或相关组织制定的型塑校企合作行为主体互动关系或活动关系的规制性、规范性和信念性要素,以及相关的组织、活动、资源与实施方式的总和。概括来看,职业教育校企合作制度具有五个方面的特征:强制性与激励性、公共性与利益共生性、全面性与操作性、有界性与文化性、服务性与动态性,并由三部分构成:正式制度、非正式制度与实施机制。[③]

3. 关于职业教育校企合作实证的研究

职业教育校企合作的实证研究是通过对校企合作现象大量的观察、实验和调查,获取客观材料,从个别到一般,归纳出校企合作的本质属性和发展规律的一种研究方法。如有学者通过行动调查,从企业角度和职业院校两个角度分析了企业对技能人才的需求、校企合作的现状、企业与职业院校合作的意愿度、影响企业参与职业教育积极性的因素,并对如何调动企业、政府、职业院校不同利益主体参与校企合作治理、形成校企合作长效机制提出了政策建议。[④] 也有学者以全国范围内 114 个企业的调查数据为依据,对我国企业参与校企合作的影响因素进行了实证研究。结果表明,在外部环境条件不变的情况下,企业规模、企业所有权结构、企业文化特征和企业对新员工的入职培训时间等因素对企业是否采取参与校企合作的决策有显著影响。其中,企业规模越大,其参与校企合作的几率越高;政府拥有或部分拥有产权的企业,倾向于参与校企合作;创新和成长型的企业文化特征,促使企业参与校企合作;企业对新员工的入职培训需要时间越长,其参与校企合作的

---

① 孙绵涛:《教育管理学》,人民教育出版社 2008 年版,第 294 页。

② 王亚鹏:《职业教育校企合作机制创新研究》,《天津职业大学学报》2012 年第 5 期。

③ 周晶:《中国职业教育校企合作制度建设研究》,东北师范大学博士论文,2015 年,第 31 页。

④ 崔凤华:《职业教育校企合作机制的调研和分析》,《职业》2015 年第 5 期。

几率越大。[①] 有学者针对当前我高职教育校企合作发展遇到的理论研究滞后、体制机制僵化、企业参与积极性不高、法律法规缺陷、政府行为缺失等瓶颈问题，以院校开展的"校企共同体"建设与实践为例，围绕投入专项资金、开展校企共同体理论研究；实施区校合作、校校合作、园—企—校合作，创新办学机制；满足企业利益诉求，凸显企业主体地位；通过制度保障、机制约束等措施，改善校企合作政策环境；通过"区校联盟"、"园—企—校联盟"、校长联系学校制度等灵活措施，充分发挥政府职能等对院校如何开展校企合作试验进行了介绍。[②] 还有学者通过对浙江和上海 67 家企业的长期实证调查指出，我国职业教育校企合作中"校热企冷"的现象正在改变。其原因在于在我国人口红利逐渐消失，廉价劳动力的比较优势逐渐减弱的大背景下，许多企业被迫进行经营发展方式的转变和技术变革，面临"设备易得，人才难求"的困境，企业在劳动力市场上获得合格人力资源尤其是技能型人力资源越来越困难，一些企业参与校企合作的积极性越来越高，但企业作为理性经济人，其是否参与校企合作在很大程度上取决于合作的成本和产生的收益，建议政府和学校各司其职，以降低企业参与校企合作的成本，提高其收益，将从根本上推动校企合作深度发展。[③]

4. 关于职业教育校企合作利益主体的研究

对市场经济体制下职业教育校企合作利益主体的分析，是把握我国职业教育校企合作机制创新、构建校企合作机制的关键所在。学者们运用利益相关者理论、博弈论、治理论、产权理论、社会理论等，对职业教育校企合作中政府、职业院校、企业等利益主体各自的责任、权利、义务等进行了深入探讨。如有学者指出分析教育变革的利益主体及其相互关系的多种状态与可能性，是为了创造可能条件下的最大驱动力，不断提高利益主体创造和获取利益的主动性、合理性与协调性，提升利益驱动指数。其中的"主动性"是指利益主体的获利要以主动投入为条件。"合理性"是指利益主体对教育利益的特殊性和有限性要求有理性的认识，而不是盲目需求或索取。"协调性"则指形成社会需求与教育需求之间基本的和灵活的沟通机制和调控机制，以获得不同利益主体在可能条件下的最大限度利益协调。就当前我

① 张利痒、杨希：《企业参与校企合作职业教育影响因素的实证研究》，《中国职业技术教育》2008 年第 33 期。

② 叶鉴铭、梁宁森、周小海：《破解高职校合作"五大瓶颈"的路径与策略——杭州职业技术学院"校企共同体建设的实践"》，《中国高教研究》2011 年第 12 期。

③ 冉云芳、石伟平：《企业参与职业院校校企合作成本、收益构成及差异性分析——基于浙江和上海 67 家企业的调查》，《高等教育研究》2015 年第 9 期。

国教育变革状态来看,这种沟通与调适机制上的不健全,是亟须解决的重要问题。① 有学者认为,职业教育校企合作实质上是各主体基于不同的利益诉求寻求合作共赢的过程,各主体会基于自己的利益诉求而参与合作,寻求自身利益的最大化。为此,必须明确政府、行业、企业、职业院校等责权统一的利益主体,构建基于平等对等关系的校企合作利益共同体,形成利益共同体框架下的利益主体责任意识和能力,建立有效的利益主体责权配置机制,以实现合作共赢,进一步推动职业教育校企合作。② 与此论点相近,有学者指出,消除校企合作面临的困境,需要厘清各利益主体在校企合作中的权责关系,各利益主体之间的权责关系决定了其在校企合作中的不同角色定位。其中,政府是主导者,行业是指导者,企业和职业院校是直接参与者,实现校企合作的功能,关键是形成政府、行业企业和职业院校的利益共同体。③ 同时有学者认为,教育的不断变革让市场机制走进了职业教育,由于校企双方具有不同的利润期许以及所有制角色的不同,造成了市场机制在合作中的实效,政府需用市场经济的思维推动双方的双赢合作,实现积极有效介入。④ 也有学者指出,职业教育校企合作是职业教育资源的配置和整合过程,需要用好计划和市场这两种手段。因此,职业教育校企合作是计划与市场结合的载体,职业院校是国家教育计划下的职业教育组织机构,企业是政府主导下的学校职业教育合作者。⑤ 还有学者从社会学分析的视角指出,受传统社会文化以及国民经济发展水平的制约,我国企业的社会责任行为能力比较有限,缺乏履行校企合作社会责任的伦理自觉。因此,应从文化、伦理、制度方面对职业教育校企合作进行社会学分析,明确为什么要进行校企合作、企业需要什么样的人才,回归到人才培养质量提高上来,企业、社会自然会改变对职业教育的认识,职业教育校企合作的吸引力会自然增强。⑥

5. 关于政府在促进职业教育校企合作的角色定位研究

政府是社会治理的重要主体,在现代职业教育的发展中起主导者作用,要切实

---

① 叶澜:《当代中国教育变革的主体及其相互关系》,《教育研究》2006 年第 8 期。

② 陈胜、耿洁:《校企合作主体的利益诉求与责权配置研究》,《中国职业技术教育》2014 年第 7 期。

③ 陈胜、王虹:《校企合作利益主体之间的权责关系及角色定位》,《现代教育管理》2014 年第 3 期。

④ 吴华:《产权视域下的校企合作——市场机制的失效和政府的有限介入》,《现代教育管理》2014 年第 3 期。

⑤ 陈玺名:《职业教育校企合作中的计划和市场》,《现代教育管理》2015 年第 1 期。

⑥ 陈新文:《职业教育校企合作的社会学分析》,《教育与职业》2015 年第 7 期。

承担起校企合作治理顶层设计的任务与职责。如有学者认为，政府作为职业教育发展的主体，是校企合作的主导者。政府参与校企合作的角色和职能定位为：遥控器——引领调控校企合作的方向，助推器——促进保障校企合作的进程，监控器——监督评估校企合作的成效，服务器——协调服务校企合作的平台。因此在推进校企合作制度化建设方面，在理念层面要强化政府的引导作用；在政策法规建设层面要强化政府的促进保障作用；在组织建设层面要强化政府的监督和评估作用。① 也有学者指出，政府作为独立于校企双方的、强势的第三方，是社会公共事务的管理者，在参与并推动校企合作发展中起着重要作用。对我国政府在职业教育校企合作中的职能需要从教育部门、人力资源社会保障部门、地方政府的角度进行定位。教育部门在校企合作中负有政策性宏观指导、协调合作、研究服务、监督控制和国际交流的职能；人力资源社会保障部门负有规划、协调、监督、管理和服务职能；地方政府统筹规划、政策立法、监督管理、信息服务和财政监督等职能。②

6. 关于行业组织参与职业教育校企合作的研究

职业教育跨界的性质决定了行业组织参与职业教育办学的重要性得到了社会普遍认可。但是从现实情况来看，行业组织的真正作用并没有切实有效得到发挥。相较于世界职业教育发达国家行业协会以多种角色与身份全面介入职业教育的情况，我国行业组织对于职业教育的作用存在明显不足。对此，有学者指出，在我们关注我国职业教育质量，借鉴国外"校企合作"经验和模式的同时，本土的实践经验价值弥足珍贵。我国在计划经济时代，实行行业企业办学，校企关系模式的"一体化"有效解决了"校企合作"的困境，树立了行业企业参与职业教育的中国模式，产生了积极的社会效益。在市场经济时期，诸如中国邮政集团、中国化工教育协会等结合本行业特点成功开展的校企合作表明，我国制度的校企合作需要"行业"视野，需要整个行业的介入，一对一的"校企合作"有赖于行业入主职业教育事业，即校企合作由点到面的发展；中介组织或机构是职业院校与企业之间合作关系的重要"联结点"或"平台"，成功的校企合作要有国情关怀，即植根于现实的社会需求。③ 与此同时，有学者指出我国行业协会作为主体参与职业教育校企合作不足的困境核心原因在于体制的阻碍。因此，在我国政治体制与经济体制改革与完善的历史时

---

① 刘晓、徐珍珍：《政府在促进职业教育校企合作中的角色与行为调适》，《河北师范大学学报（教育科学版）》2014 年第 5 期。

② 张凡：《政府推进职业教育校企合作的研究》，天津大学硕士论文，2011 年。

③ 王东、张慧霞：《行业企业参与职业教育的本土经验及启示》，《职业技术教育》2011 年第 16 期。

期,在国家提倡建立现代职业教育体系的关头,必须大力发挥行业协会等社会力量在职业教育中的重要作用;行业协会必须切实转变角色定位,成为职业教育及其他主体的助手、公仆、专家、伙伴与监督者,多层次多角度地切入到职业教育中去。[①]有学者围绕关注技能人才培养,支撑产业发展;组建产业联盟,搭建职业教育校企合作平台;主导专业建设,引导行业职业教育发展;牵头技能人才培养标准制定,对接产业需要等,介绍了以光伏产业为代表的一些国内行业组织参与职业教育校企合作的经验,并从明确行业组织主导地位,实现职业教育宏观有效对接;加强宏观体制机制设计,健全行业参与机制;加强制度框架设计,明确行业责权等方面提出了行业组织参与职业教育的建议。[②] 还有学者指出要通过在宏观层面不断完善职业教育部际联席会和地方职业教育联席会制度,加强以行业教学指导委员会为主的行业组织建设,以职教集团为框架搭建行业企业参与职业教育组织框架,完善行业指导委员会、专业建设委员会、职业教育协作联盟等组织体系及运行机制建设,加强行业组织能力建设,构建技能需求与技能供给有效对接的组织保障。[③]

7. 关于职业教育校企合作体制机制构建的研究

职业教育校企合作体制机制是社会需求与教育需求之间基本的和灵活的沟通机制和调控机制,以获得不同利益主体在可能条件下的最大限度利益协调。有学者指出,职业学校是企业潜在重要的利益相关者,技能型人力资本是职业学校与企业关系的联结点,"技能型人力资本专用化"是校企合作的基础,校企合作是技能型人力资本专用化的一种实现表现,并在此基础上,构建出校企一体化关系的理论框架以及职业教育校企合作宏观组织结构、决策机制和运行机制的政策建议。[④] 有学者认为,中国职业教育校企合作制度的建设与完善要回归育人的本质,并指出当前我国职业教育校企合作制度建设存在的正式制度不完善、非正式制度缺乏、实施机制不健全等问题的成因在于,制度变迁动力不足且不均衡、制度主体存在有限理性、跨界治理存在体制性障碍、市场调节机制缺位、相关配套制度不完善等,需要从构建职业教育校企合作治理的价值系统,完善职业教育校企合作法律法规体系,健

---

① 林波:《行业协会在现代职业教育体系中角色期待研究》,江西科技师范大学硕士论文,2012 年。

② 王世斌、潘海生:《行业组织参与职业教育校企合作的现状、经验及其启示》,《中国职业技术教育》2012 年第 33 期。

③ 潘海生、高常水:《企业参与职业教育策略变迁机理及政策启示》,《教育研究》2016 年第8 期。

④ 耿杰:《职业教育校企合作体制机制研究》,天津大学博士论文,2011 年。

全职业教育校企合作的组织管理体制，建立职业教育校企合作的政府购买公共服务制度，构建中国特色职业教育校企合作文化机制等方面努力。[①] 有学者将当前我国职业教育校企合作中存在的"学校热、企业冷"的现象称之为"壁炉现象"，并指出基于马克思主义企业理论，洞识"壁炉现象"的根源在于职校学生的"实习生身份"，建议要摒弃"学校单一主体"的办学思想，实施"双主体"办学模式，采取"企业先招工，职校再招生"的策略，赋予实习生"准员工"身份，明晰企业对"准员工"的劳动力支配权等，并以此构建"企业作为第一主体"的校企合作机制。[②] 还有学者指出，企业参与是现代职业教育治理的基本特征，企业参与的关键在于交易费用的高低，运用交易费用的分析方法，发现较高的交易费用是企业消极参与的主要原因，从激励方式、管理控制及人力资本收益三方面看，企业参与"内部化"制度在降低企业交易费用上具有优势，建议通过推进职业教育集团化办学、明晰企业主体产权、构建职业教育法体系等来平衡企业参与的制度供给，优化现代职业教育治理的组织结构。[③]

8. 关于职业教育校企合作立法的研究

职业教育校企合作法律法规是关于国家发展职业教育的国家意志的体现，是以法规的"硬性"形式明确政府、行业组织、企业、职业院校等职业教育利益主体的权责利。针对校企合作在我国《职业教育法》中没有明确规定，使其成为缺乏法律法规指引和约束的校企"自愿行为"的问题，有学者指出，德国"双元制"职业教育成功的关键在于构建了一个法制化的校企合作模式，而且这一办学模式跨越了职业与教育、企业与学校、工作与学习的界域，我国职业教育的立法，必须打破在企业里办学培训或者在学校里办教育的思维，形成系统集成、跨界的理性思维。[④] 有学者指出，我国校企合作法治层面存在政策文件多、法律法规少以及有限的法规内容欠缺等问题，提出在推进校企合作立法的同时，应在明确校企合作的内涵和范围、明确学校的权利和义务、鼓励和强化企业应履行的社会责任、明确政府各部门的职

---

① 周晶：《中国职业教育校企合作制度建设研究》，东北师范大学博士论文，2015 年，第 31 页。

② 王为民、俞启定：《校企合作"壁炉现象"探究：马克思主义企业理论的视角》，《教育研究》2014 年第 7 期。

③ 肖凤翔、李亚昕：《论企业参与现代职业教育治理的制度供给路径——基于交易费用的分析方法》，《教育研究》2016 年第 8 期。

④ 姜大源：《职业教育立法的跨界思考——基于德国经验的反思》，《教育发展研究》2009 年第 19 期。

责、维护学生的正当权益五个方面加强立法。① 有学者认为,制定职业教育校企合作促进法,重在"管用",做到"管用",校企合作促进法的立法核心是"政府促进",应将政府的"鼓励"、"支持"变成可操作、可救济、可切实履行的政府义务和责任;其立法重点应是"企业教育",应详尽规范合作企业的资质条件和企业教育的目标、内容、形式、时间、考核以及企业的权利义务,真正确立企业的办学主体作用;其法律位阶应为"普通法",应在"普通法"的层面上做好与其他相关法律间的体系考量,力求立法内容有实质性突破,解决好"谁来促进、促进什么、如何促进的根本性问题"。② 针对地方性职业教育校企合作政策法规的研究,有学者指出,地方性职业教育校企合作政策法规是我国职业教育法规的延伸和完善。有效的地方性政策法规需具备针对性、长效性、地方性、实施性和强制性的特点。先进地区校企合作促进政策法规的先行先试能为国家层面职业教育校企合作立法积累经验。③ 针对当前学者们纷纷建议加快校企合作立法建议的研究现状,也有学者对加快校企合作立法建议提出了冷思考,并指出以立法的方式通过的校企合作条例在解决当前校企合作中存在的问题方面是否真的比政府部门的政策执行起来更有效,法律和国家强制力的支持固然重要,但有了法律并不代表问题的解决,更需要审视一下目前的校企合作促进工作存在哪些问题,有没有改进的办法,只有这样,无论是制定相关条例还是开展日常工作,才有可能更具有针对性,校企合作条例也才不会成为"蹩脚"的法律。④

9. 关于校企合作服务模式创新的研究

近年来,随着移动互联、云计算、大数据、物联网等新一代信息技术的广泛应用,许多传统的经营理念正在被颠覆,平台经济作为一种崭新的业态经济已横跨诸多产业门类,从而加快了生产要素整合、增强资源配置能力、创新商业模式。针对当前国内传统的"市场引领的学校与企业点对点的对接合作"、"政府主导的'信息公共服务平台'"两种校企合作的主要模式存在的机制不够灵活、资源整合力度不够、信息不对称、成本居高不下等局限,有学者从理论与实践结合的角度,提出了通过构建连接校企双方,具有区域型、公益性、综合性、共享性和智能性为特点的校企

① 孙大广:《如何完善职业教育校企合作的法规体系》,《职业》2015 年第 36 期。

② 齐艳苓:《制定"管用"的职业教育校企合作促进法》,《中国职业技术教育》2014 年第 3 期。

③ 易雪玲、邓志高:《对地方性职业教育校企合作政策法规的思考——基于〈中山市职业教育校企合作促进办法(草案)〉研制》,《中国职业技术教育》2015 年第 6 期。

④ 臧志军:《不要让校企合作条例成为"蹩脚"的法律(一)》,《职教通讯》2014 年第 1 期。

合作网络公共服务第三方创新平台，实现校企合作的线上对接与线下活动结合，以有效提升校企合作的成功率与实效性，并从构建协同运转的网络公共服务环境、拓展网络平台公共服务资源、对接网络公共服务平台加盟入驻机制、营造良好网络氛围、探索市场化运作机制等方面对我国宁波市的实践探索进行了介绍。① 还有学者指出，互联网经济时代的到来，产业转型升级与跨界融合发展对人才素质提出了新的要求，需要借鉴互联网思维驱动，运用跨界思维，促进人才培养融合；运用社会化思维，重塑校企协作平台；运用用户思维，对接行业企业需求。实现校企合作多元共治的目标，应着力重塑政府角色定位，发挥行业协会作用，推动企业主导参与，职业院校提升人才培养的内适力。②

10. 关于校企合作政策的研究

我国职业教育的校企合作政策是校企双方实施合作办学的纲领性文件。我国对职业教育校企合作政策的制定与实施起步比较晚。有学者指出，与其他类型的教育政策相比，职业教育政策存在文本繁荣与实践领域消沉并存的现象。在国家强调大力发展职业教育的形势下，职业教育存在的不少问题依然难以解决，其根源在于职业教育政策的效度不高，而政策制定中决策主体的价值冲突、执行效力不高、职业教育共同体关系的疏离是影响效度不高的三个因素。③ 有学者指出，改革开放以来，我国职业教育校企合作政策经历了探索、形成、发展三个时期，为了促进职业教育校企合作制度化建设，地方政府也陆续出台了校企合作促进办法；但当前在国家层面缺乏与职业教育法相配套的校企合作促进条例，政府应进一步加快出台校企合作法规，健全监管机制，为促进校企合作制度化建设以及地方法规制定提供参考依据。④ 还有学者在分析自 1996 年《中华人民共和国职业教育法》颁布实施 20 年以来我国职业教育政策的主要趋势和特点时指出，行业企业参与职业教育在探索中不断得到强化，职业教育实现从教育一家干、行业企业帮的"群策群力"走向产教融合、校企合作的机制：行业企业参与的宏观（产教融合）、中观（校企合作）、微观（工学结合）要求日趋明确，校企合作从临时型、松散型逐渐向紧密型、一体化

---

① 胡坚达：《职业教育校企合作网络公共服务平台构建——以宁波市为例》，《教育研究》2015 年第 6 期。

② 肖称萍：《职业教育校企合作多元治理理念与策略研究——基于互联网思维的视角》，《职教论坛》2016 年第 25 期。

③ 张社字：《我国职业教育政策的效度分析》，《教育与职业》2006 年第 32 期。

④ 徐涵、周乐瑞等：《改革开放以来我国职教校企合作政策的回顾与思考》，《职教论坛》2013 年第 31 期。

发展,行业指导从分散的人际合作逐步向制度化推进。但与此同时,行业企业参与职业教育的内生动力仍然不足,校热、企冷的现象还比较普遍,未来职业教育政策要激发行业企业参与职业教育的内生动力,发挥好企业重要办学主体作用。[①]

通过对学者们关于国内职业教育校企合作机制研究"问题域"的分析,可以发现,学者们的研究呈现出鲜明的政策导向和实践导向特征,主要体现在以下几个方面:一是从研究的逻辑变革来看,校企合作改革与发展的主要矛盾在发生变化,从"工学结合、校企合作"高素质技术技能型人才培养的微观、中观维度向"产教融合"这一宏观维度转变;政府的角色开始由"主导"向"推动"转变,校企合作治理不仅仅是政府、学校、企业关系的调整,而是逐渐转变为政府与市场之间的矛盾;企业开始职业教育的参与者转变为职业教育的重要办学主体。二是从研究的视角来看,学者们普遍认识到职业教育校企合作具有跨界的典型特质,职业教育校企合作的研究应当立足于跨界性的逻辑起点,突破单一学科的局限性,应从多学科视角来审视校企合作现实问题,不仅可以利用跨界交叉研究的优势丰富和深化理论探究,而且可以疏通职业教育校企合作前进的障碍。三是在研究范式方面,要将纵向和横向层面的分析研究有机结合。在横向层面应采用国际比较法,全面比较分析世界职教发达国家职业教育校企合作的成功模式及其共性规律经验,为立足我国国情开展校企合作机制创新提供良好经验启示;在纵向层面,需采用实证和量化的研究方法明确政府、行业企业、职业院校、学生群体等不同利益主体的利益诉求,并以此作为职业教育校企合作机制创新的逻辑起点。四是在研究内容的深化和聚焦方面,需要坚持问题导向,摒弃纯粹地靠理论推演和思辨的研究范式。在宏观层面,要进一步关注国家和地方层面关于职业教育校企合作的政策设计和制度安排问题,实现校企合作治理的法治化;在中观层面,进一步关注校企合作的利益协调和表达问题,形成多元利益主体共同治理结构;在微观层面,要进一步关注企业适应生产方式和人才资源开发需要的校企合作的制度建设,要进一步关注职业院校利益相关者组织属性,完善职业院校内部治理结构,实现多元利益主体合作治理,增强职业院校人才培养的效能。

同时,通过对学者们研究的分析,可以发现,构建校企合作机制要取得好的效果,一方面要考虑到我国社会政治、经济和文化状况对校企合作机制的影响,另一方面也要考虑到校企合作机制对我国社会的政治、经济和文化的影响,同时还要运用数字化治理理论,推进校企合作治理工作向"数字化"、"智能化"变革,改变职业教育校企合作形态;从研究的视角来看,职业教育校企合作机制的研究呈现出多学

---

① 葛道凯:《中国职业教育二十年政策走向》,《课程·教材·教法》2015年第12期。

科、多视角的研究趋势,并尝试从顶层设计层面上对我国校企合作机制的制度框架进行系统性、前瞻性的研究,这些研究在很大程度上推动了我国政府、特别是地方政府关于相关地方性校企合作政策法规的制定,推动了职业院校校企合作实践模式的深化和发展,为国家层面研究制定现代职业教育校企合作机制的制度安排设计提供了参考和积累了立法经验。

学者们的研究成果为本研究从理论与实践相结合的角度研究南通市职业教育校企合作机制构建及立法思考奠定了坚实的基础,提供了有益的理论借鉴。但是遵循"一个国家职业教育校企合作机制,依赖于本国的政治、经济和历史文化传统,一个地方的职业教育校企合作机制也遵循同样的原则。我国职业教育的发展水平以及经济社会发展的特征,也决定了我国职业教育校企合作机制构建的'中国特色'"这一职业教育校企合作机制创新的基本命题,学者们已取得的研究成果还存在一些有待改进的地方,具体可以概括为:一是问题型研究较多,系统性研究处于起步阶段,个案研究和实证研究多,原创性理论研究特别是关于校企合作机制内涵及其类型的基本理论研究还不够深入、不够系统,致使理论研究对我国职业教育校企合作的改革实践探索的指导和支撑乏力,也造成国家关于职业教育校企合作的相关"政策符号",在一定程度上没有顺利走向"人本符号"。二是研究的视角仍较为单一,多学科交叉研究处于起步阶段,缺乏定性研究与定量研究、宏观研究与微观实证研究的有机结合,造成职业教育校企合作机制的建设往往停留在建立或形成某种机制的"口号"当中的低效现象,不能有效实现从"国家需求"到"百姓需求"的顺利转变。三是存在就职业教育校企合作机制构建而构建研究的不足,未能有效地将校企合作机制的构建及运行与职业教育校企合作的合作治理有机结合起来,造成职业教育校合作治理与校企合作机制的建立与运行的"两张皮"现象。

在当前我国推进职业教育治理能力和治理现代化的改革目标引领下,本研究坚持实践导向的研究范式,立足以往学者们的研究基础,对职业教育校企合作机制的内涵及其类型进行理论探究,形成了职业教育校企合作机制构建的理论体系框架,并深入调查分析南通市职业教育校企合作现状,体现职业教育校企合作机制构建的自主性、创新性、发展性和实践性的特征,提出了促进南通市校企合作机制建设的策略建议和《南通市职业教育校企合作促进条例(草案)》的立法建议。这样本研究一方面,抓住了地方职业教育校企合作治理的核心——地方职业教育校企合作机制构建,实现了机制的构建与运行和校企合作治理的有机结合;同时又提出通过立法,以法律法规的制度形式对地方职业教育校企合作机制加以规范,保证了校企机制的实施效果,从而保障了地方职业教育校企合作治理的顺利进行。本研究另一方面可以通过对地方校企合作机制构建研究的先行先试为研究制定现代职业教育校企合作的国家机制和国家政策提供理论与实践相结合的参考和借鉴,实现体现问题导向、夯实学理支撑、注重经验集成、形成理论体系,转化为我国职业教育校企合作治理的决策建议、制度设计以及社会舆论的研究目标。

四、研究方法

研究方法是指在研究中发现新现象、新事物,或提出新理论、新观点,揭示事物内在规律的工具和手段。研究方法是一项研究内在的重要组成部分,同时也是研究立论的逻辑起点。基于研究主题需要,本研究采用的主要研究方法有四个:文献研究法、调查研究法、比较研究法、个案研究法。

(一)文献研究法

运用文献研究法,通过对与本研究主旨相关的研究文献进行分析、归纳,确定了研究的方向、研究框架的设计、研究内容的展开,从而提炼出研究的理论逻辑。本研究主要从以下范畴搜集和分析文献:一是关于职业教育校企合作体制机制以及制度问题研究方面的学术论文和著作,旨在准确认识和掌握有关职业教育校企合作机制的最新理论研究成果和可能发展的空间,并掌握已有研究的相关研究范式和研究视角,为本研究提供了理论探究的基础;二是有关我国职业教育校企合作机制国家层面以及地方层面创新方面的教育政策法规,教育统计报告、教育年鉴等,通过对这方面文献的搜集较为全面地掌握影响我国职业教育校企合作机制改革的制度因素、政策法规变迁以及国家和地方关于职业教育校企合作发展的理念、动因和价值取向变化等。

(二)调查研究法

根据调查对象群体和调查内容的不同,本研究主要采取了访谈调查法和问卷调查法。通过调查研究,了解和掌握了行业组织、企业、职业院校以及专家学者、社会大众对职业教育校企合作的意愿度、发展现状、模式形成及发展、成绩、存在问题及其原因、改进建议等,以及不同层级政府对职业教育校企合作的政策支持的力度和效度等;并对具有典型意义的"校企合作模式"进行调查,寻找职业教育校企合作机制发展的实践逻辑。

在运用访谈调查方面,本研究主要采取了半开放式访谈,即在访谈前事先设计了相关内容和提纲,虽然对访谈结构有一定控制,但是根据需要采取了灵活形式充分调动访谈对象积极参与。访谈对象为职业院校毕业生和在校生、职业院校校长、职业院校教务处长、校企合作机构负责人、专业带头人、专业骨干教师、行业企业负责人、技术骨干、行业协会组织负责人、职教专家学者、教育行政部门领导、人社部门领导等 75 人，采用了团体访谈和个别访谈相结合方式进行，具体访谈提纲参见附录一。在问卷调查方面，设立了针对职业院校、企业、政府的不同版本问卷，共发放问卷 300 份，回收问卷 275 份（学校问卷 100 份、企业问卷 95 份、政府问卷 80 份），其中有效问卷 268 份（具体校企合作调查问卷参见附录二）。通过调查研究得到的职业教育不同利益主体对职业教育校企合作的实践认识、经验反思、感受体验、理性思考以及对策建议开拓了本研究的视角。

（三）比较研究法

"比较研究实质上是一种跨社会、跨文化的研究方法"[①]，可以理解为是根据一定的标准，对两个或两个以上有联系的事物进行考察，寻找其异同，探求普遍规律与特殊规律的方法。他山之石，可以攻玉。在本研究中，通过使用比较研究法，了解到在不同国家（主要选取德国、英国、澳大利亚）历史背景、社会文化传统、经济社会发展、职业教育与劳动制度等因素的影响下，不同国家职业教育校企合作机制的制度框架所存在的差异以及各自的优势，并揭示其本质，得出一些具有规律性的启示，即一个国家职业教育校企合作机制，依赖于本国的政治、经济和历史文化传统，一个地方的职业教育校企合作机制也遵循同样的原则；职业教育校企合作机制没有一成不变的"范式"，需要因时因地的自主性、创新性、发展性和实践性；我国职业教育的发展水平以及经济社会发展的特征，也决定了我国职业教育校企合作机制构建要处理好"国际通行标准"与"中国特色"二者之间的神形兼备的关系。这为本研究阐释我国职业教育校企合作机制构建的基本理论、对策思考和提出制定地方职业教育校企合作的政策法规提供了规律性启示和命题指导。

（四）个案研究法

个案研究法是以个别案例为研究对象进行全面而深入地研究的一种研究方法，其任务是揭示研究对象形成、变化的特点和规律，以及影响个案发展变化的各种因素，并提出相应的对策。由于本研究的立意是为地方职业教育校企合作机制构建寻找对策，所以本研究基于南通市经济社会发展现状以及南通市职业教育改

---

① 马云鹏：《教育科学研究方法导论》，东北师范大学出版社 2003 年版，第 76 页。

革发展的阶段特征,探究南通市职业教育校企合作机制构建的对策以及校企合作的政策法规制定,实现了理论探究与改革实践的有机结合,体现了问题导向和实践导向的研究宗旨,也从根本上有利于实现"试点先行—总结经验推广—制度创新—政策突破"的预期研究目标。

五、研究思路与内容

职业教育校企合作机制构建研究是一个涉及多学科理论的综合性研究课题。本研究遵循这样一个逻辑前提:构建职业教育校企合作机制的目标在于校企合作培养行业企业所需要的高素质技术技能型人力资本;职业教育校企合作机制在本质上也是一种利益制度,要将职业教育不同利益主体的利益表达与整合和机制的设计有机结合起来,构建起能够使政府、行业组织、企业、职业院校等多元利益主体"平等协商、良性互动、各司其职、各尽所能、各享其利"的校企合作治理结构,获得全社会对职业教育校企合作治理的完整支持。在此逻辑前提下,本研究坚持"体现问题导向、夯实学理支撑、注重经验集成",综合运用了教育学、管理学、经济学、组织管理学等多学科的理论、视角和思维,建立了我国职业教育校企合作治理制度安排的理论分析框架,力求实现将我国地方职业教育校企合作机制构建的研究成果转化为相关的决策建议、制度安排以及社会舆论。

第一步,专注于职业教育校企合作机制的基本理论框架的构建。首先对关涉研究主旨的"职业教育校企合作"、"教育机制"以及"教育体制"等核心概念进行界定和分析,在此基础上提出本研究对"职业教育校企合作机制"内涵与外延的理解;随后研究概括"产教融合理论"、"利益相关者理论"、"交易费用理论"和"公共治理理论"等理论分析工具要义,从而确立职业教育校企合作机制构建的理论支撑。

第二步,专注于改革开放以来我国职业教育校企合作政策变迁的考察。从历史和现状相结合的角度,从"探索阶段"、"形成阶段"、"发展阶段"以及"创新阶段"四个阶段划分梳理改革开放以来我国相关职业教育校企合作政策的发展,并对政策内容进行分析和总结,结合我国职业教育校企合作现状及未来发展趋势提出具有一定价值的我国职业教育校企合作治理制度安排的建议。

第三步,专注于职业教育校企合作治理机制构建的比较研究。主要从国际视域比较分析的角度出发,考察德国、澳大利亚、英国等世界职业教育发达国家校企合作治理制度安排举措与实践效能,并析虑出这些国家职业教育校企合作机制构建的先进经验和规律性的启示,以期为立足南通实际,对接国际惯例与趋势,构建适合中国国情的职业教育校企合作治理的国家和地方层面的制度安排设计提供参考和借鉴。

第四步，专注于我国地方促进职业教育校企合作治理制度安排的实践考察。主要对我国部分地方结合当地经济社会发展对职业教育发展的需求特征，如何促进职业教育校企合作治理的制度安排举措进行分析，并从中总结出规律性的经验启示。然后在深入调查研究的基础上，结合典型案例剖析，对南通市职业教育校企合作治理取得的成绩、存在问题与原因以及发展趋势等进行了分析，为从理论与实践相结合的角度阐释构建南通市职业教育校企合作机制的对策思考奠定基础。

第五步，专注于南通市职业教育校企合作机制构建的研究。阐释构建职业教育校企合作机制的实践价值、应遵循的内在规律以及目标定位，借鉴"产教融合理论"、"利益相关者理论"、"交易费用理论"和"公共治理理论"等理论分析工具，尝试从公共治理的视角出发，提出促进南通市职业教育校企合作机制构建的对策思考和促进校企合作法治化的《南通市职业教育校企合作促进条例（草案）》建议，以使校企合作机制实施制度化和法治化。

六、研究的结论和特色

本研究采取实证分析与定性研究并重的研究策略，定性研究对于实地调研中所涉及的问题可做出更为清晰的阐释并更能抓准关键因素，有助于深化人们对我国职业教育校企合作机制的学理支撑，有助于在集成、融合国内外职业教育校企合作机制创新的经验过程中发现规律，形成学理，并融入我国职业教育治理现代化进程的鲜活实践中，力求转化成服务我国企业参与现代职业教育治理的决策建议，完善职业教育校企合作制度设计，引导社会舆论支持的实践成果。

（一）初步建构了职业教育校企合作机制的理论框架

本研究在借鉴学者们有益研究成果的基础上认为，职业教育校企合作机制是指职业院校与企业合作培养高素质技术技能型人才现象各部分之间的相互关系及其运行方式，在实质上是一种高素质技术技能型人才培养治理结构。这种运行方式可以把校企合作培养高素质技术技能型人才现象的各部分有机联系和整合起来，使校企合作产生促进受教育者全面发展和服务经济社会发展的应然作用。以职业教育校企合作培养高素质技术技能型人才现象各部分之间的内在联系或者联系方式为标准，可以将职业教育校企合作机制划分为以下三种基本类型：一是校企合作的层次机制，包括宏观、中观和微观三种子机制；二是校企合作的形式机制，包括行政—计划式、指导—服务式和监督—服务式三种子机制；三是校企合作的功能机制，包括激励、制约和保障三种子机制。这三种职业教育校企合作基本类型机制有机联系、相互渗透、相互呼应和互为补充，共同构成了高素质技术技能型人才培养治理现象各部分之间内在联系及运行方式的内在的逻辑结构，体现了我们认识现代职业教育高素质技术技能型人才培养治理现象的应然逻辑，是构建科学、合理的职业教育校企合作机制的逻辑起点，有助于人们深化对职业教育校企合作机制理论的认识和研究，有助于在我国职业教育治理现代化进程中形成对接国际惯例、适合国情的职业教育校企合作治理结构。

（二）系统提出了促进地方职业教育校企合作机制构建的策略

本研究认为，职业教育校企合作机制是职业教育校企合作治理的核心，校企合作治理与校企合作机制二者之间相互依赖、相互促进；从利益的角度看，职业教育校企合作机制在本质上也是利益制度，是协调和维护职业教育不同利益主体间利益关系的规则体系。服务校企合作培养高素质技术技能型人才目标，它的效率性与可实施性无不受利益主体创造和获取利益的主动性、合理性与协调性的制约。因此，需要公共治理的视角出发，将利益的表达、整合与职业教育校企合作机制的设计有机结合起来，形成南通现代职业教育"有限的政府、规范的市场、专业的行业组织、自律的职业院校、自发的企业、自觉的社会"共同构成的高素质技术技能型人才培养治理格局，以降低企业参与治理成本付出，保障企业获取合理的成本收益，发挥企业重要办学主体作用，实现校企合作培养具备"大国工匠"潜质的优秀技术技能型人才的"善治"效果，形成全社会对职业教育校企合作治理的支持体系，这样从理论与实践相结合的角度很好地解决了职业教育校企合作治理与职业教育校企合作机制建立与运行的"两张皮"现象，从而消除职业教育校企合作治理中不同程度上存在的"市场失灵"和"政府失灵"的现象。

（三）形成了地方职业教育校企合作促进条例草案

除了通过建立校企合作机制的策略外，还必须使地方职业教育校企合作机制制度化和法治化。以法律法规的形式对校企合作的机制加以规范，就能更好地保证校企合作机制的实施效果。地方职业教育校企合作机制的立法既体现了机制与法律制度关系理论上的诉求，又是实践上更好地实施机制和保障校企合作治理顺利进行的需要。本研究立足制定"管用"的职业教育校企合作促进法，紧扣使政府贯彻国家职业教育意志、履行管理和发展国家职业教育的职责成为可操作、救济、可切实履行的政府义务和责任这一核心问题，形成了《南通市职业教育校企合作促进条例（草案）》，力争解决好南通职业教育校企合作治理"谁来促进、促进什么、如何促进"这一根本性问题；试图以法规形式明确南通职业教育校企合作的范围、组织领导体制、南通市各级政府的主导责任、职业院校作为校企合作主体的权利与义务、企业作为办学主体的社会责任、行业组织的桥梁和纽带作用、职业院校师生参与校企合作的法律责任与权利、校企合作的资金支持和公共服务保障体系、预防和处理学生顶岗实习和教师专业实践意外伤害的应对机制、企业参与校企合作的税收优惠以及法律责任追究等等，以法律形式规范和保障南通市职业教育校企合作治理的各个环节，使校企合作立法具有针对性、强制性，做到有法可依，违法必究。这既是对党的十八届三中全会提出的深化"产教融合、校企合作"以及四中全会"依法治国"精神的贯彻落实，也可以为其他地区进行职业教育校企合作立法探索提供借鉴和参考。

第二章 核心概念界定与理论支撑阐释

一、核心概念界定

概念是研究的重要前提之一,也是研究问题、解决问题的逻辑起点,正如黑格尔所言,任何一个定义,都是整个理论的一个浓缩,概念的展开就是全部理论。当前,由于人们对职业教育校企合作机制概念的认识和理解的不同,一方面造成国家和地方关于职业教育校企合作的相关政策在很大程度上只是"政策符号",没有顺利走向"人本符号";另一方面,造成在改革实践中对职业教育校企合作机制构建呈现出不同的类型和策略,也在一定程度上造成校企合作机制的建设停留在建立或形成某种机制的"口号"的低效现象。实际上,职业教育校企合作机制是一个独立的理论和实践范畴,它的提出也具有一定的理论依据。基于研究主旨的需要,本研究首先对"职业教育校企合作"、"教育机制"、"教育体制"等核心概念进行阐释,在此基础上对"职业教育校企合作机制"概念的内涵与外延进行界定,并阐释和解读"产教融合理论"、"利益相关者理论"、"公共治理理论"等理论分析工具要义,确立职业教育校企合作机制构建的理论支撑。

(一)关于职业教育校企合作的理解

理解职业教育校企合作的概念,首先必须清楚何为职业教育。职业教育是我国教育体系当中的一种教育类型。自 1996 年颁布的《中华人民共和国职业教育法》统一使用"职业教育"一词后,我国政府开始正式使用这一称谓。之前我国由于在经济社会发展不同阶段对职业教育发挥功能价值的理解不同,出现了对职业教育不同的称谓,如"实业教育"、"技术教育"、"职业技术教育"以及"职业教育"等。

关于"职业教育"的概念,美国著名教育家杜威认为,职业教育就是为从事职业工作做准备的教育;在《辞海》中的释义为:"职业教育是给予学生或在职人员从事某种生产、工作所需的知识、技能和态度的教育。分就业前和就业后两类。"①从该定义可以看出，职业教育实则包括学校职业教育和职业培训两个部分。在《教育大辞典》中"职业教育"的释义则为："指中国对职前、职后的各级各类职业和技术教育以及普通教育中的职业教育的总称，偏重理论的应用和实践技能、实际工作能力的培养。目标为培养各层次的技术人员、管理人员、技术工人和其他城乡劳动者。"②从两个主要工具书中的概念定义可以看出，职业教育的概念强调"专门性"、"实践性"，突出了"技术"、"技能"的要素。当前，我国已经基本建立起结构较为完善的职业教育体系，包括高中阶段的中等专业学校、高等教育阶段的高职高专院校、应用型本科院校提供的学校职业教育，以及由社会团体、企业事业单位、政府机构、正规学校、社区和社会培训机构举办的各种类型和层次的职业培训。考虑到当前我国关于职业教育发展的相关政策文本与现实语境，基于开展"职业教育校企合作机制构建"研究的需要，结合上述关于职业教育概念的各种定义，本研究将职业教育的范畴限定为学校职业教育，即"有计划、有目的、有组织地给予受教育者职业知识、职业技能和职业素质培养的教育活动"。因此，本研究中的学校职业教育只包括中等职业教育和高等职业教育。

职业教育的校企合作属于广义上的校企合作的范畴。广义的校企合作是指学校教育机构与产业界在人才培养、科学研究和技术研发等领域开展的各种合作活动。一方面，职业教育培养的高素质技术技能型人力资本是行业企业人力资本中需求数量最多的一种人力资本类型，它直接影响行业企业的技术创新、生产工艺和经营流程的优化以及产品质量的持续提高，关系到我国产业发展的水平和质量，关系到国民经济增长的效率和效益，职业教育对行业企业和国家经济社会发展的影响关系是通过高素质技术技能型人力资本而产生的；另一方面，行业企业是高素质技术技能型人力资本的接受者或使用者，要想得到满意的高素质技术技能型人力资本，行业企业也必须参与到职业教育高素质技术技能型人力培养过程中，必须参与职业教育校企合作的设计和实施。③ 这决定了职业教育校企合作的核心内容是职业院校与企业两个主体围绕高素质技术技能型人才的培养而进行的两个不同性质组织类型的合作，属于国际上通称的"合作教育"。2001年世界合作教育协会将合作教育定义为：将课堂上的学习与工作中学习结合起来，学生将理论知识应用于

---

① 辞海编辑委员会：《辞海》，上海辞书出版社2014年版，第2448页。

② 顾明远：《教育大辞典（第三卷）》，上海教育出版社1991年版，第227页。

③ 耿洁：《职业学校——企业潜在重要的利益相关者》，《中国职业技术教育》2010年第21期。

与之相关的获得报酬的实际工作中,然后将工作中遇到的挑战和见识带回学校,促进学校的教与学。[①]　基于此,可以将我国职业教育校企合作理解为职业院校和企业两个主体以培养适销对路的高素质技术技能型人才为目标,合作利用学校和企业两种教育资源与教育环境,实施理论与实践教学的有机融合,促进学生学习与工作实践的有序交替,使学生接受一定的职业训练、获得一定的工作经历,具有一定的创新创业思维及精益求精、一丝不苟的职业精神,能够胜任未来从业岗位、独立开展工作并承担社会责任。

它包含以下三个方面的含义:第一,职业院校与企业两个相对独立的社会组织类型进行合作的主要目的是培养高素质技术技能型人才,这既是一种职业院校的教育行为,又是一种企业的人力资源开发行为,也是一种职业院校与企业之间的资源交换行为,不仅要符合职业教育自身的内在规律,而且要遵循市场经济平等互利的基本原则。[②]　第二,职业教育事业属于社会公共事业,学校职业教育属于准公共产品范畴,职业院校与企业之间的合作行为具有社会公益性质,需要政府贯彻国家职业教育意志,提供公共政策和公共财政的规范和支持。其原因在于职业教育是提高劳动生产率的重要手段,是对就业贡献最显著的一种教育,是培养高质技术技能型人才的主要途径,是把科学知识转化为具体技能和现实生产力的桥梁,是实现社会稳定、促进教育公平以及提升行业企业、国家竞争力,实现国民经济可持续发展的重要基础,职业教育校企合作的最终目标是通过促进人的全面发展,提高国民经济增长的效率与效益。第三,校企合作涉及职业院校、行业组织、企业、政府等多个职业教育利益主体,需要围绕"利益表达与整合"的现实主题,遵循利益相关者共同治理的原则,建立多元利益主体共同参与校企合作培养高素质技术技能型人才的治理结构,提高他们参与校企合作的主动性、合理性与协调性。

总之,职业教育校企合作实质上是一种高素质技术技能型人才培养治理,是聚集行业企业、政府、学校等各方教育资源,解决职业教育人才培养的资源局限性的过程,增强了高素质技术技能型人才培养的针对性和灵活性,其本质在于立德树人,促进毕业生体面就业,培养具备"大国工匠"潜质的优秀技术技能型人才,反映的是教育与经济的联系;校企合作是职业教育计划与市场结合的载体,具有周期性、风险性和多方受益性的特点,职业院校是国家教育计划下的职业教育组织机构,企业是政府主导下的学校职业教育合作者。在职业教育校企合作过程中,需要

---

①　周明星:《现代职业教育本质属性探析》,《教育与职业》2003 年第 1 期。

②　余祖光:《职业教育校企的机制研究》,《中国职业技术教育》2009 年第 4 期。

政府计划委托和市场购买相结合，需要用好计划和市场两种手段，①职业院校应当认真执行，政府应当切实保障和大力支持。

（二）关于教育机制的理解

职业教育校企合作机制既属于广义上的教育机制的范畴，也属于广义上的制度范畴。因此，要认识何为职业教育校企合作机制，就首先要理解"机制"本身的内涵。"机制"一词最早源于希腊文"mechane"，在《辞海》中借指事物的内在工作方式，包括有关组成部分的相互关系以及各种变化的相互联系。② 我国学者对机制本义的典型看法有"机制是指构造及其制动原理和运行规则"③、"机制是机器的构造和动作原理"④，这两种看法意思基本接近。《现代汉语词典》中对机制的第一种解释为"意指机器的构造和动作原理"。⑤ 基于以上几种对机制本义的界定，本研究认为机制的本义是指"机器的构造和动作原理"。此理解包括两个方面的内容：一是机器由哪些部分构成和为什么由这些部分构成；二是机器是如何工作的和为什么要这样工作。因为弄清了机器是由哪些部分构成，它们部分之间是一种什么关系，以及这种关系是用一种什么方式联系起来的，就弄清了机器的构造及工作原理即机制。由此，可以将机制定义为"机器各部分之间的相互关系及其运行方式"。当人们把机制的本义引申和应用于不同领域，就产生了不同的机制。如引申和应用到生物领域，就产生了生物机制，指生物体各部分之间的相互关系及其运行方式；引申应用到社会领域，就产生了社会机制，指的是社会各部分之间的相互关系及其运行方式。通过对"机制"的本义和引申义的分析，我们可以将机制定义为事物或现象各部分之间的一种相互关系及其运行方式。⑥ 要准确理解机制这个概念，我们需要把握两点要义：一是事物各部分的存在是机制存在的前提，因为事物有各部分的存在，就有一个如何协调各部分之间关系的问题；二是协调各部分之间的关系一定是一种具体的运行方式，机制是以一定的运作方式把事物的各部分联系起来，使它们协调运行而发挥作用的。

---

① 陈玺名：《职业教育校企合作中的计划与市场》，《现代教育管理》2015 年第 1 期。
② 夏征农：《辞海（中册）》，上海辞书出版社 1999 年版，第 3548 页。
③ 陈芸：《机制的由来及其演化》，《瞭望》1988 年第 50 期。
④ 张建新：《社会机制的含义及其特征》，《人文杂志》1991 年第 6 期。
⑤ 现代汉语编辑委员会：《现代汉语词典》，商务印书馆 2000 年版，第 582 页。
⑥ 孙绵涛：《教育管理学》，人民教育出版社 2008 年版，第 284—306 页。

"教育现象"是教育学的研究对象。① 运用历史唯物主义方法论对教育现象的范畴进行研究发现,教育现象由教育活动、教育体制、教育机制和教育观念四个基本范畴组成。应用这四个范畴的应然逻辑,可以建构以教育活动、教育体制、教育机制和教育观念为基本范畴的新教育学逻辑体系,也可以厘清教育改革的思路。② 因此,根据对机制本义的认识和理解,我国学者认为"教育机制就是指教育现象各部分之间的相互关系及其运行方式。这种运行方式可以把教育的各个部分有机联系起来、整合起来,使教育能够发生其应然作用"③。任何一个概念都有内涵和外延,这是概念的基本特征。在逻辑学的学术范围内,概念的逻辑结构分为"内涵"与"外延"。内涵是指一个概念所反映的思维对象本质特有的属性的总和;概念的外延是指具有该概念所反映的本质属性的一切对象。在明确了教育机制概念内涵的同时,我们还必须掌握教育机制概念的外延。以教育现象内部的基本联系或者基本联系方式为标准,可以将教育机制的类型划分为以下三种基本类型和九种子类型:④一是教育的层次机制,即从层次范围的角度来考察教育现象各部分的相互关系及其运行方式所得出的机制,包括宏观教育机制、中观教育机制和微观教育机制三种子机制;二是教育的形式机制,即从形式的角度来考察教育现象各部分的相互关系及其运行方式所得出的机制,包括行政—计划式、指导—服务式和监督—服务式三种子机制;三是教育的功能机制,即从功能的角度考察教育现象各部分的相互

---

①　本研究认为"教育现象"作为教育学研究对象具有合理性。因为教育现象体现了教育学的学科独特性,教育现象具有高度概括性,教育现象体现出了研究话题的公共性,只有研究教育现象才能揭示教育规律。具体参见高鹏、杨兆山:《"教育现象"何以是教育学的研究对象》,《教育研究》2014 年第 2 期。

②　我国学者认为"研究教育现象的基本范畴,有人分为抽象方法论和自然生成方法论两种基本的类别。历史唯物主义是一种科学的人为抽象方法论,这种方法论对教育现象范畴具有认识起点科学、认识过程合理、认识步骤明晰的特点。运用这种方法论对教育现象的范畴进行研究发现,教育现象由教育活动、教育体制、教育机制和教育观念四个基本范畴组成,应用四个范畴的应然逻辑,可以建构以教育活动、教育体制、教育机制和教育观念为基本范畴的新教育学逻辑体系,也可以厘清教育改革的思路。运用四个范畴的应然逻辑,可以建构以教育活动、教育体制、教育机制和教育观念为基本范畴的新教育学逻辑体系,也可以厘清教育改革的思路。另外,可以从社会活动、社会体制、社会机制和社会观念四个范畴来认识整个社会现象,也可以按这四大范畴的应然逻辑所体现的思路来推进整个社会的改革,还可以从活动、体制、机制和观念四个范畴去认识相关社会科学所研究的社会现象,从而建构这些学科的学科范畴体系。"具体详见孙绵涛:《教育现象的基本范畴研究》,《教育研究》2014 年第 9 期。

③　同上。

④　同上。

关系及其运行方式所得出的机制，包括激励机制、制约机制和保障机制。

基于上述对教育机制的理解我们可以看出，教育机制的改革或者构建，从内涵来说，是指对教育现象各部分之间的相互关系及其运行方式的改革；从外延来讲，就是对教育层次机制的改革，包括宏观机制、中观机制和微观机制的改革；是对教育层次机制的改革，是对教育形式机制的改革，包括行政—计划式的机制、指导—服务式的机制和监督服务式的机制改革；是对教育功能机制的改革，包括激励机制、制约机制和保障机制的改革。

（三）关于教育体制的理解

教育体制与教育机制的关系是目前我们在理论建构和改革实践中经常用到却又容易混淆的一个很现实的理论问题，比如有时候人们会将教育体制等同于教育机制，有的人认为教育机制包含了教育体制，还有的人认为教育体制包含了教育机制。因此，在探讨教育机制概念的同时，本研究还必须对教育体制的概念加以界定。

"体制"一词的英文为"system"，而"system"在汉语中则又有"体系"、"系统"、"制度"、"身体"、"方法"以及"体制"等多种意思。在我国古汉语里，"体制"的释义有：诗文书画等的体裁、格调；①格局、规格；②结构；③组织制度；④规矩⑤等。在《辞海》中，"体制"是指国家机关、企事业单位在机制设置、领导隶属关系和管理权限划分等方面的体系、制度、方法、形式等的总称。⑥ 对关于什么是教育体制，《教育大辞典》和《教育管理辞典》的同一解释为"国家各级教育行政机构和企、事业单位教

---

① 详见南朝·梁·刘勰的《文心雕龙·附会》："夫才童学文，宜正体制，必以情志为神明，事义为骨髓，辞采为肌肤，宫商为声气。"

② 详见宋·程大昌的《演繁露·投五木琼橩玖骰》："博之流为拇蒱，为握槊（即双陆也），为呼博，为酒令，体制虽不全同，而行塞胜负取决於投，则一理也。"

③ 详见清·顾炎武的《北岳庙》诗："岳祠在其中，巍巍奉神殿，体制匹岱宗，经营自雍汴。"

④ 详见南朝·宋·孝武帝的《重农举才诏》："尚书，百官之本，庶绩之枢机；丞郎列曹，局司有在。而顷事无巨细，悉归令仆，非所以众材成构，羣能济业者也。可更明体制，咸责厥成，纠覈勤惰，严施赏罚。"

⑤ 详见《二刻拍案惊奇》卷十五："侍郎不肯受礼，道：'如今是朝廷命官，自有体制。且换了冠带，谢恩之后，然后私宅少叙，不迟。'"以及《儿女英雄传》第四十回："一个钦命二品大员，正合着'三命而不齿'；体制所在，也不便过於合他两个纡尊降贵；只含笑拱了拱手。"

⑥ 夏征农：《辞海（中册）》，上海辞书出版社 1999 年版，第 644 页。

育行政机构设置、隶属关系、权限划分等方面的体系及制度的总称"①。在此基础上,我国学者经过深入的理论研究和实践分析,形成了体现我国教育制度语境的关于教育体制的理解,即"教育体制就是教育机构与教育规范这两个要素的结合体或统一体"②,并为教育理论界和政府部门决策所接受采纳。其中教育机构包括教育实施机构和教育管理机构。教育实施机构主要指的是各级各类学校教育机构和社区教育机构;教育管理机构则是指各级各类教育行政机构和各级各类学校的内部管理机构。教育规范指的是用来建立并维持教育机构正常运转、发挥应然功能的规章制度。学校教育机构与其对应的规范有机结合,就形成了各级各类学校教育体制;教育管理机构与其对应的规范有机结合,就形成了各级各类教育管理体制。其中,学校内部管理机构与其对应规范有机结合,就形成了各级各类学校的内部管理体制;教育行政机构与其对应的规范有机结合,就形成了各级各类教育行政管理体制。在教育体制的两个基本构成要素中,教育机构是教育体制的载体,教育规范是教育体制的核心。没有教育机构,教育体制就失去了赖以存在的组织基础;没有教育规范,教育机构无法建立,即使建立了也难以正常运行。这些是因为教育规范一般反映了政府的意志或者管理者的意志。在教育体制的两个子体制系统中,学校教育体制是整个教育体制得以构成和运行的前提;教育管理体制是整个教育体制得以构成和运行的保障。在教育管理体制的两个子体制系统中,教育行政体制是指国家对宏观教育的管理体制,学校管理体制是指微观教育的管理体制。

从对教育体制范畴的理解可以看出,我们所讲的教育体制改革与教育机制创新或者构建在内容上确实所指不同。教育体制改革的内涵是教育机构和教育规范即教育制度的改革,其核心是教育制度的改革即关于教育机构职责权限制度的改革;外延则是指各级各类学校教育体制和各级各类教育管理体制的改革,包括各级

---

① 参见顾明远:《教育大辞典》,上海教育出版社 1990 年版;李冀:《教育管理辞典》,海南人民出版社 1989 年版。

② 我国学者孙绵涛认为,中国的教育体制理论对于国外的教育学者来说,是一个容易引起歧义和误解的理论,因为教育体制翻译成英文,一般都译成"education system",而"system"又有"系统"、"体系"和"制度"等多种意思。把教育体制理解成为教育制度是欠妥当的,因为中文里的教育制度和教育体制是在不同的意义上来使用的。他认为,为避免引起对教育体制的歧义和误解,应该用汉语拼音的"tizhi"来代替"system",并提出教育体制(education tizhi)是教育机构与教育规范的结合体或统一体。此学术论断得到了学界的普遍认可,也被百度百科所收录,并被越来越多地应用于教育体制改革的实践之中,本研究采用这样的学术观点。具体参见孙绵涛:《教育体制理论的新诠释》,《教育研究》2004 年第 12 期;孙绵涛:《教育管理学》,人民教育出版社 2008 年版,第 217 页。

各类教育行政体制和各级各类学校管理体制的改革。教育机制是"教育现象各部分之间的相互关系及其运行方式"，而教育体制是用来规范组织机构和人员的行为。然而，教育机制是可以用教育体制来体现的，也就是说，教育现象各部分之间的相互关系及其运行方式可以用教育体制表现，用以更好地约束组织机构和人员的行为，以使教育机制更好地发挥应然作用，或者说是更好地形成长效教育机制。因此，在教育改革实践中，教育体制改革与教育机制创新是相互联系的，原因在于二者的产生发展的过程是密切相关的，二者在结构上是相融的，在性质与功能上是互补的；在范围上教育机制创新包含了教育体制改革。①

（四）关于"职业教育校企合作机制"概念的生成

正如前论述的教育学的研究对象是"教育现象"，职业教育校企合作作为一种高素质技术技能型人才培养治理的教育现象存在，职业教育校企合作机制属于教育机制的范畴。根据上述对"职业教育校企合作"和"教育机制"概念的理解，本研究将职业教育校企合作机制界定为，职业院校与企业合作培养高素质技术技能型人才现象各部分之间的相互关系及其运行方式。这种运行方式可以把职业教育校企合作培养高素质技术技能型人才的各部分有机联系和整合起来，使校企合作治理产生促进受教育者全面发展和服务经济社会发展的应然作用。本研究认为，职业教育校企合作机制实质上就是一种高素质技术技能型人才培养治理结构，没有一成不变的"范式"和现成的"模式"可以遵循，具有因时因地、因校因企的自主性、创新性、发展性和实践性。

以职业教育校企合作培养高素质技术技能型人才现象各部分之间的内在联系或者联系方式为标准，职业教育校企合作机制划分为以下三种基本类型和九种子类型：一是校企合作的层次机制，包括宏观、中观和微观三种机制；二是校企合作的形式机制，包括行政—计划式、指导—服务式和监督—服务式三种；三是校企合作的功能机制，包括激励、制约和保障三种机制。这三种职业教育校企合作基本类型的机制有机联系、相互渗透、相互呼应和互为补充，层次机制、形式机制以及功能机制是职业教育校企合作培养高素质技术技能型人才现象各部分得以运行和发展的基本方式，构成了校企合作培养高素质技术技能型人才现象各部分内在联系及运行方式的内在逻辑结构，这三种类型的机制也是我们考察职业教育校企合作运行方式的三个基本维度，体现了我们认识和理解职业教育高素质技术技能型人才培

---

① 孙绵涛：《教育管理学》，人民教育出版社 2008 年版，第 286—288 页。

养治理现象各部分内在联系及运行方式的应然逻辑。

1. 校企合作的层次机制

职业教育校企合作的层次机制是从层次范围的角度来考察职业教育校企合作培养高素质技术技能型人才现象各部分的相互关系及其运行方式,包括宏观机制、中观机制和微观机制。校企合作的宏观机制是指从组织的高层着手,从整体出发,运用整齐划一的方式把职业教育校企合作的各个部分统一起来,从而使校企合作发挥促进高素质技术技能型人才培养的作用,体现出一定的刚性要求和强大的执行力。这里的宏观并非单纯指层次上的高和范围上的大,还是指在一定的层次上和范围内各部分的统一。职业教育校企合作按统一的方式来运行从而发挥不同层次或不同方面校企合作培养高素质技术技能型人才的作用等,都可视为宏观的校企合作机制。校企合作的中观机制是从组织的中层着手,在这一层面上用统一的方式将校企合作培养高素质技术技能型人才统一起来发挥作用。校企合作的微观机制则是指从校企合作培养高素质技术技能型人才的各个组成部分着手,充分调动各组成部分的积极性和主动性来发挥校企合作的作用。这种机制具有基层性、个别性的特点,即微观的校企合作机制是把着眼点放在某一层次或每个校企合作的基本组成单位上,通过调动每一个基本的组成单位的积极性和主动性来发挥校企合作培养高素质技术技能型人才的整体功能。

2. 校企合作的形式机制

职业教育校企合作的形式机制是从形式呈现的角度来考察职业教育校企合作培养高素质技术技能型人才现象各部分之间的相互关系及其运行方式,包括行政—计划式机制、指导—服务式机制和监督—服务式机制。行政—计划式机制是指用行政和计划的手段把校企合作高素质技术技能型人才培养的各个部分统一起来使之得以有效运行。其中行政的手段是指运用诸如出台政策文件、立法保障、检查考核、评估表彰等方式;计划的手段则是指运用诸如给予财政专项拨款、减免税收、信贷支持等方式。指导—服务式机制即以指导的方式和服务的方式去协调校企合作高素质技术技能型人才培养各部分之间的相互关系。在指导方面,政府对职业院校和企业进行合作只是提供相关政策安排;在服务方面,政府对职业院校和企业进行合作只是提供物质方面的支持、有关信息方面的供给和支持行业组织发挥作用等。监督—服务式机制则是指既运用行政—计划的方式,也运用指导—服务的方式去协调校企合作高素质技术技能型人才培养现象各部分之间的关系。在实际的职业教育校企合作高素质技术技能型人才培养实践中,相对于上述两种机制,监督—服务式机制的运用更为普遍。因为,在社会主义市场经济条件下,职业教育校企合作高素质技术技能型人才培养不仅要遵循市场经济的基本原则，而且要符合职业教育发展的基本规律要求，规范和激励职业教育校企合作高素质技术技能型人才培养的可持续发展不可能运用一成不变的单一方式，要根据区域经济社会发展和职业教育改革发展的实践需要有所侧重，体现因时因地的自主性、创新性、发展性和实践性。

3. 校企合作的功能机制

职业教育校企合作的功能机制是从功能效用的角度考察职业教育校企合作高素质技术技能型人才培养现象各部分的相互关系及其运行方式，包括激励机制、制约机制和保障机制。激励机制是指用激励的手段发挥激励的功能来调动职业教育校企合作各个方面的积极性和主动性。激励机制包括通过提高校企合作多元利益主体合作共赢的价值认同、高瞻远瞩的利益认知、服从大局的协同配合以及互信互谅的包容意识等来调动各方的积极性，以及通过满足各方合理的利益诉求来调动他们的积极性。制约机制是指用制约的手段保证职业教育校企合作高素质技术技能型人才培养有序化、规范化的方式。这种机制从纵向上来说，有政府主管部门对行业组织、职业院校和企业的制约，职业院校与企业之间的制约以及行业组织对职业院校和企业的制约；从形式上来讲，有行政制约、法律制约和舆论制约。保障机制是指为校企合作活动提供物质保障和精神鼓励的方式。这种机制一般有三种实现方式：一是提供经费、设备、场地、技术等物质保障；二是提供舆论或观念的导向、理论研究的指导、政策法规的支持和灵活多样的制度保障等精神条件；三是搭建各种服务和资源共享平台，提供灵活多样的管理或服务。

二、理论支撑阐释

我国职业教育校企合作机制的构建在本质上作为一种高素质技术技能型人才培养治理结构的制度安排，除了具有坚实的实践基础之外，也具有其坚实的理论基础。职业教育校企合作机制构建的研究涉及教育学、管理学、社会学、法学等多学科的知识和理论。基于此，本研究运用产教融合理论、利益相关者理论、交易费用理论和公共治理理论的知识、视角和思维，建构研究职业教育校企合作机制的理论基础，为构建南通市职业教育校企合作机制的制度安排提供理论支撑。

（一）产教融合理论：职业教育校企合作机制研究的本体理论

本体论问题是哲学体系的基石，是解决一切哲学问题的基础和出发点。1996

年出版的《马克思主义哲学全书》把本体论解释为"关于一般的存在和存在本身的哲学学说"。① 然而,到目前为止,对于本体论,还没有统一的定义和固定的应用领域。斯坦福大学的 Gruber 给出的定义得到了许多同行的认可,即本体论是对概念化的精确描述(Gruber,1995),本体论用于描述事物的本质。"产教融合"强调基于"校企合作、工学结合",以产业的优质教育资源支撑职业教育高素质技术技能型人才培养。从职业教育产教融合到职业教育校企合作机制构建,反映了职业教育校企合作培养高素质技术技能型人才发展的应然逻辑。

1. 产教融合理论要义

"产教融合"理论作为校企合作机制研究的本体论,起源于马克思主义教育学说"教育与生产劳动相结合"的重大理论。在蒸汽机应用和资本主义走向成熟的背景下,马克思从分析研究现代生产、现代科学、现代生产劳动和现代教育的本性中,提出了教育与生产劳动相结合的观点②。马克思主义"教育与生产劳动相结合"的理论揭示了职业教育产生的根源,构成了职业教育的本质特征和内在要求。根据不同历史时期经济社会发展需求,马克思主义"教育与生产劳动相结合"理论与不同国家实际相结合,在实践中不断得到丰富和发展。中国共产党人在继承马克思主义"教育与生产劳动相结合"理论的基础上,创造性地将其与不同时期中国特色社会主义建设伟大实践有机融合,使其中国化不断得到丰富和发展,并将"教育与生产劳动相结合"作为指导我国各级各类教育改革发展的指导思想和基本方针,从而为我国职业教育校企合作思想的确立提供了理论支撑。

结合当前社会主义市场经济条件下,我国经济社会发展的新阶段以及职业教育发展的新特征,在继承和发展马克思主义教育学说"教育与生产劳动相结合"理论的基础上,中国共产党人与时俱进,2013 年在《中国共产党十八届三中全会全面深化改革决定》中提出了"产教融合、校企合作"的思想,实现了马克思主义"教育与生产劳动相结合"理论及其校企合作思想中国化的又一次历史性飞跃,形成了新的关于我国职业教育校企合作的指导思想和我国职业教育发展的理论创新。"产教融合"理论及其思想的确立,使我国行业企业参与现代职业教育的宏观、中观、微观要求日趋明确,即在国家现代职业教育宏观政策制度安排上遵循"产教融合",在中观的职业院校办学模式改革层面上要体现"校企合作",在微观的高素质技术技能型人才培养模式改革层面上要坚持"工学结合",发挥企业重要办学主体作用。

---

① 李淮春:《马克思主义哲学全书》,中国人民大学出版社 1996 年版。
② 成有信:《教育与生产劳动相结合问题新探索》,湖南教育出版社 1998 年版,第 24 页。

　　"产教融合"包含两方面的含义：一是行业的主体（企事业单位）与职业教育的主体（职业院校）的结合；二是行业企业的生产经营过程与职业院校的教育教学过程的融合。"产教融合"是现代职业教育的本质特征，是现代工业社会的产物，有利于从根源上依托产业的优质教育资源支撑职业教育人才培养。从根本上讲，体现了职业教育"知行合一"这个基本的原则，是为了实现现代职业教育中的人才培养与生产劳动、产业科技发展的结合，实现社会化的终身学习体系中的职业教育与经济、政治、文化等社会改革发展的密切结合，有利于解决职业教育人才培养的资源局限性问题，促进学生全面、可持续发展。增强现代职业教育人才培养的针对性和适应性。

　　从历史发展来看，职业教育是大工业生产以及劳动分工的产物，其人才培养源于行业、企业的内在需求。同时，在供需上行业、企业和职业教育又相互依存；职业教育要提高办学水平和人才培养质量，离不开行业、企业在技术技能、经费、设备、实训场所、人员等方面的支持；职业教育人才培养质量的提高可以为行业、企业提供优质的技术技能人力资本。在行业企业看来，职业教育的人才培养要与当地的产业相配套，要突出人才培养的针对性和实践性，要与行业企业的需求有效对接，努力实现职业教育人才培养与企业岗位的"无缝对接"。

　　"产教融合"使我国职业教育在内涵和外延上，都已经跨越以往传统意义上的教育范畴，即职业与教育、企业和学校、工作与学习，职业教育成为一种跨界的教育。"产教融合"是破除要素驱动发展壁垒，满足我国经济社会发展转型对高素质技术技能型人才需求的必由之路，"产教融合"成为我国职业教育办学新常态，也是我国职业教育履行新使命、谋求新发展的内在要求。职业教育产教融合，有利于职业教育深刻把握区域产业和经济发展需求，将自身发展与区域产业和经济的发展紧密结合起来，以区域产业和经济发展为驱动力，主动与行业企业深度融合，将职业院校自身的人才培养、科技研发、文化传承创新和职业培训优势最大限度地发挥出来，为区域产业和经济发展培养大批高素质技术技能型人才；提升区域产业的创新能力，释放产业活力；优化产业职工培训工作成效，提升产业人力资本优势，为区域产业和经济持续发展注入活力。

　　在当前我国全面深化改革、建设制造强国的大背景下，中国将建设和完善现代职业教育体系作为增强国家竞争力的战略选择，力求在新一轮国际竞争中建立巩固的、可持续的人才和技术竞争优势。中国共产党从战略高度出发，将"产教融合"确立为我国职业教育的战略思想，就是要促进封闭的职业教育向开放的社会化学习体系转变，使人才培养同产业发展、科技进步、社会生活需要更加紧密结合，促进技术技能训练情境化，培养工匠精神，使高素质技术技能型人才培养真正落地。这既是我国职业教育发展哲学的重大转变,也是一种"以学生为中心"的育人理念,有利于增强学生能力和素质的社会适应性,彰显了职业教育的"立人"价值。

2. 产教融合理论的启示

"产教融合"基于高素质技术技能型人才"专业能力、方法能力和社会能力"培养的辩证关系,强调发挥企业重要办学主体作用,促进专业教育与创新创业教育的有机融合。职业教育作为我国教育体系中的一种跨界的教育类型,其类型特征也正好反映了"产教融合"的本质要求。中国共产党人"产教融合"的职业教育哲学为我们对接国际惯例和趋势,构建符合中国国情的职业教育校企合作机制提供了扎实的理论根基和方法论指导。从国际经验来看,在如何实践"产教融合"的问题上,世界各国立足本国的政治、经济、文化、科技发展实际,灵活选择"校企合作"模式,形成了具有本国特色的融合,如典型的德国"双元制"、英国的"现代学徒制"、澳大利亚的 TAFE 等,为本国经济社会发展提供了大批具有"工匠精神"的技术技能型人才支撑。因此,在推动我国职业教育校企合作治理创新的实践中,我们要树立跨界的思维,贯彻"创新、协调、绿色、开放、共享"的发展理念,将促进人的全面发展与经济社会协调发展作为校企合作机制建构的目标,坚持"工学结合、知行合一",围绕"产教融合、校企合作"重塑我国职业教育发展路径和办学模式,形成有中国特色的职业教育发展范式,推动职业教育融入经济社会发展和改革开放的全过程,实现职业教育与技术进步和生产方式变革以及社会公共服务相适应,促进国民经济提质增效升级。具体要做好以下方面工作的设计和推进。

一是加强职业教育校企合作机制体制的协同创新。政府、行业组织、企业和职业院校等职业教育利益相关者在充分表达各自诉求的基础上,共同协商加强校企合作体制机制的协同创新,集聚社会资源投入到职业教育人才培养中,探索形成人力资源、教学资源、平台资源、设备资源等各类资源的有偿共享机制和标准。二是推进职业教育专业设置与产业需求的对接,把产业链、人才链、价值链统一起来,按照产业链的要求来组建专业群,构建专业围绕产业动态调整机制,保障全产业链人才持续、有效的供给。三是推进职业教育课程内容与职业标准对接,按照产业和科技发展水平、产业先进标准设计课程结构和内容,增强课程教学内容对产业技术进步的反应速度,在教学资源上要突出同步性,避免与行业企业需求脱节。四是推进职业教育教学过程与生产过程对接,基于行业企业生产、经营、服务以及技术创新过程设计课程体系,创设"理论结合实践"的生活、工作场境或学习情境,通过真实案例、真实项目教学使技术技能情景化,使专业技能培养与职业伦理培养融于一体。五是推进职业院校毕业证书与职业资格证书对接的"双证融通"制度,探索"国内职业资格＋国际职业资格"模式,使职业院校合格毕业生能够通晓国际规则、符合国际标准,服务国家"走出去"战略。六是推进职业教育与终身学习对接,促进职业教育与社会的边界日益融合,构建学校、企业、社区一体化的教育体系,满足学习者为职业发展而学习的多样化需求。七是推进产业文化与学校文化对接,推进绿色工业文化进校园、职业文化进课堂,将生态环保与绿色节能、清洁生产与循环经济等理念以及"生物圈意识"、"亲自然情结"、"工匠精神"融入教育教学过程,用绿色工业文化引领人才培养。八是推进职业院校内部治理与外部的有效对接。在我国法律法规框架内加快完善校企合作的职业院校内部治理结构,支持职业院校建立学校、政府、行业、企业、社区等共同参与的学校理事会或董事会,促进职业院校人才培养与行业企业需求的有效对接和缓冲外部对其办学的冲击。

（二）利益相关者理论：职业教育校企合作机制研究的理论前提

在当前我国社会转型的关键时期,利益主体多元化、利益表达常态化已经成为一种不可否认的社会现实,利益表达与协调是一种合理的公共需求。职业教育"产教融合、校企合作"的"跨界"属性也决定了我们必须理性审视职业教育校企合作中的利益主体多元化、利益表达常态化的客观事实。"利益相关者理论"作为一种利益相关者分类和管理的分析框架,为我们从制度化利益表达与协调的视角厘清职业教育校企合作机制属于利益制度范畴的本质,有效促进多元利益主体共同参与校企合作治理提供了有益的理论基础。

1. 利益相关者理论要义

"利益相关者理论"(Stakeholder Corporate Governance Theory)是对传统股东至上主义理念挑战的一种公司治理理论。最早、最经典的定义是由国外研究利益相关者的集大成者——弗里曼(Freeman)1984年提出的:企业的利益相关者就是"那些能够影响企业目标实现,或者能够被企业实现目标过程影响的任何个人和群体"[①]。弗里曼提出的"利益相关者"的定义成为此后关于利益相关者界定的一个标准范式,并为人们了解和研究企业战略提供了一种新的、可借鉴的研究方法。伴随着利益相关者理论和研究方法在公司治理领域的运用和产生变革性影响,国内外学者也开始尝试借鉴利益相关者理论,并从不同角度对教育包括职业教育的

---

① Freeman R E. *Strategic Management：A Stakeholder Approach*. Boston：Pitman，1984：23.

利益相关者问题进行了研究。关于利益相关者的定义，正如我国学者胡赤弟所认为的，顾名思义是由"利益"和"相关者"两个概念构成。"利益"代表利益相关者的质规定性，而"相关性"代表利益相关者的量或程度规定性，两者缺一不可。此外，没有无缘无故的利益，有投入才有利益，不管是经济的还是非经济的。所以说，利益相关者一定是建立在投入基础上，并能够获得一定利益，并由此建立起来的密切联系的人群。①

美国学者米切尔（Mitchell）提出了基于"合法性、权力性和紧迫性"三个特征的不同组成对可能的利益相关者进行分类的"三维分析法"。所谓合法性，是指利益关系具有合法的来源；所谓权力性，是指利益关系具有足够的影响力；所谓紧迫性，是指利益关系具有紧迫感。三维分析法对利益相关者的利益关系进行的较为全面的具体化分析比较，使人们对利益相关者的理解更加具有现实感。② 从经济学、社会学的视角看，职业教育是全体社会成员都需要的一项公共产品，是市场不能有效提供而必须由政府主导供给的一项公共服务，符合国家和社会的公共利益，可以使国家、社会、企业和个人四个主体共同收益。通过发展职业教育，国家可以获得发达生产力与核心竞争力，社会可以实现稳定与和谐，企业可以获得产品竞争力和附加值，个人可以提高生存能力和工资收入水平。职业教育校企合作是职业教育计划与市场结合的载体，不仅要符合职业教育自身的内在规律，而且要遵循市场经济平等互利的原则，有效维护和协调好利益相关者的利益。

利益相关者作为一种研究方法，用这种方法来研究企业与职业院校的关系，为我们研究职业教育校企合作机制的构建提供了很多有益启发。但是"利益概念不是对社会存在的一般性说明，利益所张扬和凸显的正是人类社会存在的主体性层面，利益具有明显的主体性特征"③。关于主体，马克思将其界定为处于一定社会历史联系中的、有意识有目的的能动地进行认识世界和改造世界活动的人。故而所谓的利益主体就是利益的创造者、追求者、支配者、消费者和归属者，即在一定社

---

① 胡赤弟：《教育产权与现代大学制度构建》，广东高等教育出版社 2008 年版，第 160—161 页。

② Ronald K Mitchell，Bradley R Agle，Donna J Wood. *Toward a theory of stakeholder identification and salience：defining the principle of who and what really counts*. Academy of Management Review，1997，22(4)：853-886.

③ 张玉堂：《利益论——关于利益冲突与协调问题的研究》，武汉大学出版社 2001 年版，第 49 页。

会关系下通过各种实践活动来直接或间接地追求自身物质需要和精神需要满足的人。① "在现实社会中,利益主体就是现实社会中的人,是处于一定组织结构之中的人,处于一定的群体之中的人,他既可以是个人,也可以是某种群体或者组织。"②作为职业教育的利益主体与职业教育的利益相关者相比,利益相关者涵盖的权益主体过于宽泛,在进行校企合作机制的设计过程中不利于主体指向明确,且利益相关者理论的运用需要具备行业组织发展好、公民社会发育好、政府教育管理职能实现转变等坚实的社会基础。

基于对我国职业教育的本质特征、发展规律的分析以及对利益主体和利益相关者之间差异的理解,本研究将我国职业教育的利益主体界定为:对职业教育有一定"投入",能从职业教育获得一定利益并产生一定影响的各类主体(个人或群体)。借鉴米切尔的"三维度分析法",我们可以看出我国职业教育的主要利益主体包括:职业教育的举办者—(地方)政府,追求国家和地方发展的竞争力;职业教育的重要办学主体—企业,追求高素质的技术技能型人力资本;职业教育发展的重要主体—行业组织,追求对行业社会发展的贡献力;高素质技术技能型人才的培养者—职业院校,追求学校事业的可持续发展力;职业教育的接受者—学生及其家长,追求发展增值和实现全面发展;职业教育人力资本的重要提供者—教师,追求自我发展和自我价值的实现。他们都属于我国职业教育的主要利益主体。此外,伴随学习型社会的到来和终身教育体系的构建,社会公众对职业教育的选择力量、消费预期和个性化需求不断增长,是职业教育重要的潜在受教育群体,因而也是职业教育的主要利益主体,希望提供多样化可选择的高质量教育消费服务。

2. 利益相关者理论的启示

马克思曾明确指出:"人们为之奋斗的一切,都同他们的利益有关。"③职业教育可以使国家、社会、企业和个人共同受益,符合国家和社会的公共利益。从利益的角度看,职业教育校企合作机制,在本质上也是利益制度的范畴,是协调和维护职业教育利益相关者间利益关系的规则体系。它的效率性与可实施性以及校企合作培养高素质技术技能型人才培养目标的实现,无不受多元利益主体创造和获取利益的主动性、合理性与协调性的制约。基于利益分析,我们可以科学、理性地认

---

① 于文明:《中国公立高校多元利益主体生产与协调研究——构建现代大学制度的新视角》,高等教育出版社 2007 年版,第 35 页。

② 张玉堂:《利益论——关于利益冲突与协调问题的研究》,武汉大学出版社 2001 年版,第 46 页。

③ 马克思、恩格斯:《马克思恩格斯全集(第 1 卷)》,人民出版社 1995 年版,第 187 页。

识并有效解决当前职业教育校企合作实践中存在的多元利益主体之间的利益进行制度化整合与表达的关键问题,激发多元利益主体共同参与校企合作治理的内生动力。

第一,关于职业教育的举办者——(地方)政府的利益诉求。(地方)政府作为职业教育的举办者,具有提供公共产品、承担全部或者部分教育成本、保障公民教育权利实现的宪法义务,其举办职业教育的利益要求的性质属于国家和社会的公共利益。因为职业教育是提高劳动生产率的重要手段,对就业贡献最显著的一种教育,是培养高素质技术技能型人才的主要途径,是把科学知识转化为具体技能和现实生产力的桥梁,是促进教育公平、社会和谐、实现充分就业、社会稳定以及提升行业企业、国家竞争力,实现国民经济可持续发展的重要基础。这些作用正是国家及其(地方)政府所追求的目标。因此,国家和(地方)政府负有对职业教育校企合作的终极责任。在当前,面对第三次工业革命挑战,以推进工业和信息化深度融合为主线,创造产业新生态和经济新形态为目标,我国政府提出并制定了"互联网+"行动计划和《中国制造2025》行动纲领,建设制造强国的战略指引下,(地方)政府在增加对职业教育投入的同时,更加关注职业教育的办学绩效,更加关注职业教育对打造中国经济升级版,创造更大人才红利,促进就业和改善民生,满足人民群众生产生活多样化的需求的重要支撑作用。这些作用正是国家及其(地方)政府所追求的目标。因此,国家和(地方)政府负有对职业教育校企合作的终极责任。从根本上讲,(地方)政府的职业教育利益诉求是国家和民族的根本利益所在。(地方)政府掌握着财政、税收等公共资源,也只有政府才具有为企业参与职业教育校企合作实际成本和风险成本买单的能力和义务。(地方)政府是职业教育校企合作的实际责任者。作为社会公众利益代表者和国家管理者的各级政府,主导和促成职业教育企校合作,是其贯彻国家职业教育意志、管理和发展国家职业教育事业、承担国家职业教育责任、为社会提供职业教育服务的重要途径和方式。[①] 从国际经验来看,政府主导校企合作也是职业教育发达国家职业教育治理现代化进程中的一大特点。在当前我国推进职业教育"管办评分离",构建政府、学校、社会之间新型关系的改革大背景下,我国各级政府在推进企业参与职业教育治理的进程中,政府要履行好其重要职能—公平与秩序的提供与保障,[②]扮演好导航者、监督者和协调者的决策,履行好职业教育校企合作的统筹规划、政策法规设计、资金投入保障的公共职责,以最大限度地发挥市场机制的作用,以有效激励和吸引企业积极参与现

---

① 陈玺名:《职业教育校企合作中的计划与市场》,《现代教育管理》2015年第1期。

② 仲雯彬:《公共产品的法律调整》,法律出版社2008年版,第150页。

代职业教育治理发挥企业重要办学主体作用。

第二，关于职业教育的重要办学主体——企业的利益诉求。职业教育源于企业兴于企业。企业参与现代职业教育治理，对职业院校人才培养模式的影响是以自身技术技能型人才工作模式以及生产组织方式的变化为中介的。企业作为职业教育重要办学主体，是职业院校培养的高素质技术技能型人才的接受者或使用者，职业院校所培养的高素质技术技能型人力资本是企业人力资本中需求数量最多的一种人力资本类型，它直接影响创新技术的应用和产品质量的可持续提高。因此，企业要想得到满意的技术技能型人力资本，就必须参与到职业教育高素质技术技能型人才培养过程中，必须参与设计、实践"校企合作、工学结合"。职业院校对企业所具有的影响关系是通过对其提供高素质技术技能型而产生，同时企业对职业教育的影响关系也是基于参与高素质技术技能型人才的培养来实现的。高素质技术技能型人才培养质量的高低，在一定程度上受企业是否参深度参与职业教育影响。[1] 特别是伴随科技进步和产业转型升级，面对低成本竞争优势丧失和人力资本存量不足的双重压力，我国企业对参与职业教育办学的潜在需求正在变大。但是，企业作为一种社会组织存在的逻辑是创造经济价值，追求利润最大化。这决定了企业所做出的参与现代职业教育治理的选择都是基于权衡成本与收益做出的。尽管企业除了追求利润最大化外，还应承担包括参与职业教育高素质技术技能型人才培养在内的社会责任，但我们要清楚认识到，为社会培养高素质技术技能型人才并非企业的天然本职，企业并没有在法律之外无条件参与职业教育治理的义务。企业通过履行依法纳税的义务，基于委托—代理理论通过国家将培养自身所需要的合格高素质技术技能型人力资源的任务委托给职业院校。如果出现自身的生存发展与营利追求相矛盾，企业自然会拒绝参与职业教育治理、拒绝校企合作培养高素质技术技能型人才。对于企业的这种行为选择，社会公众无可指责。[2] 所以，企业一定是政府主导下的职业院校合作者，政府必须有效发挥公共治理职能，国家和政府理应对企业在校企合作中可能受到的利益损失和成本付出进行合法合理补偿，以有效引导企业发挥职业教育的办学主体作用。在国家职业教育校企合作法规政策的引导和激励下，基于降低培养符合自身发展需要的高素质技术技能型人才的成本选择，应当切实践行作为职业教育办学主体的校企合作育人的社会责任，在自身成本与收益率合理的范围内尽可能积极参与现代职业教育

---

① 耿洁：《职业学校——企业潜在重要的利益相关者》，《中国职业技术教育》2010 年第 21 期。

② 陈玺名：《职业教育校企合作中的计划与市场》，《现代教育管理》2015 年第 1 期。

治理。

第三,关于职业教育发展的重要主体——行业组织的利益诉求。行业组织是由同一行业内企业或其他相关主体组建或参加的并为实现共同利益的非政府性、非营利性、公权性和互益性的服务组织,在现代职业教育发展过程中起着不可替代的治理作用。根据委托—代理理论和行业组织的性质,行业组织作为职业教育发展的重要主体,身上存在三条可能的委托代理链,其中最重要的利益委托代理主体为行业中的企业,及时反映行业企业对职业教育发展的需求,这也是由职业教育的行业性所决定的。因为从本质上讲,行业组织是同行业企业组成的并为其谋利的组织,正如黑格尔在其《法哲学原理》中就明确指出:"同业公会的普遍目的是完全具体的,其所具有的范围不超过产业和它独特的业务和利益所含有的目的。"第二个利益委托代理的主体为(地方)政府,即通过发挥自身具有的行业先天优势,承接和履行政府赋予的部分职业教育管理职能,实现政府发展职业教育的社会公共利益。第三个利益委托代理主体为职业院校,表现为通过行业组织将职业院校办学服务师生发展的利益诉求反映给行业企业和政府,促进职业院校人才培养与社会需求的有效对接。

第四,高素质技术技能型人才的培养者——职业院校的利益诉求。职业院校作为政府提供公共职业教育服务的受托人和实施者,根据委托—代理理论,在其身上也存在四条可能的委托代理链,首先最重要的利益委托代理主体为政府和社会公众,如前所述其利益诉求表现为要求职业院校必须以服务社会公共利益为基本目标,切实肩负起培养高素质技术技能型人才的重任,促进教育公平、社会和谐,创造更大人才红利,促进就业和改善民生,满足人民群众生产生活多样化的需求。其次的利益委托代理主体为学生和教师,学生的利益诉求为通过在职业院校接受"工作和学习一体化"的培养,以实现自身人力资本的增值和增加改变自身经济和社会地位的可能性;教师的利益诉求为通过在职业院校从事高素质技术技能型人才培养工作为向"双师"职业化发展创造的机会增多和激励机制的完善。最后的利益委托代理主体为行业组织和企业,其利益诉求为希冀职业院校培养出符合行业企业所需要的高素质技术技能型人才。可以说,培养高素质技术技能型人力资本是职业院校与其上述利益委托代理主体发生利益关系的联结点。因此,在政府不断扩大职业院校办学自主权的改革背景下,职业院校作为面向市场办学的法人主体,必须加快完善校企合作的现代职业院校内部治理结构,不断提高高素质技术技能型人才培养效能,努力实现国家的现代职业教育人才培养目标。

第五,职业教育的接受者——职业院校学生的利益诉求。社会主义市场经济体制下,我国职业教育实施成本分担和"双向选择"就业,职业院校学生接受职业教育的利益诉求有两种价值取向:一是完人发展的价值取向;二是功利性职业发展的价值取向。所谓完人发展就是追求自身素质和知识水平的提高,求得自身的主体性发展;功利性职业发展的价值取向是和工作的稳定性以及与工作紧密相连的经济收入联系着的。现实中,功利性职业的价值取向对学生影响最大,即追求职业教育对个人的经济地位的改善。[1] 学生缴费接受职业教育的主要目的是为了获得广泛行业就业需求的专门职业技能和可持续发展的综合职业能力,以应对我国社会职业环境不断变革带来的挑战和满足自我终生职业生涯发展的需要。因此,他们以市场需求为导向,选择能够实现自身发展增值的职业院校和专业就读,希望职业院校能够按照高素质技术技能型人才成长规律,聚焦学生学习过程体验和学习成效,围绕专业发展、团队精神、健康生活、人文与科技素养、责任担当、实践创新等六大学生发展核心素养,建立学生综合素质发展标准,健全学生发展支持系统,改革有利于学生综合素质发展的"校企合作、工学结合"人才培养模式,提供贴近市场、有利于顺利就业或创业的个性化、人性化教育服务,接受"工作和学习一体化"的培养,能够成为"胜任工作要求的职业人",担任作为社会人的一定的职业角色,并能够凭借自身所从事的职业获取生存资本、社会资本、人力资本和教育资本等,实现人生价值追求。

第六,职业教育"人力资本"的重要提供者——职业院校教师的利益诉求。职业院校的教师作为专门履行职业教育教学职责的专业人员,是职业教育"人力资本"的重要提供者,他们的利益直接体现在当前我国社会因对职业教育需求的加强而重视和增大对职业教育的投入以及政策制度的改善,带来教师工作条件、经济待遇和社会地位的总体提高,以及为教师向"双师"职业化发展创造的机会增多和激励机制的完善。这需要政府和职业院校要完善教师专业发展标准,完善兼职教师任职资格标准、"双师"教师评聘标准、教师考核评价标准以及教师教学能力测试标准等,创新校企人员职务互聘互兼机制;搭建教师专业发展平台,建立教师专业发展支持体系;建立健全教师教学荣誉体系和表彰机制,激发教师教学荣誉感;重视人事制度—评价体系—收入分配体系的综合配套改革,激发每一位教师对职业教育教学过程的高投入。

最后,在我国社会总体职业环境及其构成都呈现出鲜明的动态变革性特征和建设学习型社会的时代背景下,职业教育是国家经济链条上重要的一环,职业教育将会被国家视作教育体系的"中流砥柱",未来接受职业教育与培训,必将成为人们

---

① 于文明:《中国公立高校多元利益主体的生成与协调研究——构建现代大学制度的新视角》,高等教育出版社 2007 年版,第 83 页。

生活的重要组成部分。社会公众作为职业教育潜在的受教育群体，要求职业教育能够以终身学习理念引领教育教学改革，提供以客户需求为导向的教育服务，满足社会成员不断提升文化和职业技能素养以及职业生涯持续发展的需要。

当前我国职业教育校企合作治理实践中不同程度存在的"政府失灵"和"市场失灵"现象的根源在于，没有能够与时俱进建立健全职业教育多元利益主体的利益表达与整合的方式——有中国特色的职业教育校企合作机制。[①] 这启示我们在构建我国职业教育校企合作机制的实践进程中，要结合我国职业教育发展的阶段特征，遵循职业教育发展的基本规律，以用动态、开放的观念为指导，切实发挥政府主导作用，实现对利益的制度化的表达和整合，满足职业教育不同利益主体能够通过合作、协商、伙伴的关系，确立和认同共同的目标实施对职业教育校企合作的共同治理，使他们作为我国职业教育发展的利益共同体和一致行动人，都能够朝着促进职业教育健康、协调、可持续发展的方向共同努力，以实现培养高素质技术技能型人才最终目标。

（三）交易费用理论：职业教育校企合作机制构建的经济理性阐释

尽管我国企业参与现代职业教育治理的目标在于校企合作培养高素质技术技能型人才，并与纯粹的经济合作有所不同，但其实质上还是职业院校和企业两个不同利益主体之间在平等资源基础上进行的资源交易和配置，市场主体之间交易的逻辑是两者合作的基本逻辑，交易也是合作的一种方式，双方要实现资源共享、优势互补，共同发展、互利共赢。职业院校和企业作为"理性经济人"，在进行合作决策时，一般都会自觉不自觉地进行成本—收益分析，根据收益和成本的对比来进行决策。

从对当前我国大量职业教育校企合作的改革实践成效来看，较高的交易费用是导致我国企业消极参与现代职业教育治理的主要原因。作为制度安排范畴的职业教育校企合作机制的构建过程实质上是制度变迁的过程，而节约交易费用和提高资源配置效率是制度变迁的关键目标。作为新制度经济学核心的"交易费用理论"，对我们分析比较职业院校和企业双方在各自的期望利益与交易成本，并通过

---

① 我国学者指出："在历史唯物主义看来，利益冲突的根源在于人的利益实现方式——社会制度本身的内在缺陷造成的。这些缺陷首先是分工的固定化，其次是直接参与权的丧失，再次是利益分配的不合理。"具体参见张玉堂：《利益论——关于利益冲突与协调问题的研究》，武汉大学出版社 2001 年版，第 78 页。

创新我国职业教育校企合作机制降低校企合作交易成本，促进校企合作治理现代化具有有效的解释和指导作用。这需要我们以理性和务实的态度，围绕企业参与现代职业教育治理过程中"利益表达与整合"的现实主题，运用新制度经济学的分析工具来探究制约企业积极参与治理的因素，并提出有效的改进对策来激励和引导企业积极参与现代职业教育治理。

1. 交易费用理论要义

交易费用理论（Transaction Cost Theory）作为新制度经济学的核心工具，是由新制度经济学的创始人科斯提出的。1937年，他在其经典性的论文《企业的性质》中将交易费用定义为运行市场机制的费用，并进一步指出交易费用包括在市场上搜寻有关的价格信息、为了达成交易进行谈判和签约以及监督合约执行等活动花费的费用。[①] 科斯认为，人类借助于"市场"组织经济生活、配置经济资源虽然卓有成效，但利用市场机制同样有代价的，即客观上存在市场交易费用，通过组织能够节省一定的交易成本，于是企业得以形成，企业存在的理由就在于节约市场交易费用，往往采取收购、兼并、重组等资本运营方式，即通过费用较低的企业内部交易替代费用较高的外部交易，实现交易费用的节约，并且企业规模也取决于两种费用边际上的比较。[②] 这为交易概念和交易费用理论的形成和发展奠定了基础。"新制度经济学"的命名者威廉姆森将企业看成是连续生产过程不完全合约所导致的"纵向一体化实体"，"纵向一体化"能够节约交易费用。"纵向一体"成为用来表述一种市场相对应的状态，成为企业或科层组织的代名词。[③] 随后的经济学家们从不同视角对交易费用的内涵和构成界定，形成了关于交易费用的内涵的交易分工说、交易合约说、交易维度说、制度成本论、交易行为说等典型观点以及认为交易费用的构成主要包括搜寻信息、达成合同、签订合同、监督合同履行和违约后寻求赔偿的费用。[④] 学者们普遍认知并达成共识：一旦有交易发生，则必然产生交易费用，并且交易费用是伴随着整个交易全过程的整个费用总和。[⑤]

---

① 罗纳德·哈里·科斯：《企业、市场与法律》，上海三联书店1990年版，第1—23页。

② COASE R H. The problem of social cost. The Journal of Law and Economics，1960，3：1-44。

③ 陈郁：《企业制度与市场组织：交易费用经济学文选》，上海三联书店1996年版，第1—53页。

④ 沈满洪、张兵兵：《交易费用理论综述》，《浙江大学学报（人文社会科学版）》2013年第2期。

⑤ 王从虎：《公共资源交易平台整合的问题分析及模式选择——基于交易费用及组织理论的视角》，《公共管理与政策评论》2015年第1期。

科斯用交易费用理论分析了组织的边界问题,也说明了企业或者其他组织(政府、职业院校、行业组织)等作为一种参与市场交易的单位,其经济作用在于把若干要素所有者组织成一个单位参与市场交换,以减少市场交换者的数量,降低信息不对称的程度,最终减少交易费用。[1] 科斯以"交易费用"为理论基石,通过对交易费用一般化分析,把制度因素作为一个重要的变量引入经济分析,论证了交易活动和企业制度的稀缺性,认为在交易费用为正的情况下,一种制度安排与另一种制度安排的资源配置效率是不同的。历史地看,经济制度的进步就体现为费用更低、更有效率的制度不断地替代费用较高、效率较低的制度。而制度的变革则又进一步导致了社会生产活动方式的变革。交易费用理论兴起以后很快成为新制度经济学家们的分析工具,它以交易为基本研究单位,将交易费用和治理结构模式相结合,并被用来解释和指导我国改革的政策研究问题,研究分析制度变迁过程中交易费用与资源配置效率之间的关系,以及它们联合起来对制度变迁的影响。

交易费用新制度经济学对制度变迁的分析,建立在其有关人性假定和交易维度的分析框架的基础上。关于人性假定,第一是有限理性,即"人的意欲合理,但只能有限做到";[2]第二是行为的机会主义,是指由于人们的有限理性,会通过非正直或非诚实手段,追求自身利益、达到自己目的的行为。有限理性使企业和职业院校在进行合作交易时难以做出正确的选择和判断,机会主义假定的引入使企业和职业院校间交易的不确定性极高,从而增加了职业教育校企合作的交易费用。在当前我国尚未建立起行之有效的制度来保护和约束企业和职业院校合作的权益的客观现实情况下,企业作为营利性经济组织存在,在基于自身成本与收益率的考量自然不会选择与职业院校进行合作。关于交易维度,包括"资产的专用性、交易的不确定性和交易的频率"。[3] 其中资产的专用性指在不牺牲生产价值的条件下,资产可用于不同用途和由不同使用者利用的程度,存在专用物资本、专用人力资本、特定地点资本三种形式的专用性资产;交易的不确定性包括偶然事件的不确定性、信息不对称的不确定性、预测不确定性和行为不确定性等;交易的频率是指交易发生的次数。资产的专用性源于市场的扩大和分工细化,职业教育校企合作中资产专用性越强,企业和职业院校进行合作中潜在的交易费用就越高,校企双方都可能处

① 沈满洪、张兵兵:《交易费用理论综述》,《浙江大学学报(人文社会科学版)》2013 年第 2 期。

② Simon,Administrative Behavior,MacMillan,1961,P24.

③ O. E. Williamson,*The Economic Institutions of Capitalism*,New York:The Free Press,1985.

于合作中自己利益的考量,随时借口中断合作而给对方造成影响并产生额外交易费用。在职业教育校企合作中,企业和职业院校无论如何努力充分沟通,双方始终处于信息不对称状态,造成双方潜在的交易决策具有很大的不确定性;在实践中即使双方已达成的合作不能够持续的现象也很普遍。为了减少双方交易的不确定性,它们就需要增加费用以事先收集有关的信息。在职业教育校企合作中,职业院校和企业双方交易的频率越高,呈现常态化,交易费用就会递减,但不会无限减少或趋近于零费用,就需要双方基于长远交易的考虑,专门设计长期的契约安排明确双方的权责利,并完善由校企双方共同参与的针对交易的治理结构,促进校企双方融合为一个利益共同体,即通过一体化科层治理来节约交易费用。正如科斯所说:"通过形成一个组织,并允许某个权威(一个企业家)来支配资源,部分市场交易的费用就可以节约。"①

2. 交易费用理论的启示

交易费用在某种程度上讲就是所谓的"制度成本",即可以看作是一系列制度成本,包括信息成本、监督管理的成本和制度结构变化的成本。② 作为制度经济学基石的交易费用理论,揭示了交易过程中权利与资源配置的关系,指出合理的制度安排和资源配置优化可以有效降低交易费用,提升经济效能。我国目前职业教育校企合作中存在"校热、企冷"局面的核心原因在于企业参与校企合作的交易成本居高不下。我们要彻底消除职业教育校企合作中的客观存在交易费用既不可能也不现实,但是我们可以通过校企合作制度安排的创新,即构建我国职业教育校企合作机制来降低交易费用。

从企业参与现代职业教育治理的世界经验来看,职教强国德国"双元制"校企合作机制的制度安排的核心在于,将原来职业教育校企两个组织间的市场交易转变为"企业内部"的交易方式,即企业参与"内部化"的"教育企业"制度。当然,只有通过行业协会资格审查并获得认定的企业才有资格成为教育企业的资格,目前全德国也就约四分之一的企业具备资格,且它们参与职业教育也有一定的收益,企业社会责任当然也是推动力之一。③ 德国职业教育"双元制"校企合作治理机制以企业为中心的"内部化"治理结构的优势在于,通过制度安排将"校企"组织间的合作转变为企业"内部化"运作,使校企双方摆脱狭隘的机会主义行为,强化了对双方合

---

① 罗纳德·哈里·科斯:《企业、市场与法律》,上海三联书店 1990 年版,第 3 页。

② 张五常:《交易费用的范式》,《社会科学战线》1999 年第 1 期。

③ 李俊:《德国职业教育的想象、现实与启示——再论德国职业教育发展的社会原因》,《外国教育研究》2016 年第 8 期。

作的控制手段,便利了信息沟通与共享,既符合威廉姆森对企业"纵向一体化"是用以节约交易费用的一种特殊交易模式的分析,也符合交易费用新制度经济学对制度能够降低交易费用的分析。尽管国情不同,我国的改革是一种渐进式的改革,但我们研究构建中国职业教育校企合作机制与世界其他国家的目的一样,都是为了有效降低校企组织间的交易费用,实现"产教融合"所强调的"校企合作",以产业的优质教育资源支撑职业教育高素质技术技能型人才培养,促进国民经济提质增效。基于我国国情和地方实际,对接国际惯例和发展趋势,我们在设计作为制度安排范畴的我国职业教育校企合作机制的行动中,应做好以下几点:

第一,加强系统性现代职业教育立法,实现企业参与治理方式法治化。法治是职业教育治理现代化的根本特征。法治能够通过提供大量程序性规定为企业和职业院校两个不同性质组织在治理中合作构建一个理性的公共领域,促使双方以规范、理性的方式来协调合作治理中潜在的复杂多变的利益关系及其冲突,并保障企业参与治理的可持续发展。通过立法形成完备的职业教育法律体系,将企业有限自治与政府立法适度干预有机结合,实现企业参与治理方式的法治化是世界职教发达国家的共性有益经验。针对我国企业参与现代职业教育治理所必需的公共制度供给不足以及公共治理视角下企业和职业院校缺乏自治理念的客观现实,政府作为现代职业教育治理的重要主体,要履行好公平与秩序的提供和保障的重要职能。以修订我国《职业教育法》为契机,围绕"政府促进"、"企业社会责任"、"企业成本补偿"、"职业院校质量责任"、"受教育者(学徒)权利义务"、"职业教育与培训标准"、"权利救济"、"法律责任追究"、"纠纷协调和处理"等,加快完善促进校企合作治理、职业教育集团化办学和混合所有制办学改革等方面的法律法规。通过系统性立法,构建完备的现代职业教育法律体系,为我国企业参与治理提供法治机制保障,明确企业、政府、职业院校以及学生等利益主体的权能空间和利益限度,约束机会主义行为发生,切实降低企业参与治理的成本付出。

第二,坚持"赋权"与"赋能"并举,搭建企业参与治理的组织平台。从国际层面看,接受政府公共职能转移、代表产业界履行法定委托授权的行业组织法定职业教育治理权能是激励和规范企业参与现代职业教育治理的关键要素。针对市场资源稀缺,企业和职业院校之间资源共享不对等、信息交流不畅通的现状,政府应切实发挥行业组织作为政府"助手"、企业和职业院校"伙伴"的桥梁和纽带作用。一是重点培育和优先发展行业组织类的社会组织,使之具备有序、有效承接政府转移相应职业教育管理职能的能力,发挥行业组织作为企业、职业院校和政府间桥梁和纽带所能带来的规模效应与外部优势,促进职业院校专业设置、毕业生规模、质量评价、企业岗位需求、员工(学徒)招聘、兼职教师聘请、实习岗位供给、产学研合作项目等信息在校企之间的共享开放，构建职业教育与产业对话协商机制，实现校企合作治理从"点对点"向"点对面"模式的转变，降低校企合作的成本。二是加快推进以"产权为纽带"、对接产业链的职业教育集团化办学改革，依托职教集团为平台，搭建企业参与现代职业教育治理的组织框架，实现行业企业与职业院校的资源共享整合，降低产业技术进步对技术技能型人才需求信息传导的成本，促进产业链、教学链、人才链和利益链的有机衔接，增强企业和职业院校日益自觉的共生共在意识。

第三，推进本土现代学徒制改革，形成企业参与治理的基本制度载体。现代学徒制不仅是"产教融合、校企合作"的基本制度载体和有效实现形式，也是国际现代职业教育发展的基本趋势。一方面，现代学徒制将传统学徒培训与现代职业院校教育有机融合，属于国际合作教育的制度范畴，是一个国家现代职业教育治理体系的重要组成部分。另一方面，现代学徒制是以企校合作为基础，以受教育者（学徒）培养为核心，以课程为纽带，以职业院校、企业的深度参与和教师、企业师傅的跟进式指导为支撑的现代企业员工培养和现代职业教育人才培养模式。从国际经验来看，现代学徒制兼具功利性和公益性的特点，要求参与企业要有一定的经济和技术实力，具有参与举办现代职业技术教育的意愿和能力，并且要必须具备一些公认的质量标准体系，才能将现代学徒制落到实处。我国政府应从培养"大国工匠"的战略高度出发，探索从经济和技术优势明显的国有大中型企业中培育一批本土化"教育企业"，作为我国现代学徒制试点企业，并以此探索为基础，通过开发全国统一的学徒培养标准、制定国家资格（资历）框架、建立跨教育和人力资源部门的专门协调机构、建立学徒指导师傅（教师）培养培训制度、赋予学徒"学生"和"准员工"双重法律身份等，构建与我国现代学徒制改革相配套的制度体系。只有在国家宏观层面较为完善的现代学徒制制度的规制下，校企中观层面具体的现代学徒制人才培养模式才更容易实现并可持续发展。

第四，职业院校要履行质量保证主体责任，增强吸引企业参与治理的套牢效能。增强吸引企业参与现代职业教育治理效果和能力的关键是职业院校的办学特色及其技术技能型人才培养质量。职业院校作为高素质技术技能型人才培养主体和现代职业教育质量生成主体，要以不断提升多元利益主体的满意度为目标，遵循"主体性、系统性、科学性、刚性和常态化"的原则，精准发力，建立健全内部质量保证体系，自我切实履行质量保证主体责任，在不同领域办出特色。以自我约束、自我发展、自我完善的质量"自律"增强政府、行业企业、学生及其家长以及社会公众等利益相关者对高职院校办学质量的满意度，让他们能够切实感知到高职院校专业教育质量的确定性和对其需要的满足度。在当前高职教育生源竞争激烈的形势下,可以吸引优秀生源就读、撬动政府资源配置优先投入,可以增强吸引企业与高职院校合作育人的套牢效能,实现以产业的优质资源支撑高素质技术技能人才培养,最终让学生受益,进而巩固中国特色高职教育作为我国高等教育发展过程中一个新类型的合法地位。

(四) 公共治理理论:职业教育校企合作机制构建的分析框架

在当前我国社会利益主体多元化、利益表达常态化的社会背景下,职业教育"跨界"的特征决定了存在政府、企业、职业院校、职业院校学生和教师、社会公众等多元利益主体,也决定了职业教育校企合作治理目标的公共性、治理主体的多元化、治理权力的多中心化、治理结构的扁平化、治理组织的网络化。公共治理理论作为一种新的理论范式,主张通过合作、协商、伙伴关系等方式对公共事务进行管理,重点研究公共产品与公共服务供给的方式与制度安排,倡导各种公共的和私人的机构与政府一起提供公共产品与服务。将公共治理理论应用到我国具有公益性质的职业教育校企合作领域,可以对我们积极探索建立健全政府主导、行业指导、企业参与的办学机制,形成一种互动、合作、博弈、制衡与共生的校企合作治理模式以有效规避"政府失灵"和"市场失灵"提供理论分析框架。

1. 公共治理理论要义

"公共治理理论"是治理理论在公共管理领域的应用,发源于公共管理基础理论即公共选择理论的发展,兴起的直接原因在于 20 世纪 70 年代以来西方社会公共管理改革中存在的政府与市场失灵的治理危机以及公民社会的发展、经济全球化的浪潮兴起。公共治理理论打出"良好治理"的旗帜,旨在重新探索政府对社会公共事务的管理模式。它抛弃传统公共行政的垄断和强制性质,强调政府、企业、团体和个人的共同作用,充分挖掘政府以外的各种管理统治工具的能力,并重视网络社会各种组织之间的平等对话的系统合作机制,这种新型的行政就是"治理"式的行政,即所谓的公共治理。[1] 公共治理理论是在各学科对政府管理理论研究发展到一定阶段上相互渗透、相互融合、综合发展的产物。[2]

"治理"在英语中对应的是"govern"。其词义可以追溯到古拉丁和希腊语的"操舵"一词,即控制、指导或操纵的意思,即政府应掌舵而不是划桨。在《现代汉语词典》中,"治理"一词包含两方面的意思:一是指管理、统治,使之有序;如治理国

---

①　胡正昌:《公共治理理论及其政府治理模式的转变》,《前沿》2008 年第 5 期。

②　腾世华:《公共治理理论及其引发变革》,《国家教育行政学院学报》2003 年第 1 期。

家；二是指改造、整修，如环境治理、综合治理。但是"治理"在《现代汉语词典》中的两方面的释义都蕴含着秩序化的东西，即制度，暗含着权力的运用及其组织，都离不开多种主体的参与和综合手段的运用。① 在公共管理领域，治理的概念是20世纪90年代在全球范围逐步兴起的。治理理论的主要创始人之一詹姆斯·N·罗西瑙认为，治理是通行于规制空隙之间的那些制度安排，或许更重要的是当两个或更多规制出现重叠、冲突时，或者在相互竞争的利益之间需要调解时才发挥作用的原则、规范、规则和决策程序。② 格里·斯托克指出："治理的本质在于，它所偏重的统治机制并不依靠政府的权威和制裁。'治理的概念是，它所要创造的结构和秩序不能从外部强加；它之发挥作用，是要依靠多种进行统治的以及互相发生影响的行为者的互动'。"③ 在治理的各种定义中，全球治理委员会的表述具有很大的代表性和权威性。该委员会于1995年对治理做出如下界定：治理是或公或私的个人和机构经营管理相同事务的诸多方式的总和。它是使相互冲突或不同的利益得以调和并且采取联合行动的持续的过程。它包括有权迫使人们服从的正式机构和规章制度，以及种种非正式安排。而凡此种种均由人民和机构或者同意或者认为符合他们的利益而授予其权力。它有四个特征：治理不是一套规则条例，也不是一种活动，而是一个过程；治理的建立不以支配为基础，而以调和为基础；治理同时涉及公、私部门；治理并不意味着一种正式制度，而确实有赖于持续的相互作用。④

公共治理理论将治理概念引入公共行政学，使人们对公共部门管理有了一种全新的认识，在研究公共部门管理问题时可以从政府、市场、公民和社会的多维度、多层面上来观察和思考，为人们研究公共部门管理提供了一种更为灵活的互动视角，形成了一种新公共管理理念和新的管理过程。国外学者们对公共治理内涵的理解，首先都是基于对自身国家特有的政治性质的把控，其共同特点都源于经历市场失灵和政府失灵的治理危机背景；其次是将治理作为框架体系，将公共事务领域从政府拓展到市场，同时也将具有一定影响力的企业引入到公共领域，然后逐步将公共事务领域扩展到更为广泛的公民社会领域，同时进一步将非盈利性的组织、团体、社区以及家庭等纳入公共领域中，形成了包括政府、市场、企业、组织、团体和社

---

① 余军华、袁文艺：《公共治理：概念与内涵》，《中国行政管理》2013年2期。
② ［美］詹姆斯·N·罗西瑙：《没有政府的治理》，江西人民出版社2001年版，第9页。
③ ［英］格里·斯托克：《作为理论的治理：五个论点》，国际社会科学（中文版）1999年第2期。
④ 俞可平：《治理与善治》，社会科学文献出版社2000年版，第270—271页。

会公众等多元主体参与协商的公共治理结构。①

我国学者将治理称之为一种公共事务管理方式的创新，认为对于不同国家以及不同相关群体来说"公共治理"是有着不同背景含义的，公共治理是指以政府为主导的多元化治理主体（政府组织或非政府组织以及公民个人等）及其组成的网络化行动结构，通过公共参与以及协商合作对社会公共事务共同进行协调式管理，以实现对社会公共事务的有效管理、整合和协调的持续的互动过程。② 公共治理理论的内涵包含以下三个方面：一是协商式的管理过程。政府从全能型政府转变为有限政府，与其他治理主体通过对话、协商、谈判、妥协等集体选择和集体行动的方式来达成共同治理目标。二是多元主义的合法性保障。"多元"包含治理主体的多元化和权力的多中心化，是包括政府在内的社会组织、私人部门、国际组织等多元治理主体的广泛参与，组成自组织网络，互相监督、互相制衡，共同治理公共事务。三是制度保障治理的秩序。治理是一个集体选择和集体行动的过程，参与者必须在制度（包括正式制度与非正式制度）约束的框架内行为。公共治理理论的核心在于为了实现集体的秩序和共同的目标，通过构建主体多元化、方式民主化、管理协作化的上下互动式的新型治理模式来供给公共产品与服务、管理公共资源。

2. 公共治理理论的启示

尽管我国有部分学者强调因公共治理理论源于西方在中国国情的有效适用，但是在当前全球化、信息化、知识化以及政府改革运动的国际治理大背景下，中国共产党十八届三中全会将"完善和发展中国特色社会主义制度，推进国家治理体系和治理能力现代化"作为全面深化改革的总目标，在当前我国推进职业教育"管办评分离"，构建政府、学校、社会之间新型关系的改革大背景下，国内外学者关于公共治理理论的研究成果对我们研究作为社会公共治理范畴的职业教育校企合作治理、构建职业教育校企合作机制提供了有益的理论借鉴。政府主导下企业参与职业教育这一公共产品的生产和提供是世界职业教育发达国家职业教育治理现代化进程中的一大特点，也是我国构建职业教育校企合作治理体系的务实选择。职业教育校企合作机制的构建应当是基于公共治理理论和我国职业教育"跨界属性"的价值选择，是政府主导下的企业、行业组织、职业院校、职业院校教师和学生以及社会公众等相互博弈的结果。

首先，应正确认识职业教育校企合作治理的基本含义。我国职业教育校企合

---

① 李超雅：《公共治理理论的研究综述》，《南京财经大学学报》2015年第2期。

② 林志鹏：《我国公共决策制度创新问题研究》，吉林大学博士论文，2005年，第43页。

作治理是指政府、企业、行业组织、职业院校、职业院校教师和学生以及社会公众等不同利益主体通过参与、对话、谈判、协商等集体选择行动，共同参与校企合作公共事务管理，共同生产或提供职业教育公共产品与公共服务，并共同承担相应责任，实现职业教育治理现代化。其本质在于立德树人，培养具备"大国工匠"潜质的优秀技术技能型人才，促进职业院校毕业生体面就业，促进国民经济提质增效。

第二，应精准确定职业教育校企合作治理的目标定位。构建我国职业教育校企合作机制是积极寻求互动、合作、博弈、制衡与共生的多元治理方式，努力实现"有限的政府、规范的市场、专业的行业组织、自主的职业院校、自发的企业、自觉的社会"共同构成的高素质技术技能型人才培养治理格局，增强他们创造和获取利益的主动性、合理性与协调性。这在一定程度上降低了政府对职业教育校企合作的管理成本与治理风险，成为有效应对"政府失灵"和"市场失灵"的新的重要调节机制，是工具理性与价值理性的统一，彰显了职业教育校企合作治理的本质要求。

第三，应科学界定职业教育校企合作治理主体的职能边界。在校企合作治理中，政府不再是校企合作政策制定与执行的唯一主体，企业、行业组织、职业院校、职业院校教师和学生以及社会公众等同样也是主体，共同承担着职业教育校企合作公共事务的治理。政府要从"划桨人"到"掌舵人"的转变，在校企合作治理中政府充当元治理的角色，积极发挥主导作用，承担起统筹规划、政策法规设计、资源配置、公共财政投入、服务平台建设等，最大限度地发挥市场机制的作用，尽可能吸引企业以及社会力量参与职业教育这一公共产品的生产和提供。行业组织要在政府"授权"下，加强自身能力建设，当好政府"助手"，做好企业和职业院校的"伙伴"，促进产教对话协商，为推进产业技术进步带来的技能需求与技能供给有效对接提供组织保障。职业院校要加快完善校企合作的现代职业院校内部治理结构，切实履行自身作为人才培养主体对人才培养质量保证的主体责任，实现特色办学和可持续发展，增强对行业企业的吸引力。企业作为职业教育办学主体，在国家关于职业教育校企合作政策法规的激励和引导下，树立正确的人力资源开发观，建立健全适应生产方式和人才资源开发需要的校企合作制度，切实履行好合作育人的社会责任，促进"校企一体化"发展，降低校企合作的成本付出。

第四，要加快完善职业教育校企合作治理的结构设计。在校企合作公共治理中，政府、企业、行业组织、职业院校、职业院校教师和学生以及社会公众等治理主体围绕某些职业教育校企合作问题或事务，通过对话、协商、谈判、妥协等集体选择和集体行动，达成共同治理目标，并建立共同解决公共问题的纵向、横向或者纵横交错的组织网络，形成资源共享、彼此依赖、互惠互利和相互合作的"善治"结构。其中政府在校企合作公共治理与服务体系中起着主导作用、处于核心地位，其他治理主体需要接受政府的合理合法规制与监督。

第五,加快建立职业教育校企合作治理的政策安排。建立不同利益主体参与的职业教育校企合作决策机制,提高相关职业教育校企合作政策的制定品质;建立校企合作的经费保障和法律保障机制,构建资源共享平台;建立职业教育校企合作政策的定期评估机制,不断改进政策决策品质,提高政策执行效度。

最后,要重视职业教育校企合作治理工具的"数字化"。随着互联网、大数据技术的发展,"数字化"理念深入人心,信息技术与治理的结合是必然趋势。职业教育校企合作的公共治理也需要信息技术的辅助,特别是大数据技术的数据猎取、数据分析、信息共享等,有助于改变职业教育校企合作治理的传统形态,加强职业教育校企合作资源信息的开发和有效供给,实现从管理到治理、从约束到引导的转变,全面提升职业教育校企合作治理的信息化和智能化水平,有效减少校企合作治理的信息成本和交易成本,提升职业教育校企合作的效能。

第三章 / 改革开放以来我国职业教育 校企合作政策的变迁与展望

　　校企合作治理现代化是我国职业教育改革发展的重要目标之一，也是我国职业教育治理现代化的核心所在。审视我国职业教育的发展过程，不乏校企合作的成功案例与经验。在计划经济时代，我国实行行业企业办学，职业教育校企关系的模式是"真正的一体化"，"校企"组织间的合作转变为企业"内部化"运作，双方之间的交易费用较低。而在市场经济初期（20 世纪 90 年代中期），我国许多地方开始推行"职业教育办学体制改革"，将企业、行业所办的职业学校和培训职能收归教育行政部门、社会团体管理和实施，职业教育"校企"组织间的合作交易费用因制度安排的变化而无限增大，"校企一体化"日渐式微。尽管这一改革是为了适应社会主义市场经济体制建设的需要，但是，将职业学校从行业企业中脱离，校企合作的机制受到了冲击，校企间关系就此疏远，职业学校的"职业"特色开始减弱。[①]

　　改革开放以来，伴随着我国从计划经济向市场经济的转型，经济社会实现快速发展，利益主体分化、利益表达常态化已成为一种不可否认的社会现实，实现制度化的利益诉求表达是一种合理的公共需求。职业教育作为经济社会发展的"助推器"作用得到政府和社会的高度重视，在国家有关大力发展职业教育政策的驱动下，我国职业教育的发展开始走出低谷，"行业企业参与职业教育"的价值再次被提及和重视。在计划经济条件下，企业对自己的行为没有自主权，往往是"奉命办学"。而在市场经济条件下，由于产权关系清晰，企业已经成为自主经营、自负盈亏的经济实体，企业怎么办教育，如何配置教育资源，完全取决于自身的需要。[②] 国家先后出台了一系列促进职业教育校企合作的政策文件，为培养大批经济社会发

---

① 王东、张慧霞：《行业企业参与职业教育的本土经验及启示》，《职业技术教育》2011 年第 16 期。

② 狄阳群、丁振中：《论企业参与职业教育——以制度为分析视角》，《职业技术教育》2006 年第 25 期。

展急需的高素质技术技能型人才,推动企业参与职业教育提供了政策导向。同时,在国家层面政策带动下,为了促进地方职业教育校企合作的制度化建设,发挥职业教育对地方经济社会发展的"助推器"作用,我国部分地方政府结合地方职业教育与经济社会发展特点,相继出台了地方关于促进职业教育校企合作的政策法规,促进职业教育校企合作制度安排的创新,以降低"校企"组织间合作的交易成本费用。

政府主导是中国职业教育发展的主要方式,政策推进则是政府主导的主要内容。作为教育政策范畴,职业教育校企合作政策是由党和政府经过法定的决策程序所做出的旨在合理分配职业教育资源,规范职业教育校企合作行为、解决职业教育校企合作问题、促进职业教育校企合作发展的权威性决定,它的表达形式包括法律法规、行政规定或命令、国家领导人口头或书面的指示、政府规划等。[①] 为了更好地实施职业教育校企合作,促进校企合作治理现代化,必须通过政府制定职业教育校企合作的政策法规使实施职业教育校企合作机制制度化和法治化。

这里首先有两个理论问题要弄清,一是机制与制度的关系问题。机制和制度这两个范畴是有区别的,机制是事物现象各部分之间的相互关系及其运行方式,而制度是人和组织的行为规范。然而,机制是可以用制度来体现的,也就是说事物现象的相互关系及其运行方式可以用制度表现,用以更好地约束组织和人的行为,从而使机制更好地发挥其应然作用,或者说更好地形成长效机制。二是机制与政策法律规范的关系,可以说政策法律规范也是一种制度,它是以政策与法的形式所体现的制度,只不过这种政策法律的制度跟一般的制度比起来其要求的刚性程度更强一些。因此,机制也是可以以政策法律规范的形式体现出来的。职业教育校企合作的机制如果以政策法律的制度形式加以规范,就能更好地保证这种机制的实施效果,更有利于形成这种机制的长效机制。这在要加强教育法治的今天尤其重要。职业教育校企合作机制的立法既体现了机制与法律制度关系理论上的诉求,又是实践上更好地实施这种机制的需要,而且从法律与法规上保障了职业教育校企合作治理的顺利进行。

在研究职业教育校企合作机制构建策略之前,首先有必要对我国职业教育校企合作政策的变迁进行回顾和梳理,并对未来职业教育校企合作政策的发展进行展望,以期为进一步深入职业教育校企合作机制研究提供启发与借鉴。

---

① 于志晶、刘海、程宇等:《"十二五"以来我国职业教育重大政策举措评估报告》,《职业技术教育》2017年第12期。

一、我国职业教育校企合作政策的变迁回顾

改革开放以来，伴随着我国经济社会的快速发展以及教育体制改革的推进，职业教育校企合作的政策变迁大致经历了四个阶段①。第一阶段为 20 世纪 80 年代的探索期，这一时期国家在确定发展职业教育方针的同时，也出台了一系列政策文件鼓励行业企业参与职业教育。这一阶段国家校企合作政策主要是对职业教育开展校企合作进行方向性与可行性探索，尚未深入到校企合作的具体领域，也未触及校企合作中的深层次问题。第二阶段为 20 世纪 90 年代的形成期，这一时期国家的校企合作政策逐步深入到合作办学与人才培养的具体领域，如合作办学的思路、方式等，特别是《中华人民共和国职业教育法》的出台将职业教育工学结合、校企合作人才培养的指导思想上升到法律层面，为具体领域内的校企合作政策制定奠定了法律基础。第三阶段为 21 世纪初的发展时期，这一时期我国职业教育校企合作政策的制定以由上而下的国家层面推进及由下而上的地方层面探索相结合的方式进行，涉及的校企合作内容及其领域更为广泛和具体，包括合作办学体制、顶岗实习管理、合作企业财政支持等方面，形成了职业教育校企合作政策法规的大发展时期。第四阶段以《国务院关于加快发展现代职业教育的决定》为标志，这一时期国家开始关注校企合作机制体制的创新，注重发挥市场机制作用，强化校企协同育人，进而形成了校企合作政策的制度创新期。

（一）探索时期：20 世纪 80 年代

改革开放以来，我国社会生产力和科学技术取得了跨越式的发展与进步，职业教育逐步得以恢复，1980 年的《关于中等教育结构改革的报告》要求"发展职业技术教育，实行普通教育与职业教育并举"，并提出"中等职业教育改革不能只靠教育部门，建议吸收有关部门参与统管；要把教育结构的调整改革和经济结构的调整改革结合起来，紧密结合当地经济发展和劳动就业的需要"。但当时的职业教育以学校为主，重视理论知识传授的人才培养方式难以适应经济社会发展对高素质技能型人才的迫切需求。为了改变这种现状，国家在确定发展职业教育方针的同时，也出台了一系列政策文件鼓励行业企业参与到职业教育中。1983 年，《关于改革城

---

① 徐涵、周乐瑞、孙珊珊：《改革开放以来我国职教校企合作政策的回顾与思考》，《职教论坛》2013 年第 31 期。

市中等教育结构发展职业技术教育的意见》中提出"职业学校可与其他部门或企事业单位联合办学"。1985 年,《中共中央关于教育体制改革的决定》中提出"发展职业技术教育,要充分调动企事业单位和业务部门的积极性,鼓励集体、个人和其他社会力量办学,提倡各单位和部门自办、联办或与教育部门合办各种职业技术学校",并明确要求"逐步建立起一个从初级到高级、行业配套、结构合理又能与普通教育相互沟通的职业技术教育体系"。1986 年,原国家教委、国家计委、国家经委下发的《关于经济部门和教育部门加强合作促进就业前职业技术教育发展的意见》又提出"企业与各类职业技术学校对口建立必要的协作联系"。在这一时期的国家政策中,虽然没有明确提出产教结合、校企合作、工学结合等概念,但都强调了职业院校和企业之间要加强合作与联系,职业教育开始向校企合作的方向发展。

(二) 形成时期:20 世纪 90 年代

20 世纪 90 年代以后,企业开始逐渐参与职业教育人才培养。1991 年,国务院颁布的《关于大力发展职业技术教育的决定》(以下简称《决定》)首次出现了"产教结合"的提法,"各类职业技术学校和培训中心,应根据教学需要和所具有的条件,积极发展校办产业,办好生产实习基地。提倡产教结合,工学结合。政府和有关部门要在起步资金、条件设施、产销渠道等方面给予支持"。同时,该《决定》还体现出社会共同举办职业教育的思路,"我国职业技术教育必须采取大家来办的方针,在各级政府的统筹下,发展行业、企事业单位办学和各方面联合办学,提倡产教结合,工学结合"。这是首次在国家政策文件中明确提出职业教育要实行产教结合、工学结合的人才培养模式,由此也标志着职业教育变革的开始。在这一背景下,职业院校纷纷采取各种措施将企业引进学校,参与学校的人才培养。企业根据学校提出的要求,提供相应的条件或协助完成部分实践教学环节的培养任务,如投入设备和资金帮助学校建立校内生产性实训基地,利用企业资源建立校外实训基地,选派企业一线技术人员、管理者担任学校兼职教师并设立企业专项奖学金等。[①] 1993 年,国家颁布的《中国教育改革和发展纲要》中提出"职业技术教育要依靠行业、企业、事业单位办学和社会各方面联合办学,走产教结合的路子"。1994 年 7 月,《国务院关于〈中国教育改革和发展纲要〉的实施意见》中指出"职业学校要走产教结合的路子,更多地利用贷款发展校办产业,增强学校自身发展的能力"。但此时的"产教

---

①　徐建华:《我国校企合作的历史变迁及发展趋势》,《职业技术教育》2009 年第 7 期。

结合"主要还是为了解决办学资金上的困难，仍然停留在以"产"养"校"的目的上。[1] 1995 年，国家教委颁布的《关于普通中等专业教育（不含中师）改革与发展的意见》提出"中等专业学校在主要依靠行业、企业办学的同时，积极推动行业间、企业间、学校间的联合办学，大力兴办校办产业，走产教结合的道路"。此时，职业教育产教结合、工学结合人才培养的指导性思想初步形成。1996 年，《职业教育法》颁布实施，开启了职业教育有法可依的新时代，为指导、推动和保障职业教育改革发展和依法治教奠定了法治基础。关于校企合作，《职业教育法》规定："职业学校、职业培训机构实施职业教育应当实行产教结合，为本地区经济建设服务，与企业密切联系，培养实用人才和熟练劳动者。"产教结合的内涵开始发生变化，并将职业教育"产教结合、工学结合"人才培养的指导思想上升到法律层面，以法律法规的形式确立了下来。1998 年的《面向 21 世纪教育振兴行动计划》指出："适应社会主义市场经济体制的建立和发展，鼓励社会力量在政府的指导下举办各种形式的职业教育和成人教育。职业教育和成人教育要走产教结合的道路。"1999 年 6 月，国务院颁布的《关于深化教育改革，全面推进素质教育的决定》指出："教育与生产劳动相结合是培养全面发展人才的重要途径。……职业学校要实行产教结合，鼓励学生在实践中掌握职业技能。"经过近十年的"产教结合"探索，职业教育校企合作在管理体制上取得突破，比如探索了职教中心、联合办学、建设示范校等，校企合作体制机制也逐步清晰，明确了职业学校与企业合作办学的方向和思路。

（三）发展时期：2000 年至 2013 年

21 世纪以来，随着我国社会经济的快速发展，职业教育为了适应经济社会发展对高素质技能型人才的要求，提出了"以服务为宗旨，以就业为导向"的办学思想，职业教育校企合作也由此向前迈进了一大步。2002 年，国务院颁布的《关于大力推进职业教育改革与发展的决定》（以下简称《决定》）重申大力发展职业教育的方针，中等职业教育滑坡趋势得到有效扭转，高等职业教育规模快速扩大，职业教育再次走上快速发展道路。[2] 同时，拉开了校企合作体制机制构建的序幕，确立了"在国务院领导下，分级管理、地方为主、政府统筹、社会参与的职业教育管理体制"。该《决定》要求"形成政府主导、依靠企业、充分发挥行业作用、社会力量积极参与的多元办学格局"，并且提出"在国务院领导下，建立职业教育工作部际联席会

---

① 耿洁：《职业教育校企合作体制机制研究》，天津大学博士论文，2011 年，第 40 页。
② 葛道凯：《中国职业教育二十年政策走向》，《课程·教材·教法》2015 年第 12 期。

议制度"。部际联席会议协调机构不定期的组织召开全国性的职业教育与培训会议,商讨职业教育校企合作相关事宜和政策制度,特别是有关职业教育、劳动人力、经济发展的政策组合,推动和指导全国职业教育发展。多数省(市)参照中央的做法也建立了类似的制度,进一步加强了对当地职业教育的统筹管理。2004 年,教育部等七部门联合下发的《关于进一步加强职业教育工作的若干意见》提出,"职业院校要坚持以服务为宗旨,以就业为导向,面向社会、面向市场办学,推动产教结合,加强校企合作","校企合作"首次在国家政策文件中被提及。同年,教育部颁布的《关于以就业为导向深化高等职业教育改革的若干意见》提出:"高等职业教育应以服务为宗旨,以就业为导向,走产学研结合的发展道路。"2005 年,在教育部颁布的《教育部关于加快发展中等职业教育的意见》中确立"以服务为宗旨、以就业为导向的办学指导思想",强调"大力推行工学结合、校企合作的培养模式"。同年,国务院颁布《关于大力发展职业教育的决定》,明确把职业教育作为经济社会发展的重要基础和教育工作的重点,强调以服务为宗旨,以就业为导向,大力发展有中国特色的职业教育,并提出"职业院校与企业紧密联系……大力推行工学结合、校企合作的培养模式;逐步建立和完善半工半读制度,推动公办职业学校与企业合作办学",首次在国家政策层面肯定了职业教育工学结合、校企合作的人才培养模式。2006 年,教育部颁布《关于职业院校试行工学结合、半工半读的意见》,提出"进一步加强校企合作,加快推进职业教育人才培养模式向工学结合、校企合作的根本性转变;职业院校要紧紧依靠行业企业办学,进一步扩展和密切与行业企业的联系,大力推行工学结合、校企合作的培养模式",为校企合作的深入开展提供了具有可操作性的政策依据。同年岁末,为提高高等职业教育质量,增强高等职业院校服务经济社会发展的能力,教育部、财政部提出了建设百所国家示范性高职院校建设计划并颁布了《教育部、财政部关于实施国家示范性高等职业院校建设计划加快高等职业教育改革与发展的意见》,提出要"密切与行业企业在人才培养、技术开发应用等领域的合作,广泛吸纳社会各方资金、物质与人力资源参与学校建设……示范院校要广泛吸引企业和社会机构共同建设实训基地,建立产学结合的长效机制"。至此,"工学结合、校企合作、产学结合"已经成为职业教育人才培养模式改革的重要切入点。2007 年,《国务院批转教育部国家教育事业发展"十一五"规划纲要的通知》指出加快职业教育的发展需要营造良好的制度环境,要求"各级政府要加强领导和统筹,建立、完善职业教育工作联席会议制度,协调处理好有关部门之间、学校与企业之间的关系……落实企业合理分担职业教育办学经费的相关政策,采取税收优惠等措施,鼓励企业为职业院校学生提供更多的实习岗位,支持行业企业参与职业教育办学和技能型人才培养,形成政府主导、行业企业与学校紧密合作的职业教育新格局"。2010年，《国家中长期教育改革和发展规划纲要（2010—2020）年》提出"建立健全政府主导、行业指导、企业参与的办学机制，制定促进校企合作办学法规，推进校企合作制度化"。这一时期我国职业教育校企合作政策法规的制定，一方面是由上而下从国家层面推进，另一方面是由下而上从地方层面探索，涉及的校企合作内容及其领域更为广泛，形成了职业教育校企合作政策、法规的大发展时期。①

（四）创新时期：2014年至今

随着我国职业教育的飞速发展，中等职业教育和高等职业教育分别占到高中阶段教育和高等教育总规模的半壁江山，职业教育校企合作也不断向纵深发展，保障了职业教育的稳步前进，但随之校企合作也暴露出一些机制上的问题。一方面，职业教育校企合作原有的制度跟不上形势的发展；另一方面，职业教育校企合作还存在不少制度上的空缺。这一时期国家开始关注职业教育校企合作机制的创新，形成了校企合作政策法规的创新期。2014年，教育部等六部门颁布《现代职业教育体系建设规划（2014—2020年）》，指出要"推动加快修订《职业教育法》。完善促进校企合作和职业教育集团化发展的法律法规……完善校企合作各项制度。制定促进校企合作办学法规。建立健全校企合作规划、合作治理、合作培养机制，使人才培养融入企业生产服务流程和价值创造过程。职业院校和合作企业要不断完善知识共享、课程更新、订单培养、顶岗实习、生产实训、交流任职、员工培训、协同创新等制度"。同年，《国务院关于加快发展现代职业教育的决定》提出，"坚持校企合作、工学结合，强化教学、学习、实训相融合的教育教学活动"，"开展校企联合招生、联合培养的现代学徒制试点，完善支持政策，推进校企一体化育人"。从"加强实践教学"，到"开展订单培养"，再到"校企一体化育人"，职业教育人才培养的主体、模式和过程，都更加突出了"教学做"合一，突出了教与产的对接，逐步形成和完善了行业企业参与职业教育的宏观（产教融合）、中观（校企合作）、微观（工学结合）要求。② 2015年，教育部颁发《高等职业教育创新发展行动计划（2015—2018年）》，明确提出要"研制职业教育校企合作促进办法。支持企业发挥资源技术优势举办高等职业院校，按照职业教育规律规范管理。支持地方各级政府在安排职业教育专项经费、制定支持政策、购买社会服务时，将企业举办的公办性质高等职业院校

---

① 黄文伟：《我国职业教育校企合作政策变迁的渐进模式研究》，《职教论坛》2016年第1期。

② 葛道凯：《中国职业教育二十年政策走向》，《课程·教材·教法》2015年第12期。

与其他公办院校同等对待。对企业因接收实习生所实际发生的与取得收入有关的合理支出,按现行税收法律规定在计算应纳税所得额时扣除。将企业开展职业教育的情况纳入企业社会责任报告"。至此,行业企业参与职业教育的体制机制创新问题成为国家职业教育政策研究的重点,国家为调动行业企业参与职业教育的积极性提供了宏观制度保障,为发展职业教育指明了方向。

与此同时,我国地方政府和各级教育部门为了加强职业教育校企合作的制度化建设,促进校企合作有法可依,开始重视校企合作的立法工作。2009 年 3 月,宁波市开始实施《宁波市职业教育校企合作促进条例》,标志着我国第一部有关职业教育校企合作的地方法规诞生,为宁波地区职业院校和企业合作培养高素质技能型人才,促进校企合作健康、持续发展提供了法律保障。随后,山东、宁夏、河南、湖南、广西以及沈阳、唐山、邯郸、开封、焦作、苏州、上虞、十堰、广州等部分省市纷纷出台地方性职业教育校企合作促进办法、条例或意见,这在一定程度上为我国出台促进职业教育校企合作的国家性专门法律政策奠定了基础。[①]

二、我国职业教育校企合作政策决策分析

科学规范的教育政策分析包括教育政策的内容分析、过程分析和产出分析等,我国职业教育校企合作政策隶属于教育政策范畴,当前我国学术界对于职业教育校企合作政策的内容分析和产出分析已有一定的研究成果,但缺乏对职业教育校企合作政策的过程分析。职业教育校企合作政策决策是政策制定的一个程序,该程序是否健康,取决于职业教育校企合作政策利益相关主体之间的关系状态,取决于职业教育校企合作政策问题分析的合理性,取决于职业教育校企合作政策方案的针对性,取决于职业教育校企合作政策效果的真实性。因此,对职业教育校企合作政策的决策过程进行有效分析,有利于提高该政策的科学化和民主化水平。国内有学者将教育政策决策分析过程分为教育决策的主体构成、教育决策的价值取向、教育政策问题认定、教育政策问题纳入、教育政策议案公议、教育政策议案裁定、教育政策实验、教育政策议案合法化等八个方面。[②] 本研究运用教育政策分析的理论与方法,对职业教育校企合作政策的决策过程中包括的主体构成、问题纳入、议案公议、议案裁定、政策实验等环节进行系统分析,在此基础上提出我国职业

---

①　戴汉冬、石伟平:《区域职业教育校企合作促进政策的动因与逻辑》,《中国职业技术教育》2014 年第 36 期。

②　孙绵涛:《教育政策分析:理论与实务》,重庆大学出版社 2011 年版,第 121 页。

教育校企合作政策决策过程的改进建议，以此提高我国职业教育校企合作政策的科学化和民主化水平。

（一）职业教育校企合作政策决策过程的分析标准

职业教育校企合作政策决策过程的标准，包括实然标准和应然标准。职业教育校企合作政策决策过程有合法性和合理性两个实然标准，职业教育校企合作政策决策过程的应然标准是"合理性基础上的合法性"，最后从应然逻辑出发为职业教育校企合作政策决策过程构建具体标准。从实然逻辑来看，由于参与决策的主体不同，其需要或所代表的利益就不同。一般来说，政府决策者通常以维持政权为依归，以政治利益来衡量职业教育校企合作政策决策过程，关注的往往是职业教育校企合作政策决策过程是否合法，而咨询者、执行者以及普通社会民众，他们更关心的是其利益能否在职业教育校企合作政策中得到表达与整合，职业教育校企合作政策决策过程是否合理。因此，合法性与合理性是职业教育校企合作政策决策过程的两个实然标准。[①]

从历史层面看，制度的合法性往往建立在制度的合理性基础上。任何一个国家的稳定都离不开政治制度的合法性及合理性。因而政府只能通过增强职业教育校企合作政策决策过程的合理性，来提高职业教育校企合作政策决策过程的合法性，以合理性来促使和保证合法性的实现。从逻辑层面看，职业教育校企合作政策决策的合理性来源于对内在的教育规律和决策规律的尊重，而职业教育校企合作政策决策的合法性就来自于对这种合理性的尊重。因此可见，"合理性"在价值判断上优先于"合法性"，职业教育校企合作政策决策过程分析的应然标准应该是"合理性基础上的合法性"。

（二）职业教育校企合作政策的决策过程分析

1. 职业教育校企合作政策的决策主体构成分析

职业教育校企合作政策利益相关者是职业教育校企合作政策决策的核心。它涉及政策决策者、政策执行者、政策受众者、政策非受众者、政策反馈者和政策评价者等群体。各群体的心理因素、精神自觉以及彼此间的互动对于政策决策的良性运转有着不可低估的影响。决策者的思维方式、执行者的心理定式、受众者的认知

① 祁型雨：《利益表达与整合——关于教育政策的决策模式研究》，华中师范大学博士论文，2003年，第69—95页。

水平、非受众者的容忍限度、反馈者和评价者的价值取向等因素让政策决策者充满不确定性。

在国外教育政策决策过程中,占有重要话语权的往往是一线的教育者和学校,但在中国教育管理模式下,政府习惯性地把教育管理和发展规划权归为己有,这在一定程度上剥夺了学校在教育决策中的话语权;另一方面,学校也惯性地依赖政府,教育保留着计划经济体制时期对政府"等、靠、要"的观念。因此,在教育政策决策的过程中,学校和教育人士也未意识到自身在教育决策中应有的重要话语权,这从另一方面又削弱了他们的话语权,因此学校和教育人士在教育决策中话语权的丧失是毋庸置疑的。

我国职业院校代表、职教人士和产业界人士在教育决策中话语权的丧失,且自身也意识不到该具有话语权的情况下,在职业教育校企合作政策决策的过程中,他们自然表现出旁观者的角色。旁观者角色心理对应的行为是减少自身对某件事情的参与,同时弱化自身在某件事情中的责任。在深入职业院校调查过程中发现,在职业教育校企合作政策决策的过程中,职业院校旁观者的角色定势降低了学校在决策过程的参与度,弱化了职业院校代表、职教人士和产业界人士在职业教育校企合作政策决策中的责任。职业教育校企合作政策决策的过程,需要职业院校、政府、企业及社会共同参与、共同努力,实际上职业教育校企合作的改革是职业院校、政府、企业、行业和社会互动的过程,少了任何一方的参与和努力,都会降低职业教育校企合作政策决策的效果和改革成功的几率。

2. 职业教育校企合作政策的问题纳入分析

教育决策需要教育研究发挥一种启蒙或渗透作用,但我国职业教育校企合作政策的决策却是政治模式的一种反映。本研究调查发现,76%的人认为我国职业教育校企合作政策的决策整体来说缺乏决策者、咨询者和执行者之间的良好互动。教育事业的健康发展离不开教育决策与教育研究之间的有机统一。虽然教育研究并不意味着总是能够为教育决策提供及时可行的方案,但却能够为教育决策提供知识背景、思维方式和工作方法,通过系统的阐述那些与教育政策相关的问题,为科学合理地进行教育决策提供依据。在国外,很多国家在制定教育政策决策过程中都比较重视专家学者的意见和参与,美国的教育决策是一种典型的从"研究报告"到政策形成的模式。专家学者主要通过智囊团和专家委员会的形式组织起来参与教育决策过程并发挥核心作用。国外教育决策咨询机构绝大多数是民间咨询机构,它们对教育的改革和发展起着举足轻重的作用。相比较而言,我国职业教育校企合作政策的决策过程,智囊团发挥的作用较为有限。为充分发挥智囊团作用,制定更为科学合理的职业教育校企合作政策,有必要形成相关的专家决策咨询机制。政府决策部门要有意识地发挥咨询人员的作用,特别是要将事前咨询和事后咨询相结合,而不是在校企合作政策成文后向有关人员咨询。政府也需在政策咨询研究方面舍得投入,给予研究人员充分的时间,确保职业教育校企合作研究报告的质量。

3. 职业教育校企合作政策的议案公议分析

我国职业教育校企合作政策在出台过程中,虽然以不同的渠道和形式征求了部分职业院校、企业及专家学者的意见,但其整个决策过程还缺乏公众参与的法定程序和制度保障。具体表现为:首先,职业教育校企合作政策的决策过程对社会公众来讲基本属于封闭状态。在政策议案提出之前,社会公众基本不知道政府准备出台或是出台什么样的职业教育校企合作政策。在政策议案裁定时,社会公众更没有机会参与,一是职业教育校企合作政策议案裁定的时间较短,社会公众还未搞清楚政策将来是怎么回事,政策议案就已经通过;二是没有参与的渠道,社会公众、社会组织甚至职业院校和企业代表在政策议案裁定期间根本进入不了决策场合,更不能对政府决策者施加影响。其次,没有对职业教育校企合作政策决策建立必要的听证制度,忽视了利益相关者的政策诉求,剥夺了职业教育校企合作利益相关者陈述意见和抗辩的权利。政策议案裁定主要是人大代表们发表是否支持政策的表态性意见,提一些具体修改意见,由于缺少了利益相关者参与的因素,职业教育校企合作政策制定出台后仍触及不到政策问题的实质。

4. 职业教育校企合作政策的议案裁定分析

职业教育校企合作政策的议案裁定体现出明显的权力化与信息封闭特征。从权力化特征来讲,职业教育校企合作政策基本上还停留在少数官员和专家学者说了算的程度上,民众对议案裁定的具体过程和内部操作并不熟悉与了解。虽然政策议案也会征求民众的意见,但最后是否吸收或者吸收哪些意见却由少数人拍板,带有较深的领导意志和部门利益印记。从信息封闭特征来讲,目前我国还缺少公开、健全、共享的信息数据系统,职业教育校企合作政策的决策还缺乏完全充足的信息支持,导致了职业教育校企合作政策决策的信息障碍,导致了某些决策者的判断失误,从而影响到职业教育校企合作政策决策的质量。

5. 职业教育校企合作政策的试验分析

近年来,我国对职业教育校企合作政策从两方面设计了改革推进策略:一是自下而上,鼓励支持各地大胆探索,制定适合于本土的职业教育校企合作促进条例(管理办法),不断总结推广;二是自上而下,制定国家层面的职业教育校企合作政策并逐步推广。通过这两方面的推进，我国职业教育校企合作的政策实施取得实质性的进展，但先行试点工作做得仍不够。任何教育政策决策都应包括选择政策实施的正确方法和得力措施，这些方法和措施并不是决策者从头脑中凭空想象出来，而是在反复的政策实践中总结出来的。尤其对于职业教育校企合作这种全新政策，没有现成的方法和措施可以遵循。若不通过政策实验来获得切实可行的实施方法与具体措施，即便是好的校企合作政策也未必产生好的政策效果，甚至会导致政策的失败。职业教育校企合作政策之所以在实施后出现一些与初衷相背的问题，究其原因在于操之过急，没有取得试点经验就忙于普及推广，导致主观与客观相脱离。

三、我国职业教育校企合作政策内容分析

就本质而言，我国职业教育校企合作政策属于教育政策范畴，因此在对其进行内容分析之前，需厘清教育政策内容及教育政策内容分析的内涵。教育政策内容是指，教育政策文本中为解决教育政策问题而设定的政策规范。教育政策内容的分析，就是运用一定的步骤和标准，对教育政策文本中的政策规范进行分析。这种分析有两种：一种是国家教育政策的内容分析。即对一个国家所有教育政策文本中的政策规范进行分析。其目的是，要看一个国家到底要制定哪些政策规范，才能满足一个国家教育改革与发展的需要。另一种是某一教育政策的内容分析。即对国家某一教育政策文本中的政策规范进行分析。其目的是，要看这一政策到底要有哪些教育政策规范，才能满足这一政策所要解决的全部问题的需要。本研究所讨论的为后一种分析，即对我国职业教育校企合作政策文本中的政策规范分析。教育政策内容分析一般有三个步骤：第一步，对教育政策文本中的政策规范进行全面系统和准确的考察；第二步，确立教育政策内容分析的标准；第三步，运用这些标准对教育政策文本中的政策规范进行对比分析。本研究即运用了这三个步骤对改革开放以来我国职业教育校企合作政策的内容进行了分析。[①]

（一）对职业教育校企合作政策文本系统准确的考察

首先是对职业教育校企合作政策的文本进行全面系统和准确的收集整理和分

① 孙绵涛：《关于教育政策内容分析的探讨——以中国1978年后教育体制改革政策内容的分析为例》，《教育理论与实验》2007年第3期。

类。其次是对职业教育校企合作政策文本中的政策规范进行全面、准确和清晰的概括。本研究通过搜集、整理改革开放以来我国职业教育校企合作有关政策文本,对其主要内容归纳如下:

1. 关于校企双方合作的职责

一是职业院校的责任。职业院校的责任主要包括联合行业企业为经济社会发展培养适用人才,联合行业企业设立理(董)事会、加强院校办学与治理,加强与行业企业的产学研合作,为企业输送人才、提供科技服务,加强校企合作、加快推进职业教育人才培养模式的根本性转变等。1986 年,原国家教委、国家计委、国家经委下发的《关于经济部门和教育部门加强合作促进就业前职业技术教育发展的意见》规定"职业学校要依靠自己的教学力量,负责对学生进行必要的文化及基础理论教学"。2002 年,国务院《关于大力推进职业教育改革与发展的决定》规定"职业学校要建立由企业、行业等社会各界人士参加的咨询委员会或理事会,为学校重大问题提供咨询或参与决策"。2006 年,教育部《关于职业院校试行工学结合、半工半读的意见》明确提出"职业院校要紧紧依靠行业企业办学,进一步扩展和密切与行业企业的联系,加强教育与生产劳动和社会生产实践相结合,加快推进职业教育培养模式由传统的以学校和课程为中心向工学结合、校企合作转变"。2014 年,教育部等六部门下发的《现代职业教育体系建设规划(2014—2020 年)》要求职业院校设立理(董)事会,并且"50%以上的成员要来自企业、行业和社区。设立专业指导委员会,50%以上的成员要来自用人单位",要"完善体现职业教育特色的职业院校章程和制度,明确理(董)事会、校(院)长、专业指导委员会和教职工代表大会的职权,提高职业院校治理能力","推动职业院校和职业教育集团通过多层次人才培养体系和技术推广体系,主动参与企业技术创新,积极推动技术成果扩散,为科技型小微企业创业提供人才、科技服务"。同年,《国务院关于加快发展现代职业教育的决定》要求"专科高等职业院校要密切产学研合作,培养服务区域发展的技术技能人才,重点服务企业特别是中小微企业的技术研发和产品升级,加强社区教育和终身学习服务"。

二是企业参与校企合作的责任。企业的责任主要包括对学生进行技能训练、接收职业院校师生的实习或实践、为职业院校提供兼职教师与设施设备等方面。1986 年,原国家教委、国家计委、国家经委下发的《关于经济部门和教育部门加强合作促进就业前职业技术教育发展的意见》规定"企业要依靠自己的技术力量和生产装备,负责对学生进行严格的技能训练"。1991 年,国务院《关于大力发展职业技术教育的决定》规定"企事业单位必须认真解决职业技术学校实验、实习设备和校内外实习基地;接纳职业技术学校师生到厂实习,在实验实习、师资、设备、教材、考核标准等方面给予服务和帮助"。1996 年,《职业教育法》规定"企业、事业组织应当接纳职业学校和职业培训机构的学生和教师实习;对上岗实习的,应当给予适当的劳动报酬"。2002 年,国务院《关于大力推进职业教育改革与发展的决定》规定"企业要积极为职业学校提供兼职教师、实习场所和设备"。2005 年,教育部《关于加快发展中等职业教育的意见》规定"接收学生实习的企事业单位,有责任向顶岗实习的学生支付相应的报酬或补贴"。同年,国务院《关于大力发展职业教育的决定》再次强调"企业有责任接受职业院校学生实习和教师实践,实习期间,企业要与学校共同组织好学生的相关专业理论教学和技能实训工作,做好学生实习中的劳动保护、安全等工作,为顶岗实习的学生支付合理报酬"。2014 年,《现代职业教育体系建设规划(2014—2020 年)》指出"通过法制建设、政策引导、考核评价等多种途径进一步落实企业参与校企合作、支持学生实习实训、开展职工继续教育的责任。将国有大中型企业支持职业教育列入企业履行社会责任考核内容"。同年,《国务院关于加快发展现代职业教育的决定》同样提到"规模以上企业要有机构或人员组织实施职工教育培训、对接职业院校,设立学生实习和教师实践岗位",要将"企业开展职业教育的情况纳入企业社会责任报告"。2015 年,《高等职业教育创新发展行动计划(2015—2018 年)》再次强调"规模以上企业设立专门机构(或人员)负责职工教育培训、对接高等职业院校,设立学生实习和教师实践岗位"。

2. 关于校企双方合作的内容

一是校企共同制定人才培养方案和实习实训计划。2006 年,中共中央办公厅、国务院办公厅发布的《关于进一步加强高技能人才工作的意见》规定"职业院校应以市场需求为导向,深化教学改革,紧密结合企业技能岗位的要求,与合作企业共同制定实训方案;企业应结合对高技能人才的实际需求,与职业院校联合制定培养计划"。2009 年,教育部《关于制定中等职业学校教学计划的原则意见》规定"职业学校和实习单位要按照专业培养目标的要求和教学计划的安排,共同制定实习计划和实习评价标准"。2010 年,《中等职业教育改革创新行动计划(2010—2012年)》规定"职业学校和企业之间开展一体化办学实践,企业安排学生顶岗实习,并与学校共同制定专业教学指导方案"。2015 年,《教育部关于深化职业教育教学改革全面提高人才培养质量的若干意见》提出"职业院校要加强与行业企业的合作,积极推行'双证书'制度,把职业岗位所需要的知识、技能和职业素养融入相关专业教学中","鼓励职业院校结合办学定位、服务面向和创新创业教育目标要求,借鉴、引入企业岗位规范,制定人才培养方案"。2015 年,《高等职业教育创新发展行动计划（2015—2018 年）》提出"扶持企业与高等职业院校联合开展'现代学徒制'培养试点。校企共同制定和实施人才培养方案，试点学校主要负责理论课程教学、学生日常管理等工作，合作企业主要负责选派工程技术人员（能工巧匠）承担实践教学任务、组织实习实训"。

二是校企合作开发与建设课程。2006 年，教育部《关于全面提高高等职业教育教学质量的若干意见》规定"高等职业院校要积极与行业企业合作开发课程；与行业企业共同开发紧密结合生产实际的实训教材，确保优质教材进课堂"。2010年，《中等职业教育改革创新行动计划（2010—2012 年）》规定"职业学校和企业之间开展一体化办学实践，联合开发教材"。2014 年，《现代职业教育体系建设规划（2014—2020 年）》"通过用人单位直接参与课程设计、评价和国际先进课程的引进，提高职业教育对技术进步的反应速度"，"按照企业真实的技术和装备水平设计理论、技术和实训课程；推动教学流程改革，依据生产服务的真实业务流程设计教学空间和课程模块"。

三是校企共建实训基地、研发中心。2005 年，国务院《关于大力发展职业教育的决定》"与企业紧密联系，加强学生的生产实习和社会实践，改革以学校和课堂为中心的传统人才培养模式。推动公办职业学校与企业合作办学，形成前校后厂（场）、校企合一的办学实体"。2008 年，教育部《关于进一步深化中等职业教育教学改革的若干意见》规定"积极推进校内生产性实训基地建设，满足实习实训教学的需要，加强校企合作，充分利用企业的资源优势，校企共建实训基地"。随后，《中等职业教育改革创新行动计划（2010—2012 年）》也规定"职业学校和企业之间开展一体化办学实践，共建实训基地"。2014 年，《现代职业教育体系建设规划（2014—2020 年）》提出"推动学校把实训实习基地建在企业，企业把人才培养和培训基地建在学校。探索引校进厂、引厂进校、前店后校等校企一体化的合作形式"。同年，《国务院关于加快发展现代职业教育的决定》明确"多种形式支持企业建设兼具生产与教学功能的公共实训基地"。2015 年，《高等职业教育创新发展行动计划（2015—2018 年）》指出"支持专科高等职业院校与技术先进、管理规范、社会责任感强的规模以上企业深度合作，共建生产性实训基地。面向企业的创新需求，依托重点专业（群），校企共建研发机构"。并再次提到"支持企业建设兼具生产与教学功能的公共实训基地"。紧接着出台的《教育部关于深化职业教育教学改革全面提高人才培养质量的若干意见》要求"推动校企共建校内外生产性实训基地、技术服务和产品开发中心、技能大师工作室、创业教育实践平台等，切实增强职业院校技术技能积累能力和学生就业创业能力"。

3. 关于校企双方合作的形式

在国家政策中提及校企双方合作培养的形式主要包括"订单式"、"集团化"及近几年提及的"现代学徒制"。2002 年,国务院《关于大力推进职业教育改革与发展的决定》和 2004 年教育部等七部门下发的《关于进一步加强职业教育工作的若干意见》强调"校企之间应积极开展订单式培养"。2004 年,教育部《关于以就业为导向深化高等职业教育改革的若干意见》再次强调"高等职业院校要大力开展订单式培养,从专业设置与调整、教学计划制定与修改、教学实施、实习实训直至学生就业等方面,充分发挥企业和用人单位的作用"。同时,《关于进一步加强职业教育工作的若干意见》和《关于以就业为导向深化高等职业教育改革的若干意见》提出"校企之间可以探索规模化、集团化、连锁化发展模式,有条件的地区可以根据需要组建不同类别,各具特色的职教集团,探索产学研结合发展高职教育的新道路"。2005 年,国务院《关于大力发展职业教育的决定》再次提出"推动公办职业学校资源整合和重组,走规模化、集团化、连锁化办学的路子"。2010 年,《国家中长期教育改革和发展规划纲要(2010—2020 年)》提出职业教育办学模式改革试点,规定"以推进政府统筹、校企合作、集团化办学为重点,探索部门、行业、企业参与办学的机制,开展委托培养、定向培养、订单式培养试点"。2014 年《现代职业教育体系建设规划(2014—2020 年)》提出"在有条件的企业试行职业院校和企业联合招生、联合培养的学徒制,企业根据用工需求与职业院校实行联合招生(招工)、联合培养","通过中央企业和行业龙头企业牵头、骨干职业院校牵头、行业和职业院校联合、地方政府整合职业教育资源、区域内职业院校资源共享等方式多样化发展职业教育集团"并且"鼓励通过领导干部交叉任职、共建技术创新平台和生产性实训基地、建立混合所有制职业院校等方式强化集团内部的利益纽带"。2015 年,《高等职业教育创新发展行动计划(2015—2018 年)》提出"推动专科高等职业院校与当地企业合作办学、合作育人、合作发展,鼓励校企共建以现代学徒制培养为主的特色学院","支持有特色的专科高等职业院校以输出品牌、资源和管理的方式成立连锁型职业教育集团。积极吸收科研院所及其他社会组织参与职业教育集团"。

4. 关于校企双方合作的保障措施

1986 年,原国家教委、国家计委、国家经委下发《关于经济部门和教育部门加强合作促进就业前职业技术教育发展的意见》,规定"对于企业自办或合办的各类职业技术学校或培训中心,教育部门在教学业务和调配师资方面给予支持"。2006 年,中共中央办公厅、国务院办公厅发布《关于进一步加强高技能人才工作的意见》,提出"对积极运用市场机制开展校企合作、实施产学结合,并在高技能人才培养方面作出突出成绩的职业院校,中央财政在实训基地建设等方面给予支持和奖励;对积极开展校企合作承担实习见习任务、培训成效显著的企业,由当地政府给予适当奖励"。2014 年出台的《现代职业教育体系建设规划(2014—2020 年)》提出"鼓励企事业单位、社会团体和公民个人通过公益性社会团体或者县级以上人民政府及其部门向职业院校进行捐赠,其捐赠支出按照现行税收法律规定在税前扣除。企业因接受实习生所发生的与取得收入有关的合理的支出,按照税收法律法规的规定在计算应纳税所得额时扣除"。2014 年,《国务院关于加快发展现代职业教育的决定》提出,"企业因接受实习生所实际发生的与取得收入有关的、合理的支出,按现行税收法律规定在计算应纳税所得额时扣除","对举办职业院校的企业,其办学符合职业教育发展规划要求的,各地可通过政府购买服务等方式给予支持。对职业院校自办的、以服务学生实习实训为主要目的的企业或经营活动,按照国家有关规定享受税收等优惠"。

(二)确立职业教育校企合作政策内容的分析标准

目前专门讨论政策内容分析标准的文献比较少。大多数文献谈及的政策分析仅是对政策的整体分析,而不是对政策内容的分析。如 Negal 将有效性(validity)、重要性(importance)、有用性(usefulness)、创新性(originality)、可行性(feasibility)五个方面作为选择最佳教育政策方案的标准。[1] 但这五条标准,实际上是对政策内容、过程、价值及环境进行综合分析的标准。因此,不能简单地把这些标准,用来作为教育政策内容的分析标准。对于教育政策内容的分析标准,国内著名学者孙绵涛教授将其归纳为"完整性"、"科学性"和"创新性"三方面。所谓完整性,一方面是指教育政策的内容要能囊括教育政策范围内的全部问题;另一方面是指教育政策的要件要完整。一般来说教育政策的要件包括教育政策的目标、教育政策的对象和教育政策的措施。所谓科学性,是指教育政策内容的各要素关系明确,逻辑清晰。所谓创新性,是指教育政策内容不囿于传统的观念,能根据形势的发展进行政策理论创新。从三者的关系来看,这三者的关系是不能分割的:完整性是在科学性和创新性基础上的完整性;科学性是在完整和创新基础上的科学性;而创新性,也是在完整和科学基础上的创新性。[2] 职业教育校企合作政策作为教育政策的其中一部分,本研究参照孙绵涛教授确立的教育政策内容的分析标准,将

---

① Negal,S. S. Policy Analysis Methods. New York:Nova science Publisher,1999.

② 孙绵涛:《关于教育政策内容分析的探讨——以中国 1978 年后教育体制改革政策内容的分析为例》,《教育研究与实验》2007 年第 3 期。

改革开放以来我国职业教育校企合作的政策内容的分析标准也确立为"完整性"、"科学性"和"创新性"三方面。

（三）以标准诊视职业教育校企合作政策的规范

用确立的标准诊视改革开放以来我国职业教育校企合作政策文本中校企合作的政策内容，通过对比分析，我们发现，改革开放以来我国制定的职业教育校企合作相关政策明显地存在三方面问题。

一是政策的完整性、系统性不够。本研究对职业教育校企合作政策的完整性、系统性也做过专题调研，调查发现有 79％的受访者表示政策的完整性、系统性不够。目前，国家对职业教育校企合作的制度供给严重滞后，主要是可操作性政策法规缺失。由于我国职业教育仍是条块分割式的管理体制，导致政策制定部门间彼此缺乏协调，各自为政，使其出台的各类职业教育政策间缺乏一致，系统性不够，这也导致了可操作性政策法规的缺失。[1] 签订合作协议缺乏规范文件、履行协议缺乏监督协调、合作成效缺乏评估、针对评估结果缺乏奖惩机制等。[2] 自从职业教育开展校企合作以来，中央和各级地方政府制定和颁布了很多有关校企合作方面的文件，但这些文件大多为宏观政策，许多还停留在粗线条的规定上，缺乏具体的配套政策，操作性不强，出现了大量有法不依、执法不严、违法不纠的现象。此外，现有的校企合作激励政策本身系统性不够，大多散见于有关职业教育的政策文本中，发文的主体也不一致，基本上以"意见"、"通知"、"管理办法"等形式出现，属于"宣言性"立法，法律条文多为原则性的规范，缺少法律应有的强制性效力，无论是从实体上还是程序上都缺少可操作性，因此一直停留在文件里和字面上。[3]

二是政策科学性不足。经对校企合作相关企业和院校的调查发现，有 67％认为职业教育校企合作政策科学性不强，15％认为政策的科学性有待进一步提高。由于缺乏科学性，导致效力不高、执行乏力。比如在校企合作的各项政策中，基本以"职业院校"为主体对象，各种要求针对学校的较多，而对政府和企业的要求较少。这就使政府没有主动性，企业没有积极性。校企合作的推行不是建立在制度和法律的框架下，不是由政府、学校和企业各自主动承担相应的义务，而是靠学校

① 陈向阳：《合理性视域中的职业教育政策追究》，《教育与职业》2011 年第 5 期。
② 王艳辉：《新制度经济学视角下职业教育校企合作长效机制构建研究》，《高等职业教育（天津职业大学学报）》2016 年第 4 期。
③ 张社字：《我国职业教育政策的效度分析》，《教育与职业》2006 年第 32 期。

单方面去硬性推动,用学校的人脉和关系去建立、推动和维系。同时,各级政府基本没有建立专门的校企合作协调机构,负责设计、监督、考核和推行校企合作。校企合作是职业院校与企业之间的资源共享,是不同领域的社会主体及经济主体的相互合作,需要宏观调控,需要公共政策的引导,因此必须发挥政府的主导作用。政府应在构建校企合作长效机制中发挥重要的制度设计与供给作用,密切关注机制的动态变化,及时地查漏补缺,运用行政手段、经济手段、法律手段推动校企合作深入发展。此外,职业教育校企合作政策在语言表达上模糊不清,也给执行与评估带来了潜在的困难。西方许多学者认为科学性与理论的明确表达是联系在一起的。因而,在制定职业教育校企合作政策时,要充分关注各利益主体的意图,对于其权利义务要有明确的界定,尤其从意图到实际付诸行动之间,必须具有逻辑一致性,才能使政策科学性、合理性付诸实现。

三是政策创新性不强。比如校企合作财政扶持和税收优惠方面,未能突破旧有框架,制定出有足够吸引力、促使企业自觉参与职业教育校企合作的优惠政策。目前,学校所能获取的校企合作方面经费支持主要来源于政府支持的实训基地建设专项资金。尽管我国对企业参与职业教育与培训也有相关的财政支持和税收优惠政策,部分地方政府出台的促进职业教育校企合作的实施意见中也提及了税收优惠,但政策总体上还存在可操作性不强、吸引力不够等问题。有规定指出,企业所享受的税收优惠仅限于学生的实习报酬,企业参与合作所发生的其他投入还有许多尚未被纳入税收优惠范围,如企业在学生实习期间所产生的实习耗材费、企业指导教师的误工费、企业参与院校实习基地建设的设备投入等。[①] 缺乏利益驱动,未能在财政、税收及其他经济利益方面给企业以足够的优惠,是企业不愿承担校企合作义务的主要原因。

四、我国职业教育校企合作政策执行分析

职业教育校企合作政策是实现职业教育校企合作目标的手段之一,它的有效执行有助于职业教育校企合作政策由文本、理念和思路向现实转换。美国政策学家艾利森曾经说过:在实现政策目标的过程中,方案确定的功能只占 10%,而其余90%取决于有效的执行。邓小平同志高度重视政策的执行,他指出,"中央的路线、方针、政策正确,如果下面不很好执行,那有什么用呢",于是他反复强调,"对于党

---

① 祁占勇、王君妍:《职业教育校企合作的制度性困境及其法律建构》,《陕西师范大学学报(哲学社会科学版)》2016 年第 6 期。

和国家的政策和任务,必须千方百计,克服困难,去贯彻执行"。由此可见,政策执行是政策生命过程的关键环节,是实现政策目标最直接、最重要、最关键的决定因素,政策的价值和意义只有通过政策执行才得以实现。政策执行过程中反馈回来的实践经验与政策信息,是政策执行再决策和制定后继政策的基本依据和重要参考。因此,开展职业教育校企合作政策执行的分析,有利于把握政策执行现状、总结政策执行经验、剖析政策执行教训,为进一步完善职业教育校企合作政策、落实职业教育校企合作政策提供重要依据。

(一) 职业教育校企合作政策执行的内涵

当前,对政策执行的解释多种多样。国内外学者大都把政策执行诠释为从目标到结果之间的动态过程。如有学者指出,可以把政策执行看作在目标的确立与适合于达到这些目标的行动之间的一种互动过程[①];而解释、组织和应用则是将政策付诸实施的所有活动中最重要的三种[②]。也有学者将这种活动过程根据政府的工作流程分解为发布命令、执行指令、拨付款项、办理货款、给予补助、订立契约、收集资料、传递信息、委派人事、雇佣人员和创设组织单位等一系列的活动[③]。有学者强调政策执行的动态过程中机关、人员要素的组合,"在整个过程中,负责执行的机关和人员组合各种必要的要素,采取各项行动,进行适当的裁量,建立合理可行的规则,培塑目标共识与激励士气,应用协商化解冲突,冀以成就其特殊的政策目标。"[④]也有学者将政策执行过程分解为科层体制的控制过程、上下阶层的互动过程以及政策制定与政策执行交互行动、相互议价的过程[⑤]。对此,国内有学者概括指出,政策执行是"政策执行者通过建立组织机构,运用各种政策资源,采取解释、宣传、实验、协调与监控等各种行动,将政策观念形态的内容转化为实际效果,从而实现既定政策目标的活动过程"[⑥]。

关于政策执行的理论界定,学术界分行动学派和组织理论学派。行动学派认

① Jeffrey L. Pressman and B. Widavsky, Implementation (2nd,ed). Berkeley:University of California Press,1979. p. 20-21

② Charles O. Jones,An Introduction to the Study of Public Policy (3ed.). Monterey, California:Brooks/Coles Publishing Company,1984. p. 166

③ G. C. Edwards Ⅲ and I. Sharkansky, the Policy Predicamend. San Francisco:W. H. Freeman and Co. ,1978. p. 293

④ 林水波、张世贤:《公共政策》,中国台湾五南图书出版公司 1984 年版,第 275 页。

⑤ 李允傑、丘昌泰:《政策执行与评估》,中国元照出版有限公司 2003 年版,第 4 页。

⑥ 陈振明:《政策科学——公共政策分析导论》,中国人民大学出版社 2003 年版,第 43 页。

为,政策执行是将一项政策付诸实施的各种活动,其中最重要的是解释、组织和实施。解释是将政策内容转化为民众能接受和理解的指令;组织是建立政策执行机构,制定执行办法,实现政策目标;实施是执行机构提供的服务、设施和经费。组织理论学派,强调政策执行组织机构的作用。没有组织作保证,政策目标是纸上谈兵,难以实现。

基于对政策执行概念的不同解释,本研究将政策执行的特点归纳如下:一是对象的适用性。指一定的教育政策只适用于一定的对象,任何政策都必须明确其适用范围。二是执行的灵活性。国家出台的多数政策属宏观政策,带有战略性,不涉及操作层面的具体细节。三是执行的有序性。政策执行应保持阶段性顺序和过程的连续性,依次实施、环环相扣、层层推进。四是过程的动态性。教育政策方案无论多么完美,不可能与复杂多变的客观现实完全一致。五是执行的协调性。指各种政策要素在空间上的分配、重组、展开和运动的过程。由于执行主体之间的职能交叉或重合,客观上造成多头管理,而多头管理的表现是推诿扯皮,效率低下,破坏政策执行的协调性。六是执行的时限性。指政策执行中每一环节有时间要求,还指政策执行进程的及时完成。

同对政策执行概念的理解相一致,职业教育校企合作政策执行的内涵是指政策执行者通过组织机构,运用各种政策资源,采取解释、宣传、协调与监控等各种政策手段,将职业教育校企合作政策目标转变为结果的过程,是为实现职业教育校企合作政策目标而采取措施、方法与目标群体互动的过程。从这个意义上说,职业教育校企合作政策执行是政策制定的继续,是政策执行者依据政策的指示和要求,为实现政策目标、取得预期效果,不断采取积极措施的动态行动过程。

（二）职业教育校企合作政策执行有效性的反思

职业教育校企合作政策执行效果是检验政策执行过程是否有效的基本标准。在实践中,追求职业教育校企合作政策目标的完全实现不太现实,但理想化的政策目标却为我们执行政策以及检验政策结果提供了标准和依据。当前,在各级政府的高度重视以及一系列政策的推动下,职业教育校企合作取得了较好的成绩,但同时也存在诸多矛盾与问题。本研究79%的受访者表示,职业教育校企合作政策执行过程并没有将政策目标充分转化为政策结果,政策执行过程获得价值选择和实现价值选择的"有效性"并没有充分体现,职业教育校企合作政策执行存在失效、效率不高、执行阻滞的问题。

政策执行有效性,指的是政策执行有效果、有效率、有效益,是效果、效率与效益的统一。职业教育校企合作政策执行的有效性,从现象上看是政策执行过程中政策精神被充分体现、政策目标被充分实现,如果从价值角度去分析,政策执行有效性则是政策执行过程中价值选择和价值创造的有效性,是理想的职业教育校企合作政策价值目标的再确立和政策目标完整转化为政策结果所需要的条件和规范的满足,政策执行过程的有效性也就是政策价值目标完成转化的有效性。因此,判断职业教育校企合作政策执行有效性的标准就是职业教育校企合作政策目标与政策结果之间的正相关关系。如果两者之间没有相关或者负相关,则说明职业教育校企合作政策执行是无效的,反之则是有效的。人们通常从现象形态上将政策目标没有在政策结果中充分实现称之为政策失真、政策执行偏差或者政策执行阻滞。[①]

政策执行过程中若出现执行活动、结果偏离政策目标的不良现象,可被称为政策失真;这种由于主客观因素作用、导致行为效果偏离政策目标并产生不良后果的政策现象也可被称为政策执行偏差。政策执行过程"因某种消极因素的影响而出现了的不顺畅乃至停滞不前,进而导致政策目标不能圆满实现甚至完全落空的情形",这就是政策执行阻滞。政策执行失真、偏差以及阻滞,所揭示的现象都是政策结果偏离了政策目标、进而产生了不良后果,是政策执行无效的表现。

为更易于揭示职业教育校企合作政策目标在执行过程中的"不顺畅"、结果的"不圆满",本研究采用政策执行阻滞的概念来界定职业教育校企合作政策执行无效的现象。实际上,当前职业教育校企合作政策执行阻滞或者失真,主要体现为"重制定、轻行动,有文本、不执行"的不良的政策实践现象。"轻行动"、"没执行"并非是说执行者对职业教育校企合作政策没有反应,而是强调这种反应的"虚假性"与"歪曲性"。结合职业教育校企合作政策执行过程、结果中所出现的阻滞现象,我们将职业教育校企合作政策执行阻滞问题归结为政策执行敷衍、政策执行歪曲、政策执行抵触、政策执行缺损四个方面。

一是职业教育校企合作政策执行敷衍,其典型形式是"形式主义",具体表现为政策执行者在执行中只注重规划与表面文章,在现实实践环节却没有针对职业教育校企合作发展规律和特点制定具有可操作性的具体措施,没有根据政策要求去保证机构、人员、资金等资源到位,政策目标和内容在执行过程中表面化,从而导致政策目标无法在实践中充分实现。本研究调查发现,有64%人认为我国职业教育校企合作政策执行存在敷衍现象,政策没有得到很好的落实。

---

①　亓俊国:《利益博弈:对我国职业教育政策执行的研究》,天津大学硕士论文,2010年,第70—71页。

二是职业教育校企合作政策执行歪曲，是指职业教育校企合作政策执行者有意或者非主观意义上"曲解"政策内容，背离了政策目标和政策精神。有意曲解是指政策执行者过度强调现实中的问题，或者为片面完成政策目标而采取不合理的政策措施，或者钻政策的漏洞、假借政策之名行个体利益之实，造成政策执行过程以及执行结果与政策目标不一致。非主观意义上的曲解，则是由于政策执行人员的素质达不到要求，不能完全理解政策内容，或者政策内容过于高深，不能让政策执行人员完全理解，从而导致政策执行结果偏离目标。从职业教育校企合作政策执行现状来看，有意曲解，是政策执行歪曲的主要表现。

三是职业教育校企合作政策执行抵触，是指职业教育校企合作政策执行过程中，受到执行者或者受众的质疑，进而有意不执行或者对政策进行歪曲执行。这对职业教育校企合作政策的权威性具有很大的危害性。马克思利益论中提到：利益冲突是人类社会一切冲突的最本质的根源。在职业教育校企合作政策执行抵触中比较多见的是，因为财政投入、权责关系而引起的对职业教育政策执行的抵触现象。本研究经调查发现，认为职业教育校企合作政策执行存在抵触和推诿的比例达 69%。

四是职业教育校企合作政策执行缺损，是指职业教育校企合作政策在执行过程中执行部门对政策内容"断章取义、以偏概全、各取所需"，只注重追求能带来显性成绩的目标而忽视整体目标，使政策的整体功能得不到发挥，从而影响了政策执行的整体效果。政策执行缺损也是目前我国职业教育校企合作政策执行过程中较为突出的问题。

本研究以职业教育校企合作政策执行敷衍的具体表现为例来分析当前职业教育校企合作政策执行中存在的一些突出问题。政策执行敷衍主要表现为对政策的执行流于形式，敷衍了事，不采取到位的、可操作性的措施，从而无法有效达到政策预设的目标。校企合作的本意是学习发达国家先进经验，创建一种使学生在校学习与企业实践并重，学校与企业合作共赢的范式。在政策引导、推动下，一时间校企合作遍地开花。职业学校采用"订单培养、企业定制"、"半工半读、顶岗实习"等多种校企合作的模式，但是办学和推广效果却不甚理想。究其原因，还是由于合作办学存在一定的成本，学生频繁的流动和按教学计划在企业各岗位上实习，确实对企业的日常生产经营带来诸多不便乃至损失。所以常会出现剃头挑子一头热，校方主动、企业被动、缺乏合作办学内在动力的现象。或企业追求短时间的利益最大化，为了解决当前由于劳动力紧张引起的"用工荒"。学校为了完成校企合作指标，甚至某些个人或者群体为了盈利目的，双方选择合作，但不为学生安排对口岗位工作,将学生当作廉价劳动力使用。[①] 校企合作是校企双方基于共同利益而形成的利益共同体,共同利益的维护需要双方都从长远发展出发、从学生的长远利益出发解决合作问题。双方参与校企合作都需要付出办学成本,校企合作需要政府制定具有可操作性的政策措施对双方权益进行保障,尤其是对企业进行一定成本补偿也是政策的要求之一。但从调查来看,许多企业反映没有得到成本补偿,企业在校企合作中的贡献缺乏社会认可,企业安排学生顶岗实习的纳税减免得不到落实。具体政策措施的缺失,导致企业难以承担学生顶岗实习所带来的安全风险以及经济成本,从而无法促成校企合作长效机制的形成。本研究调查结果发现,75%以上被调查的企业和学校认为缺乏政策引导,44%以上认为企业利益不保证从而缺乏合作积极性,63%的被调查学校感到缺乏合作机制。校企合作是职业院校和企业之间基于平等基础的合作关系,必须在政府的宏观调控和制度保障下进行,政府具体措施的引导和管理是必不可少的。只重视宏观规划,但没有具体的政策措施予以保障、不重视政策执行过程中具体措施的落实,是职业教育校企合作政策执行敷衍的普遍表现。

此外,通过调研分析,我们发现,作为典型的公共政策转化方式,我国职业教育校企合作政策在推进过程中存在两大难题:一是层级困境,即职业教育校企合作政策目标在从中央到地方和基层单位的过程中往往要经历多个层级的政策细化或再规划,由于存在着较长的层级距离,因此,容易出现政策效益衰减或目标偏差;二是合作困境,即分属不同系统的部门形成了条块分割的资源控制领域,在共同落实职业教育校企合作某项政策时常常出现彼此间的目标不一致,由此产生九龙治水、甚至相互掣肘的现象。这些问题及由此产生的种种障碍,为我们研究进一步提升推进职业教育校企合作政策执行的质量提供了聚焦点。[②]

(三)职业教育校企合作政策执行阻滞原因分析

职业教育校企合作政策执行阻滞问题的存在,要求我们全方位地分析职业教育校企合作政策执行的影响因素,确定影响政策执行阻滞的问题根源。通过政策执行理论模式可以看出,政策执行的影响因素主要包括政策本身、政策资源、政策执行者、目标群体、环境等方面,换言之,职业教育校企合作政策执行是否有效主要

---

① 汪凌云:《我国职业教育政策执行研究——以南通市为例》,上海交通大学 2014 年硕士论文,第 20 页。

② 于志晶、刘海、程宇等:《"十二五"以来我国职业教育重大政策举措评估报告》,《职业技术教育》2017 年第 12 期。

与政策执行过程中的人、财、物、机制、环境等有直接关联。

一是政策执行者素质参差不齐。职业教育校企合作政策的执行要依赖执行机构的个人去实施，执行者的素质直接影响到执行的效果。执行者的素质如果较低，就容易对政策目标的解读产生偏差，加之责任心薄弱、法律观念不强，在执行手法上也趋于单一化，往往会造成执行效率低、效果差，甚至执行结果使政策预设的目标发生较大变形和扭曲。执行者对政策价值是否认同也会影响和制约其执行的力度和效果。职业教育校企合作政策执行者在认识上对政策内容是否赞同，情感上对政策目标是否拥护，如何看待职业教育校企合作政策的价值取向，以及如何看待执行中的利益和分配给自身造成的影响，等等，都会对职业教育校企合作政策执行产生影响。在政策执行过程中，如果执行者缺乏对职业教育校企合作政策价值的认同，便会在政策执行中带有主观随意性、片面性、盲目性，甚至出现偏离政策预定目标的现象。[①]

二是政策执行缺乏监督与评估。职业教育校企合作政策执行是一项复杂的系统工程。它包括执行前对政策文本的深入学习和全面解读，执行中相关部门人员的具体操作和第三方监督评估，以及执行结束后对政策结果的考核和整体性评价。针对政策执行监督环节，孟德斯鸠曾在《论法的精神》中警示过权力对人的腐蚀性。他认为，"一切有权力的人都容易滥用权力，这是一条万古不变的经验。有权力的人们使用权力一直到有界限的地方才休止"。这意味着必须采取实质性措施，来监督执行人员手中的权力。监督的缺席和不力会使得职业教育校企合作政策执行失去约束力量。在职业教育校企合作政策的实施过程中，政策执行的有效性常常会由于某些原因而受到影响，甚至出现执行活动偏离政策目标即政策失真现象，因而必须加以有效监督。梳理我国现有的职业教育校企合作政策，发现校企合作政策的监督与评估机制几近空白，加之校企合作涉及教育、经济、人保、生产等多个行业系统，体制的问题远远超出了教育所辖的范围，使得监督与评估校企合作政策更显艰难。[②] 本研究调查也表明，有 56％的人认为当前我国职业教育校企合作缺少协调与监督。

三是缺乏政策落实的组织机构。首先，在国家层面，职业教育处于多头管理状态，各管理部门在职业教育校企合作政策的制定与执行过程中各自为政，尚未形成协调一致的局面。其次，不少地方政府尚未建立专门的协调机构负责设计、监督、

① 汪凌云：《我国职业教育政策执行研究——以南通市为例》，上海交通大学硕士论文，2014年，第26页。

② 兰小云：《我国职业教育校企合作政策效度刍议》，《现代教育管理》2012年第6期。

考核和推行校企合作,造成很多项目难以获得企业主管单位、人力资源保障、财政等部门的通力合作,校企合作缺乏内在动力。再次,地方政府对校企合作更多的是停留在倡导、研讨和自由实践阶段,虽然个别地方政府在校企合作政策落实上已做出一定探索,但总体上看,地方政府对职业教育校企合作的管理尚处于真空状态。

四是政策执行主体间的利益冲突。利益在政策执行中扮演着重要角色,是执行主体的内在驱动力,政府各层级部门与企业、学校间均存在不同的利益诉求。在职业教育校企合作政策执行的过程中,不同主体基于追求自身利益最大化进行互动博弈。这个基本属性决定了,职业教育校企合作政策在执行的过程中会被预先判定是否符合执行方的利益,得益越多越容易得到较为彻底的执行,反之则将难以执行或者执行效果不佳,"上有政策,下有对策"也正是反映了这样一种政策执行中的利益选择。[1]

五是缺乏政策执行资源。政策执行资源指的是政策执行过程所需的人力、物力、财力及信息等。这些均为保证职业教育校企合作政策执行成功的基础和关键。缺乏物资和人力的保证,职业教育校企合作政策执行将难以充分开展;缺乏充分的信息,职业教育校企合作政策执行的过程将无法把握全局,造成头痛医头、脚痛医脚。当前,职业教育校企合作政策执行最主要的资源缺口为资金缺口,尤其在现行的分税制财政管理体制下,县市一级政府的财力比较有限,可投入到校企合作中的资金也比较有限,这直接影响到职业教育校企合作政策的执行。

六是政策文本的缺陷。政策制定是一项十分专业的科学实践活动,其自身的科学性和合理性是有效执行的前提条件与基础。因为,只有科学、合理的职业教育政策才可能产生预期结果,如果政策本身存在问题,结果将难以预料。政策的科学、合理、可操作性,主要指三方面的内容:政策是否针对了客观存在的问题;政策是否就如何解决客观存在问题,有明确清晰地发出指令;政策的执行是否具有可能性和执行后是否能解决客观存在问题。现实中往往因为上述三个方面不达标,造成解读难、执行难的局面。在现实中,一些职业教育校企合作政策在制定过程中缺少对研究问题的调研和考证,政策目标和内容不够具体,加大了政策执行过程中不确定性。譬如有些政策制定时,没有把握表面现象下的实质问题,无法解决当前的矛盾。有些是缺乏科学的考证和数据支持,造成政策出台后在执行上和实际环境

---

① 李桐、李忠:《职业教育改革与发展的政策支持——基于政策执行失效视角的考察》,《职教论坛》2016 年第 16 期。

"水土不服"，难以执行，或执行了也无法达到政策设定的目标和效果。①

七是政策执行受到传统文化制约。我国职业教育发展举步维艰，国家出台的相关政策远没有达到预期的效果，这与我国的传统文化有着密切的关系。我国是一个伦理本位的政治文化型国家。这种文化包含几个特点：一是官本位的文化。所谓"学而优则仕，仕而优则学"，学习、接受教育的目的是做官，做官需要的不是职业知识与技能。职业知识只是雕虫小技，不足挂齿，修身、齐家、治国、平天下的人伦知识与策略才是真正需要长期加以修炼的"道"。二是儒道结合的文化。儒家文化主张的是积极入世，而道家的灵魂是无为思想，这种无为思想与市场的竞争本位严重相悖，而职业教育是市场本质的教育。中国文化的这些特征导致的结果是对职业教育的轻视，对职业教育校企合作的重视更是无从谈起。②

五、我国职业教育校企合作政策评价分析

职业教育校企合作政策隶属于教育政策范畴，因此要对职业教育校企合作政策进行科学的评价分析，首先必须弄清楚教育政策评价及教育政策评价分析的概念与内涵。

教育政策评价是教育政策的重要组成部分，对于审查新的政策方案、调控政策执行资源、决定政策持续、修正或终结政策等方面具有重要意义。但是，目前我国在这方面的研究还较少。在我国教育政策研究领域，对于教育政策评价概念的界定，均源于公共政策评价的理解。最通常的表述为：教育政策评价是指教育政策评价主体依据一定的标准，采用一定的方法，对教育政策的内容、教育政策决策、执行及执行结果，以及教育政策的其他相关因素等事实判断基础上所进行的价值判断，以达到教育政策预期目标的活动。从定义中可以看出，教育政策评价包含了评价主体、评价内容、评价目标、评价标准、评价方法五个要素，而五个要素分别回答了谁来评价？评价什么？为什么要评价？评价标准是什么？怎么评价？③

教育政策评价分析是教育政策分析的有机组成部分，是指教育政策分析者运用科学的技术和方法，对教育政策的评价进行分析，从而实现教育政策目标的一种

---

① 汪凌云：《我国职业教育政策执行研究——以南通市为例》，上海交通大学硕士论文，2014 年，第 27 页。

② 罗红艳：《我国职业教育政策执行失效的多学科分析》，《现代教育管理》2009 年第 5 期。

③ 肖远军、李春玲：《教育政策评价的概念、类型初探》，《四川师范大学学报（高教研究专号）》1995 年第 6 期。

活动。从本质上来说,教育政策分析是一种教育政策的研究活动和评价活动,所以教育政策评价分析就是对教育政策评价的研究活动和评价活动,这个概念包含了分析的主体、分析的内容、分析的步骤、分析的目标四个要素。

教育政策评价分析的主体是教育政策分析者,既包括有关教育政策分析的组织机构,也包括参与教育政策分析的有关人员。具体来说,从事教育政策分析的组织机构可包括高校和社会科学研究机构(社会"智囊团"与"智库")、教育行政部门以及政府中与教育政策分析相关的研究部门等;参与教育政策分析的有关人员主要是指在教育政策分析的组织机构中从事教育政策分析的人员。从教育政策评价分析的内容上看,既可以对教育政策评价的总体进行分析,也可以对教育政策评价的局部进行分析。教育政策评价分析的步骤指教育政策评价分析应该按照什么样的程序来进行分析活动。本研究把职业教育校企合作政策评价分析分为三个步骤:一是全面占有职业教育校企合作政策评价的资料;二是构建职业教育校企合作政策评价分析标准;三是对职业教育校企合作政策评价进行具体分析。

(一)职业教育校企合作政策评价资料的收集

由于我国教育政策评价制度不健全,因此对于职业教育校企合作政策的评价,目前我们还无法获得政府部门的评价报告。对于一些校企合作政策的非正式评价由于信息过于分散,也无法获得较为全面的评价信息。这使得本研究在对职业教育校企合作政策评价总体情况的概括时受到较多限制,我们只能根据已正式发表的评价报告和论文等文献来考察职业教育校企合作政策评价的总体情况。

本研究以"职业教育校企合作"、"职业教育校企合作政策"、"职业教育校企合作政策"并含"评价"等为关键词按"题名"搜索,通过中国期刊网、超星数字图书馆、万方数字化期刊、人大复印报刊资料网络版等电子资源共检索到相关著作 3 本,文章共 1 266 篇。关于职业教育校企合作政策,本研究界定在广义上的理解,在对有关职业教育校企合作政策进行研究的文献中,含有价值判断的均为本研究的对象,主要指研究职业教育校企合作政策的价值取向、社会影响、效应效益等方面的文献。但是那些关于解读职业教育校企合作政策的文献,以及如何开展职业教育校企合作的文献不在本研究的范围内。通过对以上文献的筛选、抽样,最终确定为本研究所用的文献有 50 余篇,基本代表我国职业教育校企合作政策评价的整体情况。这 50 余篇文献,可分为总体评价、结果导向评价和过程导向评价三类。以结果为导向的评价文献主要是研究职业教育校企合作政策带来的结果;以过程为导向的评价文献主要是评价职业教育校企合作政策的决策和执行过程;总体评价的文献是在宏观上做分析。三类评价各有优点,总体评价比较全面,但不够具体,过程导向和结果导向的评价比较深入,但不够全面。

(二)职业教育校企合作政策评价分析标准的构建

教育政策评价标准是在评价活动之前对被评属性或方面质的规定,是评价方案的核心部分,它属于评价活动中价值研究的范畴。[①]

教育政策评价标准可以按教育政策评价的类型来归类。首先是预评价的标准,有学者提出"认定问题是否正确,政策目标是否恰当,政策方案是否可行"是其标准,[②]也有学者提出了"客观性、全面性、均衡性、可行性、可控性"等几项指标[③];其次是执行评价的标准,包括是否依照政策方案实施;政策执行资源是否充足;政策执行机构是否健全;宣传、传播对象是否适宜;是否因时、因事、因地制宜;是否具有监督机制[④]。最后是后果评价的标准,有学者认为应该从政策效果是否明显、教育政策效益是否最佳、教育政策效率是否最高、教育政策影响是否最好等来考察[⑤],也有学者提出从教育政策效益、教育政策效率、教育政策回应程度三大标准来评价[⑥],还有学者提出政策效果、政策效率、政策效益、公平性以及社会反应度[⑦]等标准,以上观点基本相同。

另外,有学者分析了教育政策评估的理论取向,包括实证主义取向、价值分析取向、实证辩论的逻辑。教育政策评估的阶段分为教育政策议题的确定、教育政策的制定和教育政策的执行三个阶段。在评估教育政策的不同阶段,教育政策评估应该存在取向的差异,对三种取向有所侧重。[⑧]

分析标准是职业教育校企合作政策评价分析的尺度,是进行职业教育校企合作政策评价分析的依据,用它来衡量分析对象的是与非,满足了分析标准的部分,则是好的方面,应继续保持与发扬;达不到标准要求的,即是问题所在,应当分析原因并提出对策和改进建议。因此,分析标准的构建是职业教育校企合作政策评价

① 袁振国:《教育政策学》,江苏教育出版社 2002 年版,第 353 页。

② 袁振国:《教育政策学》,江苏教育出版社 2002 年版,第 356—367 页。

③ 陈玉琨:《教育评价学》,人民教育出版社 1999 年版,第 246—248 页。

④ 袁振国:《教育政策学》,江苏教育出版社 2002 年版,第 367—372 页。

⑤ 袁振国:《教育政策学》,江苏教育出版社 2002 年版,第 373—379 页。

⑥ 孙绵涛:《教育政策学》,武汉工业大学出版社 1997 年版,第 174 页。

⑦ 吴志宏、陈韶峰、汤林春:《教育政策与教育法规》,华东师范大学出版社 2002 年版,第 133—135 页。

⑧ 李孔珍:《教育政策评估的阶段差异取向》,《中国冶金教育》2005 年第 3 期。

分析的核心。有学者将教育政策评价的总体分析分为过程维度、类型维度和结果维度三个范畴,这三个范畴各有不同的标准。过程维度注重科学性,评价目标、评价主体、评价内容、评价标准及评价方法均以科学性为总原则;类型维度注重完整性;结果维度则讲究有效性。三个维度之间有着严密的逻辑联系:科学的校企合作政策评价不仅是校企合作政策评价过程的科学性,也应当是一个涵盖各种类型的完整的校企合作政策评价,更应当是非常有效果的校企合作政策评价;不同类型的校企合作政策评价需要注重评价过程的科学性和评价结果的有效性;结果的有效性也是以评价过程的科学性和评价类型的完整性为前提的。构建完成职业教育校企合作政策评价分析的标准后,即可展开我国职业教育校企合作政策评价的具体分析。① 此学术论断得到了学界的普遍认可,并被越来越多地应用于职业教育校企合作政策评价的实践中,本研究即采用了这样的学术观点。

(三)职业教育校企合作政策评价的具体分析

1. 关于过程维度的具体分析

一是评价目标的分析。任何形式的科学研究都应有一定的目标,明确的研究目标会指明未来研究的方向,并且有效指导研究自身的顺利开展,得出正确的结论,职业教育校企合作政策评价也不例外。通过对相关文献的归纳总结发现,大多数未能明确论述开展职业教育校企合作政策评价的目标为何,但是从这些文献资料的论述中,可以间接得到其对职业教育校企合作政策评价目标的认识。首先,通过解读职业教育校企合作政策,分析职业教育校企合作政策的实施给职业院校与合作企业在人才培养、技术研发及实习就业等方面带来的影响,提供与职业教育校企合作政策相适应工作改进的建议。其次,通过评价我国职业教育校企合作政策本身,如政策内容和政策过程等,间接向职业教育校企合作政策决策和执行过程提供学理上的改进建议。

二是评价主体的分析。教育政策的本质就是教育政策利益主体的利益表达与整合的产物,而教育政策评价又在一定程度上决定教育政策的未来走向。职业教育校企合作政策评价主体较为单一,几乎所有的文献资料作者都来源于学校。教育行政人员在评价主体构成中严重缺失,部分教育行政人员甚至对职业教育校企合作政策评价存有抵制心理。他们担心职业教育校企合作政策评价的结论会影响

① 曹连众、祁型雨:《教育政策评价标准研究述评》,《山西师大学报(社会科学版)》2011年第5期。

职业教育校企合作政策的实施推进，并否定其"政绩"和"权威"。作为职业教育校企合作决策者的政府部门不参与到职业教育校企合作政策评价中来，必然导致这种评价的政治倾向性减弱，虽然这样有利于客观中立的评价职业教育校企合作政策，但在一定程度上削弱了评价结果被利用的可能性。此外，部分评价主体的缺失必然会造成评价标准的偏向，引起评价的失真，进而影响职业教育校企合作政策评价结果的信度和效度。①

三是评价内容的分析。职业教育校企合作政策评价的内容有政策方案的评价、政策内容的评价、政策决策的评价、政策执行的评价、政策效果的评价及政策环境的评价等。从文献资料来看，对职业教育校企合作政策效果评价明显多于其他方面的评价，政策执行的评价居次，政策决策的评价及政策环境的评价较少。在政策效果评价中，对政策影响职业教育内部发展的评价较多，对职业教育外部影响的评价较少；对政策当前产生的效果评价较多，对政策长远的效果评价较少。

四是评价标准的分析。职业教育校企合作政策评价标准是在评价活动之前对被评属性的规定，是评价方案的核心部分，属于评价活动中价值研究的范畴。职业教育校企合作政策评价标准应是客观的，其客观性来源于职业教育校企合作政策的客观存在。从现有文献资料和报告来看，只有极少数的文献提及了职业教育校企合作政策的评价标准，而对于这些标准的论证，存在理论堆砌，支撑评价标准的论证不足等问题。

五是评价方法的分析。科学的教育政策评价需要科学的教育政策评价方法。评价方法使用不当，就有可能得不到正确的评价结论。总体来讲，职业教育校企合作政策的评价方法，经验研究较多，规范研究较少；定量方法少，定性方法多，除了从经济学的视角进行评价运用了量化研究方法外，其他的都是质性研究；自我评价法少，专家评价法多；事实评价与价值评价相对割裂；统计抽样分析法少，模糊综合分析法多。总体来看，评价方法过于简单，注重针对性，综合性地运用多种评价方法和技术很少体现。就某一具体的职业教育校企合作政策评价来说，评价方法也较单一，同时结合思辨研究与实证研究的文献很少。

2. 关于类型维度的具体分析

一是正式评价较少，非正式评价较多。正式评价中也是思辨研究多，实证研究较少。由于职业教育校企合作政策信息系统不健全，许多信息无法搜集，导致人们只是根据自己所掌握的情况进行评价。此外，很多学者只是根据自己所在的研究

---

① 李伟涛：《我国教育政策评价中的三个难题及其对策》，《上海教育科研》2002 年第 6 期。

领域,评价职业教育校企合作政策给自身工作带来的影响,并未从全局的角度来评价该项政策,这些均是非正式评价较多的原因。

二是预评价不充分,执行评价较少,后评价较多。预评价具有较大的预测性,通过这种评价避免教育政策失误所带来的损失和不良后果,从职业教育校企合作政策执行过程中的问题来看,预评价上是不充分的。执行评价是在职业教育校企合作政策执行过程中进行的评价。它的主要内容是考察政策的执行是否按原计划进行,政策执行机构在执行过程中是否有问题,等等,职业教育校企合作政策的执行评价较少。后评价是校企合作政策在执行以后,给社会、政治系统、自然环境、某些团体和个人等带来的各种影响。职业教育校企合作政策后评价较多,集中关注在政策实施后对教育内部及合作企业、行业等教育外部各种影响方面。

三是内部评价较少,外部评价较多。由于教育相关部门的行政内部人员比外部人员更多地掌握职业教育校企合作政策信息,更加了解该政策的形成与运行过程,所以内部评价更具可靠性,并且职业教育校企合作政策的内部评价主体与决策主体有较大重合区,其评价研究的结论更易被接受。而外部评价虽然在掌握信息方面没有那么丰富与全面,但由于不受政治立场因素的影响,其对政策评价更为科学、客观与公正。从现有文献看,教育相关部门行政内部人员评价较少,外部评价较多,这种情况也必然导致政策评价结果的利用率不高。

3. 关于结果维度的具体分析

教育政策评价的有效性是建立在教育政策评价的正确性之上,但并非所有正确的教育政策评价都是有效的教育政策评价。教育政策评价的有效性还取决于教育政策的政治属性,教育政策评价的结果只有在符合教育决策者主张时才有可能被利用,反馈到政策过程中。有关职业教育校企合作的政策评价,大多给出了政策改进的建议,也有极少数学者持明确支持或反对的态度。总体说来,对职业教育校企合作走向的影响较小。尽管如此,通过政策建议,对与职业教育校企合作政策相关的后续政策还会存在一定影响。

对待这一现象,我们需要理性认识。由于职业教育校企合作政策评价主体具有以学者为主的单一性及学术研究成果影响决策的复杂性,其利用必定会大打折扣,但是作为一种具有学理性和客观性的评价结论,被采纳的部分,对于职业教育校企合作甚至整个社会的长远发展则具有重要意义。

六、我国职业教育校企合作政策改进的建议

鉴于目前我国职业教育校企合作的政策还不够规范成熟,政府应加大扶持引

导力度,创新职业教育校企合作机制体制,构建职业教育校企合作的法律框架,最终将职业教育校企合作纳入到国家现代职业教育基本制度体系设计之中。通过对职业教育校企合作政策的决策、形式、内容、评价四方面改进的分析,破解职业教育校企合作政策的困境,改善职业教育校企合作政策的决策品质,提高职业教育校企合作政策的执行效能,使得职业教育校企合作相关政策能够从"政策符号"顺利走向"人本符号"。

(一) 树立主体性职业教育校企合作政策观

"一般而言,政策主体可以被简单界定为直接或间接参与政策制定过程的个人、团体或组织。"[①]任何政策都具有不同的主体分类,无论是政策的制定主体、执行主体还是政策指向的利益主体,政策主体是一种能动的存在,是政策形成、发展甚至是消亡的决定者或影响者。政策主体是政策作用的对象以及政策过程主体,政策价值在于满足政策主体的需要。事实上,政策本身反映了政策主体的主体精神、主体能力以及主体价值。不同的教育政策主体有不同的主体精神、主体能力以及主体价值,而且"在教育政策活动中,不同的价值主体具有不同的角色、活动特征和需要"[②]。教育政策的对象主体和过程主体必然会根据自己的不同角色、活动特征以及需要来形成自己的价值诉求。在教育政策过程中,各种力量、团体和行动者在不同的时刻以多样的方式进行争论和施加影响,将各种对教育的价值追求带入政策过程。

职业教育的持续发展必须坚持以整个社会的多元面向作为职业教育的治理主体,树立主体性职业教育校企合作政策观。职业教育的办学特性和追求,决定了职业教育校企合作政策的主体包括政府、行业、企业、职业院校等。各主体必须要充分发挥各自的优势,紧密结合、资源互通,共同构建技术技能人才培养利益共同体,打造合作育人、合作办学、合作就业、合作发展以及人才共育、过程共管、成果共享、责任共担的"四合"与"四共"的立体教育体系,以提高校企合作培养高素质技术技能型人才的针对性和前瞻性,提升合作项目和合作内容供给的适应性和有效性。只有通过各相关主体的协同努力、共同治理,方能提高职业教育人才培养质量,实现职业教育的可持续发展。尤其伴随着"中国制造 2025"、"互联网+"、"一带一路"倡议的实施,经济社会的发展对技术技能型人才培养的需求越来越多元,校企

---

① 谢明:《政策透视——政策分析的理论与实践》,中国人民大学出版社 2004 年版,第 66 页。

② 林小英:《理解教育政策:现象、问题和价值》,《北京大学教育评论》2007 年第 4 期。

合作参与主体彼此之间有越来越多的事务需要协商、越来越多的资源需要交换、越来越多的利益需要共享,当然也就越来越需要在治理过程中采取一致的行动。①

(二)职业教育校企合作政策的决策改进

教育政策的科学化与民主化主要取决于教育政策决策过程中的制度化,因此,重视教育政策的过程研究对教育政策具有保驾护航作用。然而,目前国内教育政策研究很大一部分是对政策内容的分析,对于政策过程的研究偏少。要改进教育政策制定系统,离不开对教育政策实际过程的经验研究。透过教育政策过程,可以看到影响教育政策制定和执行的教育自身因素及其与政治、经济、社会等外部变量的复杂关系,而对这些因素及其关系的理解和认识,正是改进教育政策制定的重要基础。② 职业教育校企合作政策面对的不是单一群体,它涉及政策决策者、政策执行者、政策受众者、政策非受众者、政策反馈者和政策评价者。任何一方对于整个决策过程都有着不可低估的影响。政策决策者统领全局,他们以自己的权威性进行决策,同时也有足够的影响力打造决策的软实力和硬实力。软实力体现在利益相关者之间默契配合的自觉文化上,而硬实力则体现在促使利益相关者遵守的刚性制度上。软实力的打造有助于职业教育校企合作政策决策免疫力的增强,硬实力则有助于促进职业教育校企合作政策决策公信力的提升。职业教育校企合作政策执行者有效的执行政策无形之中增加了政策的威严,不至于因为消极执行而产生表面上执行难,最终让政策决策者做出频繁政策更改的信息,也不至于因为低效执行而导致政策受众者转而抱怨政策决策者的情绪反弹。职业教育校企合作政策受众者对于政策的理解和认同有助于政策的实施,也有助于减少政策执行的阻力。政策反馈者对于信息的有效传递减少了各个群体之间的误解,增加了彼此之间的信任。政策评价者的客观公正的评价无疑是整个决策运行的重要导向。③

我国职业教育校企合作政策的决策,总体来说是一种"政府推进型",体现出强制性制度变迁的特征,致使职业教育校企合作政策决策的过程和结果都存在诸多问题。从决策主体构成来看,我国职业教育校企合作政策决策仍然沿袭着集权制条件下形成的精英模式,决策主体非常单一;职业教育校企合作政策决策权仍过多

---

① 肖称萍:《职业教育校企合作多元治理理念与策略探究——基于互联网思维的视角》,《职教论坛》2016 年第 25 期。

② 祁占勇、陈鹏、张旸:《中国教育政策学研究热点的知识图谱》,《教育研究》2016 年第 8 期。

③ 李树峰:《宏观教育政策决策研究》,华东师范大学博士论文,2009 年,第 5-9 页。

集中在政府部门，作为主要决策者，各级政府既是"运动员"又是"裁判员"，几乎包揽了职业教育校企合作政策决策过程的一切环节，使得职业教育校企合作政策决策在制定发展目标、处理与教育组织外部环境的关系，以及保证职业教育校企合作的可持续发展等方面存在诸多问题。从政策议程来看，我国职业教育校企合作政策决策主要运用的是一种政治模式，还缺乏决策者、咨询者和执行者之间的良性互动，体现出一种单向服务的特点和政治功利主义倾向。从公众参与来看，我国职业教育校企合作政策决策过程还缺乏公众参与的法定程序和制度保障。基于此，本研究对职业教育校企合作政策的决策改进提出以下建议。

一是扩大职业教育校企合作政策决策的主体范围。职业教育校企合作政策属于教育政策范畴，而我国教育政策的决策主体基本上是党委、人大和政府三者相结合的三位一体的复合主体。但从功能上看，这类主体还只是教育决策的一类主体，即政府决策者。教育决策的主体还应该包括在决策过程中作为教育政策咨询者的专家和智囊团，以及作为教育政策执行者的各级教育行政机关及其官员。咨询者和执行者在教育决策过程中的地位和作用相当重要。因此，我国职业教育校企合作政策的决策应该适当扩大主体范围，设定公众参与的法定程序和制度保障，这样不仅有利于建立完善的职业教育校企合作政策决策体制，更重要的是，不同主体之间保持适度的张力，各自表达不同的利益，然后在整合的基础上形成合理的价值取向，有利于保证职业教育校企合作政策决策的科学性和民主性。此外，我国应积极培育一种带有中介、利益集团性质的行业式职业教育校企合作政策咨询组织，由它们充当政府和社会各阶层之间联系的桥梁和纽带，公众能够通过社会中介组织来参与职业教育校企合作政策决策。

二是加强网络调研，充分发挥民意表达对改善职业教育校企合作政策决策品质的作用。我国教育的宗旨是"办人民满意的教育"，人民满意的教育符合大多数人民的利益，充分的民意表达可以让不同利益群体的意见得以顺畅表达，为决策者提供决策依据，同时，可以掌握和考量民众的意见，增加公众对教育政策权威的自觉认同，改善教育政策决策品质。在互联网时代，由于网络途径开放性强、受众面广、传播速度快，其隐蔽性的特征也使表达主体的真实想法得以表达，网络途径的低门槛和低成本突破了信息传播中的渠道限制，它在汇集民意、了解民生方面有着天然的优势，开放的表达机制和多元的表达途径使广泛的民意表达成为可能，"沉默的多数"不再沉默。从《国家中长期教育改革和发展规划纲要（2010—2020 年）》第一轮公开征求意见以来，源源不断的意见和建议通过教育门户网站以及社会网站、校园网、电子邮件、信件等多种渠道和形式汇集起来。对于职业教育校企合作政策的制定，我们也可以充分发挥互联网的作用，广泛收集民意，以此改善职业教育校企合作政策决策品质,提高职业教育校企合作政策执行效能,为职业教育校企合作政策反馈提供依据。[1]

三是坚持程序正义,保证职业教育校企合作政策决策的合理性。程序正义关注的不仅仅是结果的正义,还关注过程的正义,并认为过程的正义更能体现一个法治社会的精髓。因而,在对职业教育校企合作政策的决策中引入"程序正义"的概念有助于保证该项政策的正义性。无论政策决策主体的决策结果如何正当、科学,但只要决策过程违背了特定的原则,那也是不合理的。程序正义的理念对于我国传统决策模式"只讲结果,不讲规则"的信念是一个冲击。事实上,在职业教育领域,由于缺乏程序正义的意识和相应的制度设计,一些职业教育政策的出台并没有遵循严格的程序路径,其结果的正义性受到一定程度质疑,职业教育政策的实质正义难以实现。[2]

四是建立职业教育校企合作政策问题的预警机制。从预警机制方面来说,一是要疏通渠道,扩大信息来源;二是要设置专门机构对职业教育校企合作政策问题始终保持一种"警觉"状态,提高政策问题认定的时效性和有效性。就政府决策者而言,政府要以积极的姿态立足现实、预测未来,及时洞察职业教育校企合作政策潜在的问题。就执行者而言,他们一方面比较了解职业教育校企合作的实际情况,熟悉各种解决政策问题的措施和方法,对职业教育校企合作政策中有关实施细则、实施措施和实施方法等比较了解,往往是最重要的、最有资格的被征求意见的对象;另一方面他们能够在执行政策的过程中随时了解和掌握政策执行后的反馈信息,能及时发现职业教育校企合作政策新的问题。因此,职业教育校企合作政策决策过程应充分发挥执行者在政策问题预警方面的核心作用。

五是注重职业教育校企合作政策的预期分析。职业教育校企合作政策决策是在现实社会中进行,这就决定了职业教育校企合作政策决策过程中内外环境的复杂性,各种不确定的危机或风险随时都可能发生,因而预期分析是成功进行职业教育校企合作政策决策的重要环节。职业教育校企合作政策的预期分析一方面可以为制定优化政策提供保证,另一方面可以对政策实施计划和资源配置方案提出建议,以减少政策实施中的偏差。可以说,职业教育校企合作政策决策预期分析提供了对主体利益进行重新审视的机会,因而具有对职业教育校企合作政策方案进行再度设计的可能性。只有借助有组织的预期分析,才能有效地预测危机或风险,提高职业教育校企合作政策的质量。

---

[1]　邓旭:《我国教育政策的民意表达及其实现路径》,《教育理论与实践》2013年第19期。

[2]　陈向阳:《合理性视域中的职业教育政策追究》,《教育与职业》2011年第5期。

六是注重职业教育校企合作政策的政策试验。职业教育校企合作事业始终处于发展变化之中，任何新情况、新问题都会不断涌现，因此要纠正职业教育校企合作政策决策失误，控制政策实施中可能出现的风险或危机，避免职业教育校企合作政策全面实施后因各种不确定性所带来的巨大代价，就需要选择试点深入试验。比如为推动地方政府围绕职业教育体制机制问题改革创新、先行先试，为全国职业教育改革发展创造经验，从 2005 年开始，教育部与地方政府先后共建了 10 个国家职业教育改革试验区。通过试验区的改革试验，为政府职业教育政策决策提供了依据。同样，对于全新的校企合作政策问题进行决策，也没有现成的方法和措施可以遵循，如果不通过政策实验来掌握切实可行的实施方法和具体措施，即便是一个好的政策也不会产生好的政策效果，甚至会导致政策失败。因此，无论哪一层级的校企合作政策决策一定要先在某些地区、部门或单位进行试验，以便对决策结果进行修正和调适，并从中总结出切实可行的实施经验，为有效地贯彻落实校企合作政策做好充分准备。[1]

（三）职业教育校企合作政策的执行改进

政策制定的意义在于得到有效执行。虽然追求政策目标的完全实现可能过于理想化，但执行中出现的种种失效现象阻碍了当前我国职业教育校企合作改革与发展进程，需要认真反思并加以应对。其中，提升职业教育校企合作政策的质量、完善政策执行的管理机制、充分发挥市场作用、明确利益相关方的权利与责任、强化政策执行主体的培训，是提高职业教育政策执行力的有效途径。

一是立法明确校企合作政策执行主体的职责。任何发达国家校企合作的成功经验都离不开国家法律法规的强制执行，健全、配套的政策法规在协调校企合作各方关系、保护各方合法权益、规范各方行为等方面有着极其重要的作用。例如，德国《职业教育法》对联邦政府、州政府、职业院校、企业、工商行会等在职业教育中的职能、义务都做了明确的规定，并且规定了各方未履行义务而将受到的惩罚。职业教育校企合作不仅涉及学生、家长和学校的利益，还涉及政府、行业企业、社会团体的利益。因此，需要准确定位各利益主体及其在校企合作中的权利和义务，协调各方利益关系，让不同利益主体扮演好各自角色，有利于实现互利共赢，才能取得预期成效。[2]

---

① 祁型雨：《论教育决策的内生性品格及其提升》，《华南师范大学学报（社会科学版）》2010 年第 2 期。

② 兰小云：《我国职业教育校企合作政策效度刍议》，《现代教育管理》2012 年第 6 期。

二是提升政策文本的质量。只有合理的、符合事物发展规律的政策才能被执行者本身和目标群体顺畅地接受,且确确实实地推动发展进程。职业教育校企合作政策的制定,首先必须打破在企业办培训或者在学校办教育的传统思维,实现企业与教育的深度融合,政策导向要有利于使学生养成既有人文情怀又有科学基础、既有理论知识又有实际技能、既有知识储备又有学习能力的"现代职业人"。在职业教育校企合作具体政策制定过程中,引入程序正义的概念,强调政策制定的程序正义性,强化过程正义和结果正义,从而使职业教育校企合作政策本身具有正当性、合法性、合理性,有利于职业教育校企合作实践的展开。[1]

三是加强执行主体教育培养工作。当前职业教育校企合作政策执行的效度较低和政策执行人员的素质有直接的因果关系。优化执行主体的执行效度需要加强执行队伍的建设。[2] 在职业教育政策执行过程中,由于对政策缺少价值认同,执行主体经常受利益驱动而出现"上有政策、下有对策"等导致政策失效的现象。当不同主体间产生利益冲突时,需要政策制定者进行适度干预,对政策执行主体进行教育培训,达成对职业教育政策的价值共识,提升执行主体的政策价值认同感,在保证政策不被扭曲的前提下得以顺利执行,进而实现预期的政策目标。

四是不断完善政策监督机制。目前,职业教育校企合作政策执行监控环节还比较薄弱,监控主体主要是利益相关者,缺乏独立的第三方监督。因此,亟须建立和完善职业教育政策执行的监督机制,建立内外沟通、上下结合的监测体系。首先,完善政策监督体系,明确各监督机构的具体职责。通过过程参与性监督、效果跟踪性监督等不同形式,对职业教育政策执行进行全方位的监督。其次,为保证政策执行的民主,可以充分发挥民间团体组织的监督作用,即建立独立的第三方监督机制。例如,设立专门的民间监督机构,引入民间评估与反馈,让公众意见能够通过合法、有效渠道反馈给政府的决策部门和职业教育校企合作政策的实施主体,为职业教育校企合作政策的目标群体提供能够申诉和表达意愿的制度化途径,缓解执行中的阻力和摩擦。同时,通过对职业教育校企合作政策执行过程的监督,提高职业教育校企合作政策的透明度和有效性,并及时、准确反馈执行中的失效现象,

---

① 李桐、李忠:《职业教育改革与发展的政策支持——基于政策执行失效视角的考察》,《职教论坛》2016 年第 16 期。

② 汪凌云:《我国职业教育政策执行研究——以南通市为例》,上海交通大学 2014 年硕士论文,第 34 页。

保证政策不被扭曲执行。①

五是充分发挥新媒体对政策执行的影响。新媒体最主要的功能是信息交流。作为教育政策的传播工具，新媒体具有强大的优势。在工具使用上，新媒体具有便利性和操作简易性；在传播方式上，新媒体具有多样性；在传播实效上，新媒体具有快捷性。总之，新媒体能够方便、快捷、有效地宣传教育政策、提高教育政策在公众中的知晓度。职业教育校企合作政策的产生是为了解决各种校企合作问题，协调利益、解决冲突。职业教育校企合作政策执行是一个利益相关者之间互相博弈的过程，博弈结果关系各利益群体的切身利益。各利益群体的观念、所代表的利益各有不同，在执行过程中难免出现冲突和矛盾。并不是所有的政策都能被大众所接受，当利益主体不认可、不理解政策时，就会出现抵制、反抗等不良行为。而政策执行者为了推进执行，就可能出现强制执行、野蛮执行的情况。政策执行虽然具有强制性，但是如果能充分发挥新媒体的宣传、思想工作的作用，将单向宣传变为双向宣传，将强迫利益主体接受政策转化为自主接受政策，那么政策的执行则会事半功倍。②

（四）职业教育校企合作政策的形式改进

形式是指某物的样子和构造，而教育政策的表现形式一般包含教育规章文件、国家的政策文件、党和国家机关联合制定的文件、党的政策文件、国家制定的法律文件。对于校企合作政策的形式改进，主要在于相关制度文件、法律法规的系统性、相互呼应等方面。虽然社会各界对《职业教育校企合作促进办法》的出台期盼已久，并且 2015 年教育部颁布的《高等职业教育创新发展行动计划（2015—2018年）》中也曾明确提出于 2016 年制定完成《职业教育校企合作促进办法》。但由于该办法涉及的部门较多，需要协调的难度较大，该办法迟迟未能出台。目前，江苏省人大已将《江苏省职业教育校企合作促进条例》列为 2018 年第一季度出台的正式立法项目，正在抓紧立法调研中③。此外，国家层面的《职业教育校企合作促进办法》即使出台，在现实中如何落实，能否起到依法治教的作用，还需要看配套制

---

① 李桐、李忠：《职业教育改革与发展的政策支持——基于政策执行失效视角的考察》，《职教论坛》2016 年第 16 期。

② 赵盼、杨挺：《新媒体对教育政策执行的影响研究——以"阳光工程"政策为例》，《教育导刊》2016 年第 9 期。

③ 沈健：《立法明确企业参与职业教育的社会责任》，http://news.163.com/17/0310/12/CF5R3RG8000187VE.html。

度体系和相关政策是否健全和完善。鉴于目前职业教育领域法律体系不完善、法律关系不清晰等现实,为更好地促进《职业教育校企合作促进办法》的出台与落实,制定好各级层面的校企合作制度法规及配套政策,未来还需做好以下几个方面。

一是对现有的职业教育校企合作法律法规进行梳理,做到下位法与上位法的统一。当务之急是对地方性职业教育校企合作促进办法、条例等进行一次全面的梳理,对下位法违反上位法的情况,进行汇总整理,并对相关的规定进行修改或废止,对一些过时的内容进行清理,做到法律制度的内部统一。其次在国家层面细化一些模棱两可的、原则性的、模糊的规定,完善其中的不足之处。

二是构建完整的职业教育法律体系。《职业教育校企合作促进办法》是整个职业教育法律体系的一部分,而职业教育法律体系内的法律法规相互关联、相互配合、相互支撑、相互呼应。为更好地推进《职业教育校企合作促进办法》,面向未来,还需要构建和完善与其关联的配套制度,健全以《职业教育法》为核心的职业教育法律体系。加强相关的行政规章、地方性法规等的完善工作,力争使我国职业教育的法律体系早日健全,使之形成一整套内容翔实、上下衔接、结构严谨的制度体系。

三是明确职业教育校企合作法律责任。只有明确法律责任,才有可能实现法律的有效执行。因此,职业教育校企合作法律法规应加大对一部分教育违法行为的惩治力度。面向未来,为了实现《职业教育校企合作促进办法》对教育改革与发展的保障作用,在完善职业教育校企合作法律体系的过程中,还需要进一步明确和完善对违反职业教育校企合作的行为承担不利法律后果情形的规定。在职业教育校企合作相关法规中法律责任的描述不应散见在其他条文之间,而应独立成章,这样一方面可以明确、规范地对违法行为说不,另一方面也可以促进对有关部门、人员等的约束和监督机制的形成。

(五) 职业教育校企合作政策的内容改进

教育政策的内容分析是教育政策分析的起点,教育政策内容分析是指运用一定的步骤和标准对教育政策文本中的政策规范进行分析。前面通过运用孙绵涛教授对教育政策内容分析的三步骤对我国职业教育校企合作政策的内容也进行了分析研究,发现当前我国职业教育校企合作政策还存在完整性、系统性不够,科学性不足,创新性不强等几方面的问题,具体表现不再重述。基于此,本研究对职业教育校企合作政策的内容改进,建议重点关注以下几方面内容。

一是建立校企合作专项引导资金。为职业教育校企合作提供引导性的专项经费、补贴等政策支持和经费保障。发挥校企合作的政府主导作用，把职业教育发展纳入各级党政领导工作目标与实绩考核。各级政府组织教育、财政、发改委、人社和工会等部门会同职业学校和行业企业共同研究制定支持职业教育校企合作的各种切实可行的经济手段，设置必要的引导性资金，解决职业教育校企合作启动乏力、落实困难等问题。

二是明确行业指导职业教育校企合作的责任。目前，我国已初步建立起职业教育与行业企业对话协商机制，主要形式是吸收行业组织及代表参与国家政策制定，政府组织召开行业企业与职业教育对话活动。建议政府出台引导性资金政策，将产教对接平台的搭建任务渐近式地交由行业组织，主要是行业协会负责。作为重要的经济类中介组织，行业协会所属成员基本覆盖了本行业主要的企业类型，建议逐步建立和完善以行业协会为主导的职业教育与行业企业对话协商机制，政府要给权力、给政策、给资金支持，充分调动行业协会在信息提供、关系协调、行业规制、信誉生成等方面的优势，提高产教对话及决策水平。

三是发挥市场机制在校企合作中的推动作用。依靠市场机制来推动校企合作从感情机制转向利益机制和组织机制，建立校企长效合作机制，使受益者承担相匹配的责任。在校企合作相关政策文件中明确政府的财政、税收优惠政策，鼓励企业参与校企合作，如在资质评审、项目立项、资金下拨、贴息贷款等方面对参与校企合作的企业予以优先考虑。[1]

四是加强校企合作协调指导。各级政府建立校企合作联席会议制度，制定相应的工作规程，定期召开会议，共商推进合作。政府为职业教育校企合作提供人员互聘、信息整合、交流沟通、对话交往等多种平台，鼓励职业学校与行业企业的人员交叉任职并且担任实职，在管理层面上组建职业教育管理共同体，在人员人事制度上实现校企一体化。

五是加强奖励和宣传。各级政府以公共社会资源的形式提供职业教育校企合作所需的社会环境和舆论氛围。政府设立职业教育校企合作的企业资质认证制度和企业贡献等级评价制度；设立国家、地方、行业等各级"职业教育校企合作奖"，奖励对促进校企合作贡献突出的行业组织、企业、学校、研究机构等先进单位和先进个人。组织新闻媒体大力宣传促进校企合作的先进单位和先进个人，增强行业、企业及社会各界参与职业教育的意识。

---

① 赵海婷：《企业参与职业教育校企合作的动因、障碍及促进政策研究》，《职教论坛》2016年第9期。

（六）职业教育校企合作政策的评价改进

职业教育校企合作政策评价是指职业教育校企合作政策评价主体依据一定的标准，采用一定的方法，对校企合作政策的方案、校企合作政策决策、执行及执行结果，以及校企合作政策的其他相关因素所进行的价值判断，以达到校企合作政策预期目标的活动。从内涵上来看，校企合作政策评价需要回答为什么评价？谁来评价？评价什么？如何评价？即评价目标、评价主体、评价内容、评价标准及评价方法。

从我国校企合作政策评价实践模式的运行机制来看，当前校企合作政策评价还存在如下问题：首先，我国缺乏系统和完整的校企合作政策评价制度，独立评价和公众评价还不成熟，主要以内部评价为主，外部评价为辅，以政府为主导的政府自评价和政府委托评价模式占主导地位。评价者既是政策的制定者也是政策的执行者。虽然这便于评价者掌握关于政策的最新信息和第一手资料，从全局上对整个过程进行了解，并直接参与校企合作政策的执行活动，并依据评价的结果，及时地调整校企合作政策。但是这种"既是裁判员又是运动员"的评价模式存在弊端，评价主体难免会从自己部门的局部利益和个人利益出发，关注政绩，在评价过程中避重就轻，只讲优点，隐瞒缺陷，造成片面性。此外，对评价主体之间是否具有利益关系，评价的内容和方式是否科学、评价经费是否得到保障、对评价结果是否进行再评价等方面都缺少制度规约。媒介评价、独立机构评价、公众评价还缺少"自下而上"的路径拓展与改进。基于此，本研究对职业教育校企合作政策的评价改进提出以下建议。

一是确立符合大多数利益主体利益的职业教育校企合作政策评价标准。职业教育校企合作政策评价是对职业教育校企合作政策的一种价值判断。中央或地方政府、社会公众、学校、学生及其家长以及专家学者，都是职业教育校企合作政策的当事人，都可以从该项政策是否满足、在多大程度上满足自身利益的角度对其好坏作出判断。不过，由于不同的当事人对职业教育校企合作政策会抱有不同的评价标准，那么在评价这项政策时就应了解不同当事人的利益需求和价值倾向、明确政策是针对谁制定的，对谁有利，对谁无利，对谁利大，对谁利小。权衡利弊，综合评价。一般来讲，符合大多数当事人利益的职业教育校企合作政策，具有很大的可行性，可以定义为一个好的教育政策。

二是树立积极的职业教育校企合作政策评价态度。从实质上讲，教育行政官员对职业教育校企合作政策评价不积极的态度，是他们谋求眼前利益的结果，是一种短视性的功利态度。其实，从长远来看，教育政策评价不仅不会妨碍反而会促进教育政策的制定与实施，提高教育政策制定者和执行者的工作效率，从而真正提高他们的政绩和权威。因而，教育行政官员应该树立积极的教育政策评价观念，充分认识教育政策评价的积极作用，把教育政策评价作为提高服务公众水平的有效手段。

三是改进评价的形式与方法。加强正式评价，形成以正式评价为主，非正式评价为辅的局面；增加内部评价的比例，形成以内部评价为主，外部评价为辅的局面；扩大执行评价和后评价的范围，在评价过程中要注重用发展的眼光和全局的视野来看待问题，评价政策执行中和执行后给教育内部和外部带来的长远影响。

四是发挥专家的专业评价作用。发挥专家评价的作用，在政府、公众、学界和业界之间建立起一种平衡机制，利用理性的力量来制衡对校企合作政策绩效的片面追求。教育政策评价的专家立场是理性的学理分析路径，也可以说是专业评价路径，包括专家咨询、民意调查、研究机构的调查研究等，其所强调的是校企合作政策评价专家的意志，是逻辑的体现，是理性的伸展。教育专家、教育政策及教育政策评价的研究人员经过调查研究，运用相应的学科知识和政策评价理论来分析、判断影响教育政策的诸多因素，从相对专业的角度来分析和评价政策过程，并以质询报告、学术成果和专业话语的形式反映政策诉求，这种路径表现出中立性、科学性的特点。所谓中立性，是指其客观地呈现教育政策评价过程中的现状，是一种非人情化的理性表达过程，其价值判断是相对中立的；从科学性上看，其所得出的评价结果是建立在广泛的调查研究基础上的，其结论表达是对政策研究的尊重，是专家团队对自身判断负责。①

五是加强社会化评价机制建设。当前，由于对校企合作办学缺乏相应的评价，校企合作的实效性很难通过可视化的维度进行准确的衡量，导致校企合作陷入各种"形式主义"，极大地浪费了有限的教学资源，使得职业教育质量渐渐不能满足社会转型发展的需要。② 因此，各级政府建立职业教育校企合作的社会化评价体系。教育行政部门牵头，各相关方面共同参与，建立校企合作评价制度。校企合作的评价是职业教育多元化社会评价机制的重中之重和关键环节。将校企合作评价结果作为政府在校企合作方面配置资源的依据。一方面，由政府、行业、学校、学生等相关各方，通过公开的评价，对参与合作的企业进行资质认定，具有认可的资质的企业方可参与职业教育校企合作；另一方面，通过上述社会化的评价，成为企业评优、学校评优的依据，成为校企合作奖、校企合作科研项目等的依据。③

---

① 邓旭：《我国教育政策评价的实践模式及改进路径》，《国家教育行政学院学报》2013 年第 8 期。

② 吴南中：《职业教育校企合作评价制度的价值、维度与策略》，《教育与职业》2016 年第 11 期。

③ 和震：《职业教育校企合作中的问题与促进政策分析》，《中国高教研究》2013 年第 1 期。

第四章／国际视域中的职业教育校企合作机制构建

职业教育校企合作的深度是决定职业教育发展质量的重要因素。而每个国家职业教育校企合作治理的发展及其制度安排的形成都具有其独特的经济社会发展需求、社会历史文化传统和国家教育体制的背景因素，可以说是本国历史文化渊源、教育法律法规体系、民族传统、教育理念和体制机制结构共同作用和塑造的结果。根据不同国家职业教育校企合作治理实践中"政府"、"行业组织"、"企业"以及"职业院校"四个主要参与治理主体关系特征的划分，当今世界上比较典型的职业教育校企合作机制模式有德国的"双元制模式"、澳大利亚的"TAFE 模式"、英国的"现代学徒制模式"、日本的"产学结合模式"以及美国的"合作教育模式"等。他山之石，可以攻玉。本研究选取德国的"双元制模式"、澳大利亚的"TAFE 模式"、英国的"现代学徒制模式"进行个案研究，以期科学借鉴国外职业教育校企合作治理的先进理念与成功经验，结合国情和地方职业教育发展现状，积极探索国际经验的本土化实践，走出一条具有中国特色的校企合作治理道路。

一、德国职业教育校企合作机制及其经验

德国职业教育校企合作的历史由来已久。伴随社会经济发展及产业结构变化所引起的人才需求变化，以"双元制"为特征的职业教育逐步发展、日臻完善。13世纪"双元制"职业教育萌芽阶段的学徒培训，19世纪"双元制"职业教育建立阶段诞生的进修学校，20世纪中叶"双元制"职业教育完善阶段的企业学徒培训与职业学校学习的紧密结合，"双元制"职业教育扩建阶段，以1969年德国《联邦职业教育法》为标志的国家介入与教育质量保障，两德统一后"双元制"职业教育现代化阶段的职业教育改革与发展等都表明"双元"具有深刻的历史文化渊源，是德国职业教育法律体系、民族传统、教育理念和制度结构共同塑造的结果。在这一漫长的历史进程中，职业、产业的成长，总是和职业教育与培训的发展相伴而行。"双元制"职业教育意指青少年既在企业里接受职业技能及与之紧密相关的工艺学习，又在职

业学校里接受职业专业理论和普通文化知识教育。它是一种将企业与学校、理论知识与实践技能紧密结合，以培养高水平专业技术工人为目标的职业教育制度，是德国职业教育的主要形式，也是德国职业教育校企合作的重要标志、主要载体与实现形式。

作为"双元制"职业教育中的一元，企业主要负责提供以职业环境为基础的实践性教育并根据企业文化和技术特点，提供个性化教育。其主要任务是招生，与学生签订《职业教育合同》，制订企业学习计划、学习场地计划、实训教师安排计划和针对学生个人的教学计划，填写学生学习报告以及组织学生参加中期考试和结业考试。"学徒/实习生"（学生）期满合格者可获得职业资格证书并就业。据统计，接受"双元制"职业教育人数最多的企业不是大型企业，而是职工人数在50人以下的中小企业。作为"双元制"职业教育另一元的职业学校是州一级的国家设施，是德国中等职业教育的主体，是"双元制"职业教育中与企业职业教育相配合的"义务"教育学校（德国自1938年起实行普通职业义务教育），其主要任务是实施普通教育和传授与职业有关的基础知识和专业知识，并特别注重从事未来职业的实践技能的训练，学生毕业后可获得毕业证书。作为"双元制"职业教育第三个学习地点的跨企业职业教育中心，是在联邦政府的政策支持和给予部分资助的情况下，由行业协会建立的，目的在于满足没有条件单独举办职业教育的中小企业的需求。它是对企业职业教育资源不足的补充。"双元制"职业教育是德国职业教育的主要组成部分之一，但不是全部，全日制学校的职业教育和过渡系统在德国职业教育体系中也起到重要的作用。德国职业教育校企合作机制及其经验主要包括以下方面。

（一）以完备的法律法规体系使校企合作法治化

发达国家重视职业教育立法，保障校企合作有序开展。德国的职业教育经过一百年的发展和完善，已经构建了一个运行良好的法制框架。20世纪60年代，德国经济进入以工业为先导的结构调整阶段，为解决经济腾飞及科技发展对中高级职业技术人才缺口较大的困难。1968年，通过了《联邦德国各州统一专科大学的协定》，这是德国首次为高等职业教育立法。1969年，德国又颁布了《职业教育法》，2005年进行了修订。1981年发布、1986年修订了《联邦职业教育促进法》，对职业教育有关的个人、企业、学校及政府各级机构的职责、权利和义务作出明确的规定，如德国的企业必须承担职业教育培训任务，否则要缴钱给国家用于职业教育；为调动企业在职业教育中的积极性，政府给企业以一定的优惠政策，规定企业的职业教育费用可计入生产成本、减免税，等等。此后，德国又相继出台了一系列法律法规,如《劳动促进法》、《企业基本章程法》、《培训员资格条例》、《手工业条例》、《青年劳动保护法》、《关于工商业协会权利的暂行规定的法规》等。这些法律法规的诞生,标志着"双元制"职业教育体系已作为一个完整而又独立的训练体系实现了制度化、规范化,确立了它在德国职业教育中的地位与作用。[①] 在法律制度的指导下,德国职业学校与企业保持着既相互独立又紧密联系的关系、彼此相互促进共同发展,共同推进德国职业教育的发展。

(二)政府切实履行治理顶层设计职责

德国政府通过有效的宏观调控措施,使职业学校和企业间建立了良好的合作关系。为了落实校企合作政策,德国政府成立了"产业合作委员会",对学校和企业的合作行为进行管理和监控。对与学校合作的企业给予一定财政补偿,反之则增加其税收;对积极执行产学合作的学校增加拨款,反之则削减拨款直至停止拨款。德国所有的企业必须向国家交纳一定数量的职业教育基金,然后由国家统一分配和发放,培训企业有资格获取培训基金,而非培训企业则不能获取。企业一般可获得其培训费用 50%—80% 的补助。如果所培训的职业前景看好,企业可获得100%的资助。德国的职业教育经费主要来自联邦政府、州政府和企业,由公共财政和私营经济共同资助,是一个多元混合模式,对学生免收一切学杂费。联邦政府资金的主要用途是向职业学校的学生提供贷学金、资助特别项目、建设职教设施、资助职教研究所、提供奖学金和开展国际交流等。而职业学校的日常经费则主要来自州和县政府承担。州财政主要承担教师的工资和养老金等,县级财政主要负责校舍建设与维修,设备以及管理人员的费用。

(三)行业协会有效发挥桥梁纽带作用

在各发达国家中,德国的行业协会模式十分完善。他们不仅在生产领域发挥了很好的作用,而且也积极渗透到职业教育中,为本国的职业教育发展做出了贡献。从德国职业教育与培训的经验看,职业教育应立足于行业协会,走实质性的校企合作之路。德国行业协会具有极强的管理功能、较高的政治和经济地位,职业教育由教育主管部门和行业协会共同管理。在德国,职业教育被企业看作是特权,并不是每个企业都可以举办职业教育,只有通过行业协会审核后的企业才能举办职

[①]　凌云:《发达国家高等职业教育校企合作经验及启示》,《厦门城市职业学院学报》2013年第1期。

业教育。德国的行业协会是职业教育与培训的组织者。德国行业协会在提升工人职业技术能力等级方面发挥了实质性作用。行业协会的功能与作用还体现在全权代理技师教育培训的相关事宜。因此，可以看出德国行业协会既是职业教育和培训政策的宏观决策者，也是职业教育和培训的咨询和指导者，同时也是职业教育和培训质量的监督和评价者。

（四）市场机制切实发挥对资源配置的基础性作用

德国企业在职业培训中投入巨大，其中包括培训学徒的工资、培训师傅的工资、培训场地设施耗材的花费以及付给商会的会员费等，然而企业也从培训中获得不少收益，其中主要是通过学徒工在培训期间的生产性工作所创造的价值。此外，企业参与职业培训还有其他方面的收益。学徒制培训能够在劳动力市场上起到信号作用，将良好的工作条件和发展机会这一信息传达给求职者，从而有利于技术工人的招聘。因此，德国的行业企业参与职业教育，一方面比较符合其成本收益的考量，且培训市场在其中扮演了资源配置和信息交流的重要作用，另一方面则与其在职业教育及培训领域的政治权力有相关性，德国的产业界投入和参与职业教育与培训，以巩固和强化其在教育及培训领域的影响力，并使其朝着更加有利于产业界自身利益的方向发展。企业参与职业教育难免从市场的角度、基于成本收益的考量来权衡利弊，要想提高企业的参与积极性，在一定程度上引入市场机制必不可少。[①]

（五）办学主体企业高度自觉参与校企合作

虽然《联邦职业教育促进法》和《职业教育法》规定了企业实施职业教育、配合企业外职业教育及提供工作和报酬的义务，但不能因此就认为德国"双元制"是行政命令式的，由此片面强调政府和法律的作用。[②] 实际上，德国发达的职业教育与其独特的传统文化有着必然的联系。在德国，职业教育被视为政府、社会、企业和个人的共同行为，有非常高的社会认同感。这种理念无疑是推动"双元制"职业教育在德国快速发展的重要社会文化基础。[③] 德国的职业教育法律中明确规定了企

① 李俊：《德国职业教育的想象、现实与启示——再论德国职业教育发展的社会原因》，《教育与职业》2016年第8期。

② 钟秉林、王新凤：《我国地方普通本科院校转型发展若干热点问题辨析》，《教育研究》2016年第4期。

③ 陈新文：《职业教育校企合作的社会学分析》，《教育与职业》2015年第7期。

业在职业教育中的主体地位,这并不是削弱学校所教授理论知识的重要性,而是以企业的实践培训为主,职业学校的理论教学为辅,真正做到理论与实践的紧密结合。在"双元制"职业教育中,学生要先获得企业的认可,同企业签订职业培训合同后才能获得学校的入学注册。同时,企业的技能培训居主体地位,学生有大约60%的时间是在企业进行实践训练,40%是在职业学校进行理论课程学习,职业学校的理论教育是服务于企业技能教育的。此外,企业不仅能够制订完善培训计划,促进专业理论与职业实践相结合,强化技能培养,而且能提供充足的职业教育经费,除了负担培训设施、器材等费用外,还要支持学徒工在整个培训期间的津贴和实训教师的工资等,大大减轻了政府的负担。[①] 企业为培养一名职业学校的学生要花费 2.5 万至 4 万欧元的费用。德国现有 200 多万家企业,85%以上的企业参与了职业教育与培训工作。正是有企业的鼎力相助,德国职业教育的发展才得以发挥经济社会发展"助推器"的作用。

当然,德国企业参与双元制职业教育与培训也有一定的收益,其主要是通过学徒工在培训期间的生产性工作所创造的价值。此外,学徒制培训也能够在劳动力市场上起到信号作用,将良好的工作条件和发展机会这一信息传递给求职者,从而有利于技术工人的招聘。总之,诸多实证表明,提供职业教育和培训能有效提升企业的生产力,创新力和就业成长。[②]

二、澳大利亚职业教育校企合作机制及其经验

人们关注澳大利亚的职业教育与培训,主要源于其多元化的办学体制、灵活的办学形式和人性化的教学模式。澳大利亚的职业教育管理机制集中体现了政府主导职业教育的特点。联邦政府、州政府、地方政府分级管理技术与继续教育学院(即 Technical And Further Education,TAFE 学院),其中主要的教育立法和管理权在州政府;联邦政府通过财政拨款的方式影响州政府,并负责制定教育宏观政策,根据教育与经济发展相适应的原则,提出改革方案,确定国家教育的总体目标等;地方政府配合州政府完成对院校的直接管理。澳大利亚国家培训局由联邦政府的教育部和劳动部合并而成,具体负责职业技术教育与培训的管理及培训体系

---

① 范婵娟、孟娜:《德国职教校企合作办学模式的探讨及对我国的启示》,《天津职业院校联合学报》2011 年第 8 期。

② 李俊:《德国职业教育的想象、现实与启示——再论德国职业教育发展的社会原因》,《教育与职业》2016 年第 8 期。

与标准的制定。具体组织机构包括部长委员会、基于行业的澳大利亚国家培训局理事会、负责日常事务的澳大利亚国家培训局执行长官委员会及独立的授权运作执行机构。TAFE 学院是澳大利亚政府资助的规模最大、最主要的公立职业教育与培训机构。所有 TAFE 学院均有院一级的董事会，董事会成员是来自企业第一线的资深行业专家，对学院的办学规模、基建计划、教育产品开发、人事安排、经费筹措等进行研究，并做出决策。在政府部门的宏观调控下，澳大利亚职业教育的实施主要由行业领导，学院实施。行业的领导作用首先体现在行业参与职业教育的决策，澳大利亚各级政府的职业教育管理机构由代表行业利益的从业人员组成。例如国家培训局的部长委员会中，行业代表超过半数，这表明在职业教育的管理上，产业界拥有最大发言权。另外，行业代表组成的行业咨询顾问委员会服务于联邦、州两级政府，为政府管理部门提供建议。州政府对职业院校的管理机构之一TAFE 服务外，也是以行业人员为主组成。其次，行业参与制定国家职业教育框架和职业教育改革政策。行业协会有义务为政府提供最新的岗位要求和就业信息，行业协会参与管理职业资格的培训与认证工作，行业协会还要负责定期的关键能力标准修订工作，以便通行全国。职业教育课程的设置以行业组织制定的职业能力标准和国家统一的证书制度为依据，然后将行业标准转换为课程。每一类职业资格证书、教育文凭开设课程的种类、内容由各相关产业培训理事会及其顾问组织根据就业市场变化而定。在学院实施方面，政府鼓励社会各种力量开展职业教育。任何机构和个人都可申请开设职业培训课程。私立的职业教育和培训机构经国家质量培训框架认证而成为注册培训机构，国家给予启动经费，或采取提供建筑资金或设备的形式予以支持。同时，政府对职业教育和培训的资助不是采取直接划拨的方式，而是通过购买教育获得，这种市场化的政府拨款方式，使得公、私立的职业教育机构处于竞争的状态。澳大利亚职业教育校企合作机制及其经验主要包括以下方面。

（一）法律法规健全，有力保障校企合作

作为校企合作的牵头人，澳大利亚政府为制定相关政策，保障校企合作的有效进行做出了不懈努力。澳大利亚职业教育法律从政府到地方两个层面相互协调、相互补充，构成了一个完整的职教法律体系。政府层面的法律主要针对某一个职业教育问题，比如 2009 年《职业教育与培训拨款修订方案》就职业教育的资金分配进行了具体的规定；而地方层面的法律涵盖范围比较广、内容也较为全面，侧重于实施。通过对澳大利亚一些具有里程碑意义的政策法规的研究，我们可以看到这

些政策的以下特点值得我们关注。

　　首先,从各项法律政策的策划到出台实施都广泛争取了政府、学者以及行业企业的意见,各界的参与度比较高。每一项政策都是政府部门在经过有理有据的调查研究基础之上,广泛咨询来自行业企业的意见之后制定的。最重要的是这些政策内容都将行业企业作为法律规定的对象,行业企业、职业教育培训以及政府三个主体都分别在法律政策中承担不同的义务。比如《塑造我们的未来——澳大利亚职业教育和培训 2004—2010 国家战略》,在这项国家战略中列出的 4 个目标和 12 项战略中都涉及行业企业,这实际上体现了澳大利亚职业技术教育政策法律对行业企业参与职业教育的义务和地位的确定。其次,澳大利亚职业教育法律政策的涵盖范围比较广泛,规定了职业技术教育校企合作方方面面的问题。各种专项法律政策的制定为校企合作的进行提供了制度上的保障。《用技能武装澳大利亚劳动力 2005 年法案》就是澳大利亚政府与地方议定的一项中央向地方拨款补助的协议,这属于校企合作政府层面在融资方面的法律性规定。《培训保障法》是政府层面的专项法律,要求行业企业为员工购买相关工作技能的培训,并且对培训机构做了相应的规定,这就构成了校企合作来自上级的强制力。最后,澳大利亚的各项法律还具可操作性强、制约性强的特点。《培训保障法》中明确有审核的种类及审核的权利,另外还对没有让员工得到相关培训的行业企业进行处罚性规定。除此之外,澳大利亚的各项政策法律都能够及时更新修订,1992 年颁布之后每年修订一次的职业教育与培训拨款修订法案以及原则上每三年修订一次的培训包。培训包的修订,使得职业院校及培训机构能够根据培训包的更新不断改变相应课程的教学,以此满足不断变化的行业企业对新兴技能的需求。

(二)机构组织完善,有效促进校企合作

　　在澳大利亚,职业教育政策和计划负责的最高政府实体为职业技术教育部长委员会(简称 MCVTE),作为就业、教育、培训和青少年事务部长委员会的补充,成立于 2005 年 11 月,由联邦职业技术教育部长和各州(领地)培训部长组成,由联邦职业技术教育部长担任委员会主席。该委员会每年至少召开一次会议。在职业技术教育部长委员会下,设有以下几个重要机构,它们与部长委员会形成体系,互有分工,共同推进了澳大利亚职业教育的发展,其中包括提供决策咨询的全国行业技能委员会(NISC)、监督和保证培训包和澳大利亚职业培训框架落实及质量的国家质量委员会(NQC)以及其行政机构——国家高级官员委员会(NSOC)。此外,国家高级官员委员会(NSOC)将根据需要设立有固定目标和工作期限的行动组,对

部长委员会的工作提供支持。以上四个组织为实现部长委员会的职能发挥了巨大的作用。[①]

部长委员会对国家培训系统负总责，对国家职业教育培训体系进行宏观管理，其职能主要包括国家职业教育培训体系政策和计划的制订，具体涉及优先发展项目的确定、全国职业教育培训的实施、与工商业等有关部门保持联系、资金分配以及向联邦议会提交年度工作报告等。其与下属部门通力协作，充分利用职业教育各方面力量，建立了行业、企业、学校、政府共同参与，促进职业教育发展的规范体系，为促进校企合作的进行提供了必需的保障。这个机构从国家层面推进职业教育和培训的运行，具体说来，就是吸引和鼓励行业和企业参与到职业教育和培训中来，建立国家认证体系，推行标准化的培训过程。

澳大利亚职业教育校企合作的经费筹措以国家财政拨款为主，运用国家法律和政策的宏观调控，筹措社会各方职业教育经费。澳大利亚《宪法》规定澳大利亚全国 6 个州和 2 个领地的政府对各自的教育与培训负主要责任，为职业教育的运行和发展提供资金。政府对职业教育的拨款采取以经常性拨款为主、项目招标为辅的方式进行。经常性拨款占澳大利亚公共职业经费的 70%—80%。这类拨款只用于 TAFE 学院，覆盖 TAFE 学院的基础设施建设及教学等各个方面。但具体院校拨款数额的确定则由政府和各 TAFE 学院协商决定。

（三）行业组织作用突出，有效引导校企合作

澳大利亚的政府组织，包含了公私机构，因而雇主和行业可以通过进入一系列的组织，实现对国家培训系统政策和策略开发的参与。这种参与使得雇主对相关政策和策略的认可度提高，大大提高了校企合作的积极性。国家行业技能委员会（NISC）与国家质量委员会（NQC）就是在国家层面充分发挥企业行业对职业教育促进作用的组织，它们为部长委员会提供行业企业建议，并且在培训包和培训框架的制定和认证方面发挥了巨大作用。此外，国家层面相关的组织还包括了 11 个行业技能委员会，其主要职责是向职业教育培训部门提供行业掌握的有关当前和未来培训要求的情况，包括行业技能报告。每个行业技能委员会的一个特定责任就是开发和维护更新国家培训包。这给雇主提供了认同和识别他们所需的能力和框架，并且在国家培训包中进行合作的机制，使得接受职业教育培训学生需要掌握的

---

① 郝志强、米靖：《澳大利亚促进职业教育校企合作的管理机制探析》，《职教通讯》2011 年第 9 期。

知识和技能与雇主的需求之间更有一致性。

（四）企业主动参与，有效推动校企合作

澳大利亚 TAFE 学院与企业保持经常性联系，包括在师资培训、课程开发、教材建设、工作现场等方面。TAFE 学院很多技能培训课程是在工作现场完成，有时还要到企业的具体岗位进行考核才算通过。教师具有很强的实践经验，并与企业保持着密切联系。为使开设的专业与所学内容能够适应社会的需求，他们定期召集各行业的企业代表参加座谈会，随时听取企业对职业教育培训的意见和建议。企业提出培训的需求和目标，TAFE 派人与企业内专职培训教师共同研讨、制定培训项目书，包括课程设置、课时安排，教材选取、考核与评估、时间、场地、费用等，经企业认可后，由 TAFE 照此实施。有时这一过程不是通过协商，而是由企业采取招标方式进行的，这就需要 TAFE 学院凭着商业的眼光去投标，在职业教育和培训市场上竞争，争取培训项目，以筹集更多资金。

企业作为校企合作的一个重要参与者和受益者，必然为校企合作出纳相当部分的资金。对企业一方来讲，企业参与培训、雇用学徒工也能得到多方面的好处。一方面企业支付给学徒的工资较低，同时学徒的其他保险、福利、培训费等由政府支付，企业获得了较为廉价的、安全的劳动力；另一方面企业能够招收到优秀的员工。充分的就业减少了政府对失业金的支付，广泛的培训为经济发展和产业调整提供了高素质劳动者。

三、英国职业教育校企合作机制及其经验

英国的职业技术教育是工业革命的产物，为英国经济社会发展做出了卓越贡献并随着经济社会的发展，不断地进行着改革。英国职业教育改革最突出的成就是现代学徒制的发展，英国的现代学徒制采用现场教学与学校教育相结合的工读交替教学模式，在体制上、体系上将教育与产业紧紧联系在一起，从课程开发、教学内容、培训标准、教学方式到师资力量，行业企业都有话语权，能够将企业对于人才的要求及时有效地表达出来，而学校也能够按需培养人才，及时调整教学模式。这种教学模式的具体做法为：整个学徒期 4—5 年，第一年脱产到继续教育学院或"产业训练委员会"的训练中心学习；以后的几年培训在企业进行，但学徒可以利用"企业学习日"每周一天或两个半天带薪去学院继续学习；在完成整个学徒期的训练计划并经过严格考核后，获得国家职业资格证书。英国现代学徒制职业教育与国家

职业资格体系、国家职业资格证书制度密不可分，而国家职业资格证书制度则为"校企合作"的开展奠定了制度保障。此外，从具体的运行过程来看，英国职业教育中"校企合作"的实现得益于"职业标准"、"课程标准"、"实施培训"的校企衔接过程。英国职业教育校企合作机制及其经验主要包括以下方面。

（一）推行职业资格，制度体系完备

英国职业教育的立法对英国职业教育的发展具有巨大的推动作用。19 世纪 50 年代以前，英国政府虽然不重视职业教育，但还是针对当时的学徒培训颁布了《工匠法》、《工厂法》。19 世纪下半叶，英国政府开始重视发展职业教育，并于 1889 年及时颁布第一部《技术教育法》。为了复兴经济、振兴科技、大力发展职业教育，在 1944 年颁布的《巴特勒法案》中提出把职业教育正式纳入公共教育体系，该法案对英国职业教育的发展具有划时代的意义。1964 年，英国针对当时职业培训缺乏法律依据的问题，又制定了《产业训练法》，于 1973 年颁发《就业与训练法》，改革职业培训体制，以应对职业培训面临的新挑战。充足的资金来源是职业教育发展的前提条件，英国不仅在制定职业教育法规时对职业教育的发展资金进行了规定，而且在相关法规中也有规定。1964 年，英国在《产业训练法》中规定："产业训练委员会"可向所属本系统的企业主征收训练费，以支持自身的活动并向企业主实施的培训活动给予资助。这在法律上解决了长期以来阻碍产业训练发展的训练费用问题，大大提高了英国各企业参与职业培训的积极性。此外，英国通过运用立法加强对职业培训的指导监督。19 世纪末，英国政府逐渐认识到职业培训的重要性，于是在 1889 年颁布的《技术教育法》中试图将职业培训引向强制性发展的道路，结果却未能打破自由化职业培训的传统。第二次世界大战后，英国各级技术人才严重缺乏，政府开始把加强企业内的职业培训并使之法律化的工作提上议事日程。1962 年，英国政府颁发的"产业训练白皮书"指出，熟练劳动力的长期缺乏已经成为阻碍战后英国经济发展的重要因素。1964 年，英国颁布实施的《产业训练法》对职业培训作出了明确的法律规定。1973 年，英国又颁布实施了《就业与训练法》，提出设立"人力服务委员会"负责促进就业和训练事业的发展。该法实施以后，英国政府通过"人力服务委员会"依法对职业培训的干预达到了历史上前所未有的高度。

当然，校企合作的有效展开也离不开恰当的制度设计和安排。英国实行严格的职业资格证书制度。从 1986 年开始，英国在全国各类型的企业内推行国家职业资格证书制度，并且要求在一定时期内，使不同年龄段的劳动者和后备劳动力按照一定比例要求，达到国家基础职业资格（GNVQ）或国家职业资格（NVQ）的相应等级水平。[1] 职业资格标准体系（NVQ）覆盖面广泛,这一标准体系由行业协会、专家、学院、业主在充分的市场调研和分析基础上制定。自 1986 年以来,英国在 150 个行业和专业设置了数千个职业标准,基本覆盖了所有职业岗位。国家职业资格证书制度的推行,为劳动力在不同职业和行业之间的流动创造了条件,促进了英国统一劳动力市场的形成。

（二）组织机构完善,治理规范有序

英国在制定职业教育法规时,非常注重依法设立职业教育管理机构。如 1964 年颁布的《产业训练法》中规定设置"产业训练委员会",该机构由劳资双方代表和教育专家代表按一定比例组成,成员由政府就业大臣任命。这在法律上确保了政府对产业训练的宏观控制,保障了产业训练的有关各方在组织上的协调统一。1973 年颁布的《就业与训练法》规定,设立由劳资双方代表、地方教育局代表、教育界代表按一定比例组成的"人力服务委员会",该机构的设立把英国训练和就业的管理权统一了起来。

英国对职业教育的拨款也遵循"质量导向"的基本原则。在英国,主要通过继续教育学院、企业、行业技能协会来实施职业教育,这些职业教育实施主体的办学经费 70%—80% 来自政府资助。2010 年 4 月之前,经费主要由学习技能委员会（LSC）划拨;2010 年 4 月起,伴随着英国政府机构的调整和重组,职业教育的拨款开始由技能资助局（SFA）负责。无论是之前的 LSC 还是现在的 SFA,其拨款始终与职业教育提供者的绩效联系在一起,而对职业教育提供者的绩效标价指标体系中,雇主评价是最重要的组成部分。其中,培训质量标准是这一绩效指标的重要内容之一,它完全是"雇主需要导向",侧重继续教育学院或培训机构的培训是否满足雇主的需求、是否将雇主的目的和目标整合进教学或培训过程中。经费拨款方式有力地保障了职业教育提供者（学校）与企业之间关系的存续。

（三）行业协会主动作为,参与标准制定

英国职业教育系统有三个部门相互合作进行,除了职业学校（培训机构）之外,还有"行业技术协会"和"颁证机构"。目前英国共有 25 个全国性的行业技术协会,行业技术协会的主要任务就是制定职业标准,满足行业知识和技能的需要。颁证

---

[1]　张慧霞、王东:《美、英、澳职业教育校企合作制度化的经验及启示》,《职业技术教育》2011 年第 19 期。

机构负责制定课程标准，根据行业技术协会制定的职业标准制定各专业的课程体系、课程大纲和评估标准。需要指出的是，"行业技术协会"和"颁证机构"都属民办机构，代表雇主的利益，不过其业务活动要受到国家教育行政部门的监督和宏观指导。

英国职业资格标准由全国不同行业专家和企业家组成的行业技术协会（SSC）制定，并由国家资格与课程委员会（QCA）核准。该标准是对不同行业不同岗位知识和技能的综合要求，它与不同职业对劳动者技术的具体要求密切结合，反映特定职业的实际工作标准和规范以及劳动者从事这种职业所应达到的实际能力水平。这一标准是职业技术教育机构制订教学计划、组织教育培训的依据，是企业招聘人员的依据，也是资格考核和发证的依据。颁证机构制定"课程标准"的依据，一方面是行业技术协会制定的"职业标准"；另一方面，它必须与企业沟通，收集某一行业劳动力市场的综合信息，研究此行业对劳动者和各类人员技能水平的要求及发展趋势，从而对此行业的教育和培训提出建议，编制出具体的课程大纲、课程模块和评估标准等。当然，颁证机构制定的"课程标准"必须得到国家资格与课程委员会（QCA）核准才能推广。学校和各类培训机构依据国家资格与课程委员会（QCA）核准的课程标准组织实施"职业教育"。

（四）企业自觉参与，主体地位突出

英国通过法律确立企业在职业教育校企合作中的主体地位：一是行业企业代表进入政府职业教育相关管理机构，在职业教育行政管理组织机构中任职，扩大企业在职业教育与培训政策、职业教育与培训经费等方面的决策权，参与职业教育的宏观管理，发挥企业对教育的决策、管理及协调作用。二是企业主导制定职业资格标准，职业资格标准的开发是由以雇主领导的产业指导机构主导，保证了职业证书的权威性。如《90年代的就业状况》中明确要求，企业在能力标准的制定过程中具有决定作用，能力标准必须由企业来制定，并在全国得到认可；要求建立一个由企业领导的组织系统（即产业指导机构）以确定能力标准，保证标准的认可。三是参与职业教育教学过程的实施。企业直接参与职业院校的专业建设和课程开发工作，学校各专业成立由企业代表参加的专业委员会，从确定教学模式、制订课程计划到提供生源、提供师资、提供办学物质条件等，企业代表还参与学校董事会和学校管理委员会的工作，参与对学校的评估。四是直接创办职业技术学校。如城市技术学院就是由企业和国家共同投资，企业提供资金、设备、仪器，派遣行政人员支持学院开办、指导和参与学院管理；根据企业的需要开发紧缺人才的培训课程，与学校共同承担招生计划,进行技术开发,安排学生学习和录取毕业生;以各种方式对学校提供资助。五是企业在培训计划的决策中具有决定性作用。如 20 世纪 70 年代末英国政府推出的"培训机会计划"、"青少年就业机会计划",20 世纪 80 年代推出的"技术与职业教育倡议",20 世纪 90 年代推出的"青年训练计划"即"现代学徒制"等,企业主导培训计划的各项安排,并承担全部培训费用。

四、世界发达国家促进职业教育校企合作机制的启示

通过对德国、澳大利亚和英国三个国家职业教育校企合作机制的比较研究,我们必须清楚认识到,职业教育校企合作机制建设的一个基本命题为:一个国家职业教育校企合作机制,依赖于本国的政治、经济和历史文化传统,一个地方职业教育校企合作机制也遵循同样的原则。我国职业教育的发展水平以及经济社会发展的阶段特征,决定了我国职业教育校企合作机制构建的"中国特色"。目前我国《国家中长期教育改革和发展规划纲要(2010—2020)年》已经明确提出职业教育要建立"健全政府主导、行业指导、企业参与办学机制"改革方向,现在我们需要思考如何进一步明确政府、行业、企业、学校四方职责,即政府主导到底应该主导什么、行业指导到底该如何指导、企业参与到底应参与什么、参与的程度和范围又是什么、职业院校的本质功能到底应该是什么? 从国外的有益经验中,我们可以得出以下启示。

(一)充分发挥校企合作法律法规的保驾护航作用

当前我国职业教育校企合作的现状不容乐观,存在诸多问题,究其原因,没有法律的规范与保障是一个重要的方面。国家出台的相关法律对校企合作的规定零星分散,《职业教育法》在规定内容的数量与质量上都不尽如人意。具体表现为:首先,系统性不够,仅有《职业教育法》和国家教育行政部门颁布的职业教育规章规定了企业要参与职业教育与培训,缺少其他配套法律;其次,在职业教育与经济的紧密结合中,政府、企业和学校在治理架构、市场运行和财政分担等方面未能形成合理的机制,让职业教育体系有效地为经济发展服务;最后,强制性不够,条文规定用语多为"建议性"语气,缺乏刚性的规范和要求,对未执法者缺乏惩罚性的规定。

任何发达国家校企合作的成功经验都离不开国家法律法规的强制执行,用法律来规范职业技术教育中的校企合作活动,管理和控制校企双方的合作行为,是各国普遍采用的形式。在职业教育的立法方面,主要发达国家形成了一个多层次、多

方面的法律体系，除了有国家层面的法律之外，各州（省）也有针对本州（省）的具体法规；除了有职业教育方面的立法，也有来自企业、税收等方面的法律。这些法律对校企合作各利益相关者的权利和义务进行了明确的界定，为校企合作的健康发展奠定了良好的社会法制保障。因此，在关乎我国职业教育能否蓬勃发展的关键期，修改与制定校企合作法律法规，构建具有中国特色的完善的法律体系以保证职业教育校企合作的健康发展，是当务之急。

借鉴国外经验，我国在立法保障校企合作方面，首先，要尽快制定出台《职业教育校企合作促进办法》，根据我国职业教育校企合作的现实情况，从立法层面明确合作各方的地位、作用、权利、义务和相互关系，约束合作各方的行为，提高合作的自觉性，维护各方的共同利益，使合作法制化、规范化，为合作各方提供良好的外部运行环境，确保校企合作政策的有效落实。如关注实习生安全问题，结合《工伤保险条例》等法规，制定相关条款，督促企业将实习生纳入与企业普通员工等同或相近的工伤保险范围，使学生顶岗实习期间的因公伤害能够得到应有的赔偿。① 其次，政府应加快修订《职业教育法》，构建与企业参与治理相配套的法律体系。一是要明确企业主体的权能空间和利益限度。从目前来看，校企合作不利于企业方面，因为企业对学生进行培训需要花费大量的人力、物力、财力，而这些投入又不可能立即取得经济利益，这就需要各级政府有效介入，创新机制体制，建立配套的政策法规，让更多的企业感觉到校企合作是双赢之举；二是要约束机会主义的发生，降低不确定性与交易频率给企业参与所带来的潜在费用；三是要为企业参与中的"意外"事件提供权威的解决途径，支持企业面对契约不完全性时能够依法进行适应性、连续性的决策，以保障企业主体权益，并落实企业参与现代职业教育治理的实施机制。② 最后，要建立约束机制，强化企业投入职业教育的责任意识。为解决职业教育发展所需的大量经费，各国政府纷纷出台各种政策，规定企业按照一定的条件在一定时间内需要缴纳一定比例的职业培训基金，国家对这些资金进行统一分配和发放。我国对企业缴纳培训基金也做出了相关规定。为了适应职业教育的发展，可在现有政策的基础上，制定企业定期缴纳职业教育经费的标准，建立相应的

---

① 屈潇潇：《职业院校校企合作中的政府角色与定位》，《中国职业技术教育》2016 年第 3 期。

② 肖凤翔、李亚昕：《论企业参与现代职业教育治理的制度供给路径——基于交易费用的分析方法》，《教育研究》2016 年第 8 期。

缴纳机制,将经费纳入国家职业教育经费分配和发放体系,用于支持职业教育发展。[①]

(二)充分发挥政府机构的公共服务保障功能

我国职业院校基本是在政府主导下诞生的,政府习惯于对职业院校行使指令性的管理与控制,并具体介入办学的过程管理。在多元主体治理模式下,政府需要转变职能,治理方式应从控制向服务、从全能向有限、从神秘向透明、从人治向法治、从僵化向灵活、从统治向善治渐进式的转变,促进职业教育资源的有效配置,促进政府、企业和学校三者间良性关系的建立。[②]政府应利用"有形之手",明晰企业参与校企合作的各项权责归属,如招生参与权、专业实践计划制定权、人力资本收益权及相应的企业责任,并在费用补偿、税收优惠上予以配套激励;同时,政府应尝试在专业化程度较高的优质企业中,培育一批适合本土化发展的"教育企业",保证该部分企业保持适中的参与频率,并且通过打造标准化的企业参与平台,健全董事会、理事会、监事会等决策机制,以引导企业参与"内部化"治理结构的发展,为企业参与现代职业教育治理的制度变迁提供先期示范。此外,应尝试在校企合作中创造不完全劳动力市场机制,通过劳资协议、压低学徒工的工资差异等手段,减少企业间的"挖墙脚"行为,降低劳动力流动性,同时鼓励和保障培训合同的签订与执行,让企业更有动力长期持续地投入到职业教育与培训中。在此过程中,把握机制建设及政策运用的平衡点至关重要,应努力做到一方面运用市场机制进行资源配置调动企业积极性,另一方面限制劳动力在市场中的自由流动,以减少企业间的"挖墙脚"行为以及对挖墙脚的担心。[③]

(三)构建企业参与职业教育的利益补偿机制

税收减免、信贷优惠政策是激励企业参与职业教育办学必需的良策之一。尽管我国对企业参与职业教育与培训已有相关的税收优惠政策,部分地方政府出台的促进职业教育校企合作的实施意见中也提及了税收优惠,但政策总体上还存在

---

① 潘海生、马晓恒:《职业教育中企业办学主体地位的内涵解读及政策启示》,《职教论坛》2014年第22期。

② 狄阳群、丁振中:《论企业参与职业教育——以制度为分析视角》,《职业技术教育》2006年第25期。

③ 李俊:《企业参与职业教育的关键制度要素研究——基于新制度经济学的分析》,《江苏高教》2017年第1期。

系统性、可操作性、吸引力不够等问题。如财税〔2006〕107 号和国税发〔2007〕42 号规定企业必须与学校签订三年以上实习合作协议，才能享受文件规定的企业所得税税前扣除的政策。虽然该规定在某种程度上维护了学校的权益，但是在现今社会飞速发展变化的时代，企业与一所学校签订三年以上学生实习合作协议存在很多不确定性因素，企业的合作积极性受挫。① 又如我国《职业教育法》、《国家中长期教育改革和发展规划纲要(2010—2020)》以及诸多的政府文件和讲话中，都提到"鼓励有条件的大型企业举办职业教育"，这样的指导思想无疑有其合理的一面，然而对于"有条件的大型企业"办学经费也存在一个合法合理支出问题。目前企业的办学经费一般属于税后支出，也就是说，企业完全是拿出自己的纯利在办学。在依法缴纳了教育附加费的情况下，企业再拿出利润来办学无异于双重纳税，大型国有企业的办学积极性自然受挫。在完善税收优惠政策上，可借鉴部分发达国家的经验。例如，英国政府立法向企业征收教育税，对接受学生实习的企业可根据参与企业实践的学生人数免交相应的教育税，对录用职业资格证书者和实施培训卓有成效的企业给予奖励。德国推出的各种税收优惠政策包括：一是将企业用于教育的所有费用都计入成本，在税收上得到减免，或计入价格，在产品售出后收回；二是为小企业开展职业培训提供政府补贴；三是对接收学生实习企业免征部分国税。因此，在制定税收优惠政策时，我们可适当降低享受优惠政策的准入条件，让企业感到"可行"；扩大税收优惠的减免范围和力度，让企业感到"心动"；完善法与法之间的一致性，让政策执行者有法可依。

针对我国税收优惠政策现状，借鉴国际经验，建议从以下几方面进行完善：扩大税收优惠的减免范围，加大税收优惠力度，让企业感到"心动"。学生企业实习仅是我国高职教育校企合作的一个方面，仅根据企业接受学生实习所支付的实习费给予一定的税收减免，难以刺激企业的合作兴趣。在减免范围上可考虑增加：一是企业接受学生实习发生的耗材费、设备折旧费、企业师傅的指导费等，可计入生产成本，享受营业额所得税减免。相关费用列出详细的使用清单和计算方法，企业师傅指导费可根据各企业的员工工资水平按一定比例进行测算。由此也可保证学生企业实习质量。二是企业与高职院校共建生产性实训基地投入的资金或设备，可计入生产成本，给予一定的税收减免。三是对企业捐赠给高职院校用于教学、实训、科研等的设备免征增值税。企业捐赠给职业院校的新设备或旧设备享受税收减免，既可避免资源浪费，同时也可减轻院校的办学成本，减轻政府举办教育的负

---

① 兰小云：《关于我国职业教育校企合作税收优惠政策的思考》，《职业技术教育》2013 年第 28 期。

担。四是企业校企合作开发新产品、新技术、新工艺的研究开发费用,依法享受企业所得税优惠政策。信贷方面,制定金融机构支持职业教育校企合作的信贷政策,通过法律条款保证金融机构为职业教育校企合作开辟信贷业务,通过财政贴息、政策性银行无息或低息、商业性金融机构降息等,对企业尤其是中小企业与职业院校合作建设实习实训基地、实验室和生产车间提供一定的信贷支持;对企业与职业院校合作开发新产品、新技术、新工艺等提供一定的信贷支持。① 经费支持上,政府设立职业教育校企合作发展专项资金,是对促进职业教育校企合作的根本保障。发达国家在设立校企合作专项基金上的特点,一是给予专项经费法律性质,有非常明确的使用范畴;二是专项经费支持力度大。借鉴国际经验,我国应首先在职业教育校企合作相关法规条例中明确规定各级政府设立校企合作专项经费,用于扶持建立跨企业培训中心等公共实训基地;职业院校聘请企业管理人员、技术技能人员等任教;建立新型人才培养模式;企业接纳职业院校学生实习的物耗能耗;职业院校联合企业进行技术改造、产品研发、科技创新和成果转化;职业院校办理学生实习意外伤害保险等与校企合作有关的事项。其次,应鼓励社会组织积极参与校企合作专项基金的筹建,建立校企合作专项基金多元筹措机制。

(四) 建立健全校企合作组织领导机构

许多发达国家为了促进校企合作教育的顺利进行设置了专门机构管理校企合作的具体工作。如英国专门成立"培训与企业委员会",以促使企业积极参加职业教育,并且明确规定委员会成员中工商企业领袖要占2/3的比例。德国为促进辖区内职业教育的发展,由地方行业协会设立职业教育委员会,州政府设立了州职业教育委员会。另外,各个学校还设有校企合作协调员,其主要职责是收集产业信息,促进校企合作,联络企业参与培训项目。职业教育校企合作是单位性质与行政隶属不同独立决策实体间的合作,为了加强彼此间的协调,保障校企合作政策的合理性、系统性和可行性,我国也应建立各级政府部门间、职业院校与企业行业间的多层次协调机构,明确赋予校企合作协调机构的职责和权限,增强其协调能力,使其具有较高的权威性。首先,在宏观层面,即在市级层面建立以教育、产业、发改、人社、财政等政府部门为核心,行业组织、大中型企业、学术机构、职业院校等共同协作的南通市职业教育校企合作指导委员会。其主要职责为:负责职业教育校企

---

① 杨红荃、黄雅茹:《我国职业教育校企合作法律制度体系研究》,《教育与职业》2015年第8期。

合作政策框架体系的设计，制定相应的政策、法规，负责校企合作发展专项基金的调配，协调解决校企合作中出现的问题，提供信息资源和指导，实施校企合作的定期评估，加强对内对外宣传，营造良好社会氛围。职业教育校企合作管理委员会下应建立常设机构和专职工作人员，负责管理日常工作。其次，在中观层面，即在县（市、区）层面建立以教育、发改、产业、人社、财政等政府部门为核心，行业组织、区域主导企业、职业院校等共同协作的县（市、区）职业教育校企合作管理委员会。其主要职责为：对县（市、区）校企合作进行主导和调控，利用当地产业优势，依据企业和职业学校的发展需求，制定相应的制度、措施，提供信息咨询和服务。最后，在微观层面，即由各职业院校与企业共同参与的职业院校校企合作工作委员会。其主要职责完成高素质技术技能型人才培养过程，校企双主体完成培养目标、培养模式、培养方案、实习实训、就业安排、考核评价以及在职培训、科技研发等的实施。此外，还可成立独立于政府部门之外的第三方评估与监督机构，负责对政策方案、政策执行和政策效果进行评估，监督包括各级政府职能部门在内的各利益相关方落实校企合作政策的效能，以及时修正、调整、继续或中止相关政策，保障校企合作政策的有效落实。总之，政府在宏观调控中应避免过度参与，要适度放权，放手让市场这只"看不见的手"来调配校企合作资源。当然，政府要"放手"并不等于是"不管"，而是要准确定位，运用战略规划、政策法规等手段来调控校企合作。

（五）充分发挥行业协会政府"助手"和校企"伙伴"作用

改革开放以来，适应经济社会发展形势的变化，我国社会治理模式也发生了转变。党的十八届三中全会提出："正确处理政府和社会的关系，适合由社会组织提供的公共服务和解决的事项交由社会组织承担。"党的十八届四中全会提出："支持行业协会商会类社会组织发挥行业自律和专业服务功能。"随着政府职能的转变，为了增强社会领域特别是经济领域的活力，我国行业协会的发展正在从国家法团主义模式向社会法团主义模式迈进。高职教育主要培养实用性人才，其职业性特点以及行业协会所固有的社会中介组织的特征和行业技术性组织的角色，注定高职教育的实用性人才培养离不开行业协会的共同参与、多方协调、正确引导和指导。

校企双方属于异体，学校作为公益法人，追求的是社会效益；而企业以市场为导向，追求是经济利益的最大化，两者在合作的过程中，由于价值取向的不同，难免会产生分歧，此时行业组织能够以第三方的身份展开协调，减少分歧，使得校企合作由浅层次向深层次的产学研合作转化。由于行业协会以集体形式与国家、社会进行沟通合作与协商,确立各种制度,这些制度能够提供企业参与职业教育与技术培训的相关信息、政策,特别是企业借此对参与行为的预期可以得到制度提供的保障,解决企业参与职业教育收益方面的顾虑,使确实需要对人力资源的结构与质量进行提高与改善的企业有动力投入到职业教育中,塑造个体层面企业参与职业教育的意愿,形成正向激励的制度基础。[1] 行业协会推进校企合作首先要有政府的授权,即国家赋予行业协会参与校企合作教育方面管理和决策的权利。[2] 德国的行业协会就是通过立法和政府授权的方式确定了自身的社会地位和职权,发挥了其在职业教育校企合作中的桥梁和纽带作用。我国应着力培育和大力支持有责任、有能力、有条件的行业组织,给予政策经费支持并强化服务监管,充分发挥行业组织在资源、技术、信息等方面的优势以及沟通、协调作用,把适宜行业组织承担的职责交给行业组织,引导企业开展校企合作。成立由教育部门、行业协会共同参与的综合管理机构,建立科学的评估机构和评价体系,对校企双方进行严格的监控和考核评估。通过制定统一规范的行业技术标准来指导企业参与职业教育,制定行业发展规划给政府决策提供依据;制定并执行行规行约和各类标准,协调本行业企业之间的经营行为;参与校企合作过程的管理与实施,协调校企合作实践教学活动;认定教育领域中合作企业的资质,积极向职业院校推荐;对本行业内的企业需求进行调研,向职业院校发布和预测社会和企业的人才需求信息;组织实施本行业的职业培训;[3]制定、修改职业培训及考证的标准、内容、条例等。

(六)切实发挥企业参与职业教育校企合作的主体作用

职业院校是准公益性法人,企业是盈利型组织。要真正落实校企双主体的责权利,需要围绕着高素质技术技能型人才的培养,企业经济效益的提高等校企双方的根本利益结合点,建立校企合作的利益驱动机制及合同约束机制,用企业精神和机制经营校企合作。校企合作涉及两个主体之间的互动,在德、澳、英三国的校企合作中,企业的自觉意识都比较高。20世纪80年代开始,越来越多的德国企业加入了校企合作的队伍,这其中不乏联邦政府及州政府提供的税收减免、财政补贴及专项资金支持在起作用,但更多的企业意识到校企合作能够发现并培养将来的优

①　张栋梁:《行业协会在企业参与职业教育制度建构中的功能探讨》,《职教通讯》2015年第34期。

②　欧阳育良、吴晓志:《政府有效介入下职业教育校企合作长效机制创新实践》,《中国职业技术教育》2015年第30期。

③　谭璐:《国际比较视阈下职业教育校企合作探究》,《职业技术教育》2014年第17期。

秀雇员，对企业的可持续发展具有重要意义，这是校企合作可持续性的原因之一。现阶段，在我国市场经济体制下，政府对企业的干预能力大为下降，这就使得校企合作缺乏一定的保障机制。经济转型时期，企业的生产能力越来越大，但参与职业教育，培养人才的社会意识却未增强。更主要的是我们国家目前还没有建立法律体系去强制企业承担人才培养的社会责任，所以开展校企合作所依赖的只能是学校与企业之间的利益共同点。① 为此，我们需要通过舆论宣传及政策引导，增强企业对职业教育的责任意识及增强人力资源建设和人力资本投资意识，改变只用人、不育人的观念，提高企业职业教育中的主体地位，加大企业对职业教育的投资力度，为双赢奠定基础。企业参与校企合作的行为主要包括：一是参与行业组织和行业标准的制定；二是按照行业制定的统一标准开展技能培训；三是参与职业院校的专业教学标准、人才培养方案和课程标准的制定、课程开发、教学实施、教学评价等；四是提供实训设备或场所，提供企业兼职教师等。企业的参与行为可根据自己的实际情况来选择。根据国外的先进经验，通过制定政策来鼓励用人单位参加校企合作是良策。我国也应在政策范围内采取各项措施调动企业参与校企合作的积极性，发挥其在职业教育中的办学主体作用，例如国资、工业和信息化部门分别负责国有监管企业、国有中小企业接收职业院校学生实习、教师实践的协调工作；科技部门应当对经评估认定为校企合作良好的企业，在科学研究和技术开发项目等方面优先给予资金支持；财政、税务等部门应当加大职业教育校企合作经费统筹力度、落实税收优惠政策。

（七）建立健全学生劳动意外伤害预防处理机制

学生作为职业教育重要的利益主体，其基本的价值诉求就是追求包括身心健康在内的自身全面发展，而顶岗实习作为职业院校人才培养工作的重要环节，既是学生岗位技能培养的重要保障，也是学生健全人格形成的主要载体。

安排好职业院校学生顶岗实习工作，维护好学生的劳动权益，既是影响学生顶岗实习满意度的重要影响因素，也是学校、企业、政府等多方主体的共同利益所在。对于政府而言，学生的健康成才是其培养合格建设者和接班人的需要；对于企业而言，学生的健康成才是其培养高素质劳动者和人力资源的需要；对于学校而言，学生的健康成才是其提高教育教学质量、办人民满意教育的需要；对于学生而言，顶

---

① 郭娟：《校企合作利益机制构建的若干问题与对策》，《中国职业技术教育》2015 年第 36 期。

岗实习是其掌握知识技能、提高阅历,获得全面发展的需要。基于内在的共同利益和人才培养的大局,各主体应以高度的社会责任感,权衡利益差异,致力于维护学生的权益,构建完整可行的劳动保障机制。借鉴国外先进经验,在学生管理、实习时间、劳动报酬以及安全保障等方面,明确企业和职业院校各自的义务。职业院校要为实习学生统一办理意外伤害保险,便于在意外伤害发生时可以有序处理,职业院校独自承担全部保险费用压力比较大,可以采取政府、职业院校、企业三者相结合的形式,以减轻职业院校的压力。职业院校、企业如果违反有关规定,企业安排实习学生从事不符合实习特征或者与实习内容不一致的劳动生产,安排学生从事国家法律明确禁止的工作岗位,则侵害了实习学生、教师的合法权益,职业院校学生、教师在实习实践期间侵害或者泄露企业商业秘密的,均应依法承担相应的法律责任。

(八) 构建科学合理的校企合作监督制度

职业教育校企合作长效机制的有效建立,必须对监督制度进行全面、科学和系统的设计,充分发挥地方政府、行业参与的第三方评估和校企内部的监督作用。第一,地方政府监督。各级地方政府要建立校企合作监督管理制度,成立校企合作监督委员会负责对参与合作的职业学校、企业、行业以及地方政府落实校企合作的实施情况进行专项督导,同时各级财政部门依法对校企合作专项资金的使用情况进行定期检查,并将校企合作实施情况列入职业学校办学业绩考核的重要内容。第二,行业参与的第三方评估监督机构的主要成员应该由行业协会工作人员和资深技术专家构成。行业组织可以根据行业特点和发展需求提出相应的校企合作意见和规划,并对其实施情况进行监督评估。资深的技术专家具有深厚的技术功底和丰富的项目经验并在特定的技术领域有很大的影响力,具有很强的分析问题、献计献策的能力,可在合作项目的过程中,进行全程监督。第三,校企内部监督。学校和企业共建校企合作监督委员会,对校企合作工作在细节上抓严抓实。进一步落实人才需求预测、专业调整与设置、人才目标定位、课程开发、教材建设、实习实训等工作。建立健全校企合作联席会议、实训基地管理、"双师型"教师考核奖励及合作专项经费使用等规章制度,确保校企合作工作的有序高效。第四,建立校企合作反馈机制。一方面,在学校通过问卷调查、访谈等方式了解学生的实践实习情况,向企业反馈并提出需要改进和完善的意见。另一方面,在企业通过参观、访谈等方式了解企业的技术需求,反馈给学校做出教学计划的调整,等等。同时制定出学校和企业要共同遵守的管理制度和条例，并监督执行。①

（九）培育公众履行校企合作社会责任的伦理自觉

教育植根于各自的民族文化和历史传统，职业教育的发展亦是如此。国外发达的职业教育均与其独特的传统文化有着必然的联系。在国外，职业教育被视为政府、社会、企业和个人的共同行为，有非常高的社会认同感，这种理念也成为推动职业教育快速发展的重要社会文化基础。查尔斯·赫梅尔说过："每一种形式的发展都必须从文化出发并从文化方面找到它的最终意义。""双元制"职业教育是在德国的手工业学徒制基础上发展起来的。手工业学徒制是整个欧洲职业教育的最初形式，但最终在德国以"双元制"职业教育的模式而闻名于世。"双元制"经久不衰的原因，除了其自身所具有的巨大优势外，更为重要的是德国社会文化中对手工业经济的重视。受我国传统社会文化的影响，历史上，我国学徒制的制度水平一直比较低，到现阶段我国的企业普遍缺乏参与人才培养的社会责任意识，整个社会没有形成支持职业教育校企合作的文化氛围和共识，这种缺乏社会文化支撑的职业教育校企合作始终是不自觉的。②

因此，立足发挥职业教育校企合作宏观机制、激励机制以及指导—服务机制的作用，我国职业教育校企合作机制的构建还必须从文化自觉的高度来设计，还必须加大校企合作相关法律法规及政策的宣传，校企合作价值理念、校企合作立法和执法中相关信息、校企合作活动的宣传，由此引导全社会树立正确的校企合作价值理念，普及校企合作法律法规和政策信息，提高全社会对校企合作的认知度、认同度。③

（十）职业院校要以质量自律和特色办学增强对企业吸引力

国外发达国家职业教育的成功经验告诉我们，企业参与职业教育校企合作的积极性一方面源于其特有的民族文化，即企业参与校企合作的文化自觉，另一方面源于这些国家职业院校注重质量自我保证和自我改进，构建了教育教学质量的保障体系，设置了切合地方经济发展要求的专业体系，办学特色鲜明，建立了利益相

---

① 祁占勇、王君妍：《职业教育校企合作的制度性困境及其法律建构》，《陕西师范大学学报（哲学社会科学版）》2016 年第 6 期。

② 陈新文：《职业教育校企合作的社会学分析》，《教育与职业》2015 年第 7 期。

③ 周晶、姜延秋：《职业教育校企合作非正式制度建设的逻辑与路径》，《职业技术教育》2015 年第 34 期。

关者参与的理事会、董事会等职业院校内部治理体系,增强了对行业企业参与职业教育治理的吸引力。

因此,我国职业院校应充分认识到,在当前的社会文化背景下,在多数企业未能充分重视社会责任的情况下,不能仅仅依托政府和制度来增加职业教育的吸引力,更应从自身的努力出发。各职业院校要充分重视内涵建设,不断提升教育教学质量。首先,要建立教育教学质量保障体系。包括:完善教育教学管理制度和办事流程,保障管理的规范性和效率;定期搜集企业、毕业生和来自同行的反馈信息,将其转化为教学目标和要求;定期搜集和反馈教师授课的相关信息,向教师提供有关授课内容和授课方法的建议;定期搜集来自于在校生的关于学习和生活的信息,反馈至相应教师和部门,便于其改进工作;建立校园内信息互联互通的数字化平台,保障信息搜集与处理的时效性等。其次,要提升专业建设水平,形成鲜明的办学特色。职业院校要在专业建设中紧紧围绕地方经济的特点和规律,按照产业优势和人才优势设置专业,形成与地方支柱产业紧密对接、符合地方经济发展特点的专业格局,建立顺应产业调整的专业动态管理,通过深化课程教学改革和校企合作,打造一批精品课程和品牌专业,实现职业院校与地方经济的协调发展,形成专业服务产业、产业提升专业的良性循环,达到科研水平、教学水平与社会效益的共赢,为地方经济社会发展提供有力的技能人才支撑。最后,要创新理事会、董事会长效运行机制。校企合作理事会、董事会的稳定性和持续性取决于良性的运行机制,一是建立理事会、董事会年会制度和不定期的专项工作会议制度,促进理事会、董事会工作的规范化、制度化;二是融入企业管理模式,建立理事会、董事会多渠道信息畅通机制,建立深入企业走访调研制度,建立企业联络员沟通制度,利用"互联网+",构建起多方位、立体化校企合作信息网络形成稳固的多元融合、校企共赢的战略合作关系。多措并举,增强双方信息的及时性、有效性和针对性,打造理事会有效运行的基石。只有这样,企业、社会才会改变对职业教育的认识,职业教育的吸引力才会增强,那么校企合作也就不再是困扰职业院校发展的问题。

第五章 我国地方促进职业教育校企合作机制构建的实践考察

改革开放以来,随着我国工业化进程的推进,肩负着培养高素质技术技能型人才任务的职业教育发展迅猛,规模扩张迅速。在各级政府相关政策法规的有力引导和推动下,各职业院校逐步形成了产教融合、校企共进、互惠双赢的良性循环职业教育模式,源源不断为社会输送了大批优质劳动力。随着经济全球化,地方经济产业亟须转型升级,在经济社会发展对高素质技术技能型人才的强劲需求及国家政策的推动下,如何深化职业教育校企合作治理,培养企业需要的本土人才成为地方政府亟须考虑的问题。本研究试图通过对南通市职业教育校企合作的发展现状和存在问题进行深入分析,借鉴宁波、苏州等地方职业教育校企合作治理的先进做法,讨论在新形势下,如何充分发挥地方政府职能,有效对接职业院校和企业,深入开展校企合作,推动区域经济转型发展。

一、我国地方促进职业教育校企合作机制构建的实践探索

职业教育校企合作为促进职业教育更好地服务于地方经济和社会发展,发挥了重要作用,然而,随着校企合作的深入发展也存在许多困难和问题,主要包括:企业参与职业教育项目合作的积极性不高,合作的层次较浅;政府对校企合作的引导、鼓励和扶持缺乏有效的措施保障,校企合作协调运行机制尚不够完善;职业院校和企业在合作过程中的权利义务关系以及学生在实习期间发生意外事故的应对办法等,均有待进一步明确。为有效解决校企合作过程中遇到的实际问题和困难,促进校企合作更好更快的发展,真正为地方经济服务,一些地方城市近些年纷纷采取了各项措施来保障和促进校企合作的良性运行和有效发展,取得了较好的成效,主要包括以下几个方面。

（一）积极推进地方立法保障校企合作

通过立法可以使校企双方通过一种规范和理性的方式来处理双方合作过程中的复杂多变的关系和冲突。2009年之前,国家和地方有关法律、法规对职业教育校企合作没有做出专门规定,而实践中存在的困难和问题,已经在很大程度上阻碍了职业教育校企合作的持续健康发展。为此,根据实际需要,一些地方城市近年来纷纷出台了"校企合作条例"、"校企合作促进办法"等地方性法规,建立了切实可行的规范、管理、扶持、引导校企合作发展的长效机制,取得了不错的成效。如2009年宁波市结合实际制定了全国首创的地方性法规——《宁波市职业教育校企合作促进条例》;2012年,又制定了《宁波市职业教育校企合作促进条例实施办法》,提出更加明确的解决方案和措施;2011年,北京颁布实施了国内首个由行业和政府制定的职业教育校企合作制度——《北京市交通行业职业教育校企合作暂行办法》;2014年,苏州市也根据当地实际情况制定了《苏州市职业教育校企合作促进办法》;2012年年底,沈阳市制定并审议了《沈阳市职业教育校企合作促进办法》,2013年年初正式实施。纵观国内各兄弟城市有关职业教育校企合作的促进条例(促进办法),其立法立足于促进职业院校与行业、企业的合作发展,维护职业院校、企业和师生的合法权益。促进意味着加大扶持,重点是加大政府财政投入和政策扶助,使地方政府贯彻国家职业教育意志、履行管理和发展国家职业教育职责。同时要求职业院校坚持以服务为宗旨,以就业为导向,根据区域经济社会发展及市场需求,及时调整专业设置和课程内容,改革人才培养模式,积极主动地寻求与行业企业的合作,增强职业教育服务经济社会的能力。

（二）因时因地创新校企合作运行机制

校企合作能否持续、深入开展,建立长效运行机制是核心。而职业教育校企合作机制没有一成不变的"范式",具有自主性、创新性、发展性和实践性。我国各地因时因地积极创新校企合作运行机制。宁波市建立了政府引导、校企互动、行业协调的校企合作运行机制;苏州市建立了政府推动、市场引导、行业指导、校企互动的合作运行保障机制,市、县级市(区)人民政府建立了职业教育联席会议制度,统筹协调本地区校企合作的规划、资源配置、经费保障、督导评估等工作并要求各级政府把职业教育校企合作所需资金纳入同级财政预算;沈阳市职业教育校企合作实行的是政府主导、行业指导、企业与职业学校共同参与的多元化合作机制,职业院校与企业建立了职业教育校企合作会商机制,探索合作办学模式,为企业在实施人才发展战略过程中与职业院校建立高度融合的关系搭建好平台，担负起桥梁纽带作用。以上几个城市其校企合作新型运行机制的关键是要在加强政府统筹引导，充分调动学校和企业两方积极性的基础上，发挥行业组织在职业教育校企合作中的独特作用，引导和鼓励本行业企业开展校企合作，充分发挥行业资源、技术、信息等优势，参与校企合作项目的评估、职业技能鉴定及相关管理工作，强化指导、协调和服务职能。

（三）积极强化政府职能部门的职责担当

职业教育校企合作的持续健康发展，关键在于政府的积极引导、鼓励和采取必要的扶持措施。除充分发挥职业教育联席会议在统筹协调校企合作的规划、资源配置、经费保障、督导评估等职能外，宁波市和苏州市明确规定教育、劳动、人事、发展和改革、经济、贸易、农业、科技等相关部门要在各自职责范围内为校企合作提供政策倾斜或优先支持；沈阳市明确市和区、县（市）人民政府教育行政部门负责本行政区域内的职业教育校企合作促进工作，统筹职业教育校企合作的教育教学改革、实习实训基地建设、师资培养、科技成果转化、考核评估等工作，其人力资源和社会保障行政部门负责所属职业学校校企合作促进工作的组织实施，发展改革、财政、税务、国有资产、科技等部门对职业教育校企合作的规划计划、资源配置、经费保障、信息服务等给予政策支持。此外，在校企合作的过程中还发挥了政府的公共服务职能，建立了职业教育校企合作公共网络服务平台，定期举办职业教育校企合作项目洽谈会。如宁波市由市教育局、市人社局、市工商局及市民营企业协会、市职业教育校企合作促进会等联办的宁波市职业教育校企合作公共服务平台——"校企通"网站自 2013 年 9 月开通以来，已经积聚了 6 000 多家企业，企业可以在校企通网站自助发布各类需求，而宁波众多院校的一些技术和科研成果，也可以通过这个网站集中发布，寻找合适的企业进行合作，通过该平台为校企合作提供了有效的服务。

（四）尝试建立企业参与职业教育的成本补偿机制

作为以追求利润最大化为本质特征的经济组织，企业是否参与职业教育办学主要取决于随之带来的净收益。因此，我国地方政府根据有关法律以及财政部和国家税务总局相关文件精神，积极梳理明确了参与校企合作的企业可享受税收优惠有关政策。宁波市和苏州市在"职业教育校企合作条例中"明确规定：企业发生的职工教育经费支出和用于职业教育事业的公益性捐赠支出，可以按照国家规定在计算企业应纳税所得额时扣除。企业委托职业院校开发新产品、新技术、新工艺发生的研究开发费用，可以按照国家规定享受企业所得税优惠。沈阳市也在其"职业教育校企合作促进办法"中明确：参与职业教育校企合作的企业，依法享有税法规定的税收优惠。企业通过公益性社会团体或者县级以上人民政府及其部门，对教育事业的捐赠支出（包括设备），在年度利润总额12％以内的部分，准予在计算应纳税所得额时扣除。

（五）尝试设立校企合作发展专项资金

职业教育最重要的特征之一就是"培养成本高"，财政投入不足是困扰职业教育发展的瓶颈之一，迫切需要各级政府加大财政扶持力度，建立和完善以政府投入为主体、社会参与的多元投入的保障机制。宁波市为了促进、扶持职业教育校企合作特别设立了职业教育校企合作发展专项资金，并对专项资金的用途、逐步增长以及资金使用的绩效评价等做了规定。专项资金主要用于资助双方联合设立职业教育实习实训基地、合作建设实验室或生产车间；资助职业院校为学生在实习期间统一办理意外伤害保险；资助合作企业接纳学生实习发生的物耗能耗以及对职业院校参与企业技术改造、产品研发、科技攻关和促进科技成果转化给予资助或奖励等。苏州市也明确了市、县级市（区）人民政府对一些校企合作项目给予奖励，包括校企合作公共服务平台建设；职业院校校企合作实训基地建设、专业课程建设、师资队伍建设、学生就业促进；校企合作企业的职工教育、产品研发、技术改造；实习学生的实习责任保险或者学生实习期间的意外伤害保险等。沈阳市也从职业教育经费中划拨职业教育校企合作发展专项资金，用于校企共建实训基地，教师进企业实践培训，企业技师进学校培训指导，校企联合开展专业建设等项目。

（六）积极明晰职业院校的权利与义务

职业院校既是学生学习文化知识的场所，也是企业职工知识更新和技能培训的加油站，应充分发挥职业院校的基础作用，实现职业院校人才培养与企业需求的对接。宁波市规定职业院校要根据经济社会发展和市场需求，主动与企业在学生实习、专业设置与课程开发、订单式教育与就业推荐、师资交流与培训、职工培训与继续教育、技术改造、产品研发、科研成果转化等方面开展合作，鼓励职业院校与农业企业开展农业技术培训、农业科技推广等方面合作，推进农业产业化发展，专业教师到企业或生产服务岗位实践每两年不少于两个月。职业院校应当优先安排与其建立校企合作关系企业的职工进校接受职业技能培训和继续教育，并为合作企业优先推荐毕业生。苏州市规定职业院校要根据经济社会发展和市场需求,主动与企业在专业设置、课程开发、实训基地建设、师资培训、实习就业、质量评价等方面开展合作,积极参与企业的技术改造、产品研发和科技攻关以及企业的职工教育和继续教育等项目,鼓励职业院校聘请行业专家和企业的管理、技术骨干兼任专业课教师或者实习指导教师,参与职业院校的教学改革,职业院校应当优先为合作企业推荐实习生、毕业生。沈阳市规定职业学校要按照产业发展需求、企业岗位工作标准制定技能型专门人才培养方案,在课程开发、教学改革、兼职教师队伍建设、学生实习就业、企业职工培训与继续教育等方面与企业开展全面合作,鼓励职业学校逐步建立"工程师工作站"、"技能大师工作站",以合作企业工程师、技师为主,在参与指导学校教育教学的同时,依托职业学校教育资源,解决企业技术难题、进行技术创新。

(七) 引导企业积极参与职业教育办学

加强校企合作,提高学生的动手操作能力,对职工进行技能培训和知识更新,最终是为了提高职工素质,增强企业的生存发展能力。对于企业而言,他们在残酷的市场竞争环境下,对经济利益有着强劲的追求;为了树立企业良好的品牌形象,提高企业美誉度,有些企业也乐意承担部分社会责任。对企业家个人而言,投资教育是一项公益事业,能为其带来荣誉感、成就感和社会影响力,满足了企业家自我价值实现的心理需求。参与校企合作,对于树立企业家的良好形象、优化企业人力资源结构、吸引企业招商引资、扩大企业品牌效应都有所裨益,[①]因此应充分发挥企业在校企合作中的主体作用。对此,宁波市从企业的需求出发,对企业与职业院校开展合作的内容和形式作了规定,并明确了企业在接纳职业院校学生实习和教师实践中的相关义务。企业接纳职业院校学生实习和教师实践,对上岗实习的,按协议应给予适当的劳动报酬;企业为实习学生和实践教师提供实训场地、设备设施,安排指导人员;禁止企业安排实习学生从事不符合实习特征或者与实习内容不一致的劳动生产。苏州市明确鼓励企业与职业院校开展多种形式的合作办学,深度参与职业院校的教育教学改革。有条件的企业可以与职业院校联合建立实习实训基地,合作建设实验室或者生产车间,合作兴办技术创新机构,合作组建职业教育实体或者产学研联合体,共同参与新兴产业基地建设;鼓励企业设立职业教育奖学金、助学金、奖教金等。沈阳市明确鼓励企业与职业院校联合建立实习实训基

---

① 徐桂庭、常静:《从校企合作看职业教育的制度设计与组织、个体行为选择》,《中国职业技术教育》2016 年第 33 期。

地,合作兴办技术创新机构,合作组建职业教育实体或者其他形式的产学研联合体;向合作的学校提供人才发展规划、用人需求信息,为人才培养提供岗位工作标准、职业培训要求等;参与职业学校技能专门人才培养方案制定、专业设置、课程开发和教材编写等工作;支持职业学校师资队伍建设,有计划地提供实践岗位,接纳职业学校教师进入企业实践;接受职业学校学生顶岗实习,免收实习费并给予适当的实习报酬并且实习报酬发放标准应当不低于上年度本地职工最低工资标准的80%;建立企业与职业学校共同研发机制。

(八) 探索建立实习生意外伤害预防和处理机制

在校企合作过程中,企业和职业院校均对学生在实习期间发生的意外伤害如何处理特别关注。为解除后顾之忧,宁波市从两个方面做出了规定:一是明确企业和职业院校的安全义务。如企业对实习学生的安全培训,职业院校对集中实习的学生应指派专职教师。二是要求职业院校为实习学生统一办理意外伤害的保险,在意外伤害发生时可以有序处理,考虑到职业院校承担全部保险费用压力比较大,拟规定政府补助部分费用,以减轻职业院校的压力。苏州市规定职业院校应当按规定为实习学生办理实习责任保险或者学生实习期间的意外伤害保险,经费由学校承担,职业院校与企业达成协议的,则由企业承担。职业院校或者企业为实习学生购买前述保险的,政府可以给予资助。沈阳市明确职业学校应当加强对实习学生和实践教师的职业道德教育和安全教育,为实习学生统一办理意外伤害保险,并指派指导教师。

二、我国地方促进职业教育校企合作机制构建的启示

随着"中国制造 2025"战略实施和互联网经济时代的到来,产业转型升级与跨界融合发展对人才素质提出了新的要求。在此背景下,如何创新职业教育校企合作机制,推进校企合作制度化,提升技术技能型人才培养质量,培养企业需要的本土人才,增强职业教育的发展能力成为地方政府亟需考虑的问题。

近些年,尽管南通职业教育校企合作的规模不断扩大、内容不断深化、形式不断丰富、水平不断提升。但相比兄弟城市职业教育校企合作工作取得的成效,由于缺乏系统性、可操作性政策法规的鼓励和保障,措施及经费落实不到位,南通职业院校与企业的合作仍处于自发组织状态,"学校热,企业冷"的现象依然严重存在,制约着"校企一体化"育人的发展。因此,有必要借鉴兄弟城市职业教育校企合作成功的经验,根据相关的法律法规和政策,结合南通实际,制定"管用"的《南通市职

业教育校企合作条例》，用以指导、规范南通市职业教育校企合作工作，使其科学化、规范化与法治化，以法治思维有效克服南通市职业教育校企合作实践中出现的"政府失灵"和"市场失灵"现象。具体启示如下。

（一）加快南通市职业教育校企合作的立法工作

地方性职业教育校企合作政策法规是地方政府管理校企合作的准则，通过行使规制、引导、分配与调控等职能，统筹配置地方职业教育资源和社会生产资源，平衡校企合作各方利益关系，促进合作主体更广泛、更深入、更主动、更高效地参与校企合作。[①] 近些年，为有效解决职业教育校企合作过程中存在的一些亟待解决的问题，一些地方城市如宁波、苏州、沈阳、深圳等相继出台了有关校企合作的政策法规，在法律和政策层面上进行了初步的探索并取得了一定的成效。针对当前校企合作指导性政策较多，强制性政策较少的现状，作为江苏省首批获得地方立法权的辖区市，南通市也应加快职业教育校企合作的制度建设，明确立法的核心为"政府促进"、立法的重点为"企业教育"，尽快出台《南通市职业教育校企合作促进办法》，以法规的"硬性"形式明确政府、行业组织、企业、职业院校等职业教育利益主体的权责利，克服有义务无责任，法律责任主体不明，表述不清，无法追究违法主体法律责任以及条款表述含糊，缺乏可操作性、不管用等弊端，力求在立法内容上有实质性突破，使校企合作立法具有针对性、强制性，做到有法可依，违法必究。

（二）综合运用财税信贷政策促进南通市职业教育校企合作

财税、信贷政策是调动职业院校、企业参与校企合作积极性，增强企业参与校企合作社会责任感和荣誉感的有效手段。因此，可借鉴兄弟城市的成功经验，综合运用财税信贷政策促进南通市职业教育校企合作。

第一，实行促进职业教育校企合作的财政支出政策。南通市各级人民政府应当在财政预算中安排职业教育校企合作发展专项资金，用于支持职业教育校企合作事业的发展，而且该专项资金应当随着经济和社会的发展逐步增长。第二，实行促进职业教育校企合作的税收优惠政策。南通市各级人民政府应当鼓励企业与职业院校合作开展职工培训，其发生的职工教育经费支出可以按照国家规定在计算企业应纳税所得额时扣除；企业与职业院校开展订单培养、吸纳职业院校学生顶岗

---

① 易雪玲、邓志高：《对地方性职业教育校企合作政策法规的思考——基于〈中山市职业教育校企合作促进办法（草案）〉的研制》，《中国职业技术教育》2015年第6期。

实习,并按照一定比例接受顶岗实习学生就业等,应当给予税收优惠。第三,实行促进职业教育校企合作的信贷政策。鼓励金融机构改进金融服务,开辟校企合作信贷业务,如对企业,尤其是中小企业与职业院校合作设立实训基地、合作建设实验室和生产车间提供支持;鼓励商业保险公司联合推出职业院校学生实习险种,以加强对职业院校顶岗实习学生在实习期间的社会保障。

（三）进一步明确职业教育校企合作利益主体的责任和义务

依据利益相关者理论,职业教育校企合作的有效运行需要职业教育各利益相关主体共同承担责任,才能保障职业教育校企合作的效度和职业教育利益相关者的获益。因此,需进一步明确职业教育校企合作各利益相关主体的责任和义务。

第一,明确南通市各级政府在校企合作中的主导责任。各级政府及其职能部门应着重加强对校企合作教育的指导和协调,统筹协调本区域校企合作的规划、资源配置、经费保障、公共服务、督导评估等一系列具体工作。第二,强化行业组织的管理和监督作用,形成行业组织对于企业的约束机制。政府通过立法赋予行业组织应有的法律地位,充分发挥行业组织作为连接企业、政府和学校之间的桥梁作用,使行业协会成为校企合作的推进者、监督者和评价者。第三,明确企业必须承担校企合作的社会责任。企业应当按照与职业院校签订的合作协议,接纳职业院校学生顶岗实习、教师进行实践锻炼,为实习学生和实践教师提供各项实训保障和服务。第四,要求职业院校在当前的社会文化背景下,在多数企业未能充分重视社会责任的情况下,不能仅仅依托政府和制度来增加职业教育的吸引力,更应从自身的努力出发。[①] 要充分重视内涵建设,不断提升教育教学质量,加快工学结合人才培养模式改革,优化技术应用型人才培养模式的专业设置与课程体系,提高人才培养与产业发展的匹配度,同时关注企业的用人标准等,以此改变企业、社会对职业教育的认识,增强职业教育的吸引力,使得校企合作不再是困扰职业院校发展的问题。第五,明确实习学生和实践教师必须遵守国家的法律、法规以及企业所属的行业规定,遵守社会公德和职业道德,在校企合作中应当遵守企业的规章制度和劳动纪律,保守企业的商业秘密。

（四）进一步强化政府各职能部门的协同治理

职业教育校企合作涉及面广,各级政府应在完善经济调节、市场监管和社会管

---

① 陈新文:《职业教育校企合作的社会学分析》,《教育与职业》2015年第7期。

理职能的基础上，进一步强化公共服务职能，大力推进职业教育校企合作公共服务创新，优化职业教育校企合作环境。

第一，成立专门的校企合作指导机构。在宏观层面，即在市级层面建立以教育、产业、发改、人社、财政等政府部门为核心，行业组织、大中型企业、学术机构、职业院校等共同协作的南通市职业教育校企合作指导委员会。在中观层面，即在县（市、区）层面建立以教育、产业、发改、人社、财政等政府部门为核心，行业组织、区域主导企业、职业院校等共同协作的县（市、区）职业教育校企合作管理委员会。在微观层面，即由各职业院校与企业共同参与的职业院校校企合作工作委员会。各级校企合作指导机构主要负责研究制定校企合作的政策措施，协调解决校企合作中的各种实际困难。第二，政府要"搭台"构建校企合作的公共网络信息平台，以综合化、高水平的服务质量调动各类企业参与校企合作的积极性。平台的功能包括：一是政府管理校企合作企业的平台；二是企业发布人才需求信息的平台；三是政府发布地方产业发展现状及趋势的平台；四是企业与学校牵线搭桥的平台。通过该平台帮助学校、指导企业，促进政校企共建实训基地、研发中心等具有核心竞争力的资源，最终实现资源共享、成果分享的良性循环。第三，建设校企合作企业资源库，实行准入与退出机制。政府通过公开公正的形式（例如招标）遴选出达标的企业并建立实习企业的动态数据库，并向高职院校开放。由学校与企业自由选择，双向搭配，选择成功的企业由政府出面给出相应的荣誉和认证。政府对企业的实习生管理、培养进行考核，建立实习企业的奖励、问责和退出机制。[①] 第四，建立科学的评估机构和评价体系。南通市应成立由教育部门、行业或行业协会参与的评估机构并构建科学合理的校企合作评估指标体系，将合作育人纳入企业社会责任评估体系，扩展企业在高职学生招生、专业教学标准制度、培养方案设计、专业课程开发、职业教育师资培养等方面的参与度，深化企业在学生实习和就业质量方面的责任和义务。加快形成行业企业、高职院校和第三方机构等多方深度参与的质量评价机制，完善职业教育质量评价制度，将校企合作评估结果作为奖惩依据，督促校企合作双方持续改进。对参与校企合作积极、成绩突出的企业，政府可通过相关法规在项目申报、税收减免、技术改进、评比表彰等方面实行倾斜，并对企业在校企合作中的经济投入实行补偿。对参与不积极的企业提出整改意见并进行跟踪评估，并媒体公示，以激励企业积极参与合作。

（五）进一步提升职业院校人才培养的社会适切性

伴随"中国制造 2025"、"互联网＋"等国家战略的实施，职业院校应以理念变

---

① 屈潇潇：《职业院校校企合作中的政府角色与定位》，《中国职业技术教育》2016 年第 3 期。

革为基础,适应经济发展新常态对人才的要求,通过内部管理机制创新,激发职业教育的办学活力,形成办学特色,以高度的质量自律、改进、承诺赢得政府、行业、社会的办学资源投入,推动职业教育现代化发展。

首先,坚持特色办学。新常态下的经济社会发展对劳动者的差异化需求日趋显现,职业院校要坚持特色办学,围绕地方特色产业、特色资源做文章,着力提升特色技能人才培养与产业的对接度,并能够根据社会经济发展和产业变化趋势的要求,有针对性地调整教学内容。其次,职业院校应努力改善职业技术人才供给,提升职业教育的办学质量,培养出适应市场需求的高素质技术技能型劳动者。再次,职业院校要树立起"经营"意识,善于发现市场、细分市场,立足于不同地区、不同领域、不同行业、不同企业的发展实际,提供个性化人才培养服务。最后,在职业院校完善内部治理结构的过程中,要变过去的被动适应为主动出击,充分运用好当下供给侧结构性改革所释放出的制度红利,积极寻求有利于自身办学发展的市场资源,以开放的姿态拓展职业教育的发展空间,培养社会需要的实用型人才。

(六)进一步强化企业参与校企合作的主体地位

要通过社会舆论、激励政策、观念引导,进一步强化企业参与校企合作的主体地位。面对"中国制造2025"和"互联网+"行动计划的实施,在理念上,企业要站在长远发展的战略高度,树立高层次的企业价值观,将在职业教育校企合作中发挥重要主体作用作为不可推卸的社会责任。在行动上,健全企业培养培训制度,制定科学合理的校企合作管理章程和工作条例,为校企合作共同培养人才提供制度保障;通过深度参与市场人才需求预测、专业开发、标准制定、教学实施、教学评价等,全程主导高素质技术技能型人才的培养;通过协同职业院校整合教育培训资源,共建实习、实训公共服务平台,实现校企优势互补、资源共享;共建教师实践基地,畅通企业工程技术人员和高技能人才到职业院校担任教师的通道,全方位发挥企业重要主体的作用;积极参与探索国家层面的混合所有制办学和现代学徒制试点等,促进自身参与职业教育由功能作用主体向法律作用主体转型,进而成为办学的主体,从而让校企合作活动由"合作"走向"融合"。①

---

① 肖称萍:《职业教育校企合作多元治理理念与策略探究——基于互联网思维的视角》,《职教论坛》2016年第25期。

三、南通市职业教育校企合作的现状调查与趋势分析

近年来，随着职业教育的迅猛发展，我国地方在职业教育校企合作治理方面做出了一系列有益的探索和实践，通过多种措施来保障和促进校企合作的良性运行，在提高职业教育质量、构建现代职业教育体系、推进职业教育现代化上发挥了重要作用。本研究在调查南通市职业教育校企合作发展现状的基础上，梳理了其在校企合作方面的成功经验，并针对目前存在问题进行了深入分析，探讨如何在我国职业教育治理体系和治理现代化进程中，借鉴国内外关于校企合作治理的先进做法和经验，充分发挥地方政府职能，有效对接职业院校和行业企业，提出适合我国国情和地方实际的职业教育校企合作治理长效机制的政策建议，为提高我国职业院校人才培养质量提供智力支撑。

（一）南通市经济社会与职业教育发展现状

南通市地处江苏省东南部，南临长江、东濒黄海，下辖三区、三市、两县和一个国家级经济技术开发区，总面积 8 544 平方公里，户籍人口 766.7 万人。2016 年，全市实现生产总值 6 768.2 亿元，按可比价格计算，比上年增长 9.3%，人均 GDP 为 13 961 美元。全市实现一般公共预算收入 590.2 亿元，同口径增长 0.5%。地方公共财政预算收入占地区生产总值的比重达 8.7%。[①]

近年来，南通市抢抓江苏沿海开发、长三角一体化和"一带一路"建设等国家战略机遇，以推进陆海统筹发展综合配套改革为契机，加大沿海开发、江海联动力度，加快转型升级步伐，以产业规模化、技术高端化、人才国际化、发展集约化为方向，逐步形成"两带两轴五组团"的总体发展格局。连续 4 年入选"福布斯中国大陆创新能力 20 强"，各县（市）均跻身全国县域经济基本竞争力百强行列，综合实力跃居全国地级市前列。[②]

南通素有崇文重教的优良传统，有着"教育之乡"的美誉，职业教育起步也较早。早在上世纪初，著名实业家、教育家、中国近代职业教育拓荒者与奠基人张謇先生即提出"父教育、母实业"的职业教育校企合作理念，在南通兴办实业的同时先

---

① 南通市统计局：2016 年南通市国民经济和社会发展统计公报，http://tjj. nantong. gov. cn/art/2017/3/31/art_11625_2445625. html.

② 凤凰网：《南通综合实力跃居全国地级市前列》，http://js. ifeng. com/nt/news/detail_2015_11/11/4543272_0. shtml.

后创办了农校、纺校、商校、师范、医校、伶工学社、工人艺徒学校、女工传习所等一批近代职业学校和技能培训机构。南通在多年的职业教育办学历程中,秉承张謇先生"学必期于用,用必适于地"的办学理念和"知行并进"、"学问兼理论与阅历乃成"的人才培养理念,借鉴"首重道德,次重学术"、"夫课程之订定,必适应世界之潮流,顾及本国之情势"的课程建设理念以及"校厂一体"的实践教学建设理念,逐步形成了具有鲜明特征的"知行并进,学做合一"人才培养模式和职业教育文化,打造了一张颇有特色的南通职业教育新名片,在全国产生了一定的影响力。

改革开放以来,特别是进入 21 世纪,南通市职业教育坚持以发展为主题,以服务为中心,以改革创新为动力,紧贴经济社会,进入了新的快速发展阶段。2010年,南通如皋市入选首批"江苏省职业教育创新发展实验区",随后南通市被列为国家教育体制改革试点项目"地方政府促进高等职业教育发展综合改革"试点城市。2015 年,又获批全国首批"现代学徒制试点城市",这也是国家职业教育领域的第二个改革项目。截止"十二五"末,全市共有中等职业学校 20 所,技工学校 11 所,在校生 8.02 万人;普通高等学校 8 所,成人高等学校 2 所,在校生 11.4 万人。其中,国家中职教育改革发展示范学校 4 所、省高水平现代化职业学校 9 所,国家级示范性(骨干)高职院校 2 所、省示范性高职院校 2 所。[1] 各级各类职业院校超 40所,在校生近 20 万人。在全市 31 所中职学校(含五年制高职、技工学校或技师学院)中,有国家级重点学校 14 所、省合格职教中心 11 所、技能型紧缺人才培养基地5 个,6 所学校通过省四星级中等职业学校评估,同时被认定为江苏省高水平示范性中等职业学校,创建成效全省领先。共有 8 所职业院校异地新建,5 所职业院校成功升格更名。[2]

近年来,南通市各大职业院校紧扣江海联动开发和建设长三角北翼经济中心发展战略,瞄准南通市产业结构调整和产业集群发展,服务于地方产业转型升级的需要,开设了纺织服装、机械电子、化工技术、计算机应用、软件技术、物流管理、金融商贸、酒店旅游、建工技术、船舶制造、航空机电维修、艺术传媒、新能源应用技术、护理、园艺、农牧、医药等专业(群),专业(群)设置与南通市产业结构具有较好的适应性,较好地发挥了服务南通经济社会发展的功能。"十二五"期间,全市共有省示范专业 47 个,省品牌(特色)专业 57 个;建有 2 个国家级、4 个省级紧缺型人才

---

[1]　中国南通:《南通市"十三五"教育事业发展规划》,http://xxgk. nantong. gov. cn/govd-iropen/jcms_files/jcms1/web1/site/art/2017/1/10/art_5400_498475. html.

[2]　江海明珠网:《"弘扬工匠精神打造技能强国 2016 年南通职业教育活动周启动"》,ht-tp://www. ntjoy. com/news/tckx/2016/05/2016-05-09483868. html.

培养基地,56 个省级、国家级实训基地,4 个省级技能教学研究基地。[①] 毕业生就业率连续多年超过 95％,对口就业率达到 80％,本地就业率达到 85％以上,为南通市经济发展方式转变和产业转型升级培养了一大批满怀敬业守信、精益求精的职业精神,具有一技之长的劳动者和数以万计的高素质技术技能型人才。[②]

（二）南通市职业教育校企合作现状调查

校企合作是当前职业教育改革和发展的重点、难点,也是解决当前职业教育治理能力和治理体系现代化诸多问题的突破口和关键点。世界职业教育发达国家的发展经验和我国职业教育改革实践都证明了"校企合作、产教融合"是职业教育的本质规律和内在要求,也是职业教育高素质技术技能型人才培养必须遵循的基本范式。

职业教育校企合作的最终目标是通过促进人的全面发展,提高国家经济增长的效率与效益。校企合作办学,不仅可以为企业的发展提供优质的人才资源,还可以帮助职业院校解决资金投入不足、实验实训设备不足、专业师资培训渠道不畅、学生实习就业缺少稳定基地等方面的问题,有力地推动和促进职业院校彻底改变以学校为中心、以教师为中心、以课堂为中心的传统人才培养模式,加快推进职业院校课程改革,立足以岗位技能为核心,提升专业建设水平和人才培养质量,进而加快形成具有鲜明特色的职业教育人才培养模式和现代职业教育体系。因此,加强南通市职业教育校企合作机制构建对南通市构建现代服务型职业教育体系、推进职业院校与企业互利、共赢、共同发展以及提升区域经济竞争力具有至关重要的作用。

在调查研究过程中,在南通市教育局政策法规处、南通市教育局高等教育与职业教育处的大力帮助和协助下,本研究相关人员分三路赴南通市辖区内多所中职、高职院校以及相关校企合作企业进行实地考察、调研。此次调研主要以召开座谈会、问卷调查为主,也进行了深度访谈和专家咨询。在兼顾代表性和可行性的前提下,课题组重点走访了江苏工程职业技术学院、南通航运职业技术学院、南通科技职业学院、南通市职业大学等 4 所高职院校,以及江苏省如皋第一中等专业学校、江苏省南通中等专业学校、南通市旅游职业高级中学、江苏省启东中等专业学校等

---

① 江海明珠网:《"弘扬工匠精神打造技能强国·2016 年南通职业教育活动周启动"》,http://www.ntjoy.com/news/tckx/2016/05/2016-05-09483868.html.

② 南通年鉴编纂委员会:《南通市年鉴 2015》,江苏凤凰科学技术出版社 2015 年版,第 412 页。

4 所中职院校,并前往江苏大生集团、江苏华艺集团、携程信息技术(南通)有限公司、南通四建集团有限公司等与这些职业院校紧密合作的大中型企业实地了解情况。同时,通过信函、邮件等方式抽样调查了与上述职业院校有校企合作关系的中小型企业 80 多家。

在调查方法上,采用了深度访谈与问卷调查相结合的方法进行。通过小范围的试调查,反复修订并完善了访谈提纲与调查问卷(见附录一、二)。本研究访谈调查的主要内容包括以下五个方面:南通市当前职业教育校企合作的现状,即是否参与了校企合作,参与的形式与内容有哪些;各方参与职业教育校企合作的主观意愿,即是否愿意参与校企合作;职业教育校企合作的效果,即怎么评价当前校企合作的成效;职业教育校企合作存在的主要问题及原因,即制约和影响校企合作的主要因素;职业教育校企合作的政策,即现有校企合作政策的了解、执行情况以及对今后政府部门出台相关政策的期待。访谈对象包括南通市教育行政主管部门领导、职业教育研究专家学者、行业组织(协会)领导、企事业单位或者人力资源部负责人、上述职业院校管理者、职业院校教师与学生等 75 人。

另外,根据深度访谈的结果和调查对象的不同,编制设计了《关于南通市职业教育校企合作现状的问卷调查》。本次调查共发放问卷 300 份,回收问卷 275 份(学校问卷 100 份、企业问卷 95 份、政府问卷 80 份),其中有效问卷 268 份,问卷回收率 91.7%,有效率 89.3%。通过问卷调查和深度访谈,较为全面、深入地了解了当前南通市职业教育校企合作的现状、成绩以及存在的问题,也深刻感受到了职业院校、企业以及政府相关部门对职业教育校企合作发展的期盼与政策期望等,并在此基础上分析了南通市职业教育校企合作的发展趋势。

(三)南通市职业教育校企合作现状调查结果分析

作为江苏省职业教育创新发展实验区和国家教育体制改革试点项目"地方政府促进高等职业教育发展综合改革"试点城市之一,南通市紧密围绕行业、企业需求,积极探索校企合作新模式,逐步建立以市场和社会需求为导向、政府指导、行业引导、校企互助、企业参与、社会联动的校企合作运行机制,每年为社会培养各类高级技能型人才上万名,为南通市的产业转型升级与区域经济发展提供了强有力的人才支撑、智力保障和技术支持。

一是校企双方对职业教育校企合作认同度较高。舒尔茨认为:"经济发展主要取决于人的素质,而不是自然资源的丰富和资本存量的多寡。"职业教育与企业具有天然的联系,没有企业依托的职业教育如同无本之木,在教学目标和培养模式上的盲目性和低消耗不可避免。

一方面，企业希望通过校企合作得到合格的、符合企业要求的准员工。人力资本在企业创新的过程中是一种重要因素，通过对各种不完全同质的人力资本相互匹配、相互影响、相互学习就能够创造出效益。从企业需求总量来看，目前人力资源供求仍有一定的缺口。在与南通市企事业单位管理者的访谈中得知，目前南通市中小企业的员工构成中，来自职业院校的毕业生占了相当大的比重。在人数约50—60人的中小型企业中，招收的职业院校学生约占80%以上。如江苏大生集团员工中，中职毕业生占了其总数的1/3；江苏华艺集团对职业教育人才的需求量占7成左右，但目前还不到需求量的一半。从上述这些数据和案例可以看出，南通市行业企业，特别是中小企业对职业教育仍然有着比较强劲的需求。据不完全统计，2011年至2013年南通市高职院校在通就业人数达23 566人，占总数的48.9%，其中南通籍毕业生在通就业人数占比超过90%。[①] 另据麦可思提供的《江苏工程职业技术学院应届毕业生培养质量评价报告（2016）》显示：该校2015届就业的毕业生中，有82.7%的人在江苏省就业，在南通就业的毕业生最多，达36.8%。南通市与其他城市一样，同时也面临职业教育招生困难和企业用人供给不足的矛盾。

另一方面，职业院校也迫切希望通过校企合作提高人才培养质量。产教融合、校企合作是职业教育区别于其他类型教育的重要特征，是培养技术技能型人才的根本要求，也是广大职业院校的立身之本。[②] 南通市每所职业院校都与企业建立了程度不同的校企合作关系。从本研究的调查情况来看，全市41所职业院校中，平均每所职业院校合作的企业数分别是：中职校37家，技校17家，高职院校120家。但表现出很大的差异性，中职校中合作企业数最大值与最小值之间的差距为89家、技校24家，高职院校73家，表现出很大的不平衡性。在对职业院校的问卷调查中，本研究发现，约1/3的院校认为企业与学校在人才培养、企业实习、师资建设、技术合作、就业服务等方面开展了全面合作；约1/2的企业参与院校人才培养环节；65%的院校在企业的参与下开发了课程，54%的院校开发了校本教材；9%的企业与院校的合作主要是为学生提供实习机会和实训场地，以及接受教师实践。

很显然，南通市所有的职业院校都意识到职业教育校企合作的必要性和重要性，要加强与企业的合作，才能提高技术技能型人才培养的质量和适切性。企业同样如此，要做大、做强，也应该承担职业教育的部分责任，校企合作是其必由之路。

---

① 江海明珠网：《民生新实事幸福走通城南通职业教育迎来发展的春天》，http://www.ntjoy.com/news/yw/2014/09/2014-09-15351344.html.

② 葛道凯：《中国职业教育二十年政策走向》，《课程·教材·教法》2015年第12期。

职业教育既有国民教育的功能,又有为企业输送合格人力资源的功能。通过对人力资源的加工与人力资本的输出方式,实现对经济社会发展的"软资本"(技术技能型人力资本)的投入,为经济社会发展注入技术技能型人才,从而推动区域经济社会的发展;企业作为人力资源的使用者,应该承担相应的责任,必须通过与职业院校合作,提升行业企业人才素质,促进企业转型升级。

二是政府初步建立了促进校企合作的组织机构。南通市历来重视职业教育,始终把职业教育放在与基础教育、普通高等教育同等重要的位置,统筹兼顾、协调发展,并充分认识职业教育是实施人才强市战略、发展经济、改善民生和社会稳定的重要途径,也是推动区域经济转型、产业升级发展的必然选择。

在与南通市职业教育行政主管部门领导的访谈中,我们了解到南通市早在2006 年就由市政府办公室牵头,会同市教育、发改、经信、人社、科技、财政、行业主管部门及相关高职院校负责人建立"南通市职业教育联席会议制度"①,在江苏省内也是较早成立政府促进校企合作组织机构的城市。这进一步明确了政府及相关职能部门在职业教育办学中的职责和工作机制,强化政府在总体规划、资源配置、条件保障、监督协调等宏观调控职能,规范政府、学校、行业和企业等在高职教育办学中的权利与义务,定期研究制定有关促进高职教育发展的制度和重要政策,会商和解决高职教育改革发展中的重大问题,建立专业人才培养与行业人才需求信息平台和预警机制,推动职业院校管理体制和人才培养模式改革。

2009 年,组建了南通市职业教育校企合作联盟。2012 年,又专门成立了南通市职业教育校企合作工作指导委员会。该指导委员会由市政府分管领导挂帅,市发改委、经信委、教育局、人力资源与社会保障局、财政局、国税局、地税局、工商局等部门分管领导参加。2012 年 11 月,南通市人大常委会通过《关于做优做强南通职业教育的决议》,建立了政府统筹协调、部门分工合作、行业企业共同参与的职业教育管理机制,推动职业教育科学有序管理。②

三是政府职能部门协同推进各项工作。南通市职业教育校企合作工作指导委员会作为南通市政府统筹构建职业教育校企合作机制体制的主要机构,其主要职责是:制定出台校企合作办学的发展规划,统筹协调职业学校与企业的联系,指导解决校企合作工作过程中的困难和问题等,对校企合作办学工作进行考核评估,对

---

① 南通教育网:《市政府办公室关于建立南通市职业教育工作联席会议制度的通知》,http://www. ntjy. net/Item/10489. aspx.

② 南通网:《南通市人民代表大会常务委员会关于做优做强南通职业教育的决议》,http://www. zgnt. net/content/2012-11/01/content_2113341. htm.

校企合作办学工作取得明显成效的单位和个人进行表彰,积极推广切实有效的校企合作办学模式。每学期定期召开工作指导委员会例会。

在市职业教育校企合作工作指导委员会指导下,建立由有关行政部门、行业协会、骨干企业、职业学校领导参加的校企合作办学专业委员会,具体负责校企合作办学的推进工作。其中市教育局负责推进职业学校校企合作办学模式改革和研究,组织开展校企合作办学工作督导;人力资源与社会保障局负责高技能人才培养、职业培训、职业标准、技能鉴定、人才预测、就业信息等服务,加强人力资源市场管理,负责对符合任职条件的企业能工巧匠担任职业学校专业教师进行政策指导,以及职业学校毕业生进入人力资源市场相应的管理工作;发改委负责推进企业积极参与职业教育与培训,指导企业开展校企合作办学;经信委负责提供产业发展对人才需求的信息,参与并且指导职业学校开展产业结构与专业结构吻合度的研究;财政局负责制定落实校企合作办学及产学研结合的财政政策;国税局、地税局负责落实校企合作办学中有关税费优惠政策;工商局负责指导各类工商企业向职业学校推荐校企合作办学项目和接纳职业学校学生就业和实习。

四是陆续出台相关配套政策和激励措施。南通市不断加强顶层设计,先后出台了很多有关职业教育的地方政策,不断完善高职办学经费多渠道筹措机制。比如制定出台了《南通市关于进一步加强职业教育校企合作办学的意见》、《南通市促进高职教育改革发展综合试验区专项建设经费奖励办法》、《南通市市区产学研合作专项业务经费管理办法》、《南通市职业院校兼职教师聘任管理办法》、《海门市人民政府关于建立健全中等职业教育经费保障机制的意见》等。

同时,采取以政府投入为主的方式,南通市市级公共财政每年安排职业教育校企合作专项经费。2011、2012 年市本级从教育附加资金中安排职业教育专项 1.19 亿元,重点支持示范性职业学校、品牌专业、精品课程、实训基地建设及师资培训等。[①] 职业学校将学生实习责任保险费列入学校经费预算,加大经费投入。

2012 年,市教育局等部门制定《南通市职业教育校企合作实施办法》,为校企合作办学模式的运行营造良好的外部条件和社会环境;设立职业教育校企合作发展专项资金,进一步明确企业在校企合作中发生的各类成本列支及补偿办法,制定落实调动企业参与校企合作办学的相关税费减免和资金扶持与国家、省宏观政策相衔接的可操作的具体措施政策,建立校企合作的评价、监督和奖惩制度。2012 年,市教育局、人社局等部门建立市级职业院校实习实训定点企业制度,建立高职

---

① 新华网:《大踏步前进——写在南通高职教育跨越发展之时》,http://www.js.xinhuanet.com/2014-06/25/c_1111304438.htm.

学生在企业顶岗实习、生产性实践教学等活动意外伤害保险统筹支付制度,建立参与高职院校教育教学活动的企业兼职教师专项津贴和奖励制度,建立企业在承担校企合作责任过程中的某些经济损失的补偿机制和企业职工教育培训经费使用与减免办法;全面推行高职院校"双证书"制度和全市企事业单位就业准入制度等。

2012 年,市财政局制定多元主体投资高职院校办学的实施办法,完善学校设立基金接受社会捐赠等筹措经费的机制;鼓励和引导当地企业或个人向实训基地捐赠仪器设备,设立奖学金、助学金,开展订单培养,有效分担高职院校人才培养成本。建立行业企业职工教育培训经费统筹制度,明确企业要按不低于职工工资总额的 1.5% 足额提取教育培训经费,并列入成本开支,政府统筹不低于职工工资总额的 0.5% 部分用于开展职工培训和高技能人才培训。加大投资高职教育办学的税收优惠支持力度,2012 年,市地税局制定企业投资职业教育税费减免办法,企业或个人捐资支持高职教育办学资金所得税减免办法。

五是国家财税信贷政策得以初步落实。近几年,国家不断出台了有关校企合作的一系列财税优惠政策。比如根据财政部等十一个部委联合印发的《关于企业职工教育经费提取与使用管理的意见》(财建〔2006〕317 号)文件规定,企业提取并合理使用职工教育与培训经费,用于本企业职工培训与高技能人才培养,其中高技能人才培养经费不低于 50%;对企业与职业学校合作开展"订单式"人才培养的,企业承担部分的支出从企业自留职工教育经费中列支。对企业资助和捐赠职业学校用于教学和技能训练活动的资金和设备费用,按财政部、国家税务总局《关于教育税收政策的通知》(财税〔2004〕39 号)、财政部、国家税务总局《关于公益救济性捐赠税前扣除政策及相关管理问题的通知》(财税〔2007〕6 号)的有关规定执行。对企业按与职业学校签订的实习合作协议,支付职业学校学生在企业实习的报酬、意外伤害保险等费用,按财政部、国家税务总局《关于企业支付学生实习报酬有关所得税政策问题的通知》(财税〔2006〕107 号)、国家税务总局《关于印发〈企业支付学生实习报酬税前扣除管理办法〉的通知》(国税发〔2007〕42 号)规定执行。江苏省出台的《劳动合同条例》也对学生顶岗实习做出明确规定,企业应当按照约定的标准直接向顶岗实习学生支付实习报酬,且不得低于当地最低工资标准。企业应当按照实习协议,为顶岗实习学生办理意外伤害保险。对职业学校开展技术开发、技术转让、技术咨询、技术服务取得的收入,按财政部、国家税务总局《关于教育税收政策的通知》(财税〔2004〕39 号)规定免征营业税、企业所得税。对企业与职业学校共同开展产学研结合,研究开发新产品、新技术、新工艺所发生的技术开发费,按财政部、国家税务总局《关于企业技术创新有关企业所得税优惠政策的通知》(财税〔2006〕88 号)规定,予以税前扣除。

六是初步构建校企合作考核评估体系。南通市各级教育、人力资源和社会保障部门将校企合作办学水平作为职业院校办学业绩、工作目标考评的重要内容，以及高水平示范性学校、示范专业评审考核的重要条件。市教育局加强对职业学校校企合作办学模式的指导，将校企合作办学紧密程度和水平作为职业学校办学业绩和水平评价、工作目标考评的重要内容。市经济主管部门加强对企业校企合作工作的指导，将企业开展校企合作的水平作为企业科技进步、实绩评价的重要内容。教育和经济主管部门联合制定职业学校校企合作办学评估考核办法，组织开展对职业学校校企合作办学工作的评估督导，共同对校企合作办学工作取得明显成效的单位和个人进行表彰，积极推广切实有效的校企合作办学模式，并树立一批校企合作的先进典型，采取更大的扶持政策，推动全市职业学校校企合作工作。

从 2010 年起，市教育局、市经济和信息化委员会、市科技局、市科学技术协会等部门制定和实施《南通市校企合作示范基地遴选与管理办法》，对高职院校与政府、行业、企业合作共建集学生顶岗实习、学生就业、教学资源、教师挂职锻炼、研究成果转化、社会服务等功能于一体、综合化的校企合作示范基地的建设实行滚动支持或奖励，对获得国家级、省级校企合作示范基地的单位和做出重大贡献的个人实行奖励。到 2015 年，已联合开展了三批"南通高校校企合作示范基地和校企合作工作先进个人"评选工作①，建成 30 个市级、6 个省级和 3 个国家级校企合作示范基地，充分发挥了校企合作先进单位和个人的示范引领作用。

（四）南通市职业教育校企合作的典型案例分析

为进一步深化南通职业教育校企合作，拓展校企合作的广度和深度，南通市教育局、发展改革委、人力资源和社会保障局、经济和信息化委等部门在 2010 年联合出台了《南通市关于进一步加强职业教育校企合作办学的意见》，职业教育校企合作从传统寻求资源配置阶段，逐渐上升到优化体制机制的阶段，开始追求校企合作育人的制度化和常规化。校企合作的规模不断扩大、内容不断深化、形式不断丰富、水平不断提升。据不完全统计，目前南通市职业院校开展校企合作项目达 560 多个，涉及企业 600 余家，每年惠及学生达 65 000 多人。

所谓"典型案例分析"，原为法律专业术语，是指依照给定的具体案例的内容进行探讨，实现对法学理论和法律条文的理解、掌握和综合运用。这里是指通过对有

① 南通教育网：《关于表彰第三批南通高校校企合作示范基地和校企合作工作先进个人的通知》，http://jyj.nantong.gov.cn/art/2015/6/17/art_41202_1899980.html.

代表性的事物(现象)进行深入地、周密而仔细的研究从而获得总体上的认识。在此,我们选取南通市各职业院校在校企合作方面形成的典型案例,旨在以点带面,解剖"麻雀"可见一斑之效,在总结职业教育校企合作在南通地区的实践经验,进一步洞悉职业教育校企合作的阶段性特征,分析影响其成效的关键性环节和领域,以期正确把握校企合作政策努力的方向,形成"本土化"的校企合作长效机制。

近年来,南通市各级各类职业院校坚持把满足社会需求作为职业教育发展的根本动力和目标追求,积极与市内外企业探索校企合作新模式,通过"顶岗实习模式"、"订单培养"、"校中厂、厂中校"、"理事会模式"、"职教集团(联盟)"、"现代学徒制"、"校企双主体办学"等多种形式,不断推进校企合作向纵深发展,推动校企双方在人才培养、专业建设、实训实习、技术攻关、资金投入等多方面加强交流与合作,在培养符合社会和企业要求的技能型人才、促进学生职业生涯发展方面取得了初步成效。具体总结起来,有如下几种校企合作典型模式。

一是顶岗实习模式。该模式是指学校与专业对口的用人单位签订校外实习实训基地协议,学生前两年或者两年半在学校学习或实训,后一年或者半年到企业顶岗实习。学校负责学生的培养和培训,企业基本不直接参与人才培养方案的制定,仅提供实习实训岗位,帮助学生了解企业,熟悉工作环境和岗位职责。

案例1:随着用人单位对毕业生职业素养和实践能力的要求逐步提高,江苏省南通中等专业学校以服务为宗旨,以就业为导向,以校企合作、工学交替为抓手,共建"商教一体化"校内、校外实训基地。2011年9月,与省联通南通呼叫中心签订校企合作协议,安排学生到该企业进行工学交替、顶岗实践活动,后双方共同制定"就业保障协议",学生在该中心实习期满、成绩合格,即签约成为正式员工。2012年8月,拥有220多个席位的客户信息服务专业"商教一体化"校内实训中心建成并开始投入使用,先后与江苏省通信服务有限公司南通网盈分公司、扬州开昂信息科技有限公司等签订合作协议。[①]

案例分析:

顶岗实习作为专业教学的重要形式,是当前职业院校培养技术技能型人才的重要教学环节。这是职业院校校企合作中最为常见、也最普遍的模式。国务院《关于大力发展职业教育的决定》明确提出,"创新顶岗实习形式,强化以育人为目标的实习实训考核评价"。

---

① 江苏省南通中等专业学校专题网站:《南通市中等专业学校国家中等职业教育改革发展示范学校建设项目客户信息服务专业实施方案》,http://www.tianzhi.com.cn/sfxx/jsfa/khxxfw/201110/1687.html.

1. 学生在企业设立的校外实习实训基地中锻炼工作技能，积累工作经验，履行其实习岗位的所有职责，独当一面，具有很大的挑战性。这对锻炼学生的能力，培养学生良好的职业道德、强化学生职业技能、提高全面素质和综合职业能力意义重大。教育部明确规定，职业院校学生必须接受不少于半年的顶岗实习。

2. 顶岗实习一般安排在学生在校学习的最后一年，因为学生在学校经过一段时间理论知识的准备之后，顶岗实习才会有意义。根据行业职业的不同特点，各地各校有"2＋1"、"2.5＋0.5"或"2＋0.5＋0.5"等多种方式来组织实施。

3. 在实际的组织过程中，有些职业院校因专业不对口、优质岗位少、落实难，出现了顶岗实习组织不够规范、实践教学有效性不强、合作企业教学主体地位体现不够、顶岗实习岗位与所学专业契合度不高等问题，导致顶岗实习质量与效益偏低，直接影响了人才培养质量的提高。学生、家长和社会对职业教育这种时间长、效益低的顶岗实习一直颇有微词。而且大多数实习实训较多强调"伙伴"，还是一种短期的、靠感情和人际关系维系的低层次合作；接受学生的数量和实习时间受企业生产经营的季节性特征和周期性特点影响，学校在其中显得较为被动。2016年，教育部等5部门联合印发了《职业学校学生实习管理规定》，同时公布了涉及30个专业（类）的70个顶岗实习标准，以期进一步强化顶岗实习规范化管理，提高人才培养的针对性和有用性。[①]

二是订单培养模式。该模式是指教育机构与用人单位以契约形式共同约定人才培养的目标、规格、数量、质量和期限等，并由人才供求双方合作开展人才培养活动的一种办学模式。校企双方共同制订人才培养计划，充分利用双方的有利资源，共同参与人才培养过程，实现预定的人才培养目标，最后由企业按照协议约定安排学生就业。

案例2：江苏工程职业技术学院与江苏大生集团有限公司、海安联发集团、创斯达股份有限公司、江苏东源电器集团股份有限公司等企业合作，构建全新课程体系，针对企业岗位需求开设课程、编写教材，使培养目标和教学计划与企业用人标准相衔接，使技能训练与岗位（群）需求相衔接，目前已开设了"大生班"、"联发班"、"东源班"等校企合作班级。这些订单式培养的学生现在基本上都是企业的技术骨干，有相当一部分已经走上企业中层管理岗位，校企合作育人的成效显著。

江苏工程职业技术学院与江苏东源电器集团股份有限公司（以下简称"东源电器"）的合作办学开始于2003年，2006年、2008年先后三次合作办学，联合举办东

---

① 教育部等五部门关于印发《职业学校学生实习管理规定》的通知（教职成〔2016〕3号），http://www.lm.gov.cn/EmploymentServices/content/2016-05/03/content_1181454.htm.

源机电班,为公司定向培养了 87 名机电专业人才,他们现已成为公司技术和管理队伍的骨干力量,为公司的成长和发展做出了突出贡献。东源电器集团是国内高低压成套开关设备制造大型企业,上市企业,江苏省高新技术企业,建有省级企业技术中心、省级数字化电力设备控制工程技术研究中心、博士后科研工作站。多年来,公司领导始终坚持"以人为本",依托科技创新,将公司打造成为国内高低压电器生产的知名企业。在多年的合作办学中,校企相互信任、相互支持、合作共赢,结下了深厚友谊,成为真正的好伙伴、好朋友。

案例 3:南通航运职业技术学院始终紧密结合行业和地区经济社会发展的需求设置专业,强化教育教学改革,深化校企合作,创新人才培养模式,不断探索实践订单式人才培养机制,在江苏省率先实施"订单式人才培养",努力实现企业、学校、社会、学生的互利共赢。在实施订单式人才培养的过程中始终注重与企业深层次的结合,由企业参与,定人才规格、定课程计划、定评估标准,全程参与人才培养,共同打造高质量的人才。学校与企业深度合作,创新实施了基于生产性船舶(生产性教学船、订单企业船舶)的"双向四段"工学结合的高职航海教育人才培养模式、基于船体建造生产过程的"三层六段厂校一体"的船舶类专业人才培养模式、基于学院"虚拟工场"与企业实际工作场景交替使用的"虚实交替"人才培养模式等具有各专业特色的人才培养模式,使学生的专业技能与职业素养协调发展,实现基本技能、专业技能、岗位技能的逐步提升,与岗位无缝对接。近几年,学校在航海类、船舶类、管理类、港口类、机电类、汽车类、商务外语类、计算机类、艺术设计类等专业大类中的近 30 个专业开展订单培养,订单培养面广、量大,其中"新加坡森海班"、"南京远洋班"等订单班学生数已占每年入学新生总数的 1/3 以上,参与订单培养的企业达 40 多家。订单班毕业生就业率始终保持在 99% 以上。① 订单企业的深度参与,强化了实践教学,突出了职教特色,提高了学生的岗位适任能力和职业技能。

此外,南通职业大学也开设了中远船务、国核维科、迈图高新材料、斗山电子、南通三建、海正药业、中天科技、林洋电子、大地电气等 20 多个订单培养冠名班,每年订单人数 400～600 人;为企业培训员工 13 500 多人次;完成横向合作课题研究近百项;为企业创造直接经济效益近 4 亿元,满足了企业对生产一线技术应用型人才的需求,为地方经济发展做出了贡献。

---

① 新华网:《服务地方助推新发展——南通高职教育跨越发展》,http://www.js.xinhua-net.com/2014-06/27/c_1111345801.htm.

案例分析：

订单培养模式作为一种具有中国特色的职业教育模式，充分体现了"以服务为宗旨，以就业为导向"的职业教育办学方针，符合职业教育改革的价值取向。国务院《关于大力发展职业教育的决定》提出了"积极开展订单培养"的要求，以规范性文件的形式对这种人才培养模式给予了肯定。

1. 这种模式针对性强，通过校企合作商定培养目标、人才规格，校企结合实施培养计划，学生学习目标明确，稳定了学生的就业，缩短了学生进入企业后的适应期，避免了人才培养的盲目性，节约了人力资源成本，实现校企合作的"零接轨"，让学生毕业即就业，也填补了企业专业技术人才的不足，实现了企业、学校和学生的三方共赢，值得大力推广。

2. 这种培养模式也存在一定的局限性和风险性。因为学校培养人才有一个时间周期，在几年的培养过程中，企业受市场波动的影响，可能出现由于经营不善而裁员甚至倒闭的情况，导致先前的订单协议无法履行。一旦用人单位业务萎缩，不能吸纳员工甚至必须裁员以化解经营风险的时候，职业院校和学生将面临严峻的考验。在订单培养实践中，校企双方要有强烈的风险意识，正视市场风险，制定必要的规避风险的措施。这是目前影响订单培养效果的一个关键因素。另一方面，订单培养模式下，其教学内容、培养方式均服务于特定企业、特定岗位的要求，致使职业院校的教育教学活动抑制了部分学生的个性化追求，也比较容易忽视学生的可持续发展能力的培养，导致部分学生的知识、能力和素质结构具有很强的岗位针对性和实用性，在一定程度上制约了学生的发展。

三是"校中厂、厂中校"模式。"校中厂"即校内生产性实训基地，是指由学校提供场地和管理，企业提供设备、技术和师资，校企联合组织实训，主要目的是为学生校内实训提供真实的岗位训练、职场氛围和企业文化。"厂中校"是指将课堂搬到企业车间等生产一线，企业从接纳学生实习，发展为与学校共同进行人才培养，完成教学任务。

案例4：江苏工程职业技术学院秉承学校创办人、近代实业家、教育家张謇先生"校中厂，厂中校"的职教办学思想，与江苏华艺集团、南通纺联服装有限公司等企业深度融合，不断创新校企合作机制体制，校企双方互相支持、互相渗透、相互介入、优势互补、资源互用、利益共享，实现与企业的"合作办学、合作育人、合作就业、合作发展"。

通过"引店入校"的形式与台湾乐活服饰有限公司合作，建立了"乐活时尚空间"实体店；通过"引厂入校"的形式与南通纺联服装有限公司合作，建立了"纺联教学工厂"；建立了由专业教师、学生组成的"师生工作室"，形成了"前店、中校、后厂"

的实训教学格局。"前店、中校、后厂"的实验实训条件成为师生进行"产、学、研、用"活动的重要场所,增强了服装设计专业的技术服务能力和社会辐射效果,全方位多层次的技能训练增强了学生的专业实践能力、创新能力和职业素养。[1]

案例 5:2010 年,江苏省南通中等专业学校与远东汽车维修有限公司签订合作协议,充分依托引进学校的远东汽车修理厂为学生生产性实习、在校工学结合与企业顶岗实践分段实施、教师技能提高等提供服务。在人才培养过程中,注重落实生产性实践课程教学,将课堂与生产一线结合在一起,让学生了解企业文化和需求,端正专业思想,培养专业情感。专兼教师充分运用生产基地为学生开设技能操作课程,将教学环境与生产环境有机结合,以生产环境引入教学环境中,为完善实施"三融合"人才培养模式、提高育人质量创设条件。

案例分析:

这是在当前高职院校办学经费有限、政府财政投入不足以及企业参与高职教育动力不足等方面面临困境的情况下提出来的一个校企合作办学的解决路径,是校外实训基地教学化与校内基地生产化思维的拓展。[2]

1. "校中厂"就是建设具有企业属性的实训基地,用综合性实训替代原来的教学式实训室或者模拟式实训室,以能够对外经营的生产性实训课程内容取代原来的模块化练习式的课程实训内容;"厂中校"就是将"教室"搬到工厂,使实践教学更加贴近企业岗位需求,强化学生动手能力培养和职业经验的获取,提高学生适应企业工作的能力,实现学生实训、就业与企业零距离对接。

2. 由于学校教学计划与企业需求对接尚未寻找到最佳切入点,尤其是在"校中厂"正常生产、学生进企业实习、实训安排上,时间、人员冲突有时会相对集中。另一方面,"校中厂、厂中校"不同于社会工厂,不能只强调"校中厂"、"厂中校"的生产功能而忽视了它的育人功能。毕竟高职院校的人才培养不仅要为提升学生的职业技能做贡献,而且要为高职学生高质量生活做贡献。

3. "校中厂"、"厂中校"模式是职业教育校企合作中比较粗放、松散和初级的形式。企业作为非盈利性社会组织,与学校以人才培养为主要目标的盈利性社会组织相比,仍然是相对独立的实体,难以真正参与到职业教育人才培养中去。必须鼓励企业参与股份制办学,探索发展混合所有制职业院校,将学校所有权进行再分配,通过吸引企业资金、技术、设备、场地、师资等资源的投入,入股企业获取学校的

---

① 《学必期于用,江苏工院助力学生成就梦想》,http://epaper.ntrb.com.cn/new/ntrb/html/2015-07/24/content_322399.htm.

② 孙云志:《走出"校中厂""厂中校"建设误区》,《中国教育报》2013-04-02.

部分股权，成为学校的股东，从而真正对学校的发展进行管理，寻求职业院校体制改革的新突破。这是对"校中厂"、"厂中校"模式的进一步深化和发展。

四是政府主导模式。该模式是指政府部门发挥组织优势、资源调节优势和统筹规划优势，合理统筹教育与企业两种资源，为校企合作提供财政投入、制度保障、政策支持和税收优惠，充分调动学校和企业参与职业教育发展的积极性，推进了校企深度和紧密合作。

案例6：江苏工程职业技术学院紧紧抓住南通强势打造富有沿海特色产业带以及海门市推动滨海新区建设的契机，经多次磋商与论证，与海门市政府和相关企业在2011年2月正式达成了政校企共建滨海生产实训基地的共识，并将基地建设成为江苏省政校企合作办学的示范园、现代学徒制高职人才培养的试验园和"双师型"教学团队建设的平台。

滨海生产实训基地选址于素有"金三角上小浦东"之称的南通海门市滨海新区。该区位于我国东南沿海中心位置，北揽黄海，南依长江，东接吕四港，西接洋口港；新区海陆空交通便捷，是接轨上海最理想的"桥头堡"。按照互利互惠、市场导向、开放化的原则，该基地建设拟投入资金4亿元，其中海门市政府出资3.5亿元，并无偿划拨676亩建设用地，建设一个服务纺织服装、机械制造、电子信息、新能源应用等产业、具有"前厂后校"特征的实训基地，总建筑面积达21.07万平方米。在海门市政府"设立校企合作专项资金，对接受学生实习实训企业给予税收优惠、经费补贴、荣誉奖励"等政策承诺的引导下，带动技术先进、管理规范、经济效益好、社会责任感强的规模以上企业投入5 000万元。

在该基地的建设中，海门市政府主导的主要职责是资源配置、经费投入、政策支持等；学校和行业企业参与的主要职责是促进专业与产业对接、课程内容与职业标准对接、教学过程与生产过程对接、学历证书与职业资格证书的对接。①

案例分析：

职业教育的地方性决定了地方政府在构建政府主导、行业指导、企业参与的职业教育校企合作办学机制中扮演着重要角色。因为政府在统筹规划、政策制度设计、统筹领导、管理创新、激励引导等方面有着天然的优势。

1. 所谓政府主导模式，就是政府在职业教育发展各要素中处于主要地位，利

---

① 丁晓昌：《江苏省高等职业教育改革发展创新案例》，江苏教育出版社2015年版，第412页。

用引导的方式方法促成职业教育依据其所确定的方向发展。① 政府主导下的校企合作是职业教育的重要体制形式,也是校企合作的重要内容,两者的目的在于强调资源共享、优势互补和战略合作,使教育与产业紧密融合,使教育为产业发展做出更大贡献,提升职业教育服务经济社会的能力和水平;反过来,使产业发展为教育发展提供更多的动力支持和资源支持,推进合作育人和协同发展。很显然,行业与企业作为职业教育发展中的基础组成要素,同样是政府所引导的对象。

2. 政府主导不等于政府的行政干预与介入,必须有赖于行业、企业的真正参与。要正确理解政府主导的含义,合理把握政府在职业教育校企合作中的角色定位,综合运用法律、政策、经济、管理等手段,切实履行职业教育校企合作治理顶层设计的任务与职责,引导各种要素充分参与职业教育,并使之形成一种合力,进而逐步形成一种成分多元、结构合理、导向明确、监督有力的职业教育发展体系。

五是职教集团(联盟)模式。该模式是指按照市场导向、利益共享、合作共赢的原则,由若干具有独立法人资格的职业院校、行业协会及企业自愿以契约或资产为联结纽带,以互惠互利为基本目标,以优势互补为基本路径组成的办学联合体,主要承担职工培训,开展订单培养,设立企业奖学金、助学金,进行产学研项目开发与合作等。

案例7:江苏纺织服装职业教育集团组建于 2006 年 8 月。集团由江苏工程职业技术学院牵头,由江苏省内纺织、服装类职业教育院校、企事业单位以及职业培训机构按照平等原则组成。现有 5 所高等职业院校、16 所中等职业学校、16 家大中型企业。

集团自组建以来,以人才培养和科技研发为纽带,协同集团内高职院校、中职学校、企业三方利益主体,以内部治理结构建设为基础,以人才培养为核心,以校企合作为重点,共享共建集团资源,不断推动产教在现代职教体系建设、产学研合作、职业资格标准开发、开放办学、科技服务等方面的资源整合和集成创新。一是发挥集团内纺织服装院校、行业资源集聚的优势,主动适应江苏及长三角地区经济发展对纺织服装人才的需求,组织集团内具有纺织、服装人才培养传统优势的院校,探索系统化、递进式的专业人才培养模式,搭建纺织服装类人才培养立交桥,推动现代职教体系的发展。二是集团积极推动校企融合,使职业院校按照纺织服装企业的需求设置相关专业,优化专业设置和课程教学;为纺织服装企业提供了优秀人才储备,有效解决了岗位人才需求矛盾。三是针对江苏地区纺织服装传统产业转型

---

① 喻忠恩:《政府如何主导职业教育》,http://www.21ccom.net/articles/zgyj/ggzhc/article_20140218100781.html.

升级、高新技术产业快速发展的要求，集团依托先进纺织工程技术中心等公共技术服务平台，助推地区经济提质增速。四是服务"国家走出战略"，集团发挥纺织服装专业品牌和特色办学优势，加大教师英语授课能力培训力度，加强国际交流与合作，拓展人才培养国际维度。

案例8：2014年11月组建的南通旅游职业教育集团是由南通市旅游中等专业学校作为牵头单位，联合全市设有旅游相关专业的学校、旅游行业企业、旅游行业协会等，以校际合作、校企合作和产学研结合等形式按照平等自愿的原则组成的。集团实行理事会制，并制定《南通旅游职业教育集团章程》。作为一个群众性、技术性、非盈利性的职业教育集团，接受市教育局的监督管理和业务指导，开启市旅游行业校企合作的新模式。南通旅游职业教育集团的成立，形成一条紧密的生源链、产业链、师资链、信息链、就业链和成果转化链，开拓职业学校之间、职业学校与行业企业之间开放、合作、共赢的道路。集团成立后，校企合作更紧密，既有"订单"、"定向"的培养模式，又可以共建专业培训基地，提高学生的实践技能。集团以共享优化资源为重点，通过校际、校企、校协之间的深度沟通与全方位合作，充分发挥群体优势和组合效应，优化应用型旅游人才培养途径，探索旅游职业人才培养模式，提升旅游职业教育服务经济和社会的能力，打造南通旅游职业教育的特色品牌。①

案例9：2015年11月，由南通科技职业学院发起组建的江苏环保产业职教联盟，吸引了省内30多家环保类企业、开设环保专业的17所高职院校以及环保类协会、科研机构等单位成为联盟成员。作为着眼国家生态文明建设、顺应产业转型升级、构建现代职业教育体系新形势和新要求的重要举措，环保产业职教联盟的成立就是在产业与职业院校之间搭建合作平台，建立校企合作长效运行机制，深化工学结合人才培养模式改革，推进职业教育集团化发展，更好地为江苏环保产业发展提供技术技能人才支持，实现职业院校和企业发展互利双赢。联盟的成立，有效对接和沟通了企业、院校与环保部门、教育部门等方面的联系，加强专业与产业对接；共享成员各方人才优势与需求、技术优势与技术开发需求等信息，优化资源配置；加强科研合作与人才培养合作，建立立足行业、依托企业的现代职教模式和体系，依托联盟内院校资源面向联盟内企业员工开展岗前培训、岗位培训、继续教育，提升企业员工的技能水平；架设环保企业招工与高职学生就业之间的桥梁，疏通就业渠

---

① 南通网：《南通旅游职业教育集团成立开启旅游业态校企合作新模式》，http://www.zgnt.net/content/2014-11/29/content_2359764.htm.

道,促进环保职业院校毕业生就业创业。[①]

目前,南通市各级各类职业院校牵头组建了纺织服装、航运、旅游、环保、现代物流等多个职教集团。

案例分析:

职教集团(联盟)模式作为 20 世纪 90 年代后职业教育发展的一种新形式,其目的是实现成员间的纵向沟通、横向联系、资源共享、优势互补,促进职业院校、行业协会与企业之间更紧密的联合,形成校企双方人才资源优化和集聚机制,进而提升职业院校、行业协会与企业的可持续发展能力。2014 年教育部颁布的《关于加快发展现代职业教育的决定》明确提出并鼓励多元主体组建职教集团。

1. 职教集团(联盟)模式以契约、资产等形式为纽带,以集团章程为共同规范,汇聚政府、行业、企业、院校、研究机构等多元主体的职业教育集团,为深化产教融合、校企合作,推进校企优势互补、资源共享,健全职业院校治理结构,探索了更为有效的实现路径。[②] 既符合职业教育发展的基本特征,也符合国家提出的"要进一步整合职业教育资源,推动公办职业院校办学体制改革与创新,走规模化、集团化、连锁化办学的新路子"的发展战略。通过建立区域性或行业性的职教集团或者校企合作联盟,实现了区域内外互惠互利,资源共享,校企共同进行人才培养、技术开发,建立了一大批校外优质实训基地,确定了较为长期稳定的合作伙伴关系。特别是在中高职衔接项目试点中,职教集团中的校校合作、校企合作为构建现代职教体系打下了良好的基础。

2. 目前,绝大多数职教集团(联盟)均属于契约型组建模式,集团成员之间的关系过于松散,在人、财、物等方面几乎没有相互融合的可能,不利于形成集团主体学校及其成员单位的发展优势。从职教集团的组织结构与运行机制可见,企业的作用被不同程度地弱化。职教集团作为由若干具有独立法人资格的实体组成的联合体,其本身不具有法人地位。市场主体地位的缺失,导致其在日常运行管理与业务拓展过程中,需要与其他市场主体(如公司、国外教育机构等)签订合同,开具票据等,这些都是职教集团发展的现实困境。

六是现代学徒制模式。该模式是指将传统学徒培训与现代职业教育相结合,企业与学校联合招生,师傅与教师联合传授技能和知识的一种职业教育制度,是一种产教融合、校企合作的育人机制,也是一种新型的培养应用型人才的职业教育

---

① 南通网:《校企合作江苏环保产业职教联盟在南通成立》,http://www.zgnt.net/content/2015-11/07/content_2430283.htm.

② 葛道凯:《中国职业教育二十年政策走向》,《课程·教材·教法》2015 年第 12 期。

模式。

案例10：根据专业特色，南通航运职业技术学院在现代学徒制人才培养上制定了海上专业和陆上专业区别对待的培养方式。对航海技术、轮机工程等海上专业，该院与企业以基于现代虚拟仿真技术和生产性船舶的"双向四段"工学结合航海教育人才培养模式为总蓝本，共同协商制订教学计划、培养方案、考核标准、师资互派方案等，企业选派相应课程的技术人员对学生进行专业及实践方案的授课，并由技术精湛、经验丰富的企业员工与实习学生结成一对一师徒进行贴身指导，让学生在船上的整个实习阶段就摸熟各类技术要点、职业要求和综合素养。对船舶工程、汽车维修、物流等陆上专业，本着"学校即工厂、工厂即学校"的原则，与企业共同制定详细的现代学徒人才培养方案，充分让学生用理论指导技术操作，让企业师傅传帮带深化学生对理论的认识和提升，从而不断增强学生适应岗位的能力，达到毕业即就业、进厂即操作的人才培养目标。①

案例11：2016年4月8日，南通职业大学化学与生物工程学院与南通江山农药化工股份有限公司联合举办的第一届现代学徒制试点班开班暨拜师仪式在学校图书馆报告厅举行。南通江山农药化工股份有限公司党委副书记茅云龙、南通市化工医药行业协会秘书长吴麟宝、南通职业大学副校长刘金红等校企领导共同出席大会。学校教务处、化学与生物工程学院等相关部门领导和师生代表近200人参加了本次开班仪式。活动中，南通职业大学与江山农化签署"现代学徒制"联合办学合作协议，学校首个现代学徒制合作班精化151D班正式开班，首批20名学生成为第一批生徒，并在现场举行了拜师仪式。②

案例分析：

作为职业教育校企合作由顶岗实习、订单培养不断深化拓展的一种新形式，现代学徒制是产教融合、校企合作的基本制度载体和有效实现形式，也是当前国际职业教育发展的基本趋势和主导模式。它将职业技能、工艺知识教育与专业理论、普通文化知识教育相结合，根据企业的需求量身打造未来工人必备技能，是传统学徒制融入了学校教育因素的一种新型职业教育形式。

1. 实施现代学徒制，通过学校、企业里教师、师傅的联合传授，对学生进行技能培养和知识传授，可以促进行业、企业参与职业教育人才培养全过程，推进"双证

---

① 南通网：《校企合作不断深化拓展南通航院启动现代学徒制人才培养》，http://www.zgnt.net/content/2015-05/01/content_2400079.htm.

② 中国高校之窗：《南通职业大学化工学院与江山农化联合举办的现代学徒制试点班举行开班拜师仪式》，http://www.gx211.com/news/2016412/n8107353484.html.

融通"（学历证书＋职业资格证书），建立国家技术技能积累制度；创新职业教育招生制度、管理制度和人才培养模式；完善现代企业劳动用工制度，解决合作企业招工难问题，提高人才培养质量和针对性。现代学徒制深化了职业教育的校企合作，拓展了技术技能人才培养途径，实现了产教融合、工学结合，徒弟在做中学，师傅在产中教，把提高职业技能和培养职业精神高度融合，培养了学生的社会责任感、实践能力、创新精神。

2. 从2015年开始，教育部、人力资源与社会保障部分别从职业院校与企业两条线开始同步推进现代学徒制试点工作。这表明从企业和学校自发探索到国家层面开始试点，已经迈出了可喜的一步。南通市作为全国首批17个试点城市之一，统筹区域内职业院校和企业，立足区域内职业教育资源和企业资源，合理确定试点专业和学生规模，开展现代学徒制试点工作，重点探索地方实施现代学徒制的支持政策和保障措施。但这仅仅只是试点，要在实践层面真正实现"招生即招工、入校即入厂、校企联合培养"，还有不少机制体制障碍需要克服。比如在法律制度上现代学徒制缺乏充分的立法保障，在运行实施上没有设置相应的管理协调机构，缺乏对现代学徒制培养的过程管理，人才培养的质量保障体系不够健全。

3. 现代学徒制的概念包含国家宏观层面的制度安排和校企中观层面具体的人才培养模式设计。一方面，现代学徒制将传统学徒培训与现代职业院校教育有机融合，属于国际合作教育的制度范畴，是一个国家现代职业教育治理体系的重要组成部分。另一方面，现代学徒制是以企校合作为基础，以受教育者（学徒）培养为核心，以课程为纽带，以职业院校、企业的深度参与和教师、企业师傅的跟进式指导为支撑的现代企业员工培养和现代职业教育人才培养模式。

4. 政府应从培养"大国工匠"的战略高度出发，探索从经济和技术优势明显的国有大中型企业中培育一批本土化"教育企业"，作为我国现代学徒制试点企业，并以此探索为基础，构建与我国现代学徒制改革相配套的制度体系。只有在国家宏观层面较为完善的现代学徒制制度的规制下，校企中观层面具体的现代学徒制人才培养模式才更容易实现并可持续发展。在当前我国推进现代学徒制改革试点进程中应立足我国国情，依托国有龙头企业建立我国现代学徒制，形成我国企业参与现代职业教育治理的基本制度载体是一种改革成本较低、较为合适的路径选择。

七是校企"双主体"办学模式。该模式是指学校与企业校企合作由"单主体"组织架构转变为"双主体"组织架构，即选择若干有代表性的企业作为双主体成员，在过去订单合作培养的框架基础上，把企业管理模式和学校办学模式、企业技师和学校教师、企业文化和学校文化深度融合的一种"双主体"办学模式。在二级学院可以建立双院长、双系主任、双专业主任制度。

案例12：南通职业大学始终坚持将服务地方作为学校办学的立脚点和价值追求，为推进校企合作从"关系型"、"契约型"向"相互依存、相互融合、共享资源、共同发展"的互需互信融合阶段深化。学校在完成"厂中校、校中厂"校企合作的基础上，通过以"多元驱动——营造核心生态合作圈"和"文化融合——培育合作发展生态土壤"为两条主线创新实践，构建了校企深度合作的生态圈。在政府助力下，近年来，学校吸纳企业投资8 000多万元；先后与南通地区建筑企业龙头南通建工集团共建"华夏建筑工程学院"，与上市公司南通科技股份有限公司、罗莱集团、林洋电子集团共建"南通科技机械学院"、"罗莱商学院"、"林洋电子学院"，与北京慧科教育集团、南通滨海园区、南通沿海开发集团共建"慧科软件学院"二级学院5个。① 林洋电子学院是南通职业大学依托电子信息工程学院成立的第四个合作学院，也是第一次由江苏林洋电子股份有限公司、南通职业大学、江苏启东中等专业学校等校企三方共同组建，开创了"中高职衔接＋订单培养＋顶岗实习＋就业"四位一体的共建学院新模式，使校企合作的内涵有了新的发展。多年来，近百名毕业生奋斗在企业的各个岗位，为企业的快速发展做出了贡献。②

案例分析：

校企双主体办学模式强调学校与企业是办学的两个重要主体。学校和企业是社会系统中的两个子系统，要使两个子系统进行有效的交流与合作，需要把握联结双方的根本因素，即构成二者之间的结合点——共同培养高素质技术技能型人才。2014年教育部颁布的《关于加快发展现代职业教育的决定》明确提出了企业是职业教育的重要办学主体。这是改革开放以后第一次明确提出这一说法。

1. 校企双主体办学有利于职业教育与产业、行业、企业建立密切合作关系，也是在市场机制作用下各利益相关者长期博弈、合力推动的结果。具体表现在：学校与企业共同确立人才培养目标和标准，实现人才培养规格与企业需求相融合；共同制定人才培养方案，实现素质教育与技能培养相融合；共同构筑一体化教学平台，实现教学内容与生产项目相融合；共同建设"双师"教学团队，实现专业教师与能工巧匠相融合；共同开展岗位技能教学，实现能力培养与技能鉴定相融合；共同营造职场氛围，实现校园文化与企业文化相融合。同时，将企业理念、企业文化、先进技术、管理制度贯穿整个育人过程，双方责任共担、利益共享，实现了学校与企业的全

---

① 南通网：《南通职大与企业合作办学"情投意合"结硕果》，http://www.zgnt.net/content/2015-07/14/content_2411789.htm。

② 南通教育网：《林洋电子学院在南通职业大学成立》，http://jyj.nantong.gov.cn/art/2013/11/1/art_41926_1556240.html。

方位、无缝对接融合。

2. 在当前国情和市场条件下,办学对企业来说,需要持续地高投入,盈利可能并不乐观,企业办学更多是从社会责任和办学理想角度出发。因此,所谓的企业办学应该有两层含义,一是举办学校;二是组织教育教学活动。允许企业以资本、知识、技术、管理等要素参与办学并享有相应权利,同时从企业自身的情况出发来选择企业发挥主体作用不同形式,是举办还是参与举办,是独立地组织教育教学活动还是参与组织教育教学活动。这些都是校企双主体办学的具体表现形式。

3. 如何明确企业作为重要办学主体的权、责、利,细化以产权为纽带的实施细则,同时在法律政策的框架内,探索发展股份制、混合所有制职业院校,释放企业办学的内在动力和主动性,是我们要关注的问题。否则,极易挫伤企业的积极性。

八是理事会模式。该模式是指在政府主导、行业指导下,由职业院校发起、营利性组织和非营利性组织深度合作,围绕育人这一共同行动,运用市场机制,通过订立盟约而形成的一种风险共担、利益共享、价值认同的公益性、混合型的社会团体,是企业和学校合作服务、合作发展的有效形式,是校企合作运行的主体和推动者。

案例 13:2011 年 9 月成立的南通航运职业技术学院理事会是一个由政府、行业、企业、学校组成的平台。它集合了新加坡海员联合会、江苏海事局、江苏省交通运输厅航道局、江苏交科院、河南交通职业技术学院、中海国际、振华重工、江苏远洋、远东国际、江苏熔盛重工、南通中远川崎等 112 个理事单位。理事会成员及各工委会、专委会全面参与学校的人才培养过程,参与学校课程设计、专业建设、科技开发、技术改造、工程建设等方面的合作项目,为学院学生实习、调研、社会实践、科技项目实验、教学科研设备加工及调试提供必要的条件,同时提供各类兼职教师,实现学院教师和企业工程技术人员双向挂职。学院受理事单位委托,充分利用自身优势,优先向理事会单位开放实训室、推荐毕业生,为理事单位提供各类技术培训,与理事单位实现信息互供、课题联合申报、产业规划、订单培养、政策共享。

南通航运职业技术学院充分发挥理事会在改革教育体制机制,促进"政、行、企、校"合作方面的重要作用,从管理体制机制、办学思路上进行实质性、根本性制度改革,彻底解决校企合作的难题,获得外部环境的支持和参与,凝聚社会共识和力量的根本途径。学校通过理事会,校企紧密联系,深化教育教学改革,促进产学研结合,紧紧围绕南通高职教育改革综合试验区,以改革促发展,打造交通职业教育高地,形成人才共育、过程共管、责任共担的校企合作办学体制机制,培养行业、地方及理事单位需要的高素质技能型人才，互利双赢，共同发展。①

同年11月，南通职业大学也成立了由市政府、市级党政机关和相关企事业单位等共同参与的理事会。② 其他高职院校也在原有以系、部或专业为基础的多种合作机制上，酝酿建立全校性的理事会制度。

案例分析：

职业院校理事会由政府、行业、学校、企业等单位自愿结成，是学校与政府、行业、企业间合作与发展的、联合性的、行业性的、地方性的民间组织。2014年教育部发布《普通高等学校理事会规程（试行）》明确指出理事会是"根据面向社会依法自主办学的需要，设立的由办学相关方面代表参加，支持学校发展的咨询、协商、审议与监督机构，是高等学校实现科学决策、民主监督、社会参与的重要组织形式和制度平台"。

1. 职业院校要以建立和实施学校章程为引领，完善校企合作的现代职业院校治理结构，在我国法律政策框架内建立健全企业参与的理（董）事会，发挥其对学校办学发展的咨询、协商和监督功能，为企业深度有效参与职业院校质量持续改进搭建制度平台。理事会是与政府、社会保持灵活的沟通，并积极倡导大学的社会责任，是保障国家监督、政府参与管理和实现大学自治的重要机制。

2. 通过全面推进理事会制度建设，逐步完善政府主导、行业指导、企业参与的高职教育办学体制和管理机制，这是进一步推进现代大学制度建设，健全高职院校内部治理结构，探索建立以理事会为架构，分权制衡、公开透明，决策、执行、监督相互促进、相互制约的现代大学法人治理结构的主要环节，也是增强学校与社会的联系与合作的体现，最终实现"人才共育、过程共管、责任共担、成果共享"的合作共赢局面。

3. 现阶段，理事会作为职业院校办学决策的咨询、协商、审议与监督机构，在职业院校人才培养和内部治理中应有作用的发挥，还受到诸多因素的制约。有的职业院校还没有建立理事会，即使建立理事会的职业院校存在名不副实的现象，将理事会几乎等同于名义上的顾问委员会。因此，在推进我国职业教育治理现代化的改革目标引领下，在我国法律法规的框架内，应加快完善由各利益相关者参与的职业院校理事会制度，以改变职业院校目前"内控型"治理模式，使职业院校人才培养能够及时对接社会诉求，增强政府、行业企业、学生及其家长以及社会公众等利

---

① 全国交通运输职业教育教学指导网：《南通航运职业技术学院理事会隆重成立》，http://jzw.zjvtit.edu.cn/article/showinfo.asp?infoid=449.

② 江苏文明网：《南通职业大学理事会隆重成立》，http://wm.jschina.com.cn/9658/201111/t941741.shtml.

益相关者对职业教育办学质量的满意度,让他们能够切实感知到职业教育质量的确定性和对其需要的满足度,赢得利益相关者的质量信任,吸引优秀生源就读,以撬动政府资源配置优先投入,增强吸引企业参与校企合作治理的套牢效应,实现以产业的优质资源支撑高素质技术技能人才培养,让学生受益,进而巩固职业教育的合法地位。

(五)南通市职业教育校企合作存在的问题及原因

高素质技术技能型人才培养过程的职业性、开放性、实践性决定了职业院校必须与企业合作才能完成人才培养的目标任务,保证人才培养质量。近几年,南通市职业教育校企合作紧跟国家发展职业教育的政策和方向,呈现出螺旋式上升的态势,与职业教育的发展规律大致相符,也与南通市地方经济社会发展基本相适应,先后经历了推荐就业、见习观摩、顶岗实习、订单培养,到校企双方参与规划人才培养方案这样一个由疏到亲、由浅入深的演变过程。

虽然在各级政府的重视和大力倡导下,南通市职业教育校企合作取得了许多有益的经验。但是,由于缺乏法律、政策、制度层面的鼓励和保障,缺乏利益的驱动和有效的互惠互利的激励机制、指导—服务机制,南通市各职业院校与企业的合作仍处于自发组织状态,合作形式较为松散,双方无法建立起长期、稳定、互利互惠的合作机制,表现在学校一头热、企业一头冷,且学校与企业的合作还仅仅停留在建立实训基地、签订学生顶岗实习及就业协议、为企业职工开展短期培训等小范围、小项目的浅层次上,利益、文化等多方因素难与企业融为一体,双方合作效果有限,亟须拓宽合作领域,深化合作层次,实现最大化双赢。

根据李梦学博士提出的"国际科技合作四维结构概念模型",借鉴吴建新等人构建的校企合作四维分析概念模型,拟从广度、深度、持续度、有效度四个维度来深入分析目前南通市职业教育校企合作治理过程中存在的主要问题。[①]

一是范围,即广度问题:职业教育校企合作涉及的范围和领域还需进一步拓展。主要体现在校企合作主体的广泛性、合作内容的全面性、合作受众的普遍性等方面。传统的校企合作很多情况下仅仅停留在部分人才培养的职能上,而对于成果转化、人力资源培训等社会服务方面涉及较少,校企合作因其成本高、资源集聚度差、合作效率低、成效不明显,不能很好地发挥市场在校企合作教育资源配置中

---

① 吴建新等:《职业教育校企合作四维分析概念模型及指标体系构建》,《高教探索》2015年第5期。

的作用。政府部门、职业院校、行业组织、规模以上企业等社会力量都应参与职业教育，积极探索股份制、混合所有制等新型办学模式改革，进一步激发职业教育办学活力。此外，校企合作除了要在学生顶岗实习、学生就业、共建"双师型"教师培养培训基地、技术工艺和产品开发中心、实习实训平台、技能大师工作室等方面进行合作外，还要在联合办学、联合招生、改革人才培养模式、教学质量评价等涉及人才培养的全部环节。

二是层次，即深度问题：职业教育校企深度合作的有效模式尚未真正形成。目前南通市职业教育校企合作的形式单一，深度不够，合作的层次还比较粗浅，还没有形成有效的校企合作模式，不能使校企合作变成来自学校和企业自身内在发展的一种动力需要，离真正意义的校企合作还有一定的距离。在合作层次上，这种浅层次的合作主要表现为假象合作、被动合作和牵制性合作三种关系。有的只是校企之间的表层合作，没有实质意义；有的是迫于外界压力而被动进行的合作；还有的由于双方权责关系的不明确而出现的牵制性合作。这些校企合作多数是短期的、不规范的、靠感情和人际关系来维系的低层次的合作，尚未形成统一协调的、自愿的整体行动。校企合作缺乏有效的合作模式和机制、缺乏校企双方沟通交流的平台，企业利益得不到保证，传统的职业院校管理体制、运行机制、投入政策等因素都不同程度地影响了校企之间的合作，校企深度合作的有效保障机制模式没有完全形成。

三是动力，即持续度问题：职业教育校企合作的主动性、积极性和持久性普遍不高。企业与职业院校合作共建对企业发展和学生技能提高的优势还未完全显现，学校"一头热"现象比较突出。首先，企业参与校企合作办学的动力不足。企业作为市场经济的主体，以盈利为主要目标，其参与职业教育发展的动力源自其经营目标。在访谈中，我们发现有相当一部分的企业将参与职业教育视为直接或间接的利益损失，是否参与职业教育的发展，对于企业的投入和收益均不能产生太大影响，所以，在没有相应激励政策和法规约束的机制下，企业并不一定通过直接参与职业教育来获得所需要的人力资源。因此，企业并没有把培养人才纳入企业价值链中，把校企合作当成是选择培育合适人才的有效途径，对职业教育人才培养的具体过程关注甚少。企业在校企合作中收益不大，缺乏积极性与主动性，职业院校有积极性却无主动权。其次，职业院校适应行业企业需求的能力不强。职业院校在专业设置、培养方式、课程设置、教学过程等方面与企业需求不符，校企联合培养人才的体制机制没有形成。同时，职业院校自身合作能力不强，产品研发能力和技术服务能力较弱，缺乏对合作企业的吸引力。有些职业院校还是按照传统的教学模式追求理论的系统性和完整性，缺乏针对性、实践性和职业特色，还没有形成与企业岗位职业能力相对应的独立实践教学体系,学生在校所学知识和技能与现代企业要求相差甚远,从而导致职业院校毕业生不能达到企业顶岗实习的要求。

四是效果,即有效度问题:职业教育校企合作给各参与主体带来的成果或效益还不够显著。首先,对校企合作的满意度不高。从本研究对学校、企业、政府、学生等多个参与主体的问卷调查来看,对校企合作实际效果的满意度均不高,反映在教育目标的实现程度上,认为校企之间缺乏共赢点的占42.86%。其次,从校企合作取得的实际成果来看,反映在校企合作期间取得的具体成果数量、毕业生就业率、双证书获取率等数据指标上有所增长,但在学生职业素质养成、就业质量、双证书获取质量等指标内涵上,还有很大的提升空间。比如职业院校所讲授的内容与实际工作脱节这个问题并没有通过校企合作得到有效解决。职业院校在人才培养方面、教学内容方面仍需继续深化改革。再次,从校企合作取得的收益来看,根据校企合作各参与主体的利益诉求不同,用学校、企业、政府、学生的综合收益等指标加以衡量。虽然各利益主体的价值取向不同,但不容置疑的是,培养高质量、适用、对路的高素质技术技能型人才是学校、企业、政府各方利益诉求的共同点。很显然,在收益上来说,满足企业对技术技能型人才需求和对技术创新的需求,实现政府公共利益的最大化,提高人才的适切性,促进就业和经济社会发展等方面,职业教育校企合作还应该有更广阔的发展空间。

此外,还有政策及法律问题:政府推进职业教育校企合作的政策法规与管理机制还不够健全。政府对职业教育的投入不多,对校企合作的引导、鼓励和扶持机制还未建立,没有建立权威、完整的校企合作准则和法律法规,没有建立专门负责设计、监督、考核和推行校企合作的协调机构,距离真正建立起校企合作的运行机制、体制和模式还有很长的一段路要走。政府在制定区域技能型人才发展规划等方面也没有发挥应有的作用,不能及时、定期发布行业企业所需技能人才信息,所以校企合作培养人才没有针对性,造成职业院校设置专业与人才培养是"瞎子摸象"。因此,职业教育的发展迫切呼唤地方政府出台有关校企合作的政策法规,以法治思维有效克服职业教育校企合作治理实践中出现的"政府失灵"和"市场失灵"现象。与广东、深圳以及苏南等经济发展较快的地区相比,地处江苏中部的南通市职业教育校企合作之所以出现上述问题,综合起来分析,主要有以下几点原因。

一是职业院校本身"内控型"的治理结构,不利于学校充分发挥在培养高素质技术技能型人才方面的基础性作用,人才培养不能够及时对接和反映企业需求与社会诉求。与现代大学的治理结构相比,职业院校发展的历史普遍较短,其内部治理结构具有较强的自我封闭性,未能形成开放的社会主体参与治理的机制。职业院校相对封闭,仍然是自上而下、直线式的管理模式,在引入行业企业、社会组织等多元利益主体参与办学，促进社会多元主体参与，推进开放办学方面，还有一定的差距。在办学过程中树立"以他方为中心"的办学理念，融入"产业、行业、企业、职业"等要素，增强职业教育的社会吸引力方面需要进一步加强。在建立包括听证会、专业化咨询、第三方评价等教育监督和评价体制，形成"本土化"校企合作长效机制，实现从"管理"向"治理"转变，促进我国职业教育治理现代化，还有很长的一段路要走。各利益相关主体如何打破传统的行政管理观念和封闭的办学体制，打破职业院校内部自我决策的传统方式，通过各种专业委员会、咨询委员会、评估机构、董事会等形式参与职业院校决策和管理，发挥咨询和监督作用，形成政府、社会人士、大学管理者、师生、家长代表等共同讨论或决定职业院校发展的治理模式，也是职业教育治理现代化进程中的应有之意。

二是职业教育的专业结构设置未能与南通市地方经济的产业结构有效对接。经济建设和职业教育的发展规律不同。由于职业教育本身发展的滞后性，专业设置论证、人才培养、毕业生就业等需要较长周期，以及一些学校在专业设置上的盲目性，使得南通市职业教育的专业结构并不能与产业结构有效对接，从而造成区域经济与职业教育间的"脱节式"发展。一些专业刚起步，经济形势又发生了变化，造成了专业招生和转型的困难。而且职业教育培养出来的毕业生，高素质技术技能型的人才特色也不够明显，体现不出其不可替代性。2016 年，南通市委、市政府下发了《关于加快推进项目建设的意见》，提出了构建南通市"3＋3＋N"产业体系发展方向，即打造"3（高端纺织、船舶海工、电子信息三大重点支柱产业）＋3（智能装备、新材料、新能源和新能源汽车三大重点新兴产业）＋N（符合产业发展导向、有利于发挥自身优势的产业）"产业体系。这是"十三五"期间，南通市在产业领域重点推进的适应和引领经济发展新常态，突出抓项目、抓产业、抓园区、抓服务实体经济企业的重要举措。南通市各职业院校必须紧紧围绕南通重点产业升级转型对高素质技能型人才的需求，优化专业布局，调整专业结构，在传统优势专业、长线专业、新兴专业以及专业转型等方面做精、做活、做响、做强。

三是职业教育校企合作的政策缺失与滞后，运行机制不健全，导致校企合作不深入、不稳定。南通市现有的校企合作激励政策本身系统性不够，大多散见于各地各有关部门有关职业教育的政策文本中，发文的主体也不一致，基本上以"意见"、"通知"、"管理办法"等形式出现，指导性、建议性政策较多，强制性、激励性政策较少，导致法律或政策起草部门不够权威、立法或政策制定调查研究不够充分。另外，政策的落实和执行也有一定的难度，促进校企合作的政策没有相配套的实施办法，可操作性不强，难以落实。同时在政策实施效果的绩效评价方面也存在明显不足。这些都在一定程度上影响和制约了南通市职业教育校企合作的可持续发展。

（六）南通市职业教育校企合作的发展趋势展望

校企合作是提高职业院校办学活力、构建现代职教体系的有效举措。《国家中长期教育改革与发展规划纲要（2010—2020）》提出：要建立健全政府主导、行业指导、企业参与的办学机制，制定促进校企合作的政策法规。各级政府如何破解校企合作的瓶颈问题是真正把职业教育纳入经济社会发展和产业发展规划的关键。解决了职业教育校企合作的体制、机制与模式问题，职业教育才能够更好地服务于地方经济社会的发展。联合国教科文组织指出：有越来越多的人希望职业技术教育与培训不仅要做到顺应要求，还要做到创新。职业技术教育与培训面临的挑战不仅是响应不断变化的外部期待，还需要在协助引领变革和适应新环境方面发挥更加自主的领导作用。[①]

校企合作是高素质技术技能型人才培养的必由之路，是产业集成创新的需要，也是需求侧、供给侧结构性改革的需要，更是"南通走出去"战略的迫切需要。当前，南通市正面临"沿海大开发"和"长三角一体化"两大国家战略机遇期的叠加，全力以赴抢抓转型升级，加快沪通融合，打造创新之都，依靠结构优化、科技创新、资本集约，大幅度提升产业竞争力，积极推进职业院校科技创新与提升南通产业竞争力的有效对接，成为当前南通市校企合作迫切需要解决的问题。

一是需要更加重视政府部门的主导责任。政府是社会治理的重要主体，也是现代职业教育发展中不可或缺的主导者角色。只有在政府统筹支持和主动介入下，职能部门、行业组织、企业和学校等利益主体才能在校企合作过程中建立起有效的合作模式与机制，实现职业教育校企合作促进人的全面发展与经济社会协调发展统一的"善治"效果。相比国内的其他兄弟城市，如宁波、沈阳、苏州、南京等地，当前南通市政府在职业教育校企合作治理所必需的公共制度供给方面还存在不足，还缺乏公共治理视角下的公众行为自治的治理理念。

基于此，南通市各级政府作为行使国家行政权力的机构，要切实承担起校企合作治理顶层设计的任务与职责，大力提升职业教育对区域经济发展的支撑作用。首先，要发挥地方政府在政策法规上的立法权，对现有的有关校企合作的政策法规进行梳理，通过"立、改、废"等措施进一步形成政策合力。充分发挥政府在搭建平台、优化配置、强化保障、加强督导等方面的作用，着眼于职业教育校企合作的宏观

[①]　联合国教科文组织：《职业技术教育与培训的转型：培养工作与生活技能——第三届国际职业技术教育与培训大会主报告》《世界教育信息》2013 年第 14 期。

机制、激励机制以及指导—服务机制作用的发挥，以推进管办评分离为基本要求，以转变政府职能为突破口，通过卓有成效的规划制定、出台法规政策、界定利益主体权责、完善各项激励措施和规范标准，形成分工明确、边界清晰的多元利益主体和谐有序参与的职业教育校企合作治理格局。其次，必须从南通市地方经济与社会发展的高度，将职业教育纳入南通市国民经济和社会发展规划，规划职业院校和企业的发展，统筹校企合作，将校企合作任务作为推动区域经济发展的重要手段，构建能够使政府、行业组织、企业、职业院校等职业教育利益主体形成"平等协商、良性互动、各司其职、各尽所能"的南通市职业教育校企合作治理结构。再次，要坚持产教融合、校企一体和工学结合的改革方向，提升职业教育服务南通区域经济发展和改善民生的能力。最后，要着力于"管办评分离改革"，进一步落实职业院校的办学自主权，加强职业教育校企合作办学体系、机构、制度和章程的建设，加强对校企合作教育的指导和协调，统筹协调本区域校企合作的规划、资源配置、经费保障、公共服务、督导评估等一系列具体工作，优化校企合作的内外部环境，获得全社会对职业教育校企合作的完整支持和认同。

二是需要更加重视专项资金的投入和拉动作用。职业教育属于跨界性质的教育类型，办学成本明显高于同层次的普通教育。根据联合国教科文组织相关机构测算，职业教育办学成本应该是普通教育办学成本的 2.64 倍。[①] 财政投入不足仍是当前困扰南通职业教育发展的主要"瓶颈"之一。职业教育校企合作必须要有专项发展资金的投入作为保障。这是对促进职业教育校企合作的根本保障，其目的是要为企业服务，为职业院校发展服务，为学生就业服务。要发挥激励机制和保障机制作用，强化政府在职业教育校企合作中的主导作用和主动行为意识和责任担当，促进职业教育校企合作的财税信贷政策的引导作用，建立健全政府投入为主、受教育者合理分担、其他多种渠道筹措经费的投入机制。

南通市作为全国县域经济基本竞争力百强城市，综合实力也排全国地级市前列，[②]完全有财力、有实力在财政预算中安排足额的职业教育校企合作发展专项资金，用于支持职业教育校企合作事业的发展，而且该专项资金应当随着经济和社会的发展逐步增长。各职业学校也要将当年培养费总额的 2% 作为校企合作专项经费予以保证。南通市校企合作发展专项资金应当用于：资助职业学校和企业联合

---

① 中国政协网：《关于促进产教融合，推进我国现代职业教育发展提案》，http://www.zg-zx.com.cn/2016-02/28/content_8714667.htm.

② 凤凰网：《南通综合实力跃居全国地级市前列》，http://js.ifeng.com/nt/news/detail_2015_11/11/4543272_0.shtml.

设立职业教育实习实训基地、合作建设实验室或生产车间等校企合作项目；通过政府向企业购买岗位，供学生参与技能实训，学生毕业后反哺到行业中，最终提升全产业的竞争力；资助职业学校为学生在实习期间统一办理意外伤害保险；对企业接纳职业学校学生实习发生的物耗能耗给予适当资助；资助行业组织以推动其参与专业建设、课程改革和教学创新；用减税方法鼓励大企业在校企合作中发挥骨干示范作用；对与职业学校合作开展职工教育和培训并取得显著成绩的企业给予奖励、表彰；对职业学校参与企业技术改造、产品研发、科技攻关和促进科技成果转化给予资助或奖励；奖励、表彰其他在促进职业教育校企合作中做出显著成绩的单位和个人。

三是需要更加重视职能部门的公共服务保障。当前，南通市职业教育校企合作普遍存在机制不够灵活、资源信息共享不对称、成本居高不下的问题。这需要我们立足发挥保障机制、服务—指导机制以及监督—服务机制的作用，运用"互联网＋"生态下的创新成果和思维方式，来改变传统职业教育校企合作的基本形态。

基于此，南通市各级政府要通过"搭台唱戏"的方式，构建公益性、共享性的南通市职业教育校企合作公共智慧服务平台，加强校企合作资源信息的开发和供给，实现从管理到治理、从约束到引导的转变，全面提高南通市职业教育校企合作治理的信息化和智能化水平。首先，政府要顺畅校企合作的信息交流，促进校企双方信息资源的共享，建立学校与企业双向互通互动的"双通道"，为职业院校与广大企业的沟通提供有效的公共服务，支持校企双方在合作中互通互动、互利共赢。其次，要注重提升行业组织指导能力，把适宜由行业组织承担的职责，如发布行业人才需求、推进校企合作、参与指导教育教学、开展质量评价等交给行业组织，政府部门给予政策支持并强化服务与监管。再次，要推动行业企业深度参与学校教学改革，引导行业、企业参与教学全过程，共同开发课程和教材等教育资源作为重要职责；大中型企业应有专门机构或人员组织实施职工教育培训；对接职业院校，设立学生实习和教师实践岗位；开展现代学徒制试点，探索实行校企联合招生、联合培养，推进校企一体化育人。还要建立科学的评估机构和评价体系。政府应培育、扶持第三方机构，成立由教育部门、行业或行业协会参与的评估机构并构建科学合理的校企合作评估指标体系，对区域内的产教融合、校企合作进行绩效评估，并纳入学校评估和企业评价的指标中，主要评估各方是否严格遵守国家的政策法规和对地方、区域经济的贡献力度，推广成功的校企合作模式和经验，并根据评价结果对优惠政策、资金使用进行及时调整。同时，要发挥政府作为社会治理主体的主导性作用，引导社会公众正确认识职业教育对经济社会发展的"助推器"作用，引导全社会树立校企合作育人、崇尚工匠精神、认同和尊重职业教育的文化自觉，带动全社会全方位支持职业教育。

四是需要更加重视职业院校自身的内涵建设，形成办学特色。从国家经验和现实情况分析看，只要是校企合作好、效果佳的企业，与之合作的职业院校办学特色肯定鲜明，办学质量就有保证；反之亦然。职业院校必须通过内部管理机制体质创新，释放职业教育的办学活力，形成办学特色，以高度的质量自律与持续改进、质量承诺，撬动政府、行业企业、社会办学资源的投入，增强企业与职业院校合作育人的套牢效能，以推动职业教育现代化发展。

基于此，南通市各级各类职业院校必须切实围绕经济新常态下社会发展对劳动者的差异化需求，合理设置契合地方经济发展要求的专业结构体系，坚持走特色化办学之路。一是专业设置对接区域经济发展。职业院校要在专业建设中紧紧围绕南通市地方经济结构、产业结构和市场行情，紧密结合地方实际与学校优势，按照产业优势和人才优势设置专业，形成与地方支柱产业紧密对接、符合地方经济发展特点的专业格局，为南通市经济社会发展培养所需的高素质技术技能型人才[①]。二是提高专业建设内涵水平。要关注南通市区域内支柱企业对技术技能型人才的需求，与企业共同研究人才培养方案，打造一批精品课程和品牌专业，构建专业共建、人才共育、过程共管、成果共享、责任共担的校企合作办学机制，实现职业院校与地方经济的协调发展，形成专业服务产业、产业提升专业的良性循环。三是构建质量保障体系。职业院校要建立以教学诊改为核心的学校内部质量保证体系，引导学校进一步深化内部体制机制改革，加强内涵建设的持续改进，构建与经济社会发展合作共赢的职业教育协同联动制度体系，注重质量的自我保证和自我改进。四是注重信息对外公开，以质量年报为抓手，让企业和社会公众进一步了解职业教育。编制质量年度报告，既是职业院校自觉履行办学主体职责，回应社会关切，接受社会监督的重要举措；也是弘扬立德树人理念，强化教育教学管理，提高办学质量的重要抓手。建立校园内信息互联互通的数字化平台，保障信息搜集与处理的时效性等，更重要的是将职业院校的风采风貌、办学特色、办学成果展示给社会公众，赢得利益相关者的质量信任，以争取更多的办学资源，而且有助于增强职业教育的吸引力。

---

① 罗先奎、刘人人：《高职院校校园文化建设中的地域文化因素》，《扬州大学学报（高教研究版）》2014 第 1 期。

第六章 / 合作治理视角下的地方职业教育校企合作机制构建

——以南通市为例

当前我国教育领域"加快推进教育治理体系和治理能力现代化,激发教育活力"的一个重要抓手,就是"推进管办评分离,构建政府、学校、社会之间新型关系"。因此,从治理的视角看,构建南通市职业教育校企合作机制的实质就是通过完善职业教育校企合作的治理结构,使政府、行业组织、企业、职业院校等利益主体在职业教育校企合作育人过程能够"平等协商、良性互动、各司其职、各尽所能、各享其利",形成现代职业教育"有限的政府、规范的市场、专业的行业组织、自律的职业院校、自发的企业、自觉的社会"构成的高素质技术技能型人才培养治理格局,实现职业教育立德树人与促进经济社会发展相统一的"善治"效果。

一、构建职业教育校企合作机制的实践价值

价值属于关系范畴,从认识论上来说,是指客体能够满足主体需要的效益关系,是表示客体的属性和功能与主体需要间的一种效用、效益或效应关系的哲学范畴。价值作为哲学范畴具有最高的普遍性和概括性。[①] 实践价值则是指实践主体与客体双向对象化的能动活动及其成果对实践主体的发展与完善所产生的影响及意义。在当前我国职业教育坚持"产教融合、校企合作"的发展范式,职业教育相关利好政策不断出台的改革发展形势下,研究构建职业教育校企合作机制对有效激发、维护以及协调政府、行业组织、企业、职业院校共同参与职业教育校企合作培养高素质技术技能型人才具有非常重要的实践价值。

首先,有利于我们在改革实践中及时完善已有的职业教育校企合作机制。包括三个方面:一是由于我们对职业教育校企合作机制认识的还不够全面、还不够准确,如只认识到功能机制、层次机制或者形式机制,或者将激励机制简单等同于功

---

① http://baike.baidu.com/link? url=YEsMrRt3f7wE-jqIAADVv7p1XSqsKMp3L6lbqy_WdXzvi1c9tUjmG6gQC08sF9ROvpXGFe6ROkqUzhsbLMuLrL_MMw0duj0-8Qpfmu0PQYq.

能机制，或将职业教育体制改革等同于职业教育机制创新，等等，这些都需要在我国职业教育创新发展的实践中随着我们认识的深化和全面及时加以调整和完善。二是由于不清楚职业教育校企合作三种基本类型机制之间的内在结构体系，影响了机制对促进职业教育校企合作育人应然作用的发挥。因此，有利于根据社会主义市场经济条件下职业教育不同利益主体的合理利益需要，对已经认识并产生作用的职业教育三种基本类型校企合作机制及其九种子类型之间的关系进行调整，从而形成一个比较完整的职业教育校企合作机制的结构体系。三是促使我们根据经济社会发展现状和职业教育改革发展实践，对已经比较完整的机制的运用方式及时进行调整，如在当前我们推进管办评分离，构建政府、学校、社会之间新型关系的改革背景下，"在功能机制的运用上，应侧重激励机制、保障机制作用的发挥"，"在形式机制的运用上应侧重指导—服务式机制和监督服务式机制作用的发挥"等，从而使校企合作治理的制度安排能够有效适应职业教育治理现代化的需要。

其次，有利于我们在改革实践中及时修正和转换错的职业教育校企合作机制。这是指修正和转换那些没有正确反映职业教育校企合作培养高素质技术技能型人才现象各部分之间的内在联系形成科学有效的机制，如"推进管办评分离，构建政府、学校、社会之间新型关系"、"发挥企业办学主体作用"、"建立有行业、企业和社区参与的职业院校理事会制度、专业指导委员会制度"、"对企业因接受实习生实际所发生的与取得的收入有关的合理支出，按现行税收法律规定在计算应纳税所得额时扣除"、"健全与行业联合召开职业教育工作会议制度，联合制定行业职业教育发展指导意见"、"支持行业根据发展需要举办高等职业教育"、"政府通过'以奖代补'、购买服务等方式支持民办高等职业教育发展和鼓励社会量参与高等职业教育办法"，等等。

最后，有利于我们在职业教育治理改革实践中探索和发现新的职业教育校企合作机制。包括：一是探索和发现已经存在的职业教育校企合作治理现象中未被发现的机制，并尽快将其建立起来并发挥应然作用，如"探索混合所有制办学，鼓励社会力量以资本、知识、技术、管理等要素参与公办高等职业院校改革"、"鼓励企业和公办高等职业院校合作举办适用公办学校政策，具有混合所有制特征的二级学院"、"建立基于产权制度和利益共享机制的职教集团治理结构与运行机制"，等等；二是针对职业教育改革发展进程中出现的一些新的职业教育校企合作治理现象所需要的机制进行建立和完善，如"鼓励行业参与职业教育，以购买服务方式支持行业职业教育教学指导委员会在规定的领域范围内自主开展工作"、"支持企业建设兼具生产与教学功能的公共实训基地"、"支持地方和行业引导、扶持企业与高等职业院校联合开展现代学徒制培养"、"形成政府依法履职、院校自主保证、社会广泛参与,教育内部保证与外部评价协调配套的现代职业教育质量保障机制",等等。

二、构建职业教育校企合作机制应遵循的基本规律

理念是行动的先导。党的十八届五中全会提出了"创新、协调、绿色、开放、共享"的发展理念。五大发展理念是当代中国新的发展观,是中国特色社会的发展理念。其核心就是要符合社会发展规律,体现在职业教育校企合作治理制度安排实践上就是要尊重职业教育基本规律和发展趋势,立足中国国情,从而破解职业教育校企合作治理难题,增强职业教育校企合作治理动力,厚植职业教育校企合作治理优势。

我国学者潘懋元提出"教育内外部关系规律"的理论,即教育的外部关系规律和教育的内部关系规律。① 其主要内容包括:第一,教育的外部关系规律是指教育系统作为一个子系统与整个社会系统及其他子系统的相互关系的规律。此规律的要旨是教育要与社会的发展相适应。第二,教育的内部关系规律是指作为一个相对独立的系统,教育内部各个因素或子系统之间的关系的规律。第三,就教育的两条规律的关系来讲,内部关系规律的运行受外部关系规律制约;外部关系规律发挥作用需要通过内部关系规律来实现,教育的内部关系规律和外部关系规律相互起作用。第四,在运用教育内外部关系规律时,特别是处理教育与社会的关系时,要求教育应"主动适应"社会发展,而不是"被动适应"。"教育内外部关系规律"理论为我们研究相关教育现象提供了理论分析框架。职业教育校企合作机制作为一种教育现象范畴存在,构建职业教育校企合作机制也必须遵循两个方面的规律,即职业教育校企合作机制改革的内部规律和职业教育校企合作机制改革的外部规律。

第一,职业教育校企合作机制改革的内部规律。这是指构建机制要处理好职业教育校企合作机制结构体系内部三种基本类型机制之间的关系,对其中一种类型机制改革的同时要配套推进其他两种类型机制的改革;在每一类三种基本机制的改革中,要充分考虑到改革其中一种子类型机制对其他两种子类型机制改革带来的必然的、客观的影响。我们在推进职业教育校企合作治理实践中,必须遵循职业教育校企合作机制改革的内部规律,所要构建的职业教育校企合作机制才能发挥其应然的作用。

第二,职业教育校企合作机制的改革外部规律。这是指构建机制要处理好职业教育校企合作机制与职业教育校企合作机制以外相关范畴的关系。首先,要处

---

① 潘懋元:《教育内外部关系规律辨析》,《厦门大学学报》1990 年第 2 期。

理好职业教育现象内部职业教育校企合作机制与职业教育观念、职业教育体制、职业教育活动等范畴之间内在的本质的联系。一方面，职业教育观念、职业教育体制、职业教育活动的变化会带动职业教育校企合作机制的改革；另一方面，职业教育校企合作机制发生变化也要求业教育观念、职业教育体制、职业教育活动随之发生变化。其次，职业教育作为与社会经济发展联系最紧密的教育类型，具有鲜明的区域性特征，要处理好职业教育校企合作机制与职业教育以外的社会现象之间的内在本质的联系，如与一定的社会的政治、经济、文化和文化之间的相互联系。一方面，一定的区域经济社会发展影响或决定着本地职业教育校企合作机制的形成，区域经济社会发展不同，职业教育校企合作机制存在差别。比如出台全国首部职教校企合作地方性法规的我国浙江省宁波市，民营经济发展强劲，肩负着培养高素质技术技能型人才培养重任的职业教育受到政府高度重视，政府通过立法加强校企合作机制建设，促使宁波职业教育校企合作实现了由学校主动转变为校企互动；由校企双方合作转变为政府部门、学校、行业组织、企业等多方协同；由"求企业合作"转变为"为企业服务"；由学校"关门办学"转变为"开放办学"；由松散型合作转变为紧密型联盟，基本形成了具有宁波特点的职业教育校企合作机制，构建起地方服务型职业教育体系。① 另一方面，职业教育校企合作机制一旦形成又具有相对的独立性、超越性和滞后性，并对一定社会的政治、经济和文化产生影响。比如，尽管在当前我国基本形成了与社会主义市场经济体制相适应的职业教育管理体制，但是我国职业教育校企合作机制还较明显呈现强调宏观机制和制约机制的特征，微观机制、激励机制以及指导—服务式机制等作用的发挥还需进一步加强；比如职业教育"产教融合、校企合作"办学机制的基本形成，使我国社会公众进一步认识到职业教育作为一种教育类型存在对促进教育公平、服务区域经济社会发展以及促进人才的全面发展的重要价值。

三、构建职业教育校企合作机制的目标定位

一项改革也好，一种新的制度框架的建立也好，都不可能是一蹴而就的，新的结构与秩序需要用自身尚未稳固的力量来突破原有结构与秩序的束缚，这将是一个艰难的、渐进的过程，是一个逐步适应与落实的过程。我国的政治、经济制度和文化传统决定了我国的改革是一种渐进式的改革。从我们对职业教育校企合作机

---

① 《浙江宁波市政府：出台中国首部针对职业教育校企合作条》，http://learning.sohu.com/20140829/n403880071.shtml.

制范畴的分析不难看出,职业教育校企合作机制的构建是一项复杂的系统工程,各种类型机制的调整和完善不是孤立的,需要立足本地区和我国职业教育发展现状,体现自主性、创新性、发展性和实践性,处理好"国际通行标准"与"中国特色"二者之间形神兼备的关系,建立能够有效推动我国职业教育校企合作发展的层次机制、形式机制和功能机制有机结合的机制结构体系,以实现以下几个方面的目标。

一是在校企合作的治理主体方面,能够保障职业教育不同利益主体共同平等参与治理;二是在校企合作的治理目标方面,能够使职业教育不同利益主体的优势与资源互补,提高不同利益主体创造和获取利益的主动性、合理性与协调性,使他们作为职业教育发展的共同受益者,都能朝着促进职业教育健康、协调、可持续发展的方向共同努力,以实现培养具备"大国工匠"潜质的优秀技术技能型人才目标;三是在校企合作的治理方式方面,建立自主自治的职业教育校企合作网络体系,把政府与其他合作组织的关系由传统的单向直线控制关系转变为指导、平等合作的关系。

(一) 校企合作层次机制的构建目标

面对到目前我国社会主义市场经济体制已基本形成,政治体制、行政体制改革不断深化,基本形成了在中央政府领导下,分级管理、地方为主、政府统筹、社会参与的职业管理体制,中国特色社会主义职业教育体制已经基本形成。职业教育实现跨越式发展,具有适应区域经济社会发展的灵活性和适应性,呈现出鲜明的区域发展特征。现代职业教育发展"产教融合"这一指导思想的确立,使我国行业企业参与现代职业教育的宏观、中观、微观要求日趋明确。即在国家现代职业教育宏观政策制度安排上遵循"产教融合",在中观的职业院校办学模式改革层面上要体现"校企合作",在微观的高素质技术技能型人才培养模式改革层面上要坚持"工学结合",发挥企业重要办学主体作用,职业教育校企合作现状呈现鲜明的区域发展特征和院校特色。因此,当前我国职业教育校企合作层次机制改革的目标是:淡化宏观机制,强化中观和微观机制,建立以中观和微观机制为主,以宏观机制为辅的合理有效的层次机制结构体系,以鼓励各地(各校)因地(校)制宜地调配和发挥好各种资源,促进校企合作的长效发展。

(二) 校企合作形式机制的构建目标

面对我国社会主义市场经济体制基本确立,企业是面向市场自主经营、自负盈亏的市场主体,也是一个利益主体,职业院校成为面向社会自主办学的法人实体,政府发展职业教育的主要职能是履行统筹规划、协调指导、信息服务、立法等，职业教育与区域经济社会发展关系紧密，融入了产业、行业、企业、职业和实践等要素，校企合作具体实践模式多种多样。为充分发挥职业院校、企业、行业协会以及地方政府等作为利益主体参与校企合作治理的积极性和主动性，当前我国职业教育校企合作形式机制改革的目标是：围绕"职业教育管办评分离改革"，淡化行政—计划式的机制，强化指导—服务式的机制，建立以指导—服务式的机制为主，以行政—计划式和监督—服务式的机制为辅的灵活多样的形式机制结构体系；加强行业指导、企业参与，扩大职业院校办学自主权，鼓励各地区、各职业院校和企业根据实际来参与校企合作治理，使校企合作文化广泛内化为企业和社会公众的一种自觉意识。

（三）校企合作功能机制的构建目标

面对社会主义市场经济条件下，一方面我国职业教育校企合作的利益主体涉及政府、行业企业、学校和学生、行业协会等，校企合作的效率性与可实施性以及校企合作目标的实现，无不受他们创造和获取利益的主动性、合理性与协调性的制约，必须遵循利益相关者权益平衡的原则，维护好、协调好不同利益主体的利益。另一方面，国家和地方政府在推进职业教育校企合作方面还仅限于舆论宣传，较为系统的法律法规、政策和制度的鼓励、保障作用发挥不够充分，行业企业参与职业院校办学以及人才培养的积极性还没有充分激发出来。因此，当前我国职业教育校企合作功能机制构建的目标是：淡化制约机制，强化激励机制和保障机制，建立以激励和保障机制为主，以制约机制为辅的科学高效的功能机制结构体系，为不同利益主体共同参与治理职业教育校企合作提供平台。这也是基于现阶段我国有关职业教育校企合作的法规政策还不够健全、校企合作的动力还不足、各种支持和保障条件还不够完善的现状所做的务实的理性选择。

四、促进南通市职业教育校企合作机制构建的对策建议

加强南通市职业教育校企合作机制构建对南通市构建现代服务型职业教育体系、提升区域经济竞争力将发挥至关重要的作用。作为制度安排范畴的南通市职业教育校企合作机制的设计，需要有两个方面的依据，即理论依据和现实条件。前者所要回答的是机制设计的科学性问题，后者所要解决的是机制的可行性问题。科学的职业教育校企合作机制必须是两者的有机结合。

在厘清了有关职业教育校企合作机制构建的理论框架后,就需要我们围绕校企合作培养高素质技术技能型人才的最终目标,将职业教育校企合作机制结构体系的设计与利益的表达与整合有机结合起来,建立能够有效推动南通市职业教育发展的校企合作的层次机制、形式机制和功能机制动态调整、有机结合的机制结构体系,形成能够融利益"激励与约束、增长与协调"于一体、兼顾"效率与公平"内在统一的南通市职业教育校企合作治理结构,使政府、行业组织、企业、职业院校等利益主体在职业教育校企合作治理中能够"平等协商、良性互动、各司其职、各尽所能、各享其利",通过整体性、系统性的改革来获得完整的社会支持,形成"本土化"校企合作长效机制,实现人的发展与区域经济社会发展的和谐互动。

(一)政府:履行好校企合作治理顶层设计的职责

政府是社会治理的重要主体,在现代职业教育的发展中应起到主导者的作用。针对当前南通市职业教育校企合作治理所必需的公共制度供给不足以及公共治理视角下公众缺乏自治理念的客观现实,政府作为行使国家行政权力的机构,要着眼于职业教育校企合作的宏观机制、激励机制以及指导—服务机制作用的发挥,切实承担起校企合作治理顶层设计的任务与职责。即贯彻"创新、协调、绿色、开放、共享"的发展理念,遵循职业教育发展的基本规律和趋势,以推进教育管办评分离为基本要求,明确政府宏观指导职能和依法管理责任,逐步建立兼顾公平与效率的相对稳定成熟的制度框架,从无限责任的陷阱中解脱出来,淡化过多过频的政策和项目创新者角色,强化依法统筹全局和作为战略管理者的地位,[①]形成分工明确、边界清晰的多元主体和谐有序参与的职业教育校企合作治理格局。

1. 同步规划职业教育与区域经济社会发展

经济社会发展的需求是职业教育发展的第一推动力。南通市各级政府要从战略高度出发,发挥自主性,树立普教职教同等重要的教育战略思想,立足发挥职业教育校企合作宏观机制的作用,将以人为本作为同步规划职业教育与区域经济社会发展的立足点和落脚点,加强顶层设计和宏观指导,正确认识职业教育与产业、职业院校与企业的关系,树立大职业教育系统观,把职业教育放在南通社会大系统的发展变化中,将贯彻实施职业教育法与党和国家关于加快发展现代职业教育的决策部署紧密结合起来,落实到南通国民经济和社会发展相关规划和工作中,推进区域职业教育政策、产业政策、用人政策衔接配套,加快职业教育推进职业教育治

---

① 阎光才:《高等教育改革顶层设计的逻辑》,《中国高教研究》2014年第1期。

理现代化建设进程，为南通实现国家创新型城市目标，建成长三角北翼创新中心，努力培养大批技能精湛、爱岗敬业、脚踏实地、精益求精的大国工匠。

一是对接"3＋3＋N"产业体系需求，即紧扣南通市产业以高端纺织、船舶海工、电子信息三大重点支柱产业，智能装备、新材料、新能源和新能源汽车三大重点新兴产业，以及符合产业发展导向、有利于发挥自身优势的产业，优化职业教育专业结构，形成职业院校专业随产业发展动态调整机制，促进职业教育专业链、人才供给链与南通产业链与需求链的有效对接，解决好职业教育人才培养供给与南通产业发展人才需求的结构性矛盾。二是优化职业院校布局结构，改变按行政区划来设置和管理职业教育，将职业教育发展规划融入南通产业发展、行业规划和企业战略中，切实支持职业院校向开发区、高新区和工业园区集聚，搭建职业教育与产业经济有效互动的区域技术技能复合创新平台，增加技术进步、技能需求以及技能供给的有效碰撞的次数和质量，提高技术进步对技能需求与技能供给有效对接的水平。[①] 三是统筹政府办学、企业办学和社会办学，加强职业教育与普通教育的沟通，根据南通现代产业体系建设的迫切需要，充分发挥高职院校在职教衔接中的引领和中坚作用，建立"职业教育一体化培养"管理机制，在全市范围内统筹推动普通本科院校的转型和条件好的高职院校升本，建立两所左右的应用技术大学，为学生搭建多样化选择、多路径成才的"立交桥"。

2. 完善地方职业教育校企合作的政策法规

教育政策法规承载了社会公众对教育政策法规实现利益整合与表达的期望，容纳了公众对教育政策法规的价值判断和价值诉求，实现了公众"自下而上"的影响政策法规决策与执行的参与感和效能感，保障了教育政策法规的合法性与合理性。作为教育政策法规范畴的地方性职业教育，校企合作政策法规是关于国家发展职业教育的决策部署以及职业教育国家政策法规的延伸和具体体现。当前南通市职业教育校企合作存在的种种问题，不仅与传统观念、舆论宣传有关，更与地方政府的职业教育政策法规呈现的"碎片化"现象以及缺乏有效的"整合"和"持续推进的力度"有关。这表现为法律或政策起草部门不够权威、立法或政策制定调查研究不够充分等，但最直接、最重要的原因是职业教育利益主体的利益整合与表达不充分，政府有关部门缺乏责任和责任担当意识，没有充分认识到促进企业发挥办学主体作用是政府义不容辞的公法义务，没有充分认识到政府不履行公法义务也需

---

① 潘海生、高常水：《企业参与职业教育策略变迁机理及政策启示》，《教育研究》2016年第8期。

要承担法律责任,或者担心承担法律责任,政策法规制定工作中还存在部门化倾向、争权诿责现象。[①] 这需要政府各部门解放思想、大胆实践、共同发力,围绕教育政策法规民意表达主体、教育政策法规民意表达途径以及教育政策法规民意表达形式三个范畴,加强改进职业教育校企合作政策法规的民意表达路径,将完善地方职业教育校企合作的政策法规同重视职教、发展职教紧密结合起来,提高政策法规制定质量,打好政策配套"组合拳",提高政策法规执行效能,为政策法规反馈提供依据,破解南通市职业教育校企合作中的政策法规困境。

一是要尽快修改不适当的相关职业教育政策文件,清理对职业教育校企合作等方面不合理、过时的规定,做到地方政策法规的内部有机统一;在市级政策法规层面细化一些模棱两可的、原则性的、模糊的规定,加快完善其中的不足之处;加快研究制定出台地方职业教育集团化办学、混合所有制办学试点、现代学徒制试点等政策措施,完善支持扶持职业教育发展的政策措施,提高职业教育政策制定的"品质"。二是要加强对职业教育校企合作相关政策实施绩效评价的改进。因为协调利益和制度安排创新,需及时发现症结,让职业教育政策评价的结果对职业教育校企政策的制定和执行产生能动的积极作为,改善校企合作政策品质。借助先进网络技术,拓展和完善职业教育政策公众评价的渠道,使社会公众的诉求能够顺畅表达出来;通过专家咨询、民意调查、研究机构的调查、研究等,重视发挥专家评价职业教育校企合作政策的作用,在政府、公众、学界和业界间建立起一种平衡机制,用理性的学理力量来制衡对政策绩效的片面追求;抓住推进教育管办评分离改革的契机,积极培育教育的第三部门,利用第三部门的非盈利性、公益性等特点开展对政策的有效评价。三是探索建立职业教育校企合作政府绩效问责制度。向南通市各级政府问责,主要考察南通市各级政府和成员承担促进职业教育校企合作的职责和义务的履行情况,实施并要求其承担否定性后果的一种责任追究制度。建立"问责制度"的目的是建立并支持职业教育校企绩效问责体系,以有效评估南通市职业教育校企合作所取得进步的有效性。南通市各级人大是问责主体,各级政府是问责客体,问责内容根据政策背景、现实需求及各级政府职责来确定,主要包括校企合作法规政策配套情况、专项经费执行情况、政策落实情况、企业参与情况、公众知晓情况、学生满意度情况、职业资格证书获得情况、经费投入保障情况、学生合法权益保障情况、学生就业情况等。四是加快制定"管用"的地方职业教育校企合作促进法。南通市作为江苏省首批获得地方立法权的辖区市,在现有法律、政策框

---

① 齐艳苓:《制定"管用"的职业教育校企合作促进法》,《中国职业技术教育》2014年第3期。

架下研究制定《南通市职业教育校企合作促进条例》先行先试，以法规的"硬性"形式明确政府、行业组织、企业、职业院校等职业教育利益主体的权责利。在立法工作中要紧扣解决好南通职业教育校合作"谁来促进、促进什么、如何促进的根本性问题"，力争做好以下几方面的工作：第一，要使政府贯彻国家职业教育意志、履行管理和发展国家职业教育的职责，从政府的"鼓励"、"支持"变为可操作、救济、可切实履行的政府义务和责任；第二，要坚持"问责"制度，克服有义务无责任，法律责任主体不明，表述不清，无法追究违法主体法律责任以及条款表述含糊，缺乏可操作性、不管用等弊端，力求在立法内容上有实质性突破，使校企合作立法具有针对性、强制性，做到有法可依，违法必究。第三，在内容上要明确南通职业教育校企合作的范围、组织领导体制、南通市各级政府的主导责任、职业院校作为校企合作主体的权利与义务、企业作为办学主体的社会责任、行业组织的桥梁和纽带作用、职业院校师生参与校企合作的法律责任与权力、校企合作的资金支持和公共服务保障体系、预防和处理学生顶岗实习和教师专业实践意外伤害的应对机制、企业参与校企合作的税收优惠、违法责任追究机制等。五是建立企业社会责任公告制度，鼓励和引导企业积极参与职业教育治理。建立企业社会责任信息反馈平台，定期发布企业社会责任，大力宣传企业社会责任与企业社会责任履行的先进典型，给予履责企业以及积极正面的肯定，使得企业社会责任理论与企业社会责任概念得到社会公众的信服和认同，从而营造企业主动履行社会责任、主动承担社会公益事业的文化氛围。[①] 六是充分发挥国企带头参与企业教育治理示范作用，将与职业院校合作培养培训高素质技术技能型人才作为国企工作考核指标体系，率先示范，带动民企、中小企业参与校企合作办学的积极性和主动性。

3. 加强校企合作治理的组织领导机构建设

职业教育校企合作是一个涉及职业教育全局的系统性战略工程，这一工程的设计规划和实施需要强有力的组织领导机构支撑。当前，要紧密结合南通经济社会发展需求，制定出系统的、可操作的南通职业教育发展的制度和政策措施，促进南通职业教育校企合作向制度化发展阶段转型，就必须建立健全南通职业教育校企合作治理的组织领导机构，以全面规划设计南通市职业教育校企合作发展。

首先，着眼发挥职业教育校企合作宏观机制作用，在市级层面建立以教育、产业、发改、人社、财政等政府部门为核心，行业组织、大中型企业、学术机构、职业院

---

① 周晶、姜延秋：《职业教育校企合作非正式制度建设的逻辑与路径》，《职业技术教育》2015 年第 34 期。

校等共同协作的南通市职业教育校企合作指导委员会,加大统筹协调力度,切实解决职业教育管理体制运转不畅、条块分割、多头管理、职能交叉等问题。其主要职责为:制定南通市校企合作进行领导和规划,制定相应的政策、法规,负责校企合作发展专项基金的调配,协调解决校企合作中出现的问题,提供信息资源和指导,实施校企合作的定期评估,加强对内对外宣传,营造良好社会氛围。南通市职业教育校企合作管理委员会下应建立常设机构和专职工作人员,负责管理日常工作。其次,着眼发挥职业教育校企合作中观机制作用,在县(市、区)层面建立以教育、发改、产业、人社、财政等政府部门为核心,行业组织、区域主导企业、职业院校等共同协作的县(市、区)职业教育校企合作管理委员会,加强决策部署的执行力度。其主要职责为:对县(市、区)校企合作进行主导和调控,利用当地产业优势,依据企业和职业学校的发展需求,制定相应的制度、措施,提供信息咨询和服务。最后,着眼发挥职业教育校企合作微观机制作用,由各职业院校与企业共同参与的职业院校校企合作工作委员会,加强改革实践的创新力度。其主要职责为:完成高素质技术技能型人才培养过程,校企双主体完成培养目标、培养模式、培养方案、实习实训、就业安排、考核评价以及在职培训、科技研发等的实施。

4. 完善促进职业教育校企合作的财税信贷政策

职业教育具有"公益性"与"市场性"的双重特征,同时职业教育又是跨界性质的教育类型,办学成本高于同层次的普通教育。财政投入不足仍是当前困扰南通职业教育发展的"瓶颈"之一。企业参与职业教育这一公共产品的生产和提供,国家和政府理应对企业在校企合作中可能受到的利益损失进行补偿。这就要求发挥激励机制和保障机制作用,强化政府在职业教育校企合作中的主导作用和主动行为意识和责任担当,必须强化促进职业教育校企合作的财税信贷政策的引导作用,建立健全政府投入为主、受教育者合理分担、其他多种渠道筹措经费的投入机制。

因此,南通市各级政府要有效运用财政、税收等手段调动职业院校、企业参与校企合作的积极性,增强企业参与校企合作的社会责任感和荣誉感。一是实行促进职业教育校企合作的财政支出政策。南通市各级政府应当在财政预算中安排职业教育校企合作发展专项资金,用于支持职业教育校企合作事业的发展,而且该专项资金应当随着经济和社会的发展逐步增长。二是实行促进职业教育校企合作的税收政策。研究根据职业工种合理确定补贴标准、返还企业部分教育费附加等政策,南通各级政府应当鼓励企业与职业院校合作开展职工培训,其发生的职工教育经费支出可以按照国家规定在计算企业应纳税所得额时扣除;

企业与职业院校开展订单培养、吸纳职业院校学生顶岗实习,并按照一定比例接受顶岗实习学生就业等的,应当给予税收优惠。三是实行促进职业教育校企合作的信贷政策。鼓励金融机构改进金融服务,开辟校企合作信贷业务,如对企业与职业院校合作设立实训基地、合作建设实验室和生产车间提供支持;鼓励商业保险公司联合推出职业院校学生实习险种,以加强对职业院校顶岗实习学生在实习期间的社会保障。

5. 搭建"企校通"公共智慧服务平台

如果说 20 世纪是互联网的世纪,21 世纪就是"互联网＋"的世纪。"互联网＋"就是把互联网的创新成果与经济社会各领域深度融合,推动技术进步、效率提升和组织变革,提升实体经济创新力和生产力,形成更广泛的以互联网为基础设施和创新要素的经济社会发展新形态。[①] 随着互联网、大数据技术的发展,数字化变革是这个时代的典型特征之一,结合时代背景而构建的数字治理理论为社会治理提供了新的治理思路,特别是在信息技术、大数据、云计算等治理工具的应用上得的借鉴,为公共治理理论体系输送了"数字化"治理工具。[②] 数字化治理工具的运用,使得阻碍信息、资源等流动的社会组织的僵化的物理边界、有形边界日益模糊,社会组织之间呈现出相互渗透的趋势,个体与组织间以及组织之间的依赖性日益加强,彼此间只有通过有效合作才能现实组织任务。同全国大多数地方一样,当前南通市职业教育校企合作也存在机制不够灵活、资源信息共享不对称、成本居高不下的问题。这需要我们立足发挥保障机制、服务—指导机制以及监督服务机制的作用,以"数字化"治理理论为指导,运用"互联网＋"生态下的创新成果和思维方式以及大数据技术,推进校企合作治理工具向"数字化"和"智能化"变革,改变职业教育校企合作的传统形态。

通过全方位地开展南通职业教育校企合作信息的搜集、处理、发布工作,建立公益性、共享性的南通市职业教育"企校通"公共智慧服务平台,加强南通市职业教育校企合作资源信息的开发和供给,全面提高南通职业教育校企合作治理的信息化和智能化水平。在宏观层面,可以依托公共智慧服务平台,通过对相关数据和信息的深度挖掘,建立南通市职业教育治理的科学决策支持服务系统,为企业和职业院校提供更加精准的服务。在微观层面,可以依托作公共智慧服务平台,用数据将校企合作行为用数据清晰描述出来,为企业和职业院校改进合作治理提供证据支

---

① 杨银付:《"互联网＋"教育带来的教育变迁与政策响应》,《教育研究》2016 年第 6 期。

② 韩兆柱、翟文康:《西方公共治理理论体系的构建及对我国的启示》,《河北大学学报(哲学社会科学版)》2016 第 6 期。

持。鉴于职业教育是国家公共事业以及在促进就业、服务产业升级方面的特别重要作用，要建立以政府为主导的职业教育校企合作信息化资源开发供给机制，以克服资源开发的商业化倾向，保证校企合作资源信息化的公益性。

（二）行业组织：充分发挥在校企合作治理中的桥梁和纽带作用

从学理上讲，职业教育高素质技术技能型人才培养的"职业性"和"实践性"的特征决定了行业组织必须参与职业教育的人才培养过程。行业组织是由同一行业内企业或其他相关主体组建或参加的并为实现组织共同利益的非政府性、非营利性、公权性和互益性的服务组织。行业组织基于企业而产生，是行业企业的代表，与行业企业具有天然的联系，是介于政府和企业之间、商品生产者与经营者之间桥梁和纽带。行业组织在本行业发展规律认知、专业市场开发创新和行业监督管理以及才需求研判等方面具有独特优势，在职业教育发展过程中起着不可替代的治理作用，是连接政府、企业与职业学校的重要桥梁和纽带，有利于激发社会活力，实现政府、企业、行业组织以及职业院校的共赢。

从德国等世界职业教育发达国家发展行业组织参与职业教育校企合作治理的示范作用来看，行业组织的发展可以成为政府的重要帮手，在参与职业教育治理方面，具有其他组织所没有的先天优势。从相关政策法律规定来讲，《中华人民共和国职业教育法》第六条规定：行业组织和企业、事业组织应当依法履行实施职业教育的义务；《国家中长期教育改革和发展规划纲要（2010—2020 年）》中再次明确：调动行业企业的积极性，建立健全政府主导、行业指导、企业参与的办学机制。南通作为一个人口密度较高、经济高速发展的中等城市，经济发展属开放型或半开放型，产业结构特征较为突出，行业组织较为发达，目前南通市的行业组织达 68家。[①] 在当前我国推进国家治理体系和治理能力现代化、推进教育管办评分离改革的新的历史时期，这为南通市的行业组织参与职业教育校企合作治理创造了机遇。

事实上，在计划经济时代，我国实行行业企业办学，校企关系模式是"一体化"。职业院校从招生、人才培养、就业等方面与所属行业企业紧密相连。校企

---

① 曹建、包国祥：《南通市：68 家试点行业协会商会基本实现与行政机关全面脱钩》，《中国社会组织》2015 年第 21 期。

关系"一体化"的安排保障了职业院校人才培养与行业企业需求之间的有效对接。目前我国校企合作出现众多问题的一个重要原因，就是缺乏行业组织在职业教育中的深度参与。这启迪我们在借鉴国外"校企合作"经验和模式的同时，也要重视本土实践经验的重要价值：一是建立校企合作的长效机制或平台，发挥第三方力量（行业管理部门、行业协会等）在校企合作中的作用；二是突破单纯教育部门办职业教育的思路，提倡多元化的办学思路，例如企业办学；三是立足国情，制度创新。①

立足发挥职业教育校企合作指导—服务机制、监督—服务机制的作用，加强自身建设、提升能力无疑成为行业组织谋求发展的重要前提。从新近的调查研究来看，南通市行业组织一直面临的诸如经费不足、人才匮乏、管理不规范、服务能力不强等问题仍然非常突出。尽管行业组织不是企业，但它与企业一样具有组织的一般特征。借鉴企业能力理论，参照行业组织的组织能力理论，可以将行业组织的组织能力界定为行业组织为实现组织目标所具备的主客观条件，包括资源、管理、知识和联盟四个维度。② 资源能力反映的是在某一特定时空中行业组织所拥有的人力和财力的实际情况；管理能力体现的是行业组织的内部运作机制；知识能力反映的是行业组织的学习和创新情况；联盟能力指的是行业组织与外部各种力量合作、协调外部关系的能力。加强行业组织的组织能力建设途径可以划分为内外两种，内部途径体现的是行业组织在能力建设方面的自我努力；外部途径体现的是行业组织受外在力量驱使而实现的能力提升。加强南通市各行业组织能力建设，充分发挥在校企合作治理中的桥梁和纽带作用可以从以下几个方面努力。

1. 优化行业组织能力建设的地方制度环境

造成我国行业组织难以真正参与职业教育治理的因素是多重的，但制度约束是主要因素。借鉴"公共治理理论"与"第三部门"的研究成果，建议南通市各级政府要进一步加快职能转变，坚持"赋权"与"赋能"并举，积极建立与完善行业组织相关政策法规，明确行业组织的主体地位以及权利义务关系与责任等，优化行业组织生存与发展的制度环境，促进行业组织专业化发展，通过政府委托服务、购买服务

---

① 王东、张慧霞：《行业企业参与职业教育的本土经验及启示》，《职业技术教育》2011年第16期。

② 《行业协会商会的组织能力及其建设》，http://finance.ifeng.com/a/20160519/143982260.shtml.

的有效形式,着力培育和大力支持一批有责任、有能力、有条件的行业组织,委托其开展咨询、审议、评估、监督、公正和协调等业务,充分发挥行业组织在形成政府主导、行业指导、企业参与的职业教育办学模式中的桥梁和纽带作用,使行业组织切实履行好政府助手、校企公仆、行业专家、校企合作的管理者、组织者与监督者等多重角色功效,分散政府治理资源,在多元、集体、互动的治理模式中,解决庞杂、专业的职业教育校企合作问题。

2. 建立和完善地方职业教育与产业对话协商机制

为建立产业结构调整驱动职业教育专业改革、产业技术驱动课程改革、真实应用驱动教学改革的机制,促进教育链和产业链的有机融合,我国在国家层面已初步建立起职业教育与产业对话协商机制,其主要形式是政府定期组织召开行业企业与职业教育对话活动。为建立行业企业参与南通职业教育决策机制及代表企业的利益诉求表达机制,加强南通市职业教育与行业的协同创新,促进产教、科技融合发展,需要结合南通市产业发展现状,在南通市一级层面建立职业教育与产业的对话协商机制。建议政府出台引导性资金和政策,政府给权力、给政策、给资金支持,充分调动行业组织在信息提供、协调关系、行业规制、信誉生成等方面的优势,提高产教对话及决策水平。可以将产教对话平台搭建任务交由南通各行业组织,主要是行业协会。因为作为重要的中介组织,行业协会所属成员基本覆盖了南通本行业主要的企业类型。

3. 行业组织要加强自身能力建设

第一,完善内部法人治理结构。行业组织要以章程为核心,建立健全现代法人治理结构和运行机制,把诚信自律建设内容纳入行业组织章程,提高行业组织依法自治水平,建立健全会员大会、理事会和监事会制度,完善人事、财务、档案、资产、活动管理、机构管理等各项内部管理制度,成为权责明确、运转协调、制衡有效的法人主体,独立承担法律责任。第二,加强行业自律和规范。主动向会员公开年度工作报告、财务工作报告、会费收支情况以及经理事会研究认为有必要向会员公开的其他信息;重点围绕承接政府转移职能以及政府购买服务事项等、服务方式、服务对象和收费标准等进行公开承诺,不超出章程规定的业务范围开展活动;依托统一的信息平台或者自身官方网站进行信息公开,自觉接受社会公众监督。第三,提高行业组织人员的整体素质。要有效发挥行业组织的作用,人的素质问题是一个关键问题。目前的行业组织专职人员很少,结构与素质不合理的问题,通过"内培"和"外引"结合,培养一大批愿意并且有能力提供服务的专业人才,并广泛吸收社会人才参与其中。最后,加强经营,多渠道筹措发展经费。坚持"突出服务,加强合作,搞好建设"的发展思路,填补政府职能空缺,通过以政府委托或购买服务积极争取政府财政支持;通过自身凝聚力带动行业和企业的发展,在此基础上合理提高会费、服务性收入等,保障组织发展和组织目标的实现;同时还要切实防止只收费不服务、只收费不管理的现象。

4. 行业组织桥梁纽带作用的应然发挥

具体而言,期待行业组织通过加强自身的能力,在以下方面发挥在南通职业教育校企合作治理的桥梁和纽带作用。

一是接受政府委托和授权,当好政府"助手"。包括吸收行业组织及代表向政府反映行业企业诉求,参与行业立法及产业发展政策制定,参与制定修订行业标准和行业发展规划;完善行业管理以及促进行业发展;参与资质审查,参与质量管理和监督,保证行业企业资质及经营合法;提供企业和职业院校等相关信息,并对行业发展做出预测;作为秩序的维护员来协调多方关系,协调会员企业关系,维护其合法权益;掌握整体经济环境与行业发展状况,对行业的发展趋势能做出准确的判断,能对行业人才需求做出预测与规划,提出解决方案;协助和指导职院校及时优化专业设置、改进人才培养,加强"双师"师资队伍建设。

二是做企业、职业院校等主体"伙伴",发挥桥梁作用。行业组织应当成为政府、企业与学校间的重要纽带和桥梁,切实成为企业、职业院校等相关方精诚合作的"伙伴"。针对市场资源稀缺,企业和学校之间资源共享不对等、信息交流不畅通,制约校企之间的有机人才培养对接的现状,建议发挥南通各行业组织所能带来的规模效应与外部优势,促进职业教育和培训、职业院校专业设置、学生规模、企业岗位设置、培训需求、员工招聘、学徒招工、兼职教师聘请、实习岗位设置、产学研合作项目等信息在校企之间的共享开放,实现校企合作从"点对点"向"点对面"模式的转变,降低校企合作的成本。

三是发挥专业性,监督和评价职业院校办学。作为重要的第三部门组织,行业协会具有专业性强、监督面广等政府部门与市场不具有的优势,发挥其专业性监督和评价职业院校办学,可以保证职业教育发展的规范性与效率。在职业院校办学上,可以指导职业院校根据行业标准与要求确定培养目标、设置专业、改革课程结构、创新培养模式、改革教学评价、协调师资队伍建设等各个方面;在职业院校治理上,可以组织行业专家参加学校的理事会或董事会、专业建设指导委员会等,发挥咨询、协商、审议与监督作用;在职业院校人才培养质量评价上,建立教育界、行业组织、企业和社会广泛参与的多主体多元化评估制度，定期对职业院校人才培养进行诊断，通过结果评价、结论排名、建议反馈的形式，倒逼职业院校进行人才培养模式改革。

（三）企业：自觉践行作为办学主体育人的社会责任

目前得到大家普遍认同的企业社会责任概念是由美国学者阿奇·卡罗尔（Archie B. Carroll）提出的。1979 年，他在论文《公司社会表现的三维概念模型》中，提出企业的社会责任概念和企业与社会关系的四个不同层面，即"企业社会责任包含了在特定时期内，社会对经济组织经济上的、法律上的、伦理上的和慈善上的期望"。[①] 尽管企业是职业院校培养的高素质技术技能型人才的最终需求者和使用者，企业应充分发挥自身作为职业教育重要办学主体的作用，自觉履行校企合作育人的社会责任。但是从企业性质看，强行要求企业履行社会责任是较为无理且是无效率的，实现企业校企合作育人的社会责任需要依靠企业有限自治与政府通过制度设计适度干预相结合。作为职业教育办学主体的企业，除了理应承担的社会责任与义务之外，还应享有合理合法的"回报、补偿"和政策层面的相关保障。因为，一般来讲，职业院校属于公法主体，为社会提供的是公共产品，追求的是公共利益，而企业属于私法主体，为社会提供的是私人产品，追求的是私人利益，二者具有不同组织属性和价值追求。单独的市场机制无法担当起推动校企合作的历史使

---

① 卡罗尔认为企业社会责任是金字塔形结构的，分为四个层次：第一层次是企业的经济责任。对于企业而言，经济责任是最基本也是最重要的社会责任，是必尽的社会责任，但并不是唯一责任，处于金字塔的底部。第二层次是企业的法律责任。企业作为社会的一个组成部分，社会赋予并支持企业承担生产任务、为社会提供产品和服务的权力，守法是企业的道德底线，要求企业必须在法律框架内实现经济目标。第三层次是企业的伦理责任。伦理责任虽然在经济责任和法律责任中隐含了一定的伦理规范，但社会公众仍期望企业遵循一些尚未成为法律的、社会公认的活动和做法，包括公平、公正、道德和规范等。第四层次是企业的自愿责任。社会通常对企业寄予了一些没有或无法明确表达的期望，是否承担或应该承担什么样的责任完全由决策人或企业自行判断和选择，这是一类完全自愿的行为，处于金字塔的顶部。从企业考虑的先后次序及重要性而言，经济责任是基础，占最大比例法律的、伦理的以及自愿的责任依次往上呈金字塔形。这就是著名的卡罗尔企业社会责任金字塔理论。从金字塔理论可以看出，经济责任是企业存在的目的和理由，因此也是每个企业天然需要履行的社会责任。从金字塔的底部往上，企业履行责任的主观能动性会逐步减弱，因为短期的成本预期削弱了长期可持续盈利预期，只有有可持续发展战略眼光的企业，才会主动承担经济责任之外的社会责任。详见陈英：《企业社会责任理论和实践》，经济管理出版社 2009 年版。

命，尤其是在当前我国劳动力供应还较为充足的国情之下更是如此。[①]

可喜的是，2015年全国共有262家企业面向社会首次发布了《企业参与高职教育人才培养年报》，展示了企业参与职业教育治理，在确保高职院校教学内容、培养规格、人才供给适应产业发展需求等方面发挥着不可替代的作用。《2015年企业参与高职教育人才培养年报》显示：超过85％的企业在高等职业教育发展中有人力资源投入，有效培养了"双师"素质教师，增强了优秀兼职教师的供给；超过70％的企业在高职院校发展中有资金投入，主要用于发放学生实习津贴和师傅带教津贴，以及培训、课程开发和科研等；超过80％的企业在高职院校投入实践教学资源，建立实践教学场所，设立学生实习和教师实践岗位；近两成的企业与高职院校共建二级学院或教学与实训机构，发挥办学主体作用；超过85％的企业与学校合作开发专业课程与培训课程，推动了课程内容与生产实践和职业标准的对接。我国首批发布《企业参与高职教育人才培养年报》的企业普遍具有较高的行业认可度，在一定程度上代表了相关产业的发展方向。[②] 这为南通市各类企业作为办学主体自觉履行校企合作育人的社会责任树立了榜样。除了需要南通政府在立法执法、政策支持、媒体宣传、市场监督、激励引导等方面发挥促进区域职业教育校企合作的主导作用的同时，南通市各类企业要建立健全适应生产方式和人才资源开发需要的校企合作制度。特别是具有一定的经济和技术实力，具有参与举办现代职业技术教育的意愿和能力，满足一些公认的质量标准体系的国有大中型企业要参与职业教育，要将开展校企合作作为基本职责，积极参与现代学徒制改革试点，为探索形成我国"产教融合、校企合作"的基本制度载体和有效实现形式做出贡献；规模以上的企业要安排专门机构或人员对接职业院校，深度参与职业教育人才培养全过程。具体来说，企业要履行好以下合作育人的社会责任：

一是提供实习岗位，接纳职业院校师生实习实践。企业根据员工或岗位的比例提供一定数量的具有技能含量或者核心技能的实习岗位供职业院校师生实习实践。实习岗位要与指导师傅相配套，做好实习、实践前的安全培训工作和实习、实践期间的劳动保护、安全等工作；对上岗实习的，按协议应给予适当的劳动报酬；禁止安排实习学生从事不符合实习特征或者与实习内容不一致的劳动生产。二是承担用工责任。与对口职业院校及其学生签订协议，积极开展"订单培养"模式和"现代学徒制"培养模式，优先接受职业院校毕业的学生就业，实现"招生即招工、入校

---

① 齐艳苓：《对职业教育校企合作促进立法的思考》，《教育探索》2015年第3期。

② 《2016中国高等职业教育质量年度报告发布会在京召开》，http://www. tech. net. cn/web/articleview. aspx? id=20160715140039505&cata_id=N002.

即入厂、校企联合培养"。三是参与职业院校教育教学过程。鼓励企业技术人员到职业院校兼任教师,校企共同建设专业、共同设计人才培养方案、共同实施教学过程、共同组建"双师"教学团队、共同进行技术研发、共同建设实习(实训)基地,从而使职业院校技术技能型人才培养融入企业生产服务流程和价值创造过程。四是以"校企一体化"理念为引导,设立企业奖学金、助学金,与职业院校以股份制形式合作建设实验室或生产车间,合作兴办技术创新机构,合作组建职业教育实体或其他形式的产学研联合体,共同参与新兴产业基地建设;在企业内部设立专门负责校企合作、产教结合的管理机构和专项资金,为企校合作提供组织、人员和经费保障。五是建立职工继续教育培训制度。通过委托形式,对本单位职工实施教育培训,使其在专业技能上不断提高,促进其职业生涯可持续发展。六是积极发布《企业参与职业教育人才培养年报》,展示企业作为办学主体自觉参与职业教育治理,履行校企合作育人的社会责任。

我们必须清楚地认识到,在社会主义市场经济条件下,责、权、利、效相统一原则是一项根本性原则,该原则是计划和市场的契合和连接点。企业作为职业教育重要办学主体,履行校企合作培养高素质技术技能型人才的社会责任必须是责、权、利、效相统一,需要政府围绕责、权、利、效相统一原则进行制度上的设计。虽然我国职业教育法也规定了企业可以举办职业教育,应当接纳职业院校学生和教师实习,但在实际工作中,由于法律责任不明确、激励政策缺乏,企业办职教的积极性不高。一些大型企业无意提前介入技能人才培养,认为这是政府的事,企业只管用人,无需培养。校企合作双方的责权利不够明确、规范,现有优惠政策不足以形成对企业的有效激励;学生实习的安全责任分担机制不健全,企业难以承担其风险;校企合作中没有给企业带来明显的"好处",尚未形成以市场机制为基础的利益共同体,致使企业办学和参与职业教育的动力不足。

基于此,在要求南通市企业作为职业教育重要办学主体,在履行上述社会责任的同时,必须通过政策法规明确企业应享受以下方面的权利,以补偿和降低企业成本付出:一是支付给学生实习的报酬可以在计算缴纳企业所得税时按规定扣除。二是对企业捐资助学的费用应从所得税和个人所得税前全额扣除。三是对企业与职业院校共同开展产学研结合,研究开发新产品、新技术、新工艺所发生的技术开发费应予以税前扣除。四是享有对学生实习和就业进行考核的权利,根据企业实际需求和学生对实习岗位的贡献优先挑选优秀学生的权利,参与职业教育教学包括增加一部分企业文化和岗位要求的权利、在有条件的前提下自主举办职业院校和培训机构的权利等。

（四）职业院校:完善现代职业院校内部治理结构

当前南通正处于投资驱动向创新驱动转型的关键时期,作为区域高素质技术技能型人力资本的提供者、区域企业职工知识更新和技术技能培训以及产品开发的合作者,南通市各类职业院校要基于"坚持产教融合、校企合作,培养复合式、发展型、创新型技术技能人才,对区域经济社会发展持续做出贡献"的办学使命,聚焦学生学习过程体验和学习成效,遵循职业教育人才培养的内在规律,切实履行学校作为办学主体对人才培养质量保证的主体责任,增强政府、行业企业、学生及其家长以及社会公众等利益相关者对高职院校办学质量的满意度,让他们能够切实感知到职业教育教育办学质量的确定性和对其需要的满足度。以吸引优秀生源就读、撬动政府资源配置优先投入,增强吸引企业与职业院校合作育人的套牢效能,实现以产业的优质资源支撑高素质技术技能人才培养,最终让学生受益。

1. 建立和完善现代职业院校制度

南通市职业院校应从有利于形成自我约束、自我发展、依法办学的机制出发,不断增强企业参与治理的套牢效能,做好以下几个方面的工作:一是坚持校企合作的对象观,加快实现校企合作从数量追求转向质量的引领上。即搞校企合作不是盲目求合作,不是眉毛胡子一把抓,不是那些表面化、概念化、低水平的校企合作,而是要选择目标企业,选择与能够代表行业先进技术、愿意与学校合作培养学生的企业开展校企合作。这是因为参与校企合作的企业提供的培训岗位要能够代表未来产业发展的先进技术,职业院校才能培养出适应产业发展需要的高素质技术技能型人才。二是要把校企合作办学作为基本办学制度,以建设和实施具有职业教育特点的学校章程为引领,在系统化理论分析的基础上,对职业院校的各项机构制度、工作制度、人员制度进行修订和完善,加强职能机构的专业化建设和校企合作实施与管理机构的专职化建设,为行业企业有效参与职业院校管理决策、教育教学改革、师资队伍建设、实训条件建设、质量评价、监督反馈、学校文化建设提供制度和组织保障。三是坚持和完善中等职业学校校长负责制、公办高等职业学校党委领导下的校长负责制;汲取国外职业院校理事会模式的有益经验,设立由行业企业组织、社区、教职员工、学生及其家长、社会贤达以及政府官员代表、学校领导等相关利益主体等组成的、与我国国情相适应的理事会或董事会,发挥其决策、咨询、评价和打通学校与行业、企业以及社区关系的作用,为职业教育不同利益主体共同参与治理职业院校治理提供制度平台,改变职业院校目前"内控型"管理模式,既可以使职业院校人才培养能够及时对接社会诉求,又可以缓冲社会市场对职业院校依法自主办学带来的直接冲击。四是自觉履行人才培养质量保证主体作用,根据学校、专业、课程、教师、学生不同层面的发展需要和主要矛盾,精准发力,通过完善目标和标准链条,健全质量保证组织架构,开发信息化质量保证工具,培育和发展质量文化,对高职院校人才培养活动全过程实行结构化、常态化的监控、诊断和改进,将整个人才培养过程中影响质量的一切因素有机控制起来,构建网络化、全覆盖、具有较强预警功能和激励作用的内部质量保证体系,并不折不扣地执行质量标准体系,用强大的执行力来保证质量。五是建立由企业、行业技术专家参与的专业建设指导委员会,根据企业生产技术、生产工艺、生产方法优化教学内容,开发专业和课程,配合合作企业建立规范有序的学生实习制度,根据企业的需求,参与企业技术改造、科技成果转化和企业职工技能培训与继续教育。六是配合合作企业建立规范有序的学生实习制度和教师专业实践制度,并根据有关规定为所有实习学生和实践教师办理实习责任险,保险费在校企合作发展专项资金中列支。七是积极引进外部质量评价,以外部质量评价激励、规范内部质量保证体系的完善和发展,实现外部监督和自我规制的有机结合。积极开展适应社会需求能力评估自评工作,编制和公开发布《学校适应社会需求能力评估自评报告》;委托第三方教育管理数据与咨询的专业机构对学校年度毕业生培养质量进行跟踪评价,形成《学校应届毕业生培养质量评价报告》,为学校优化人才培养举措提供客观依据和专业建议;完善学校年度人才培养质量报告发布制度,编制和公开发布《学校年度人才培养报告》,回应社会公众问责,针对自身质量问题提出相应解决办法和改进策略并向社会做出公开承诺。

2. 不断改进高素质技术技能型人才培养的效能

职业教育校企合作机制的创新为职业院校深化教育教学改革提供了优质资源保障,职业院校的教育教学改革使高素质技术技能型人才培养真正落地,真正实现职业教育校企合作机制改革的价值追求。因此,南通市的各类职业院校要以行业企业用人标准为依据,将基于"产教融合、校企合作"的机制创新和"以生为本"的教育教学改革有机结合起来,协调推进,形成特色办学策略,注重学生职业适应能力、职业迁移能力和终身学习能力的培养,不断提升高素质技术技能型人才培养的效能,增强高素质技术技能型人才培养的专用性,形成对行业企业的"套牢效应"。

一是坚持"持续性"和"区域性"的专业建设规划,处理好社会需求变动性和专业建设稳定性之间的关系。南通职业院校应加强对"中国制造2025"行动计划、南通"3＋3＋N"产业体系建设举措、经济发展进入新常态以及生源多样化和学生选择多元化等的新形势、新需求的研判,围绕学校办学目标定位,坚持差异化发展原则,从专业共生发展、资源整合共享着眼,既要通过淘汰落后专业、整合传统专业、培育新兴专业,不断优化专业结构,又要避免专业建设陷入"社会需求"至上的泥淖中,加强专业内涵建设,形成适应社会需求的应变能力。二是通过办校进厂、引厂进校、前店后校等形式加强产教融合实训基地建设;实行校企"双专业带头人、双骨干教师"制度,职业院校应实施新任教师先企业实践后上岗和教师定期企业实践计划,按照国家相关规定聘请企业管理人员、工程技术人员和能工巧匠担任专任兼职教师;加强教师教学法和信息化教学能力的培训,提升教师教学能力和艺术,优化课堂教学效果。三是紧扣"工学结合",遵循学生职业成长规律,系统优化从"专业认知"到"行业感知"再到"职业定位"的"递进式"人才培养方案,加强工匠精神的养成教育、体验教育和实践教育;将创新创业教育有效融入专业教育,构建"面向全体、分层实施"的创新创业教育体系,即对低年级学生进行全面的创新创业基本素质与能力培养,对高年级创新创业潜能学生提供场地、资金、实践机会等进行创新创业实践性培养。四是完善学生学习预警与帮扶系统,建立"学业导师制"、学生学习体验定期监测制度、学业预警机制,加强对学生学习过程的管理和服务。五是实施优秀学生海外实习学习计划,并以"师资+课程+职业资格证书"的方式,引进能够培养学生国际视野、通晓国际规则的境外优质教育资源,拓展高素质技术技能型人才培养的国际维度。六是推进产业文化与学校文化的对接,用文化引领高素质技术技能型人才培养。通过校企共建校内生产性实训基地、企业驻校研发中心、大学生创业工作园、师生工作室以及开展"企业家进校园"活动等促进校企文化对接,推进绿色工业文化进校园、职业文化进课堂,将生态环保与绿色节能、清洁生产与循环经济等理念以及"生物圈意识"、"亲自然情结"融入教育教学过程,用绿色工业文化引领人才培养,让职业院校成为绿色工业文化的重要组成部分,职业教育成为绿色工业文化和绿色技术的孕育母体,从知识教育和技能训练走向文化育人。七是建立信息化教育教学机制,服务学生自主学习。加强数字化校园建设,依托先进网络信息技术,通过突出校本特色自建资源、购置难度开发较大资源、共享优质免费资源等途径,建设以视频资源、仿真实训软件、虚拟生产工艺和流程、SPOC 等为核心的数字化学习资源,集成学校专业建设成果、数字图书资源、学生学习管理系统,建设具有"辅教助学"功能的"数字化学习中心",并加大教师信息化教学能力的培养力度,满足学生混合式学习的新需求,营造数字化学习氛围。将企业优质教学资源及时引进课堂,搭建校企数字传输课堂,将企业的生产过程、工作流程等信息实时传送到校内课堂,通过实时观看企业现场生产工艺和流程、服务模式等完整的技术活动过程,拓展学生的学习空间,提升实践教学和技能训练的效果。

（五）社会公众：树立校企合作育人的文化自觉

霍尔斯曾经说过"'教育'作为抽象概念在本质上就是指一种文化现象"，由此"每种教育制度都源于它得以存在的文化环境"。[①] 体制机制的建立是相对容易的，而理念上的认同则较为困难。正如德国职业教育的"双元制"是德国职业教育法律体系、民族文化传统、教育理念和体制机制结构共同作用和塑造的结果。南通市职业教育校企合作长效机制的构建过程不仅是包括政策、法规的建设和组织机构的完善过程，更是包括社会公众观念的更新和价值的认同过程。当前我国由于社会层面缺乏良好的外部环境，国家加快发展现代职业教育的国家战略与广大民众对职业教育的观念与行动凸显严峻的"认知赤字"。[②]

当前尽管我国职业教育的理论研究和社会经济实践已充分说明了职业教育对人的发展与国民经济的价值以及职业教育校企合作育人的功能价值，同时无论是从微观层面总结南通市职业教育改革发展的成绩，还是从宏观层面总结国家职业教育改革发展的整体成就时，我们还不得不面对这样一个客观现实，那就是在国家关于职业教育改革发展系列政策红利的驱动下，我国职业教育的规模和质量均得到了前所未有的扩展和提高。但是在实践过程中常常遇到这样或那样的困难，如职业院校的老师不愿意下企业进行专业实践，企业在校企合作育人方面没有形成共识，现实动力不足，职业院校学生顶岗实习管理还不够规范，民众视职业教育为中考或高考的"失败者教育"、"穷人教育"或"低层次教育"等。国家关于职业教育改革发展的种种"政策符号"，没有顺利走向"人本符号"，在观念层面还没有得到社会公众自觉的充分响应，一定程度上造成发展职业教育不能有效地实现从"国家需求"到"百姓需求"的顺利转变。

著名社会学家韦伯曾指出，任何一项伟大事业的背后都存在支撑这一事业并维系这一事业成败的无形文化精神。教育文化自觉是考量教育是否实现真正变革的深层次要素。当前南通乃至我国职业教育发展中存在的"政策符号困境"，表面上看起来是由社会经济发展和公众主观认识以及相关政策制定实施所引起的，实际上有更深层的文化原因，是由我国职业教育及其校企合作的文化"短板"现象所引起的，那就是我国社会公众没有形成对应的文化自觉。而这些问题的解决也需要用文化自觉的方式去解决。所谓"文化自觉"是指人们对自身文化有一种自知之

[①]　项贤明：《比较教育学的文化逻辑》，黑龙江教育出版社2001年版，第30页。

[②]　马庆发：《职业教育发展路径的选择与反思》，《上海教育评估研究》2013年第2期。

明，加强对文化转型的自主能力，取得决定适应新环境、新时代的文化选择的自主地位。[1] 德国之所以拥有让世人艳羡的职业教育，核心的原因在于德意志民族崇尚手工、制造，崇尚"工匠精神"，重视职业教育。在德国，职业教育被视为政府、社会、企业与个人的共同行为，是国家在国际市场竞争中的原动力，是企业生存与竞争的手段，是个人生存最重要的基础及个性发展、感受自身价值和社会认可的重要前提。特别是企业界人士更认为职业教育就是产品质量，是德国经济发展的柱石。所以，南通职业教育现代化的过程，实质上就是一个文化现代化的过程。职业教育校企合作治理说到底就是全民治理，全体公众的自觉治理才是职业教育校企合作治理的根本目的。

"在普通大众的生活世界和文化根基没有发生真正松动的情况下，停留于纯粹思想观念层面上的外在的、表面的文化启蒙无法兑现文化转型的承诺。"[2]基于上述理论与实践相结合的分析，立足职业教育校企合作的宏观机制、激励机制以及指导—服务机制作用的发挥，南通市职业教育校企合作机制的构建还必须从文化自觉的高度来透视和设计，让社会公众基于跨界的思维来审视职业教育的办学模式，认同和尊重社会分工所形成的职业分类，认同和弘扬"工匠精神"与工匠文化，认同和尊重高素质技术技能型人才的社会地位，由此获得对职业教育更广泛的认同和支持，形成深厚的民意基础，形成全社会对职业教育校企合作的全力支持，奠定职业教育文化软实力生存的社会基础。

1. 树立主体性职业教育管理观

职业教育作为我国教育体系中的一种重要教育类型，就是要以学习者为中心，树立跨界思维，为他们有效提供经历、实践、探究的机会，使他们掌握职业知识、职业技能，获得就业和创业能力，形成职业道德和提高各方面的素质。就其本质而言，最终目的是促进人的全面发展，培养具备"大国工匠"潜质的优秀技术技能型人才，促进国家经济增长的效率与效益的提高。所谓"主体性职业教育管理观"，是一种把受教育者培养成为教育活动的主体和社会生活的主体的教育观。主体性职业教育管理观，不仅着眼于受教育者的主体性问题，要求教育管理有助于他们主体性的发挥，而且还要承认管理者、施教者的主体地位，使职业教育活动、职业教育事业更有生命力，真正成为推动经济社会发展的积极力量。[3] 主体性职业教育管理的

---

① 费孝通：《关于"文化自觉"的一些自白》，《学术研究》2003 年第 7 期。

② 衣俊卿：《文化哲学十五讲》，北京大学出版社 2000 年版，第 300 页。

③ 孙绵涛：《教育管理哲学——现代教育管理观引论》，武汉工业大学出版社 1997 年版，第 36 页。

核心理念就是"一个健全的人必须掌握一技之长,并获得一份工作"。南通社会各界在对待职业教育发展及校企合作育人的问题上,应树立主体性职业教育管理观,彰显职业教育作为一种重要教育类型的教育主体地位,坚持职业教育校企合作的本质观,发挥好职业院校是培养能工巧匠的主阵地作用,理解和认同校企合作的本质是培养具备"大国工匠"潜质的高素质技术技能型人才,促进毕业生体面顺利就业,服务国家经济社会发展的一种制度,具有多方受益性的特点。在这样的环境下,没有人会因为选择了职业教育而感到低人一等。树立主体性职业教育管理观具体应从以下几方面努力。

一是在学校观上,从"相对封闭"向"更加开放"转变。随着现代网络技术对职业教育教学生态的改变,职业院校的人才培养活动由学校教育进一步拓展为企业教育、社区教育,促进正规教育与非正规教育、现实教育与虚拟教育、学校学习与终身学习建立起沟通和衔接的紧密联系。二是在培养观上,从"制器"向"育人"转变。把"立德树人"作为根本任务,树立"全人教育"理念,走出"大规模、标准化"的制器时代,回归"个性化、全面发展"的育人本质,培育学生精益求精的"工匠精神",将培养目标定位在培养"复合式、创新型、发展型"技术技能人才。所谓复合式是指,学生多种技能的复合,具有不同领域或同一领域不同等级的精湛技能,具有多种技能与技术的复合,既懂得如何操作,又能够对技术和工艺进行持续改良和革新,通晓国际规则、符合国际标准;所谓创新型是指,通过强化系统的创新教育,使学生树立职业敬畏、对工作执着、精益求精的态度与精神,具有一定的创新思维、创新手段和创新能力;发展型是指,学生能够首岗适应并能够有效应对未来职业变迁,既能适应现在,又能适应未来。三是在课程观上,从"工作世界"向"生活世界"与"工作世界"融合转变。既要重视学生的"工作世界",更要重视学生的"生活世界",促进学生"工作世界"与"生活世界"融合,使学生在包括专业的、社会的、伦理的和政治的维度以及理论和实践的维度等多个维度上实现均匀融合的发展,获得整体性行为能力,成为"手、脑、心"相融合的整体性的人。① 四是在评价观上,从"单一"向"多维"转变。以学习者的发展为支点,实行多元化、多维度评价体系,实现服务社会发展和服务学生发展的和谐统一。由政府评价、学校自我评价为主向政府、学校、行业、企业、研究机构和社会专业组织等利益相关者共同参与评价转变。五是在教师观上,从"传授者"向"学习者"转变。职业院校的教师不再是传统意义上简单的知识和技能的传授者,而是学生学习的积极引导者、促进者、激发者、引领者;不再是"以教定学"的程序员,而是教学个性化和艺术化的创造者——教学导演,能够将

---

① 马庆发:《职业教育发展的若干深层次问题》,《江苏教育》2014年第1期。

传统的指令性教学变成建设性学习服务,构建师生学习共同体。教师的素质和能力要求也不再局限于"会教学、懂行业、能实践"的"双师"素质,还要能够根据学生需求整合各种线上和实体资源开展混合式教学,不仅要做"双师"型教师,而且要力争成为"以学定教"的设计师。六是在管理观上,从"管理"向"治理"转变。建立以学生为本的现代职业院校教学制度,使政府和职业院校在发展中各归其位。以推进管、办、评分离为基本方针,建立系统完备、科学规范、运行有效的制度体系,形成政府宏观协调、职业院校自主办学、社会广泛参与的多元利益主体共同治理格局,为培养复合式、创新型、发展型技术技能型人才提供广阔的制度平台。

2. 加强校企合作的舆论宣传

宣传作为一种信息传递的方式,在本质上是一种国家发展职业教育理念与意志扩散的过程,是促进社会公众对职业教育以及职业教育校企合作价值、"工匠精神"认同的重要手段。职业教育校企合作宣传工作的目的在于让全社会认识到能工巧匠的培养是一个系统工程,需要政府牵头,行业企业、职业院校、行业组织通力合作;在于普及职业教育校企合作的相关法律政策,从"政策符号"走向"人本符号",引导全社会树立正确的校企合作价值理念,增强全社会对校企合作的认知度、认同度,让弘扬"工匠精神"、厚植工匠文化、培育"中国工匠"的诉求成为国家意志和全民共识。

在宣传内容上,应包括对"工匠精神"与工匠文化、校企合作的法律政策、校企合作的价值理念、校企合作的立法和执法的相关信息、校企合作先进典型、校企合作的理论研究成果、职业院校的先进经验、技术技能人才成果贡献等的宣传;在宣传对象上包括:各类职业学校学校、企业、行业组织、在读学生及其家长群体,未来职业教育的潜在学习者群体和受益社会公众等;在宣传形式上,坚持传统媒体与新兴媒体相结合,特别是要注重借助便利快捷的公共社交媒体如网络、电视、公众微信等平台;在宣传载体上,建议开设南通公共媒体专题栏目、建立南通市级职业教育网站、举办南通市职业院校办学开放日、全市职业院校技能大赛、全市职工创新创业周、全市劳动竞赛活动周以及开展好国家职业教育活动周等。建立南通市职业教育工作定期表彰制度、"南通优秀工匠"评选活动等,完善技能人才的评价机制与优秀技能人才奖励制度,树立"工匠精神"先进示范,展现广大职工创新创业、建工建业的时代风采,持续为工匠发声、为工匠正名,讴歌精雕细琢、精益求精的"工匠精神"和工匠文化,努力在全社会营造人才宝贵、创造伟大,崇尚劳动、崇尚技能、崇尚创造、崇尚"十年磨一剑"理念的社会文化氛围,形成尊重职业教育、尊重技术技能型人才的社会环境,更好地推动经济社会转型发展。

3．加强工匠精神的养成教育、体验教育和实践教育

工匠精神是工业革命的伟大推动力量。当今世界，凡拥有发达制造业的国家，无不重视工匠精神的培育。德国人素以严谨的工作态度著称世界。从内涵看，支撑德国的现代化之路则是其工匠精神。尽管我国开展职业与生涯启蒙教育的历史可以追溯到20世纪初，但是发达国家早已把职业与生涯启蒙教育贯穿于整个国民教育过程中的经验很值得我们学习借鉴。如世界职业教育发达国家德国从小学四年级就开始职业与生涯教育，并且伴随教育全过程，以帮助学生尽早认识各类职业。在我们加快产业结构转型升级、推进建设"制造强国"和倡导"大众创新、万众创业"的进程中，南通市乃至我们整个国家要有素质与结构良好的职业人才的后备力量支撑，必须从职业与生涯启蒙教育入手，让社会公众理解职业教育是体现多元智能理的、让学生兴趣利益最大化的类型教育，而非使受教育者的生存质量弱化和工具化的教育。[①]

南通是著名的教育之乡，南通教育改革发展是整个江苏教育事业的缩影和典范，许多工作不仅在江苏有很大影响，在全国也走在前列，南通打造"创新之都"应率先在全社会构建"工匠精神"的养成教育、体验教育和实践教育体系，真正营造劳动光荣、技能宝贵、创造伟大的社会氛围。首先做好以下三个方面的工作：一是职业院校要发挥先导作用，将工匠精神的培育贯穿于教育教学改革全过程，在课程设置、实践教育、思想政治教育和顶岗实习等教学环节加强理性教育内容，引导学生树立"精益求精、追求完美、注重细节、专注专业、爱岗敬业、勇于创新"的精神，树立正确的择业观和就业观，让学生在锤炼技能的同时，将"创新基因"根植于心，成为具备"大国工匠"潜质的优秀技术技能型人才。二是把职业与生涯启蒙教育纳入区域现代职业教育体系构建的战略设计中。因为现代职业教育作为一个完整的体系，更重要的是要从本质内涵上构建起从"职业与生涯启蒙—职前培养—职后培训"完整的终身教育体系，不能只停留在一般表象上的"中职—高职—本科"体系构建，更需要在义务教育阶段就抓好未来潜在人力资本的职业启蒙教育。三是开展基础阶段职业与生涯启蒙教育的探索。从学理上和实践上来讲，将职业教育前移即在义务教育阶段进行职业启蒙，都是符合学生认识规律的，也是学生将来规避就业风险的一种内在成长需要。通过启蒙性质的职业与生涯教育，可以使义务教育阶段的学生对社会职业有一个初步的认知和体验，让学生将今天的学习与未来的

[①] 黄卓君：《开展职业启蒙是改变社会偏见的良方》，《中国教育报》2015年6月11日第9版。

职业有机联系在一起。建议南通市借鉴德国、美国、瑞典、法国等发达国家开展职业与生涯启蒙教育的经验,在中小学学段开设职业理解课程、职业体验课程,并由政府出资建立公益性的儿童未来职业体验馆,让学生有机会进入各类职业场所认知职业、体验职业;充分发挥南通作为中国"文博之乡"所特有的资源优势,在各类博物馆、展馆、科技馆、公共实训基地以及民族传统工艺与非物质文化遗产传习所等公共服务机构开拓对相应的公益性职业体验项目;各类企事业单位尤其是职业院校也要设立常态化的职业体验日,安排专人负责,免费向中小学生及其家长和社会公众开放,要让学生感受到职业在社会生活中的不可或缺,感受到"做事文化"与"工匠精神",认识到"人人都有出彩的机会"。

4. 加强南通市职业教育校企合作的理论研究

理论是实践的先导。南通市职业教育校企合作治理的实践需要科学理论的指导。因此,要发挥职业院校和南通市各级教育科学决策研究机构的作用,坚持问题导向、夯实学理支撑、注重经验集成,加强对南通市校企合作治理重要领域和关键环节研究,推动校企合作治理的科学试验。及时将理论研究成果融入南通市职业教育校企合作治理生动的改革实践中,转为解决问题的办法,为培养具备"大国工匠"潜质的优秀技术技能型人才服务;转化为决策,提供具有操作性的政策建议;转化为制度,包括法律法规、政策规章等正式制度,也包括价值理念、伦理规范、道德观念、意识形态等非正式制度,为南通职业教育治理现代化提供制度支撑;转化舆论,通过理念引导、政策解读、回应群众关切、加强舆情研究等途径,正确引导舆论。①

一是加大职业教育校企合作研究经费的投入,加强南通市各级职业教育科研机构建设和各职业院校教育研究机构的建设,尤其是南通市一级层面的职业教育科研机构的建设,围绕校企合作机制建设的关键环节和核心领域进行研究,充分发挥其在南通市职业教育校企合作治理中的决策服务、实践指导作用。二是夯实制度学理支撑,把握职业教育发展的规律和高素质技术技能型人才成长规律。南通市职业教育学会要协调职业院校协助政府教育部门做好南通市职业教育校企合作的研究、咨询和指导工作,保障政府公共决策具有更加广泛的社会基础,体现科学性、预见性和透明性,使南通市职业教育校企合作发展具有更加广泛的科学基础,体现先进性、可行性和效益性。三是重视职业教育校企合作研究成果的推广,充分利用有关政府网站、职业教育网站和地方教育媒体,宣传和推广职业教育校企合作

---

① 陈宝生:《把握时代脉搏和规律促进教育事业科学发展》,《教育研究》2017年第1期。

的研究优秀成果,把研究成果转化为社会舆论,充分发挥引导社会舆论的重要作用,为职业教育校企合作治理现代化营造良好的社会氛围。四是加强"工匠精神"的研究和普及。加强"工匠精神"理论成果的总结和提炼,拓展全社会对"工匠精神"理论认识上的理解,让全社会认识到"工匠精神"是工业文明高度发展的精神成果,是现代职业教育的精神标杆,是职业教育"立德树人"的特征和灵魂,是职业教育文化软实力的象征,从而全面、理性把握"工匠精神"的社会价值和教育意义。五是注重经验集成,在集成、融合经验的过程中发现规律,抓准问题,形成学理,提供具有可操作性的政策建议。立足南通市职业教育改革发展实践,加强南通市职业教育校企合作实践中典型经验、创新做法的总结、提炼,职业院校自身要加强院校校企合作实践经验和成果的总结、提炼,并及时将其升为理论和制度层面,有效带动全省乃至全国职业教育校企合作理念转变、制度创新、政策突破。

第七章 结论与展望

当前,我国已经建成世界最大的职业教育体系。但是同时,企业办学主体地位的缺失已成制约建设现代职教体系的一大瓶颈。在我国教育领域推进管办评分离改革,构建政府、学校、社会之间新型关系的改革总目标引领下,建立健全政府主导、企业参与的职业教育办学机制,制定促进校企合作办学法规,推进职业教育校企合作治理制度化,对我们推进我国职业教育治理现代化、培养大批具备"大国工匠"潜质的优秀技术技能型人才、建设世界制造强国而言,是一个具有重大理论意义和实践意义研究命题。

作为以追求利润最大化为本质特征的经济组织,企业是否参与职业教育办学主要取决于随之给其带来的净收益。基于此,本研究遵循"体现问题导向—夯实学理支撑—注重经验集成—形成理论体系—转化为决策建议、制度安排和社会舆论"的研究思路,借鉴了产教融合理论、利益相关者理论、交易费用理论和公共治理理论等理论分析工具,阐述了我国职业教育校企合作治理制度安排与职业教育不同利益主体的利益协调和表达的应然关联,并以南通市探索职业教育校企合作机制构建的探索为个案,深入探究我国地方职业教育校企合作机制构建的学理逻辑和实践逻辑,并最终提出了促进南通职业教育校企合作机制构建的基本方略,以及校企合作机制实施制度化和法治化的建议,期望可以促进南通职业教育校企合作治理现代化,希望可以为探索职业教育校企合作机制的国家层面制度安排提供参考。本研究集中反映并强调了如下六个方面的观点。

第一,职业教育校企合作机制的形成是一个国家和地方职业教育法律体系、社会文化传统、教育理念和体制机制结构共同作用和塑造的结果。职业教育校企合作机制建设的一个基本命题是:一个国家的职业教育校企合作机制,依赖于本国的政治、经济制度、历史文化传统以及教育法律体系,一个地方的职业教育校企合作机制建设也遵循同样的原则。我国的政治、经济制度和文化传统决定了在构建具有中国特色职业教育校企合作机制时,应在政府主导下,放眼国际、汲取世界先进经验,充分考虑我国职业教育的发展水平以及经济社会发展的阶段特征,依据中国法律法规的规定进行制度构建。

第二，职业教育校企合作作为一种教育现象存在，职业教育校企合作机制是职业院校与企业合作培养高素质技术技能型人才现象各部分之间的相互关系及其运行方式。这种运行方式可以把校企合作培养高素质技术技能型人才现象的各部分有机联系起来、整合起来，使校企合作发生促进人的全面发展和提高国家经济增长效率与效益的应然作用。以校企合作培养高素质技术技能型人才现象各部分之间的内在联系或者联系方式为标准，职业教育校企合作机制包括由层次机制、形式机制和功能机制三种基本类型。这三种基本类型的机制相互联系、相互渗透、相互呼应和相互补充，构成了职业教育校企合作现象各部分内在联系及运行方式的内在逻辑结构，是考察职业教育校企合作运行方式的三个基本角度。

第三，职业教育校企合作机制构建的价值追求在于育人。职业教育校企合作机制的功能在于有效聚集行业企业、政府、学校等各方面的优质教育资源，以支撑职业教育高素质技术技能型人才培养。在提高高素质技术技能型人才培养质量方面，职业教育校企合作机制构建与职业院校教学综合改革犹如"鸟之双翼、车之双轮"，缺一不可。职业教育校企合作机制的创新为职业院校深化教育教学改革提供了优质资源保障，职业院校的教学综合改革使高素质技术技能型人才培养真正落地，真正实现职业教育校企合作机制改革的价值追求。

第四，职业教育校企合作机制在本质上也是一种利益制度，是协调和维护职业教育不同利益主体利益的规则体系。建立能够有效推动职业教育发展的校企合作的层次机制、形式机制和功能机制动态调整、有机结合的机制结构体系，就是要形成能够融利益"激励与约束、增长与协调"于一体，兼顾"效率与公平"内在统一的职业教育校企合作治理结构，使政府、行业组织、企业、职业院校等利益主体在校企合作治理中能够"平等协商、良性互动、各司其职、各尽所能、各享其利"，实现职业教育校企合作促进人的全面发展与经济社会协调发展统一的"善治"效果。

第五，建立职业教育校企合作的法律法规及构建地方职业教育合作机制的基础。法治是职业教育治理现代化的根本特征。法治能够通过提供大量程序性规定为企业和职业院校两个不同性质组织在治理中合作构建一个理性的公共领域，促使双方以规范、理性的方式来协调合作治理中潜在的复杂多变的利益关系及其冲突，并保障企业参与治理的可持续发展。地方校企合作的机制如果以法律法规的制度形式加以规范，就能更好地保证这种机制的实施效果，更有利于形成这种机制的长效机制。立足制定"管用"的职业教育校企合作促进法，要尽快制定出台地方职业教育校企合作促进条例，以法律法规的"硬性"形式明确政府、行业组织、企业、职业院校等多元利益主体的权责利。在立法工作中紧扣解决好职业教育校企合作

"谁来促进、促进什么、如何促进"这一根本性问题,要使政府贯彻国家职业教育意志、履行管理和发展国家职业教育的职责,从政府的"鼓励"、"支持"变成为可操作、救济、可切实履行的政府义务和责任;要克服有义务无责任,法律责任主体不明,表述不清,无法追究违法主体法律责任以及条款表述含糊,缺乏可操作性、不管用等弊端,力求在立法内容上有实质性突破。

第六,要加快提升地方职业教育校企合作治理的实践经验,为国家职业教育校企合作治理制度安排的创新提供更有价值的参考。目前我国职业教育校企合作治理中出现了不少区域和地方的宝贵经验,如江苏、浙江、天津等。要大力鼓励地方的职业教育校企合作治理机制创新,而后不失时机地将地方实践中创造的带有普遍意义的、比较成熟的好经验、好做法及时上升为国家层面的制度规范。在我国职业教育创新发展"坚持顶层设计与支持地方先行先试相结合"的基本原则下,通过对这些区域或地方宝贵实践经验的总结推广,实现从"一枝独秀"做到"百花齐放",既可以从中吸纳创新智慧为,职业教育校企合作治理国家层面的制度设计提供参考,也可以降低现代职业教育校企合作机制构建的成本付出。

在职业教育改革进入"深水区"的中国今天,无论是国家层面还是地方或区域层面的职业教育校企合作治理的制度安排,都是一项复杂的、渐进的系统工程,需要我们以"创新、协调、绿色、开放、共享"的发展理念为指导,立足地方实际和中国国情,对接国际惯例与趋势,通过整体性、系统性的改革来获得完整的社会支持。国家和地方政府作为社会治理主体,要切实履行好校企合作治理顶层设计的任务和职责;企业作为职业教育重要办学主体要切实履行校企合作育人的社会责任;职业院校完善校企合作的内部治理结构,自我切实履行作为办学主体对人才培养质量保证的主体责任,不断增强利益相关方对人才培养工作的满意度;社会公众树立校企合作人、崇尚工匠精神的文化自觉。

总之,现代职业教育校企合作治理机制没有一成不变的"法宝",它特别要求因时因地的自主性、实践性、过程性和创新性。针对我国企业参与现代职业教育治理所必需的公共制度供给不足以及公共治理视角下企业和职业院校缺乏自治理念的客观现实,政府作为现代职业教育治理的重要主体,要以修订我国《职业教育法》为契机,围绕"政府促进"、"企业社会责任"、"企业成本补偿"、"职业院校质量责任"、"受教育者(学徒)权利义务"、"职业教育与培训标准"、"权利救济"、"法律责任追究"、"纠纷协调和处理"等,加快完善促进校企合作治理、职业教育集团化办学和混合所有制办学改革等方面的法律法规。通过系统性立法,构建完备的现代职业教育法律体系,为我国企业参与治理提供法治机制保障,明确企业、政府、职业院校以及学生等利益主体的权能空间和利益限度,将企业有限自治与政府立法适度干预有机结合,实现企业参与治理方式的法治化。这在要加强教育法治的今天尤其重要。同时,要加强对"工匠精神"的研究和宣传,让全社会了解"什么是工匠",了解"工匠的精神境界",正确认识"工匠精神"是"专业精神、职业态度、人文素养"的三者有机统一,认识到"工匠精神"是工业文明高度发展的精神成果,是现代职业教育的精神标杆,是职业教育"立德树人"的特征和灵魂,是职业教育文化软实力的象征,从而获得全社会对发展现代职业教育的认同和支持!

借用世界著名学者、加拿大多伦多大学社会学系教授安德烈·贡德·弗兰克在其《白银资本》中的一句话结束本研究:"研究结果可能只是一种不完善的近似。"坦诚地讲,受我们学术水平、研究视野以及问题本身不断发展变化等因素影响,本研究仅仅是进行了初步的探索,还存在很多不完善之处,还有许多问题没有解决,还需要今后立足我国推进教育治理体系和治理能力现代化建设的伟大实践探索继续研究,不断完善。

附录一 —— **访谈提纲**

一、对职业教育行政主管部门领导的访谈

1. 您对当前我国"建立健全政府主导、行业指导、企业参与的职业教育办学机制"是如何理解的？

2. 您认为职业教育办学体制改革与办学机制创新是一回事吗？如果不是，您是如何理解的？

3. 您认为政府、职业院校、行业组织（协会）、企业在职业教育校企合作育人实践中各自应该如何定位？

4. 您认为政府、职业院校、行业组织（协会）、企业在职业教育校企合作育人中的动力和共同愿景是什么？

5. 请您介绍一下本行政区域内政府、职业院校、行业组织（协会）在职业教育校企合作育人的基本情况？

6. 请您结合本地区职业教育校企合作的情况谈谈当前影响我国职业教育校企合作的因素或者障碍有哪些？

7. 请您介绍一下本地政府为促进行政区域内职业院校与行业企业的合作出台了哪些政策或采取了哪些措施？

8. 在当前教育"管、办、评"分离改革的时代背景下，您对进一步促进我国职业教育校企合作机制的建立有哪些建议或者思考？

9. 您是否方便提供上述议题相关的文本资料？

二、对职业教育研究专家和学者的访谈

1. 您是如何理解教育体制与教育机制的？
2. 您是如何理解职业教育校企合作及其机制的？
3. 您是如何理解职业教育"产教融合、校企合作"的？
4. 您是如何理解"工匠精神和工匠文化"的？
5. 您对我国"建立健全政府主导、行业指导、企业参与的职业教育办学机制"有何思考或者建议？
6. 您认为当前制约我国职业教育校企合作机制建立的因素有哪些？

7. 您认为西方职业教育发达国家在促进职业教育校企合作方面的经验有哪些?

8. 你认为对当前我国出台的关于职业教育校企合作的政策法规的进展有哪些? 还存在哪些需要改进的地方?

9. 在当前教育"管、办、评"分离改革的时代背景下,您对地方政府出台促进职业教育校企合作长效机制建立的政策法规有何建议?

10. 您是否方便提供上述议题相关的文本资料?

三、对行业组织(协会)领导的访谈

1. 您对当前我国"建立健全政府主导、行业指导、企业参与的职业教育办学机制"是如何理解的?

2. 您是如何了解行业组织(协会)在职业教育校企合作中的定位和功能的?

3. 您认为西方职业教育发达国家发挥行业组织(协会)在职业教育校企合作作用的经验有哪些?

4. 您是如何理解"产教融合、校企合作"的?

5. 您是如何理解"工匠精神与工匠文化"的?

6. 请您介绍一下目前本行业组织(协会)在职业教育校企合作中开展了哪些实质性工作、取得了哪些成绩、存在哪些问题、造成这些问题的原因是什么。

7. 您认为要发挥行业组织(协会)在职业教育校企合作中的应然作用,行业组织(协会)自身还需要从哪些方面加强建设?

8. 您认为要发挥行业组织(协会)在职业教育校企合作中的应然作用,需要政府出台哪些政策或者举措?

9. 您是否方便提供上述议题相关的文本资料?

四、对职业院校合作企(事)业管理者的访谈

1. 您是如何理解职业教育"产教融合、校企合作"的?

2. 您是如何理解"工匠精神与做事文化"的?

3. 您认为职业院校与企业开展合作的动力在哪里?

4. 您认为政府、职业院校、行业组织(协会)、企业在职业教育校企合作育人实践中各自应该如何定位?

5. 您能否介绍一下贵单位与职业院校合作的基本情况?

6. 贵单位与职业院校合作的初衷是什么? 现实情况与您当时的初衷是否一致?

7. 在与职业院校合作过程中你们满意的是什么? 不满意的是什么?

8. 贵单位与职业院校是如何保障双方合作进行的?

9. 您是否了解政府颁布的有效的校企合作政策或采取了哪些有效的措施?

10. 您对促进职业教育校企合作长效机制建立有哪些建议?

11. 您是否方便提供上述议题相关的文本资料?

五、对职业院校管理者的访谈

1. 您是如何理解职业教育校企合作及其机制的?

2. 您是如何理解职业教育"产教融合、校企合作"的？

3. 您认为企业与职业院校开展合作的动力在哪里？

4. 贵校是否有校企合作的情况？如果有，采取的模式和合作的内容有哪些？您有何经验与体会？

5. 您认为如何让职业院校的人才培养与产业有效对接？

6. 贵校是否规定教师要定期下企业进行专业实践？如果有规定，那么是如何进行操作的？

7. 贵校是如何安排学生企业顶岗实践的？学生在企业顶岗实践过程中是如何进行有效教学管理的？

8. 您认为政府、职业院校、行业组织（协会）、企业在职业教育校企合作育人实践中各自应该如何定位自身作用？

9. 您认为要进一步促进校企合作，贵校还需要从哪些方面进一步完善内部治理结构？

10. 您对当前我国"建立健全政府主导、行业指导、企业参与的职业教育办学机制"有何建议或思考？

11. 您是否方便提供上述议题相关的文本资料？

六、对职业院校教师的访谈

1. 您能否对职业教育"产教融合、校企合作"谈谈自己的看法？

2. 您认为企业与职业院校开展合作的动力在哪里？

3. 您是否了解您所在学校开展校企合作情况？如果了解，请谈谈您的看法和体会？

4. 您是如何看待"实行新任教师先实践、后上岗和教师定期实践制度"的？贵校是否有类似的制度安排？如果有，请谈谈您的体会。

5. 您是否了解您所在学校建立了由行业、企业技术专家、管理人员和教师代表参与的专业建设指导委员会？如果了解，请谈谈您的看法。

6. 您对在职业院校教育教学过程融入"工匠精神与做事文化"培育有何建议？

7. 您对促进我国建立职业教育校企合作长效机制有何建议？

8. 您是否方便提供上述议题相关的文本资料？

七、对职业院校学生的访谈

1. 您对就读职业院校满意的是什么？不满意的是什么？

2. 您是否有参加由学校组织的去企业参观或实习的经历？如果有，请谈谈您的体会？

3. 您愿意利用寒暑假去企业实习吗？如果愿意，请谈谈您的看法。

4. 在你们的课程教学安排中是否有来自企业的人员为你们开设的课程或讲座？如果有，请谈谈您的体会和看法。

5. 如果到企业去实习或锻炼，您认为您最担心的事情有哪些？

6. 您是如何理解"一丝不苟、精益求精、认真负责的做事文化"的？

7. 在您心目中是否有让您佩服的"技术大师或者工匠"？如果有，可否讲讲他们让您敬佩的事迹？

8. 您是否方便提供上述议题相关的文本资料？

南通市职业教育校企合作现状调查问卷①

（学校版）

尊敬的女士／先生：

　　您好！

　　非常感谢您能在百忙之中填写这份问卷。本问卷的调查目的在于了解当前我市职业教育校企合作的现状，为研究制定《南通市职业教育校企合作促进办法》提供依据。本问卷仅作为学术研究之用。为保证研究结果的准确性，请您根据实际情况和真实想法填写问卷，不记姓名，答案也无对错之分。您的回答对于本课题能否顺利完成具有重要的意义。

　　衷心感谢您的支持与合作！

南通市教育改革发展战略性与政策性研究

《南通市职业教育校企合作机制研究》课题组

　　1. 您所在学校的性质是（　　　）。

　　A. 公办中职　　　B. 民办中职　　　C. 公办高职　　　D. 民办高职

　　2. 贵校的规模：

　　专业数：（　　　）个，在校生总数：（　　　）人。

　　3. 您的身份是（　　　）。

　　A. 校领导　　　B. 管理干部　　　C. 专任教师

　　4. 目前，与贵校校企合作的单位有（　　　）家，其中签订书面合作协议的有（　　　）家。

　　5. 贵校希望与相关企业进行校企合作的主要因素是（　　　）。（可多选）

　　A. 校企合作是职业院校人才培养的必要路径

---

　　① 本调查问卷参考了中山职业技术学院、湖南省教科院《校企合作现状调查与分析》、重庆市职业教育学会校企合作工作委员会调查问卷设计而成。

B. 学生与企业零距离接触，有利于就业

C. 资源共享，弥补学校师资力量、实训条件的不足

D. 提高学校双师型教师队伍建设的有效途径

E. 密切关注行业企业发展动态，合理设置专业和调整教学内容

F. 其他：＿＿＿＿＿＿＿＿＿

6. 在校企合作中，贵校可以为企业提供的帮助或服务有哪些？（　　　　）（可多选）

A. 为企业提供生产、服务、管理等方面的技术支持

B. 为企业相关岗位提供临时的员工，以满足生产需要

C. 为企业长期、稳定提供专业技术人才

D. 为企业员工开展文化素质方面的培训

E. 为企业员工提供技术技能培训

F. 其他：＿＿＿＿＿＿＿＿＿

7. 您认为贵校在推动校企合作过程中，还存在哪些问题？（限选2项，并按照重要性由高到低排序填入）

A. 学生顶岗实习的岗位难以落实

B. 学校教师研发能力和社会服务能力较差

C. 学校教师时间精力有限，参与合作的积极性不高

D. 学生和家长对校企合作缺乏认知，存在误解

E. 难以寻求长期、稳定、有一定社会影响力的合作企业

F. 学校校企合作管理松散、缺乏合力

G. 合作中存在一定的利益寻租与灰色地带

H. 其他：＿＿＿＿＿＿＿＿＿

① ＿＿＿＿＿　　② ＿＿＿＿＿

8. 据您了解，目前政府主要通过哪些方式介入职业教育校企合作？（可多选，并按政府介入的程度由高到低排序）

A. 制定校企合作相关法规条例，强制规定企业的校企合作法律义务与责任

B. 制定校企合作相关政策，通过财税等经济杠杆引导企业参与校企合作

C. 以项目的方式对校企合作的参与方进行专项财政补贴

D. 成立校企合作的专门管理部门，对校企合作进行管理与监督

E. 支持成立校企合作服务机构，搭建校企合作信息服务平台

F. 通过宣传、发动、树立典型等方式，营造企业参与职业教育的社会风气，增强职业教育的吸引力

G. 政府参与校企合作组织，直接指导校企合作

H. 其他：＿＿＿＿＿＿＿＿＿

① ＿＿＿＿＿　② ＿＿＿＿＿　③ ＿＿＿＿　④ ＿＿＿＿　⑤ ＿＿＿＿＿＿　⑥ ＿＿＿＿＿

9. 您认为影响目前校企合作成效的主要因素有哪些？（限选2项，并按照重要性由高到低

排序填入）

  A. 政府宏观政策与管理制度

  B. 校企合作的机构与平台

  C. 合作企业的主动性

  D. 合作企业的行业属性与规模

  E. 学校的主动性、办学水平与社会影响力

  F. 教师的专业水平、技术研发与服务能力

  G. 学生的职业技能与职业素养

  H. 其他：_____

  ① _____　② _____

南通市职业教育校企合作现状调查问卷①

（企业版）

尊敬的女士/先生：

您好！

非常感谢您能在百忙之中填写这份问卷。本问卷的调查目的在于了解当前我市职业教育校企合作的现状，为研究制定《南通市职业教育校企合作促进办法》提供依据。本问卷仅作为学术研究之用。为保证研究结果的准确性，请您根据实际情况和真实想法填写问卷，不记姓名，答案也无对错之分。您的回答对于本课题能否顺利完成具有重要的意义。

衷心感谢您的支持与合作！

南通市教育改革发展战略性与政策性研究
《南通市职业教育校企合作机制研究》课题组

1. 您所在的企业成立于_____年；企业规模：员工总数：（　　　　）人，2015 年产值（或营业额）：（　　　　）万元。

2. 企业类型是（　　　　）。

A. 国有或国有控股　　　　　　　B. 集体

C. 民营　　　　　　　　　　　　D. 外资

E. 合资　　　　F. 其他：_____

3. 贵单位开展过以下哪些内容的校企合作？（　　　　）（可多选）

A. 参与学校的专业建设与调整　　B. 参与课程与教材建设

C. 参与专业认知与见习　　　　　D. 参与实习实训基地建设

E. 接收并指导学生顶岗实习实训　F. 参与安排或者接受毕业生就业

G. 接受教师来单位企业实践

H. 派出技术人员到学校开设讲座，担任兼职教师

I. 合作开展技术研发服务

J. 其他：_____

4. 贵单位开展过的校企合作有哪些形式？（　　　　）（可多选）

A. 实习实训　　　　　　　　　　B. 订单培养

C. 工学交替　　　　　　　　　　D. 在职教集团下进行

E. 临时性合作（如就业基地）　　F. 股份制合作

G. 现代学徒制试点

---

①　本调查问卷参考了中山职业技术学院、湖南省教科院《校企合作现状调查与分析》、重庆市职业教育学会校企合作工作委员会调查问卷设计而成。

H. 其他：_____

5. 贵单位参与校企合作的成本有哪些？（　　　　　）（可多选）

A. 为学生提供实习补贴、福利及保险的成本

B. 学生毕业后不留任，面临培养成本损失和人才流失的风险成本

C. 对学生进行企业知识或技能培训的成本

D. 为学生提供培训场所的场租费及设备折旧费

E. 与学校合作开发技术或产品的成本

F. 与学校共同开发人才培养方案、课程、教材等成本

G. 接纳教师到企业锻炼而占用的成本

H. 其他：_____

6. 贵单位通过与职业院校开展校企合作，主要在以下哪些方面受益？（可多选，并按照受益程度由大到小排序）

A. 可优先挑选适合岗位需求的优秀学生

B. 在职员工培训，优化员工队伍

C. 提升企业形象，提高单位声誉

D. 取得一定经济效益

E. 促进企业产品、服务、技术的转型升级，增强企业竞争力

F. 提升管理服务水平

G. 可以获得政府税收减免专项补助等优惠政策

H. 其他：_____

①_____　②_____　③_____　④_____　⑤_____

⑥_____

7. 贵单位与职业院校能长期合作的原因主要是什么？（可多选，并按重要性由高到低排序）

A. 政府部门政策的推动

B. 企业领导与学校领导私人关系良好

C. 企业从中受益较大，而且学校合作很主动

D. 企业长期发展，需要得到职业院校的支持

E. 其他：_____

①_____　②_____　③_____　④_____

8. 据您了解，目前政府主要通过哪些方式介入职业教育校企合作？（可多选，并按政府介入的程度由高到低排序）

A. 制定校企合作相关法规条例，强制规定企业的校企合作法律义务与责任

B. 制定校企合作相关政策，通过财税等经济杠杆引导企业参与校企合作

C. 以项目的方式对校企合作的参与方进行专项财政补贴

D. 成立专门的校企合作专门管理部门，对校企合作进行管理与监督

E. 支持成立校企合作服务机构，搭建校企合作信息服务平台

F. 通过宣传、发动、树立典型等方式，营造企业参与职业教育的社会风气，增强职业教育的吸引力

G. 政府参与校企合作组织，直接指导校企合作

H. 其他：_____

① _____ ② _____ ③ _____ ④ _____ ⑤ _____

⑥ _____

9. 您认为影响目前校企合作成效的主要因素有哪些？（限选 2 项，并按照重要性由高到低排序填入）

A. 政府宏观政策与管理制度

B. 校企合作的机构与平台

C. 合作企业的主动性

D. 合作企业的行业属性与规模

E. 学校的主动性、办学水平与社会影响力

F. 教师的专业水平、技术研发与服务能力

G. 学生的职业技能与职业素养

H. 其他：_____

① _____ ② _____

南通市职业教育校企合作现状调查问卷[①]

（政府版）

尊敬的女士/先生：

　　您好！

　　非常感谢您能在百忙之中填写这份问卷。本问卷的调查目的在于了解当前我市职业教育校企合作的现状,为研究制定《南通市职业教育校企合作促进办法》提供依据。本问卷仅作为学术研究之用。为保证研究结果的准确性,请您根据实际情况和真实想法填写问卷,不记姓名,答案也无对错之分。您的回答对于本课题能否顺利完成具有重要的意义。

　　衷心感谢您的支持与合作！

南通市教育改革发展战略性与政策性研究
《南通市职业教育校企合作机制研究》课题组

　　1. 您来自南通市 ＿＿＿＿＿＿＿＿ 。（部门）

　　2. 您的身份是（　　　）。

　　A. 部门领导　　　B. 工作人员

　　3. 您认为目前职业教育校企合作对提高职业院校人才培养质量的效果如何？（　　　　）

　　A. 非常好　　　B. 好　　　　　C. 一般　　　　D. 不好

　　E. 很不好

　　4. 您认为目前职业教育校企合作对职业院校毕业生就业的促进效果如何？（　　　　）

　　A. 非常好　　　B. 好　　　　　C. 一般　　　　D. 不好

　　E. 很不好

　　5. 您认为目前职业教育校企合作对我市经济社会发展带来了什么影响？（多选,按照重要性由高到低排序）

　　A. 促进就业　　　　　　　　B. 增加国民福利

　　C. 促进经济发展　　　　　　D. 促进产业结构调整和升级

　　① ＿＿＿＿＿＿　② ＿＿＿＿＿＿　③ ＿＿＿＿＿＿　④ ＿＿＿＿＿＿

　　6. 您对目前我市职业教育校企合作的效果是否满意？（　　　　）

　　A. 很不满意　　B. 不满意　　　C. 一般　　　　D. 满意

　　E. 很满意

　　7. 据您了解,目前政府主要通过哪些方式介入职业教育校企合作？（可多选,并按政府介入的程度由高到低排序）

---

　　①　本调查问卷参考了中山职业技术学院、湖南省教科院《校企合作现状调查与分析》、重庆市职业教育学会校企合作工作委员会调查问卷设计而成。

A. 制定校企合作相关法规条例，强制规定企业的校企合作法律义务与责任

B. 制定校企合作相关政策，通过财税等经济杠杆引导企业参与校企合作

C. 以项目的方式对校企合作的参与方进行专项财政补贴

D. 成立专门的校企合作专门管理部门，对校企合作进行管理与监督

E. 支持成立校企合作服务机构，搭建校企合作信息服务平台

F. 通过宣传、发动、树立典型等方式，营造企业参与职业教育的社会风气，增强职业教育的吸引力

G. 政府参与校企合作组织，直接指导校企合作

H. 其他：_____

① _____ ② _____ ③ _____ ④ _____ ⑤ _____

⑥ _____

8. 您认为影响目前校企合作成效的主要因素有哪些？（限选 2 项，并按照重要性由高到低排序填入）

A. 政府宏观政策与管理制度

B. 校企合作的机构与平台

C. 合作企业的主动性

D. 合作企业的行业属性与规模

E. 学校的主动性、办学水平与社会影响力

F. 教师的专业水平、技术研发与服务能力

G. 学生的职业技能与职业素养

H. 其他：_____

① _____ ② _____

附录三 支持调查的单位名单

（排名不分先后）

南通市人力资和社会保障局	南通市教育局南通市经济和信息化委员会
江苏海门港新区管理委员会	南通市经济技术开发区社会事业局
南通如皋市教育局	南通海门市教育局
南通市通州区教育局	南通启东市教育局
南通市海安县教育局	南通如东县教育局
南通航运职业技术学院	江苏商贸职业学院
江苏工程职业技术学院	南通航运职业技术学院
南通科技职业学院	南通市职业大学
南通理工学院	江苏省如皋中等专业学校
江苏省通州中等专业学校	江苏省海门中等专业学校
江苏省启东中等专业学校	江苏省如皋第一中等专业学校
南通工贸技师学院	江苏省海安中等专业学校
江苏省如东中等专业学校	江苏省南通卫生高等职业技术学校
江苏省南通中等专业学校	南通市旅游职业高级中学
江苏省启东中等专业学校	江苏大生集团
江苏华艺集团	携程信息技术（南通）有限公司
南通四建集团有限公司	江苏林洋能源股份有限公司
江苏现代电力科技股份有限公司	江苏通达动力科技股份有限公司
海安华艺集团江苏蓝丝羽家用纺织品有限公司	
南通大饭店集团有限公司	南通华夏飞机工程技术股份有限公司
江苏海四达集团有限公司	聚光科技（南通）有限公司
江苏东源电器集团股份有限公司	南通创斯达股份有限公司
南通江山农药化工股份有限公司	泰莱斯（南通）医药化工有限公司
江苏中天科技工程有限公司	南通金鹰国际购物中心有限公司
南通阳光国际旅行社有限公司	南通中远船务工程有限公司
南通振华重型装备制造有限公司	南通市装饰装修行业协会（商会）
南通市化工医药行业协会	南通市服装行业协会
南通市建筑行业协会	南通市家居行业协会（商会）
南通市饭店行业协会	南通市纺织行业协会
南通市船舶工业行业协会	

附录四 / 我国部分地方性职业教育 校企合作法规文本①

一、《宁波市职业教育校企合作促进条例》
（2009 年颁布实施）

第一条 为了促进职业院校与企业的合作，培养高素质劳动者和高技能人才，增强职业教育服务经济和社会发展的能力，根据《中华人民共和国职业教育法》和其他有关法律、法规，结合本市实际，制定本条例。

第二条 本条例所称的职业教育校企合作，是指职业院校与相关企业在人才培养与职工培训、科技创新与技术服务、资源共享与共同发展等方面开展的合作。

本条例所称的职业院校，是指国家或社会力量依法举办的高等职业院校、中等职业学校等。

第三条 本条例适用于本市行政区域内的职业教育校企合作及其扶持和保障。

第四条 职业教育校企合作应当遵循自愿协商、优势互补、利益共享的原则，坚持以市场需求和劳动就业为导向，实现生产、教学、科研相结合。

第五条 市和县（市）、区人民政府应当鼓励、支持和促进职业教育校企合作，建立政府引导、校企互动、行业协调的校企合作运行机制。

第六条 市和县（市）、区人民政府教育行政部门负责本行政区域内的职业教育校企合作促进工作，劳动、人事、发展和改革、经济、贸易、财政、税务、科技、农业等行政部门在各自职责范围内，负责校企合作促进的有关工作。

市和县（市）、区人民政府应当建立职业教育联席会议制度，统筹协调本地区校企合作的规划、资源配置、经费保障、督导评估等工作。

第七条 职业院校应当根据经济社会发展和市场需求，主动与企业在学生实习、专业设置

---

① 地方职业教育校企合作法规是指我国各级地方政府根据本行政区域的具体情况和实际需要，在不与宪法、法律、行政法规相抵触的前提下制定的，用于规范本区域内职业教育校企合作治理，并形成职业教育校企合作长效机制的规范性法律文件。地方职业教育校企合作法规是地方职业教育校企合作机制实施制度化和法治化的基础，从法律与法规上保障了地方职业教育校企合作治理的效能。因此，在加强教育法治的今天，加快出台地方性职业教育校企合作法规，成为我国各地规范职业教育校企合作治理的一个重要抓手。

与课程开发、订单式教育与就业推荐、师资交流与培训、职工培训与继续教育等方面开展合作。

鼓励职业院校参与企业的技术改造、产品研发和科技攻关等项目,促进科技成果转化。

鼓励职业院校与农业企业开展农业技术培训、农业科技推广等方面合作,推进农业产业化发展。

鼓励职业院校聘请企业的高技能人才、工程技术人员兼任专业课教师或实习指导教师,参与职业院校的教学改革。

第八条 职业院校应当建立学生和教师到企业实习、实践制度。职业院校在校学生应当到企业或生产服务岗位参加上岗实习,专业教师到企业或生产服务岗位实践每两年不少于两个月。

职业院校应当加强对实习学生和实践教师的职业道德教育和安全教育,为实习学生统一办理意外伤害保险,并指派指导教师。

实习学生和实践教师应当遵守企业规章制度和劳动纪律,保守企业商业秘密。

第九条 鼓励企业与职业院校开展多种形式的合作办学;鼓励企业设立职业教育奖学金、助学金。

有条件的企业可以与职业院校联合建立实习实训基地,合作建设实验室或生产车间,合作兴办技术创新机构,合作组建职业教育实体或其他形式的产学研联合体,共同参与新兴产业基地建设。

第十条 企业应当接纳职业院校学生实习和教师实践;对上岗实习的,应当给予适当的劳动报酬。

企业应当按照与职业院校签订的合作协议,为实习学生和实践教师提供实训场地、设备设施,安排指导人员,做好实习、实践前的安全培训工作和实习、实践期间的劳动保护、安全等工作。

禁止企业安排实习学生从事不符合实习特征或者与实习内容不一致的劳动生产。

第十一条 企业应当依照国家有关规定提取和使用职工教育经费,并可以通过举办职业院校或委托职业院校等形式,对本单位职工和准备录用的人员实施职业技能培训和继续教育。

企业可以依照《中华人民共和国劳动合同法》的有关规定与接受专业技术培训的职工约定服务期。

职业院校应当优先安排与其建立校企合作关系的企业的职工进校接受职业技能培训和继续教育,并为合作企业优先推荐毕业生。

第十二条 行业组织应当引导和鼓励本行业企业与职业院校开展校企合作,并发挥行业资源、技术、信息等优势,参与校企合作项目的评估、职业技能鉴定及相关管理工作。

第十三条 市和县(市)、区人民政府应当设立职业教育校企合作发展专项资金。校企合作发展专项资金应当用于:

(一)资助职业院校和企业联合设立职业教育实习实训基地、合作建设实验室或生产车间等校企合作项目;

(二)资助职业院校为学生在实习期间统一办理意外伤害保险;

（三）对企业接纳职业院校学生实习发生的物耗能耗给予适当资助；

（四）对与职业院校合作开展职工教育和培训并取得显著成绩的企业给予奖励、表彰；

（五）对职业院校参与企业技术改造、产品研发、科技攻关和促进科技成果转化给予资助或奖励；

（六）奖励、表彰其他在促进职业教育校企合作中作出显著成绩的单位和个人；

（七）其他有关促进职业教育校企合作的经费资助。

职业教育校企合作发展专项资金应当随着经济和社会的发展逐步增长。

市和县（市）、区人民政府应当对校企合作发展专项资金的使用情况进行绩效评价，并根据评价结果对资金使用进行调整。

校企合作发展专项资金使用和管理的具体办法，由市和县（市）、区人民政府另行制定。

第十四条 教育、劳动行政部门和其他有关行政部门及其委托的行业组织，可以对职业教育校企合作项目及其实施情况进行检查、评估，检查、评估结果作为政府专项资金资助或奖励的依据。

第十五条 企业发生的职工教育经费支出和用于职业教育事业的公益性捐赠支出，可以按照国家规定在计算企业应纳税所得额时扣除。

企业委托职业院校开发新产品、新技术、新工艺发生的研究开发费用，可以按照国家规定享受企业所得税优惠。

第十六条 教育、劳动行政部门应当引导和鼓励本行政区域内的职业院校与相关企业开展职业教育校企合作，并通过宣传职业教育发展政策、建立信息资源共享网络等形式，为职业院校、企业开展校企合作提供指导、帮助等服务。

第十七条 人事、劳动行政部门应当加强人力资源开发公共信息网络建设，建立人力资源市场信息服务体系，为职业院校和企业提供人才培养、就业指导等服务。

第十八条 发展和改革、经济、贸易、农业等相关部门应当引导和鼓励相关企业与职业院校开展职业教育校企合作，并对促进当地经济和社会发展的重点合作项目优先予以扶持。

第十九条 科学技术行政部门应当对经评估认定为校企合作良好的企业，在科学研究和技术开发等方面优先给予资金支持。

第二十条 职业院校、企业违反有关规定，侵害实习学生、教师合法权益的，应当依法承担相应的法律责任。

第二十一条 职业院校学生、教师在实习实践期间发生安全事故的，依照国家有关规定处理。

职业院校实习学生和实践教师侵害企业商业秘密的，依照国家有关规定处理。

第二十二条 职业院校、企业违反本条例规定，弄虚作假，获得职业教育校企合作资助或奖励的，由相关行政部门追回已发放的资助或奖励，并可取消其获得相关资助或奖励的资格。

职业院校有前款行为的，有关行政部门应当给予院校负责人和相关责任人员批评教育或行政处分。

第二十三条 教育行政部门和其他有关部门及其工作人员违反本条例规定，在职业教育校企合作促进工作中玩忽职守、滥用职权、徇私舞弊的,由上级机关或者其他有权机关责令改正,并对直接负责的主管人员和其他直接责任人员,依法给予行政处分;构成犯罪的,依法追究刑事责任。

第二十四条　本条例自 2009 年 3 月 1 日起施行。

二、《宁波市职业教育校企合作促进条例实施办法》
(2012 年颁布实施)

第一条　为了进一步促进职业院校与企业在职业教育中的合作,加快高素质劳动者和高技能人才培养,根据《宁波市职业教育校企合作促进条例》,制定本办法。

第二条　职业院校应当根据区域经济社会发展和市场需求,主动与相关企业开展合作。职业院校要建立由企业、行业技术专家参与的专业指导委员会,根据企业生产技术、生产工艺、生产方法优化教学内容,开发专业课程,聘请企业高技能人才、工程技术人员兼任学校专业课教师或实习指导教师;实施订单式培养,为合作企业优先推荐毕业生;配合合作企业建立规范有序的学生实习制度,根据企业的需求,参与企业技术改造、科技成果转化和企业职工技能培训与继续教育。

职业院校应当与合作企业签订校企合作协议,并根据有关规定为所有实习学生办理学生实习责任保险,保险费在学校经常性事业经费中列支,不得向学生另行收取。

第三条　合作企业有义务接纳职业院校对口专业学生实习和教师实践,并按实习实践活动的有关规定要求提供实习场地、设施设备,安排带教师傅,做好岗前培训、安全教育,提供劳动保护。禁止安排实习学生在风险较大、非本专业对口行业或者其他不适宜学生实习的岗位(如从事高空、井下、放射性、高毒、易燃易爆、国家规定的第四级体力劳动强度的工作岗位,酒吧、夜总会、歌厅、洗浴中心等营业性娱乐场所)顶岗实习;学生每天顶岗实习时间不得超过 8 小时。

职业院校及合作企业不得通过中介机构代理组织、安排和管理学生实习工作。

第四条　学生在企业实习,应当由实习企业、学校和学生或学生家长三方签订"实习协议",明确三方的权利义务,约定学生生活津贴等实习报酬。对于在企业连续上岗实习 3 个月及以上的学生,实习报酬发放标准不应低于上年度本地职工最低工资标准的 50%。

第五条　对企业按合作协议,支付学生在企业实习的报酬、人身安全保险费用、学生实习和教师实践活动有关的住宿、耗材、技术指导和管理人员补贴等有关费用,按税法有关规定,在相关税种税前扣除。

第六条　市和县(市)区人民政府应当完善校企合作机制。强化统筹协调,搭建校企合作平台,引导校企合作双方良性互动发展;运用财政、税收等手段调动职业院校、企业参与校企合作的积极性;发挥行业组织在校企合作中的桥梁和纽带作用,增强企业参与校企合作的社会责任感和荣誉感。

第七条　市和县(市)区人民政府分别建立由教育、发改、人力社保、经信、贸易、财政、科技、农业等部门参加的职业教育联席会议制度,统筹协调本地区校企合作的规划、资源配置、经费保障、督导评估等工作。

第八条 市和县(市)区职业教育联席会议办公室分别设在各级教育行政部门,作为职业教育联席会议办事机构和校企合作工作的协调、办事机构。其具体职责:

(一)统筹协调区域内职业教育校企合作工作;

(二)研究解决职业教育校企合作中存在的困难和问题,制定职业教育校企合作的政策措施;

(三)提出校企合作发展专项资金年度重点支持项目和使用计划,统筹协调校企合作项目评审工作;

(四)负责管理、监督校企合作发展专项资金的使用;

(五)贯彻落实联席会议形成的有关校企合作的各项决定。

第九条 整合职业院校、行业企业、社会团体等相关资源,建立宁波市职业教育校企合作公共网络服务平台,及时向社会发布职业院校和企业合作的相关信息。定期举办宁波市职业教育校企合作项目洽谈会。

第十条 市和县(市)区人民政府应当根据职业院校在校生规模和培养成本分别设立职业教育校企合作发展专项资金(以下简称专项资金)。专项资金主要由各级财政资金安排,并随着经济和社会的发展逐步增长。鼓励各地多渠道筹集专项资金。

第十一条 专项资金的具体使用范围包括:

(一)对接纳职业院校学生实习和教师挂职锻炼,提供实习场地、设备设施,安排指导人员的企业,补助其物耗能耗损失及带教师傅津贴;

(二)资助职业院校聘请行业企业的能工巧匠、劳动模范、首席工人、技术和管理人员担任职业院校专业课程教学和实习实训指导教师;

(三)资助民办职业院校为学生在实习期间统一办理实习责任保险;

(四)资助职业院校和企业联合在企业内共建用于职业院校学生实习和教师实践的实习实训基地或实习生产车间等;

(五)对职业院校联合企业共同组建技术攻关团队,带领相关专业学生开展技术研发和产品开发,促进科技成果转化取得明显成效的,给予资助或奖励;

(六)资助职业院校和企业联合开发培养我市经济发展急需的技能型人才的地方特色教材;

(七)资助职业教育集团、社会团体、行业组织牵头开展的校企合作专题调研、专项研究和经验交流等活动,对其中发挥积极作用、工作成效明显的给予工作经费补助;

(八)对为职业教育校企合作、开展职工教育和培训做出突出贡献的集体和个人进行表彰和奖励,其中对为职业教育校企合作做出突出贡献的企业家,由各级政府优先推荐参评省教育"绿叶奖"。

第十二条 市级设立的专项资金分配采取项目申报制。市职业教育联席会议及其办公室根据本办法第十一条确定的使用范围,结合校企合作工作的实际需要和专项资金的规模,提出、确认每年度专项资金补助计划、项目,并在每年度10月15日前公开发布项目申报指南。

第十三条 职业院校、合作企业和行业组织可自主申报专项资金补助项目,并应具备以下条件：

（一）职业院校、合作企业申请专项资金补助项目应由双方签订 3 年以上校企合作协议；合作专业符合区域经济社会发展需求和重点产业发展方向，以培养区域相关专业中高级技能人才为主要目标；合作企业有较好的技术装备水平，有一定的技术创新能力，能代表我市相关产业的领先水平；合作企业具有一支较强的技术辅导队伍（带师生实习实训的技术人员或师傅），建立了完善的职业院校师生实习管理制度，并按规定支付学生实习期间的合理报酬。

（二）行业组织或社会团体具备组织或参与职业教育校企合作专题调研、专项研究、建设校企合作公共服务网络平台等的基本条件。

（三）行业组织可以牵头组织市内多家中小型企业与职业院校联合签订接纳学生实习实训的校企合作协议，所属企业接纳学生实习人数总计达到一定数量的，可申请工作经费补助。

具体项目的申报条件、要求和程序由每年度公开发布的项目申报指南中做出规定。

第十四条　每所职业院校、每家单位每年申报校企合作项目不超过 2 个，同一项目不得多头申报。

每个项目建设期限一般不超过 3 年（期满后可再申报）。

第十五条　市职业教育联席会议办公室受理申报时间为每年的 11 月 1 日至 11 月 30 日。

市职业教育联席会议办公室组织成立由教育、财政、人力社保、经信、贸易等部门专家参加的专项资金补助项目评审小组，按照"公开、公平、公正"的原则进行评审，在综合考虑区域经济社会发展、校企合作项目成熟度、专业技能人才就业需求等情况的基础上，对申报项目进行筛选，提出项目评审意见。

市职业教育联席会议办公室根据项目评审小组评审意见，经市职业教育联席会议审议同意，由教育、财政部门联合发文确认、公布每年度的专项资金补助项目名单。

第十六条　建立校企合作项目督导评估制度。市职业教育联席会议办公室可委托校企合作认定小组或其他评估机构，对专项资金补助的项目进行督导评估。

第十七条　受资助的职业院校和有关单位应将专项资金用于指定的项目，不得挪作他用；应在每个会计年度末将资助资金使用情况及相关会计凭证复印件报市职业教育联席会议办公室备案。

第十八条　专项资金使用有下列行为之一的，市职业教育联席会议办公室有权收回全部或部分资助资金，暂停该单位申报新合作项目，并追究有关人员责任：

（一）未经批准擅自变更项目内容，影响项目实施进度的；

（二）挤占、挪用专项经费的；

（三）未按规定报送信息资料或信息资料严重失真的。

第十九条　具体的资金使用、监督办法由市教育行政部门会同财政部门另行制定。

第二十条　本实施办法由宁波市教育局负责解释。

第二十一条　本实施办法自 2012 年 2 月 1 日起施行。

三、《北京市交通行业职业教育校企合作暂行办法》
（2011 年颁布实施）

第一条　为充分发挥首都教育资源和科技资源优势，创新校企合作模式，进一步深化和促进本市交通行业职业教育院校与企业的合作，培养适应首都交通事业发展的职业人才，加快构建北京现代交通职业教育体系，根据《中华人民共和国职业教育法》和国家、本市有关规定，制定本暂行办法。

第二条　本暂行办法所称的交通行业职业教育校企合作，是指交通类职业院校与企业在技能型专门人才培养与职工岗位技能提升培训、科技创新与技术服务、资源共享与共同发展等方面开展的合作。

第三条　本市交通行业职业教育办学实行政府主导、行业指导、企业与职业院校共同参与的多元化校企合作机制。校企合作应当遵循自愿协商、优势互补、利益共享的原则，坚持以需求和就业为导向，实现生产（运营）、教学、科研相结合，产业链和教育链、产品链和教学链的深度融合。

第四条　市交通行政主管部门、教育行政主管部门负责本市交通行业的职业教育校企合作促进工作，统筹职业教育校企合作的教育教学改革、师资培养、实训基地建设、科技成果转化、督导评估等工作，协调市发展改革、财政、人力社保等部门对职业教育校企合作的规划计划、资源配置、经费保障等给予政策支持。

第五条　本市鼓励交通类职业院校扩大招生自主权，试行弹性学制，按照需求调整完善专业设置与课程内容，加强校企人才交流与合作。

第六条　本市实施交通行业职业教育校企合作会商机制，会商机制办公室设在北京交通职业教育集团。

北京交通职业教育集团内的职业院校、企业等成员单位应发挥带动和示范作用，探索集团化办学模式，企业在实施中长期人才发展战略的过程中与职业院校建立紧密联系、高度融合的合作关系，确保政府投入的职业教育资源转化为首都交通发展的保障能力。

第七条　本市交通行业协会（学会）应充分发挥资源、技术、信息等优势以及沟通、协调作用，引导企业与交通类职业院校开展校企合作。

第八条　交通类职业院校应针对企业实际用人需求，积极推进教育教学改革，建立专兼职结合的师资队伍，完善实训基地，参与企业职工培训与继续教育，促进科技成果转化应用。

第九条　本市鼓励交通行业企业与职业院校开展多种形式的合作办学。企业可采取设立奖学金，冠名品牌班，订单式培养，与职业院校联合建立实习实训基地，合作建设实验室或生产车间，合作兴办技术创新机构，合作组建职业教育实体或其他形式的产学研联合体等方式开展校企合作。

第十条　交通类职业院校应加强对合作企业的调研，了解合作企业用人需求，按照企业岗位工作标准所要求的知识、技能和职业素养，制定技能型专门人才培养方案。

第十一条　交通类职业院校应按照合作企业岗位工作标准及技术要求，调整完善专业设置、改革教学方式方法,定制课程标准,开发教学及培训课程,编写教材并形成教学内容更新机制。

第十二条　交通类职业院校应提高专业教师的业务水平和教学能力,聘请行业专家和企业的管理、技术骨干担任兼职教师,建立专兼职师资库。

第十三条　交通类职业院校应建立学生和教师到企业实习、实践制度,安排在校学生到企业参加实习,安排专业教师到企业实践。实习学生和实践教师要遵守企业规章制度和劳动纪律,保守企业商业秘密。

第十四条　支持交通类职业院校申请国家、本市职业教育基础能力建设项目。职业教育实训基地应按照真实工作环境进行设计、搭建,为学生创建真实的岗位训练、职场氛围。

第十五条　交通类职业院校实行"双证书"制,导入职业技能鉴定标准,实现专业课程内容与职业技能鉴定标准对接,并向合作企业优先推荐毕业生。

第十六条　鼓励交通类职业院校面向企业开展职业资格等级晋升培训,提升应用型管理及技术职业人才的职业资格等级。

第十七条　鼓励交通类职业院校参与企业的技术改造、产品研发和科技攻关等项目,促进科技成果转化应用。

第十八条　鼓励、引导市属交通企业和交通行业其他企业与交通类职业院校开展校企合作。参与校企合作的企业应与合作院校签订校企合作协议,向合作院校提供人才发展规划、用人需求信息、岗位工作标准、职业培训要求等,参与合作院校技能型专门人才培养方案制定、专业设置、课程开发和教材编写等工作。

第十九条　参与校企合作的企业应支持合作院校师资队伍建设,选派管理、技术骨干到合作院校担任兼职教师,有计划地提供实践岗位,接受合作院校教师进入企业实践。

第二十条　参与校企合作的企业应支持合作院校实训基地建设,参与实训基地的设计、论证,并提供技术支持。

第二十一条　鼓励企业采取与交通类职业院校合作的方式,对本单位应用技术与管理岗位人员开展在职培训及继续教育。

第二十二条　参与校企合作的企业应接受合作院校学生顶岗实习,免收实习费并给予适当的实习补贴。

本市在交通类职业院校推行"导师制",聘请有实践经验的企业管理、技术人员作为实践导师,参与学生顶岗实习的辅导与管理工作,有关聘任管理办法另行制定。

第二十三条　本市逐步在交通类职业院校建立"工程师工作站"、"技师工作站",以合作企业工程师、技师为主,依托职业院校教育资源,解决企业技术难题,进行技术创新。

第二十四条　校企合作双方应对合作项目建立考核、评价体系,共同制定考核标准,对人才培养及在职培训质量进行考核。

第二十五条　本市逐步建立交通行业企业与交通类职业院校共同研发机制,结合企业技术革新改造、产品升级换代等过程中的实际问题,校企共同申请科研立项,开展应用型技术与管理科研成果的转化研究,向行业推广研究成果。

第二十六条 本市逐步建立并完善交通行业新兴岗位、工种的技术标准、职业培训标准,交通类职业院校与企业应共同开设新专业、开发培训课程和教材。

第二十七条 本市交通行业推行集团化办学模式下的职业教育改革创新,在北京交通职业教育集团内搭建人才需求信息平台、师资互动平台、实训基地共享平台、职业培训与技能鉴定平台、交通应用型技术与管理研发推广平台,适应交通行业发展要求。

第二十八条 交通类职业院校应按照市交通行政主管部门、教育行政主管部门的要求,率先在城市轨道交通、汽车应用技术等专业建立一级至五级职业教育分级标准,采取校企合作的方式逐步开展交通职业教育分级制改革试验。

第二十九条 市交通行政主管部门协调相关部门开展交通行业新兴职业、岗位的职业技能鉴定培训工作,促进本市交通行业职业技能鉴定工作。

第三十条 本暂行办法适用于本市交通行业企业与交通类职业院校的校企合作。

第三十一条 本暂行办法自 2011 年 7 月 1 日起施行。

四、《上虞市职业教育校企合作促进办法》
（2011 年颁布实施）

第一章　总则

第一条 为促进职业院校与企业、行业组织的合作,实现技能人才培养与经济社会需求的无缝对接,进一步增强职业教育服务经济社会发展的能力,根据《国务院关于大力发展职业教育的决定》(国发〔2005〕35 号)和《教育部关于印发中等职业教育改革创新行动计划(2010—2012年)的通知》(教职成〔2010〕13 号)、《浙江省人民政府关于大力推进职业教育改革与发展的意见》(浙政发〔2006〕41 号)和其他有关法律、法规,结合本市实际,制定本办法。

第二条 本办法适用于本市行政区域内职业院校与企业、行业组织开展的职业教育校企合作活动及其扶持和保障。

第三条 职业教育校企合作应当遵循自愿协商、优势互补、利益共享的原则,坚持以市场需求和劳动就业导向,实现教学、生产、科研相结合。

第四条 市人民政府鼓励、支持和促进校企合作,建立政府引导、院校主动、行业协调、企业积极的校企合作运行机制。

第五条 教育行政部门负责本行政区域内的校企合作促进工作,发改、经信、财政、人力社保、科技等部门应在各自职责范围内负责校企合作的有关促进工作。

第二章　职责与机制

第六条 职业院校应坚持以服务产业重构为宗旨,以引导就业为导向,根据当地经济社会发展和市场需求,及时调整专业设置和课程内容,改革人才培养模式,加强职业技能教育。

第七条 职业院校应主动与企业、行业组织在实习实训、专业设置与课程开发、订单式教育与就业推荐、师资交流与培训、职工培训与继续教育等方面开展合作,实行互惠互利、互动发展。

鼓励职业院校参与企业的技术改造、产品研发和科技攻关等项目,促进科技成果转化。

鼓励职业院校聘请企业的高技能人才、工程技术人员兼任专业课教师或实习指导教师,参与职业院校的教学改革。

鼓励职业院校与行业、企业合作组建职业教育集团或其他形式产教联合体。

第八条　职业院校应当建立和完善学生、教师到企业实习、实践制度。职业院校在校学生应当到企业或生产服务岗位参加上岗实习,专业教师到企业或生产服务岗位实践每两年不少于两个月。

职业院校应当加强对实习学生和实践教师的职业道德教育和安全教育,为实习学生统一办理意外伤害保险,并指派指导教师。

实习学生和实践教师应当遵守企业规章制度和劳动纪律,保守企业商业秘密。

第九条　鼓励企业与职业院校开展多种形式的合作办学;鼓励企业设立职业教育奖学金、助学金。

有条件的企业可以与职业院校联合建立专业技术学院、实习实训基地,合作建设研发中心或生产车间,合作兴办技术创新机构,合作组建职业教育实体或其他形式的产学研联合体,共同参与新兴产业基地建设。

第十条　企业应当接纳职业院校学生实习和教师实践;对上岗实习的,应当给予适当的劳动报酬。

企业应当按照与职业院校签订的合作协议,为实习学生和实践教师提供实训场地、设备设施,安排指导人员,做好实习、实践前的安全培训工作和实习、实践期间的劳动保护、安全等工作。

禁止企业安排实习学生从事不符合实习特征或者与实习内容不一致的劳动生产。

第十一条　企业应当依照国家有关规定提取和使用职工教育经费,并通过举办培训班或委托职业院校办班等形式,对本单位职工和准备录用的人员实施职业技能培训和继续教育。

第十二条　职业院校应当优先安排与其建立校企合作关系的企业的职工进校接受职业技能培训和继续教育,并为合作企业优先推荐毕业生。企业应当主动选送初次就业和未获岗位技能资格的职工到职业院校进行职业技能培训。

第十三条　行业组织应当引导和鼓励本行业企业与职业院校开展校企合作,并发挥行业资源、技术、信息等优势,参与校企合作项目的评估、职业技能鉴定及相关管理工作。

第十四条　校企合作应充分发挥政府统筹引导、行业组织协调指导的作用,建立由职业院校、行业、企业共同参与,资金、技术、项目、人才等多层次合作,政府部门和行业组织实行监督评估的紧密型合作运行机制。

第三章　统筹与管理

第十五条　市人民政府建立职业教育联席会议制度。职业教育联席会议由分管市长及教体、发改、经信、财政、人力社保、科技、杭州湾上虞工业园区管委会等部门单位负责人组成,负责对本地区校企合作的统筹规划、综合协调、资源配置、经费保障和督导评估。职业教育联席会议办公室(以下简称职教办)设在教体局,作为职业教育联席会议办事机构。

第十六条 对政府扶助的校企合作项目采用备案制，职教办为项目受理和备案机构。申请校企合作项目的单位应向职教办提交《校企合作协议书》及相关材料。职教办对符合条件的校企合作项目，给予相应的扶助，并实行目标管理和绩效考核。

第十七条 教体、人力社保部门应当引导和鼓励本行政区域内的职业院校与相关企业开展职业教育校企合作，并通过宣传职业教育发展政策、建立信息资源共享网络等形式，为职业院校、企业开展校企合作提供指导、帮助等服务。

第十八条 人力社保部门应当加强人力资源开发公共信息网络建设，建立人力资源市场信息服务体系，为职业院校和企业提供职业技能鉴定和就业信息等服务。

第十九条 发改、经信、杭州湾上虞工业园区管委会等相关部门单位应当引导和鼓励相关企业与职业院校开展职业教育校企合作，并对促进当地经济和社会发展的重点合作项目优先予以扶持。

第二十条 科技部门应当对经评估认定为校企合作良好的企业，在科学研究和技术开发等方面优先给予资金支持。

第四章 扶持与保障

第二十一条 市人民政府设立职业教育校企合作发展专项资金每年 100 万元。校企合作发展专项资金用于：

（一）资助职业院校和企业联合设立职业教育实习实训基地、学生创业园、合作建设研发中心、专业技术学院、生产车间、教学工厂等校企合作项目；对校企合作中作出显著成绩的企业每个项目奖励 3 万元至 5 万元，企业或行业组织先进个人每人奖励 0.5 万元至 1 万元；

（二）对职业院校参与企业技术改造、产品研发、科技攻关和促进科技成果转化给予奖励；对成效明显的项目每个奖励 3 万元至 5 万元；

（三）对与职业院校合作开展职工教育和培训并取得显著成绩的企业给予奖励、表彰；对成绩显著的企业每个奖励 3 万元至 5 万元；

（四）资助职业院校为学生在实习期间统一办理意外伤害保险；

（五）其他有关促进职业教育校企合作的经费资助。

职业教育校企合作发展专项资金应当随着经济和社会的发展逐步增长。

市财政对校企合作发展专项资金的使用情况进行绩效评价，并根据评价结果对资金使用进行调整。

第二十二条 教体、人力社保部门和其他有关部门及其委托的行业组织，可以对职业教育校企合作项目及其实施情况进行检查、评估，检查、评估结果作为政府专项资金资助或奖励的依据。

第二十三条 企业发生的职工教育经费支出和用于职业教育事业的公益性捐赠支出，可以按照《财政部、国家税务总局关于教育税收政策的通知》（财税〔2004〕39 号）的有关规定在计算企业应纳税所得额时扣除。

企业委托职业院校开发新产品、新技术、新工艺发生的研究开发费用，可以按照《企业所得税法》的有关规定在计算企业应纳税所得额时扣除。

对企业支付职业院校学生在企业实习的报酬等费用，按照《财政部、国家税务总局关于企业支付学生实习报酬有关所得税政策问题的通知》(财税〔2006〕107 号)、《国家税务总局关于印发〈企业支付学生实习报酬税前扣除管理办法〉的通知》(国税发〔2007〕42 号)执行。

第五章　法律责任

第二十四条　违反本办法规定,对在实习实训期间造成安全事故负有责任的职业院校教师、学生和企业职工,由职业院校或企业给予批评教育或处分。因故意或重大过失造成安全事故或重大经济损失的,职业院校或企业承担赔偿责任后,可以向有关责任人员追偿。

第二十五条　违反本办法相关规定,有下列行为之一的,分别按下列规定处理:

(一)经批准建立的职业教育实习实训基地,参与单位未按期进行建设或未达到预期目标,由批准部门责令其限期改正。拒不改正的,批准部门应当撤销该基地,并追回已发放的补助或奖励经费;

(二)职业院校、企业瞒报或虚报材料,获得相关部门的补助或奖励,相关部门应追回已发放的补助或奖励。职业院校有过错的,由教育行政部门给予学校负责人和相关责任人员批评教育直至行政处分;

(三)企业瞒报或虚报材料,获得税收优惠的,由税务部门依法追缴;

(四)因职业院校或企业不履行校企合作协议造成经济损失的,由违约方依法承担赔偿责任。因违约造成重大经济损失的,职教办取消其获得相关补助或奖励的资格。

第二十六条　对在校企合作检查评估中发现的问题,行业组织应及时向职教办报告,由职教办责令相关责任单位限期改正;情节严重或拒不改正的,职教办应当取消其获得相关补助或奖励的资格。

第二十七条　教育行政部门和其他有关部门及其工作人员违反本办法规定,有玩忽职守、滥用职权、徇私舞弊行为的,由上级机关或者其他有关机关责令改正,并对负直接责任的主管人员和其他直接责任人员,依法给予行政处分;造成经济损失的,依法承担赔偿责任;构成犯罪的,依法追究刑事责任。

第六章　附则

第二十八条　本办法所称的职业院校,是指设在本市行政区域内由国家或社会力量依法举办的高等职业院校、中等职业学校等。

第二十九条　本市行政区域内的事业单位以及非本市行政区域内的企业与设在本市行政区域内的职业院校开展的校企合作活动,参照本办法执行。

第三十条　本办法自 2012 年 1 月 1 日起施行。

五、《焦作市职业教育校企合作促进办法(试行)》
(2012 年颁布实施)

第一章　总则

第一条　为促进职业院校与企业深度合作,培养支撑产业发展、提升竞争力所需要的高素质劳动者和技能型、应用型人才,增强职业教育服务经济社会发展、服务中原经济区转型示范市建设的能力,根据《中华人民共和国职业教育法》、《河南省职业教育校企合作促进办法(试行)》(豫政〔2012〕48号)、《河南省人民政府关于印发焦作市建设中原经济区经济转型示范市总体方案的通知》(豫政〔2012〕14号)等相关法律、法规和政策规定,结合我市实际,制定本办法。

第二条　本办法所称的职业教育校企合作,是指职业院校与企业、事业单位、社会组织在人才培养与职工培训、科技创新与技术服务、资源共享与共同发展等方面开展的合作。

第二章　政府

第三条　各级政府应支持和促进职业教育校企合作,鼓励企业参股组建职业教育集团,负责本地校企合作的规划、资源配置、经费保障、督导评估等工作。

为有效推动全市职业教育校企合作,市政府成立由市教育局、人力资源社会保障局、发展改革委、财政局、市政府国资委、工业和信息化局、商务局等部门和部分行业协会、企业、职业院校参加的职业教育校企合作促进委员会(以下简称"校企合作促进会")。校企合作促进会下设秘书处,具体负责全市的职业教育校企合作工作。

第四条　各级政府应定期对职业教育校企合作项目及其实施情况进行检查、评估和督导,对在工作中成绩突出的企业、学校及个人予以表彰、奖励。

第五条　各级教育、人力资源社会保障、发展改革、财政、科技、工业和信息化、国土资源、国资、农业等部门在各自职责范围内,制定相关优惠政策,引导和推动职业教育校企合作。

发展改革、科技等有关部门负责向职业院校推荐校企合作项目,并对促进当地经济和社会发展的重点校企合作项目予以优先扶持。

人力资源社会保障部门继续加大推行劳动就业准入制度和职业资格证书制度的力度,同时为职业院校提供职业技能培训、职业技能标准、职业技能鉴定、就业安置信息等方面的服务。

第六条　教育、人力资源社会保障部门应制定激励政策,推动职业院校教师到企业实践,促进企业的高技能人才、专业技术人员兼任职业院校专业课教师或实习指导教师。有企业工作或一线服务经历的职业院校专业课教师优先晋升高一级专业技术职务;有辅导职业院校学生实习经历的企业职工优先晋升高一级专业技术职务。

第七条　整合职业教育相关专项资金,引导和鼓励职业教育校企合作,主要用于:资助职业院校和企业联合设立职业教育实习实训基地、合作建设实验室或生产车间等校企合作项目;资助职业院校为实习学生统一办理意外伤害保险;对企业接纳职业院校学生实习发生的物耗、能耗给予适当资助;对职业院校参与企业技术改造、产品研发、科技攻关和促进科技成果转化给予资助或奖励;表彰、奖励在促进职业教育校企合作中做出显著成绩的单位和个人等。

第三章　行业协会

第八条　各行业协会应在政府相关部门的牵头支持下,成立由行业协会、企业、职业院校组成的行业职业教育校企合作指导委员会(以下简称"指导委员会"),引导、协调、指导本行业的校企合作工作,发布和预测本行业用人信息;向职业院校推荐开展职业教育校企合作的企业;与职业院校合作,组织行业内员工培训;参与制定职业院校实践教学标准及实习指导教师能力标准;

参与行业职业教育技能大赛举办等工作;参与职业教育校企合作项目的评估、职业技能鉴定及相关管理工作,推动校企合作项目顺利实施。

第九条　各行业协会可以牵头成立由有关职业院校和企业参加的全市性行业职业教育集团(以下简称"职教集团"),并充分发挥职教集团的载体作用,统筹行业、企业和职业院校等资源,积极开展专业建设、师资队伍建设、实习实训基地建设、实习就业指导等,实现专业与产业对接、教学过程与生产过程对接、专业课程内容与职业标准对接。

第四章　企　业

第十条　企业应积极与职业院校开展多种形式的合作,可以与职业院校共建对口专业,联合建立实习实训基地,合作培养师资以及企业急需人才,合作进行产品设计和技术创新,合作组建产学研联合体等,共同搭建服务区域产业发展平台。

企业可以通过参股、入股等多种形式,与职业院校联合组建办学实体或独立举办职业院校。

第十一条　企业应根据实际生产需求,合理确定实习环节和实践内容,接纳职业院校学生顶岗实习,应给予上岗实习的学生适当的劳动报酬。

企业应按照与职业院校的合作协议,和职业院校共同组织和管理学生实习,安排有经验的技术或管理人员担任实习指导教师,做好实习、实践前的安全培训和实习、实践期间的劳动保护、安全等工作。禁止企业安排实习学生从事不符合实习特征或与实习内容不一致的劳动生产。

第十二条　鼓励企业积极接纳职业院校教师进行教学实践,或建立教师培训基地,帮助职业院校教师和管理人员进行实践锻炼和岗位体验。企业可以与教师合作开展产品研发、技术改造等工作。

第十三条　企业应建立职工培训和继续教育制度,可通过举办职业教育机构或委托职业院校等方式,对本单位职工和准备录用的人员实施职业技能培训和继续教育。

企业应按照不低于职工工资总额的 2.5％提取教育培训经费,并列入成本开支,所提取经费主要用于企业职工特别是一线职工的教育培训。

第十四条　按照国家有关规定,符合税收减免税条件的,享受有关税收减免政策。企业接纳学生定岗实习并支付给实习学生报酬的,可以在计算缴纳企业所得税税前扣除;企业发生的职工教育经费支出和用于职业教育事业的公益性捐赠支出,可以在计算应纳税所得额时扣除;企业委托职业院校开发新产品、新技术、新工艺时发生的研究开发费用,可以享受企业所得税优惠政策;企业设立实训基地,需要贷款的,经教育、发展改革等部门共同认定后,由金融部门优先放贷,并由同级财政提供 5 年贴息;企业接纳职业院校、职业培训机构学生实习实训、教师实践的,根据接纳的人数及岗位的特殊性,享受税收优惠政策或补贴政策;企业为职业院校学生提供的奖学金、助学金费用等可列入企业教育培训经费,作为企业成本列支,享受有关税收减免政策。中央财政支持的实训基地设备项目,优先安排在企业内的实训基地。

第十五条　鼓励企业为职业院校提供资助和捐赠。企业可以通过多种捐助形式支持职业院校建设和发展,可在职业院校设立奖学金、助学金、奖研金、奖教金、创业就业基金等各种形式的资助项目。

第五章　职业院校

第十六条　职业院校应根据经济社会发展和市场需求，主动与企业在学生实习、专业设置与课程开发、订单式教育与就业推荐、师资交流与培训、职工培训与继续教育、产品研发、技术攻关等方面开展合作。

第十七条　职业院校应积极实行"双证书"（学历证书与职业资格证书）制度，在教学中引入职业技能鉴定标准，实现专业课程内容与职业技能鉴定标准对接。

第十八条　职业院校应聘请企业的高技能人才、专业技术人员兼任专业课教师、实习指导教师，被聘人员可参与职业院校的培养目标设定、专业设置、课程改革、教学评价等人才培养的全过程。

第十九条　职业院校应建立学生和教师到企业实习、实践制度。职业院校在校学生按有关规定应到企业或生产服务岗位参加上岗实习，实习成绩计入规定的学分，专任教师定期到企业或生产服务岗位实践，并将实践情况作为教师考核的重要内容。

第二十条　职业院校应积极参与企业的技术改造、产品研发和科技攻关等项目，促进科技成果转化。

第二十一条　职业院校应加强对实习学生和实践教师的职业道德教育和安全教育，并按照《河南省工伤保险条例》为实习学生统一办理意外伤害保险。实习学生和实践教师应遵守企业制度和劳动纪律，保守企业商业秘密。

第二十二条　职业院校按照国家有关规定可以通过参股、入股的形式，与相关企业联合组建经济实体或独立举办经济实体。

第六章　责任

第二十三条　职业院校、企业违反有关规定，侵害实习学生、实践教师、企业职工合法权益的，应依法承担相应的法律责任。

第二十四条　职业院校学生、教师在实习实践期间发生安全事故的，职业院校实习学生和实践教师侵害企业商业秘密的，均依照国家有关规定处理。

第二十五条　职业院校、企业弄虚作假获得职业教育校企合作资助或奖励的，按照《财政违法行为处罚处分条例》（国务院令第 427 号），由相关部门追回已发放的资助或奖励资金，取消其获得相关资助或奖励的资格，追究有关人员的相关责任。

第二十六条　教育、人力资源和社会保障和其他部门及工作人员违反本办法规定，在职业教育校企合作工作中玩忽职守、滥用职权、徇私舞弊的，由上级部门或者其他有关部门责令改正，并对直接负责的主管人员和其他直接责任人员依据有关规定给予处分。

六、《沈阳市职业教育校企合作促进办法》
（2013 年颁布实施）

第一条　为了促进职业学校与企业合作，培养高素质劳动者和高技能人才，增强职业教育服务沈阳老工业基地经济和社会发展的能力,根据《中华人民共和国职业教育法》等相关法律、法规,结合本市实际,制定本办法。

第二条　本办法所称的职业教育校企合作,是指职业学校(含技工院校)与企业在人才培养和职工培训、科技创新和技术服务、资源共享和共同发展等方面开展的合作。

第三条　本办法适用于本市行政区域内的职业教育校企合作及其扶持和保障。

第四条　市和区、县(市)人民政府教育行政部门负责本行政区域内的职业教育校企合作促进工作,统筹职业教育校企合作的教育教学改革、实习实训基地建设、师资培养、科技成果转化、考核评估等工作。

人力资源和社会保障行政部门负责所属职业学校校企合作促进工作的组织实施。

发展改革、财政、税务、国有资产、科技等部门对职业教育校企合作的规划计划、资源配置、经费保障、信息服务等给予政策支持。

市和区、县(市)人民政府应当建立职业教育联席会议制度,统筹协调本地区校企合作的规划、资源配置、经费保障、督导评估等工作。

第五条　本市职业教育校企合作实行政府主导、行业指导、企业与职业学校共同参与的多元化合作机制。校企合作应当遵循自愿协商、优势互补、利益共享的原则,坚持以需求和就业为导向,实现教学、生产(运营)和科研相结合,产业链和教育链、产品链和教学链的深度融合。

第六条　职业学校与企业应当建立行业职业教育校企合作会商机制。探索合作办学模式,为企业在实施人才发展战略过程中与职业院校建立高度融合的关系搭建好平台,担负起桥梁纽带作用。

第七条　行业协会应当充分发挥资源、技术、信息等优势以及沟通、协调作用,引导企业与相应的职业学校开展校企合作。

第八条　职业学校实行自主办学。职业学校应当按照产业发展需求调整、完善专业设置与课程内容,实行弹性学制、学分管理等教育教学改革,积极与企业开展多种形式的合作办学。

第九条　建立健全就业准入制度。企业应当优先录用取得职业学校学历证书、职业资格证书或者职业培训合格证书的人员。鼓励企业采取与职业学校合作的方式,对本单位应用技术与管理岗位人员开展在职培训及继续教育。

第十条　市和区、县(市)人民政府应当从职业教育经费中划拨职业教育校企合作发展专项资金。校企合作发展专项资金应当用于:

(一) 校企共建实训基地;

(二) 教师进企业实践培训;

(三) 企业技师进学校培训指导;

(四) 校企联合开展专业建设等项目。

第十一条　参与职业教育校企合作的企业,依法享有税法规定的税收优惠。

企业通过公益性社会团体或者县级以上人民政府及其部门,对教育事业的捐赠支出(包括设备),在年度利润总额12%以内的部分,准予在计算应纳税所得额时扣除。

企业委托职业学校开发新技术、新产品、新工艺发生的研发费用可在计算应纳税所得额时扣除,取得的技术性服务收入符合规定的,可以免征企业所得税。

企业因为接收职业学校学生所发生的合理工资薪金支出和职工福利费支出,应当按照《企业所得税法》规定在企业所得税前扣除。

第十二条 鼓励企业与职业学校开展多种形式的合作办学。企业可以采取设立奖学金、冠名品牌班、订单式培养,与职业学校联合建立实习实训基地,合作建设实验室或者生产车间,合作兴办技术创新机构,合作组建职业教育实体或者其他形式的产学研联合体等方式开展校企合作。

第十三条 企业应当与开展合作的职业学校签订校企合作协议,向合作的学校提供人才发展规划、用人需求信息,为人才培养提供岗位工作标准、职业培训要求等,参与职业学校技能专门人才培养方案制定、专业设置、课程开发和教材编写等工作。

第十四条 企业应当支持职业学校师资队伍建设,选派管理、技术骨干到职业学校担任兼职教师,有计划地提供实践岗位,接纳职业学校教师进入企业实践。

第十五条 企业应当支持职业学校实训基地建设,参与实训基地的设计、论证,并且提供有关的技术支持。

第十六条 企业应当接受职业学校学生顶岗实习,免收实习费并给予适当的实习报酬。实习报酬发放标准应当不低于上年度本地职工最低工资标准的80%。职业学校应当聘请有实践经验的企业管理、技术人员作为实践导师,参与学生顶岗实习的辅导与管理工作。有关聘任管理办法另行制定。

第十七条 逐步建立企业与职业学校共同研发机制。结合企业技术革新改造、产品升级换代等实际问题,校企共同申请科研立项,开展科研成果的转化研究,向行业推广研究成果。

第十八条 职业学校应当建立由企业、行业技术专家参与的专业指导委员会。根据企业生产技术、生产工艺、生产方法优化教学内容,开发专业课程,聘请企业高技能人才、工程技术人员兼任学校专业课教师或者实习指导教师。

第十九条 职业学校应当为合作企业优先推荐毕业生,配合企业建立规范有序的学生实习制度。根据企业的需求,参与企业职工培训与继续教育。

第二十条 职业学校应当加强对企业的调研,了解企业用人需求,按照企业岗位工作标准所要求的知识、技能和职业素养,制定技能型专门人才培养方案。

第二十一条 职业学校应当按照企业岗位工作标准及技术要求,调整完善专业设置、改革教学方式方法,定制课程标准,开发教学及培训课程,编写教材并形成教学内容更新机制。

第二十二条 职业学校应当提高专业教师的业务水平和教学能力,聘请行业专家和企业的管理、技术骨干担任兼职教师,建立专兼职师资库。

第二十三条 职业学校应当建立学生和教师到企业实习、实践制度,安排在校学生到企业参加顶岗实习,安排专业教师到企业实践每两年不少于两个月。

职业学校应当加强对实习学生和实践教师的职业道德教育和安全教育,为实习学生统一办理意外伤害保险,并指派指导教师。

实习学生和实践教师应当遵守企业规章制度和劳动纪律,保守企业商业秘密。

第二十四条 职业学校在申请和实施国家、省市职业教育建设与职业教育实训基地建设等项目时,应当联合企业按照真实工作环境进行设计、搭建,为学生创建真实的岗位训练、职场氛围。

第二十五条 职业学校应当逐步建立"工程师工作站"、"技能大师工作站",以合作企业工程师、技师为主,在参与指导学校教育教学的同时,依托职业学校教育资源,解决企业技术难题、进行技术创新。

第二十六条 职业学校实行学历证书、职业资格证书的"双证书"制,导入国家职业标准,实现专业课程内容与国家职业标准对接。

第二十七条 职业学校应当积极参与企业的技术改造、产品研发和科技攻关等项目,促进科技成果转化应用。

第二十八条 职业学校学生、教师在实习实践期间发生安全事故的,依照国家有关规定处理。

职业学校实习学生和实践教师侵害企业商业秘密的,依照国家有关规定处理。

第二十九条 企业违反本办法规定,弄虚作假,获得职业教育校企合作资助或者奖励的,由相关行政部门追回已发放的资助或者奖励,并可以取消其获得相关资助或者奖励的资格。

第三十条 教育行政部门和其他有关部门及其工作人员违反本办法规定,在职业教育校企合作促进工作中玩忽职守、滥用职权、徇私舞弊的,由上级机关或者其他有关机关责令改正,并对直接负责的主管人员和其他直接责任人员,依法给予行政处分;构成犯罪的,依法追究刑事责任。

第三十一条 本办法自 2013 年 3 月 1 日起施行。

七、《唐山市职业教育校企合作促进办法》
(2012 年颁布实施)

第一章 总则

第一条 为贯彻落实《国民经济和社会发展第十二个五年规划纲要》和《国家中长期教育改革和发展规划纲要(2010—2020 年)》,根据《中华人民共和国职业教育法》和有关法律法规以及唐山市委市政府《关于大力发展职业教育和继续教育的意见》,为促进职业院校与企业(包括行业组织,下同)的合作,建立起行之有效的合作机制,充分调动职业院校和企业两个方面的积极性,为提高职业院校学生的动手能力和职业技能水平搭建平台,实现人才培养和社会需求的有效对接,推动职业教育适应经济发展方式转变和产业结构调整要求,培养高素质劳动者和技能型人才,增强职业教育服务经济和社会发展的能力,维护职业院校、企业和师生的合法权益,制定本办法。

第二条 本办法所称的职业院校,是指国家或社会力量依法举办的高等职业院校、中等职业学校。

第三条　本办法适用于唐山市行政区域内的职业教育校企合作。

第四条　职业教育校企合作应签订校企合作协议，明确职业院校与企业在整个人才培养过程中应承担的责任和义务，特别是明确教学实习和顶岗实习的具体计划。

第五条　职业教育校企合作应遵循自愿协商、优势互补、利益共享、共同发展的原则，坚持以市场需求和就业为导向，实现生产、教学、科研相结合。

第二章　职业院校的责任

第六条　坚持以服务为宗旨，以就业为导向，根据当地经济社会发展和市场需求，及时调整专业设置和课程内容，改革人才培养模式，加强职业道德和职业技能培养。

第七条　根据经济社会发展和市场需求，主动与企业在实习、专业设置、课程开发、招生、就业、师资培训、职工继续教育、技术开发服务、科研成果转化等方面开展合作，实行互惠互利、互动发展。积极与行业、企业合作组建职业教育集团或其他形式产教联合体。

第八条　积极参与企业的技术改造、产品研发和科技攻关等项目，促进科技成果转化。积极面向"三农"，开展技术培训、科技推广等，推进农业产业化发展。

第九条　聘请企业的高技能人才、工程技术人员兼任专业课教师或实习指导教师，参与职业院校的教育教学改革。

第十条　建立和完善学生和教师到企业实习、实践制度。要安排学生定期到企业进行教学实习，毕业年级学生应当到企业或生产服务岗位参加顶岗实习，专业教师到企业或生产服务岗位实践每两年不少于两个月。

第十一条　加强对实习学生和实践教师的职业道德教育和安全教育。强化企业优秀文化与学校文化相融合，促进学生养成良好的职业道德和职业行为习惯，帮助学生顺利实现从学校到企业的跨越。

第十二条　组织学生到企业实习，必须统一办理职业院校学生实习责任保险、意外伤害保险等，并指派指导教师。投保费用按学校与企业协议执行。实习学生发生安全责任事故，依照国家有关规定和保险条款处理。

第十三条　职业院校学生到企业实习、教师到企业实践，应当遵守企业规章制度和劳动纪律，保守企业商业秘密。

第十四条　优先安排合作企业的职工到学校接受职业技能培训和继续教育，统筹考虑培训费用与实习费用。优先为合作企业推荐优秀毕业生。

第三章　企业的责任

第十五条　企业要积极与职业院校开展多种形式的合作，设立职业教育奖学金、助学金。有条件的企业可以与职业院校联合建立实习实训基地，合作建设实验（训）室或生产车间（校中厂、厂中校），合作兴办技术研发机构，合作组建职业教育实体或其他形式的产学研联合体。企业应积极支持职工担任职业院校兼职教师，妥善安排其工作时间。

第十六条　建立企业接纳一定数量的职业院校学生实习和教师实践制度。积极为实习学生和实践教师提供实训场地、设备设施，安排指导人员，并做好教学实习和顶岗实习前的安全培训工作和实习期间的劳动保护、安全等工作。对顶岗实习的,按协议为顶岗实习的学生支付相应的报酬或补贴。

第十七条 禁止企业安排实习学生从事不符合实习特征或者与实习计划内容不一致的劳动生产。每天顶岗实习时间原则不得超过 8 小时,特殊情况应严格按照《劳动法》及有关法律法规执行。

第十八条 企业应当依照国家有关规定提取和使用职工教育经费,并可以通过举办职业院校或委托职业院校等形式,对本单位职工和准备录用的人员实施职业技能培训和继续教育。

第十九条 企业可以依照《中华人民共和国劳动合同法》的有关规定与接受专业技术培训的职工约定服务期。

第二十条 行业组织应当引导和鼓励本行业企业与职业院校开展校企合作,并发挥行业资源、技术、信息等优势,充分发挥行业在人才供需、职业教育发展规划、专业布局、课程体系、评价标准、教材建设、实习实训、师资队伍建设等方面的指导作用,参与教育教学评估、校企合作项目的评估、职业技能鉴定及相关管理工作。

第二十一条 企业发生的职工教育经费支出、用于校企合作的支出和职业教育事业的公益性捐赠支出,按照国家规定在计算企业应纳税额时扣除。企业委托职业院校开发新产品、新技术、新工艺发生的研究开发费用,按照国家规定享受企业所得税优惠。

第四章 各级政府及有关部门的责任

第二十二条 各级政府要鼓励、支持和促进职业教育校企合作,建立政府主导、行业指导、企业参与的校企合作运行机制;根据需要选择若干具备条件的企业建立职业教育实习基地,由政府统一授牌;对在促进校企合作工作中做出显著成绩的单位和个人,给予表彰和奖励。

第二十三条 各级政府应加大对校企合作的支持力度,要设立职业教育校企合作发展专项资金,主要用于资助职业院校和企业联合设立职业教育实习实训基地、合作建设实验(训)室或生产车间等校企合作项目;对与职业院校合作开展职工教育和培训并取得显著成绩的企业给予奖励;对职业院校参与企业技术改造、产品研发、科技攻关和促进科技成果转化给予资助或奖励;奖励、表彰其他在促进职业教育校企合作中作出显著成绩的单位和个人;其他有关促进职业教育校企合作的经费资助。规定与接受专业技术培训的职工约定服务期。

第二十四条 各级政府要对校企合作发展专项资金的使用情况进行绩效评价,并根据评价结果对资金使用进行调整。校企合作发展专项资金使用和管理的具体办法,由市和县(市)区人民政府另行制定。

第二十五条 各级职业教育和继续教育联席会议,统筹协调本地区校企合作的规划、资源配置、经费保障、督导评估等工作。定期组织对校企合作情况的检查和指导。

第二十六条 各级教育行政部门负责本行政区域内的职业教育校企合作促进工作,人社、发改、财政、工商、工信、商务、税务、科技、农牧、交通等行政部门在各自职责范围内,负责校企合作促进的有关工作。对职业院校兴办的生产性实训机构,在税务、工商登记等方面,享受有关待遇。

第二十七条 教育、人社和其他有关行政部门及其委托的行业组织,可以对职业教育校企合作项目及其实施情况进行检查、评估，检查、评估结果作为政府专项资金资助或奖励的依据。

第二十八条　教育、人社部门应当引导和鼓励本行政区域内的职业院校与相关企业开展职业教育校企合作，并通过宣传职业教育发展政策、建立信息资源共享网络等形式，为职业院校、企业开展校企合作提供指导、帮助等服务。

第二十九条　人社部门要加强人力资源开发公共信息网络建设，建立人力资源市场信息服务体系，为职业院校和企业提供人才需求信息、就业指导等服务。

第三十条　发改、商务、农牧等相关部门应当引导和鼓励相关企业与职业院校开展职业教育校企合作，并对促进当地经济和社会发展的重点合作项目优先予以扶持。

第三十一条　科学技术行政部门应当对经评估认定为校企合作良好的企业和职业院校，在科学研究和技术开发等方面优先给予资金支持。

第五章　责任追究

第三十二条　职业院校、企业违反有关规定，侵害实习学生、教师合法权益的，应当依法承担相应的法律责任。

第三十三条　职业院校学生、教师在实习实践期间发生安全事故的，依照国家有关规定和保险条款处理。职业院校实习学生和实践教师侵害企业商业秘密的，依照国家有关规定处理。

第三十四条　职业院校、企业违反本办法规定，弄虚作假，获得职业教育校企合作资助或奖励的，由相关行政部门追回已发放的资助或奖励，取消其获得相关资助或奖励的资格。

第三十五条　职业院校有前款行为的，有关行政部门应当给予院校负责人和相关责任人员批评教育或行政处分。

第三十六条　有关部门及其工作人员违反本办法规定，在职业教育校企合作促进工作中玩忽职守、滥用职权、徇私舞弊的，由有关部门责令改正，并对直接负责的主管人员和其他直接责任人员，依法给予行政处分；涉嫌犯罪的，依法移送司法机关处理。

第三十七条　本办法自 2012 年 6 月 1 日起施行。本办法有效期三年。

八、《苏州市职业教育校企合作促进办法》
（2014 年颁布实施）

第一条　为加快现代职业教育体系建设，深化产教融合、校企合作，培养大批高素质劳动者和技术技能人才，增强职业教育服务经济和社会发展的能力，根据《中华人民共和国职业教育法》和其他有关法律、法规，结合本市实际，制定本办法。

第二条　本办法所称的职业教育校企合作，是指职业院校与相关企业在人才培养与职工培训、科技创新与技术服务、资源共享与共同发展等方面开展的合作。

本办法所称的职业院校，是指国家或社会力量依法设立的高等职业院校、中等职业学校、技工院校等。

第三条　本办法适用于本市行政区域内的职业教育校企合作及其扶持和保障。

第四条 职业教育校企合作遵循自愿协商、优势互补、利益共享的原则,坚持以市场需求和促进就业为导向,实现生产、教学、科研相结合。

第五条 市、县级市(区)人民政府应当鼓励、支持和促进职业教育校企合作,建立政府推动、市场引导、行业指导、校企互动的合作运行保障机制。

市、县级市(区)人民政府应当建立职业教育联席会议制度,统筹协调本地区校企合作的规划、资源配置、经费保障、督导评估等工作。

市、县级市(区)人民政府应当把职业教育校企合作所需资金纳入同级财政预算。

第六条 市、县级市(区)人民政府教育、人力资源社会保障行政部门按照职责分工负责本行政区域内的职业教育校企合作促进工作;发改、经信、财政、税务、科技、工商、商务、卫生、农(林)业等行政部门在各自职责范围内,负责校企合作促进的有关工作。

第七条 职业院校应当根据经济社会发展和市场需求,主动与企业在专业设置、课程开发、实训基地建设、师资培训、实习就业、质量评价等方面开展合作。

职业院校应当积极参与企业的技术改造、产品研发和科技攻关以及企业的职工教育和继续教育等项目。

鼓励职业院校聘请行业专家和企业的管理、技术骨干兼任专业课教师或者实习指导教师,参与职业院校的教学改革。

职业院校应当优先为合作企业推荐实习生、毕业生。

第八条 职业院校应当建立学生和教师到企业实习、实践制度。职业院校在校学生应当到企业参加顶岗实习,专业教师应当按照规定到企业参加实践。

职业院校应当加强对实习学生和实践教师的职业道德教育和安全教育并指派指导教师。职业院校应当按规定为实习学生办理实习责任保险或者学生实习期间的意外伤害保险,经费由学校承担,职业院校与企业达成协议的,则由企业承担。职业院校或者企业为实习学生购买前述保险的,政府可以给予资助。

实习学生和实践教师应当遵守企业规章制度和劳动纪律,保守企业商业秘密。

第九条 鼓励企业与职业院校开展多种形式的合作办学,深度参与职业院校的教育教学改革。有条件的企业可以与职业院校联合建立实习实训基地,合作建设实验室或者生产车间,合作兴办技术创新机构,合作组建职业教育实体或者产学研联合体,共同参与新兴产业基地建设。

鼓励企业设立职业教育奖学金、助学金、奖教金。

第十条 企业应当接纳职业院校学生实习和教师实践。对顶岗实习的学生,应当按规定给予劳动报酬。

企业应当按照与职业院校签订的合作协议,为实习学生和实践教师提供实训场地、设备设施,安排指导人员,做好实习、实践前的安全培训工作和实习、实践期间的劳动保护、安全等工作。

第十一条 企业应当依照国家有关规定提取和使用职工教育经费,并可以通过设立职业院校或者委托职业院校等形式,对本单位职工和准备录用的人员实施职工教育和继续教育。

第十二条 行业组织应当引导本行业企业与职业院校开展校企合作,发挥行业资源、技术、信息等优势，参与校企合作项目的指导、协调和评估工作。

第十三条　市、县级市（区）人民政府对以下校企合作项目给予奖励：

（一）校企合作公共服务平台建设；

（二）职业院校校企合作实训基地建设、专业课程建设、师资队伍建设、学生就业促进；

（三）校企合作企业的职工教育、产品研发、技术改造；

（四）实习学生的实习责任保险或者学生实习期间的意外伤害保险；

（五）其他校企合作项目。

第十四条　教育、人力资源社会保障、财政等行政部门及相关行业组织应当对职业教育校企合作项目及其实施情况进行检查、评估，其结果作为校企合作经费奖励的重要依据。

第十五条　企业实际发生的职工教育经费支出和用于职业教育事业的公益性捐赠支出，可以按照国家规定在计算企业应纳税所得额时扣除。

企业委托职业院校开发新产品、新技术、新工艺发生的研究开发费用，可以按照国家规定享受研究开发费用加计扣除政策。

第十六条　教育、人力资源社会保障行政部门应当建立校企合作信息资源共享网络，完善职业院校、企业人力资源市场信息服务体系，为职业院校和企业提供人才培养、就业指导等服务。

第十七条　发改、经信、科技、商务、卫生、农（林）业等相关部门应当引导相关行业企业与职业院校开展职业教育校企合作，并对促进当地经济和社会发展的重点合作项目优先予以扶持。

第十八条　职业院校、企业违反本办法规定，弄虚作假，获得职业教育校企合作奖励的，由相关行政部门追回已发放的奖励，并记入职业院校或者企业的诚信档案。违反法律的，依法追究法律责任。

第十九条　教育、人力资源社会保障和其他有关部门及其工作人员违反本办法规定，在职业教育校企合作促进工作中玩忽职守、滥用职权、徇私舞弊的，由其所在单位或者上级主管机关对直接负责的主管人员和其他直接责任人员依法给予行政处分；构成犯罪的，依法追究刑事责任。

第二十条　本办法自 2014 年 9 月 1 日起施行。

九、《马鞍山市职业教育校企合作促进办法（试行）》
（2015 年颁布实施）

第一条　为促进职业院校与企业深度合作，加快高素质劳动者和技术技能人才培养，提高职业教育服务地方经济发展的能力，根据《中华人民共和国职业教育法》和《国务院关于加快发展现代职业教育的决定》等有关法律法规，结合我市实际，制定本办法。

第二条　本办法所称的职业教育校企合作，是指职业院校与企业、事业单位、社会组织在人才培养与职工培训、科技创新与技术服务、资源共享与共同发展等方面开展的合作。

第三条　职业教育校企合作实行政府推动、行业协会协调、企业与职业院校共同参与的多元化校企合作机制，遵循自愿协商、优势互补、利益共享、过程共管、责任共担的原则，坚持以市场需求和就业创业为导向,实现生产、教学、科研相结合。

第四条　市、县都应建立职业教育联席会议制度,统筹协调本地区校企合作的规划、资源配置、经费保障、督导评估等工作。各职能部门在职教联席会议领导下,在各自职责范围内制定相关优惠政策,引导和推动职业教育校企合作。

(一)发展改革、经济信息化、科技、农业等有关部门对在职业教育校企合作工作中成绩突出的企业,在技术改造、新产品研发等项目建设上予以优先支持。

(二)经济信息化、国有资产监管等有关部门要将企业的职业教育校企合作情况作为考核与评价企业和企业负责人业绩的重要内容。

(三)教育、人力资源社会保障等有关部门对校企合作成绩突出的职业院校,在示范性学校、重点专业、实习实训基地等建设上予以优先支持。

(四)财政部门要筹措经费设立职业教育校企合作发展专项资金,支持校企合作工作。

(五)各行业协会应在政府相关部门的牵头支持下,成立由行业协会、企业、职业院校组成的行业职业教育校企合作指导委员会(以下简称指导委员会),引导、协调、指导本行业的校企合作工作。

第五条　职业院校应当根据经济社会发展和市场需求,主动与企业在学生实习、专业设置与课程开发、课程实施、资源共享、信息交流、教育评价与评估、订单式教育与就业推荐、师资交流与培训、职工培训与继续教育等方面开展合作。

(一)鼓励职业院校根据专业需要聘请企业的高技能人才、专业技术人员到校兼职任教,支持职业院校引进急需的企业高技能人才、专业技术人员到校担任专业课教师或实习指导教师。职业院校专业课教师和实习指导教师有企业工作经历的要逐步达到50%以上。

(二)职业院校在校学生毕业前到企业顶岗实习学时累计总学时约为一学年(中职学校招收普通高中毕业生的专业,实习实训累计总学时不少于半学年),实习成绩计入规定的学分。职业院校应当加强对实习学生和实践教师的职业道德教育和安全教育,为实习学生统一办理意外伤害保险,并指派指导教师。实习学生和实践教师应遵守企业制度和劳动纪律,保守企业商业秘密。

(三)职业院校应充分利用职教联盟平台,主动与企业在学生实习、专业设置与课程开发、订单式教育与就业推荐、师资交流与培训、职工培训与继续教育、产品研发、技术攻关等方面开展合作,聘请企业的高技能人才、专业技术人员参与学校教学与管理,参与职业院校培养目标设定、专业设置、课程改革、教学评价等教育教学工作。

(四)职业院校专业课教师必须定期到企业或生产服务一线进行实践调研,平均每两年不少于两个月。文化课教师也要到企业、生产服务一线进行考察、开展调研。职业院校专业课教师晋升高级教师专业技术职务的必须有企业、生产服务一线工作或实践经历。

第六条　鼓励企业与职业院校开展多种形式的合作办学,提高人才培养水平,促进地方经济发展。

(一)企业要主动接受职业院校学生到企业对口岗位实习。企业应按照与职业院校的合作协议,与职业院校共同组织和管理学生实习,制定实习计划,提供实习场地和设备设施,并指定专人负责学生实习工作，安排有经验的技术或管理人员担任实习指导教师，做好实习、实践前的安全培训和实习、实践期间的劳动保护、安全等工作。禁止企业安排实习学生从事不符合实习特征或与实习内容不一致的劳动生产。对上岗实习的，应当给予适当的劳动报酬。

（二）企业要积极承担职业院校教师到企业实习、实践工作。企业要支持高技能人才、专业技术人员兼任职业院校专业课教师或实习指导教师。有辅导职业院校学生实习经历的企业职工优先晋升高一级职业资格或专业技术职务。

（三）企业应建立职工培训和继续教育制度。企业职工教育培训可通过自主培训或委托职业院校、有资质的培训机构组织实施。规模以上企业要有机构或人员负责职工教育培训，企业要依法足额提取教育培训经费，一般企业按照职工工资总额的 1.5% 足额提取教育培训经费，从业人员技能要求高、培训任务重、经济效益较好的企业可按 2.5% 提取，列入成本开支。对自身没有能力开展职工培训的企业，由县级以上地方人民政府对其职工教育培训经费进行统筹，由人力资源社会保障等部门统一组织培训服务。企业未按照国家规定提取职工教育经费，或者挪用职工教育经费的，由人力资源社会保障部门责令改正，并依法给予处罚。

（四）企业要及时向行业协会（或通过职教联盟）反馈人才需求和岗位技术变化信息，派出专业技术人员参加指导委员会，积极参与组建职教集团，通过冠名班、订单培养等形式，与职业院校共建对口专业，联合建立兼具生产与教学功能的公共实训基地，合作培养师资，合作培养企业急需人才，合作进行产品设计和技术创新，合作组建产学研联合体等，共同搭建服务区域产业发展平台。

（五）鼓励国有大中型企业、规模以上企业到职业院校设置重点实验室，举办职业院校或联办相关专业，联合进行技术攻关、产品开发、创业创新。

第七条　市、县人民政府应当设立职业教育校企合作发展专项资金，引导和鼓励职业教育校企合作。校企合作发展专项资金主要用于：

（一）资助职业院校与企业联合设立职业教育实习实训基地、合作建设实验室或生产车间等校企合作项目；

（二）资助职业院校与行业企业共建技术工艺和产品开发中心、实验实训平台、技能大师工作室等；

（三）资助职业院校为实习学生统一办理意外伤害保险；

（四）对企业接纳职业院校学生实习发生的物耗、能耗给予适当资助及带教师傅津贴；

（五）对职业院校参与企业技术改造、产品研发、科技攻关和促进科技成果转化给予资助或奖励；

（六）对与职业院校合作开展职工教育与培训并取得显著成绩的企业给予奖励、表彰；

（七）对在促进职业教育校企合作中做出显著成绩的单位和个人给予表彰、奖励；

（八）其他有关促进职业教育校企合作的经费资助。

校企合作发展专项资金使用和管理的具体办法另行制定。

第八条　落实税收等优惠政策，扶持职业院校和企业参与校企合作。

（一）企业因接受学生实习实训、教师实践所发生与取得应税收入有关的合理支出，按现行税收法律规定在计算应纳税所得额时扣除。企业发生的职业教育经费支出和用于职业教育事业的公益性捐赠支出,可以按规定比例在计算企业应纳所得额时扣除。企业委托职业院校开发新产品、新技术、新工艺发生的研究开发费用,经认定后可享受企业所得税研究开发费加计扣除优惠政策。

(二)职业院校按照国家有关规定可以通过提供场地、厂房、设备等形式,按照参股、入股的形式,与相关企业联合组建经济实体或独立举办经济实体。引入学校从事生产经营活动的企业要按协议落实学生和教师实习、实践任务。

(三)职业院校自办的以服务学生实习实训为主要目的的企业或经营活动,按照国家有关规定享受税收等优惠。职业院校教师和学生拥有知识产权的技术开发、产品设计等成果,可依法依规在企业作价入股。

(四)职业院校优先向参与校企合作的企业推荐毕业生。职业院校与企业合作举办的冠名班、订单培养的毕业生原则上优先推荐到合作企业就业。职业院校优先安排与其建立校企合作关系的企业职工到校进行职业技能提高培训或继续教育。

(五)开展职业教育校企合作成绩显著的企业,在科学研究和技改项目安排方面优先支持;在企业职工岗位技能提升培训经费补贴方面优先安排;在建立"技能大师工作室"、选拔"马鞍山市首席技师"等方面适当倾斜。

第九条　职业院校、企业违反有关规定,侵害实习学生、实践教师、企业职工合法权益的,应依法承担相应的法律责任。职业院校学生、教师在实习、实践期间发生安全事故的,职业院校实习学生和实践教师侵害企业商业秘密的,均依照国家有关规定处理。

第十条　职业院校、企业弄虚作假获得职业教育校企合作资助或奖励的,按照有关规定由相关部门追回已发放的资助或奖励资金,取消其获得相关资助或奖励的资格,追究有关人员的相关责任。

第十一条　教育、人力资源社会保障和其他部门及工作人员违反本办法规定,在职业教育校企合作工作中玩忽职守、滥用职权、徇私舞弊的,由上级部门或其他有关部门责令改正,并对直接负责的主管人员和其他直接责任人员依据有关规定给予处分。

附录五／——《南通市职业教育校企合作促进条例（草案）》

第一章　总则

第一条　为深化产教融合，促进职业院校与企业、行业组织的深度合作，形成校企协同育人机制，培养高素质劳动者和技术技能型人才，增强职业教育服务地方经济和社会发展的能力，加快构建南通现代职业教育体系，根据《中华人民共和国职业教育法》和其他有关法律法规，结合南通实际，制定本条例。

第二条　本条例所称的职业教育校企合作，是指职业院校与行业企业、事业单位、社会组织等通过协议约定双方权利和义务，以人才培养与职工培训、科技创新与技术服务、资源共享与共同发展为目的的合作活动。本办法所称的职业院校，是指国家或社会力量依法设立的高等职业院校、中等职业院校、技工院校等。

第三条　促进职业教育校企合作是政府、行业组织、企业、职业院校的共同责任。职业教育校企合作实行政府主导、行业组织协调、企业与职业院校共同参与的多元化合作机制，坚持合作办学、办学育人、合作就业、合作发展的主线，遵循自愿协商、优势互补、利益共享、过程共管、责任共担的原则。

第四条　本条例适用于南通市行政区域内的职业教育校企合作及其扶持和保障。

第二章　政府

第五条　市和县级市(区)人民政府统筹推动本行政区域内的职业教育校企合作工作。南通市人民政府成立由市教育局、工业和信息化委、发展和改革委、人力资源和社会保障局、国资委、财政局等部门和部分行业组织、企业、职业院校参加的南通市职业教育校企合作促进委员会(以下简称南通市校企合作促进会)。校企合作促进会下设办公室，具体负责全市职业教育校企合作的规划、资源配置、经费保障、督导评价工作。

县级市(区)人民政府及其有关部门按照各自的职责分工，共同做好促进职业教育校企合作工作。县级市(区)人民政府应结合本地实际，建立校企合作相关组织，负责统筹本地职业教育校企合作工作。

第六条　市教育局、工业和信息化委、人力资源和社会保障局、国资委等部门整合职业院校、行业企业、社会团体等相关资源，建立全市统一的职业教育校企合作公共网络服务平台，及时向社会发布资源需求预测、就业状况、职业院校和企业合作等信息，定期举办职业教育校企合作项目洽谈会、合作论坛等活动,形成线上对接与线下活动结合的校企合作网络协作机制。

第七条 市相关行业部门要引导和鼓励行业相关企业与职业院校开展职业教育校企合作,并对促进当地经济社会发展的重点合作项目优先予以扶持。

第八条 各级教育、人力资源和社会保障、发展和改革、财政、科技、工业和信息化、国土资源、国资、农业等部门要在各自职责范围内制定相关优惠政策,引导和推动职业教育校企合作。

(一)发展和改革、科技等有关部门对在职业教育校企合作工作中成绩突出的企业,在技术改造、新产品研发等项目建设上予以优先支持。

(二)国资、工业和信息化等有关部门要将企业的职业教育校企合作情况作为考核与评价企业和企业负责人业绩的重要内容。

(三)国资、工业和信息化部门分别负责国有监管企业、国有中小企业接收职业院校学生实习、教师实践的协调工作。

(四)国资、金融等主管部门要引导和鼓励金融机构改进金融服务,开辟校企合作信贷业务,对校企合作的项目提供支持。对符合贷款条件的校企合作项目企业,优先给予贷款支持。

第九条 教育、人力资源社会保障部门要制定鼓励与支持政策,推动职业院校教师、学生到企业实践、实习,促进企业的高技能人才、专业技术人员兼任职业院校专业课教师或实习指导教师。有企业工作或生产一线服务经历的职业院校专业课教师优先晋升高一级专业技术职务;有辅导职业院校学生实习经历的企业职工优先晋升高一级专业技术职务,建立企业经营管理和技术人员与职业院校管理干部、骨干教师、专业带头人相互聘用、相互兼职机制。

第十条 财政、税务等部门要加大职业教育校企合作经费统筹力度、落实税收优惠政策。

(一)对职业院校设立的,且具有独立法人性质的经营性实训基地从事生产经营的所得,免征企业所得税地方分享部分。

(二)对职业院校自办的,以服务学生实习、实训为主要目的的企业或经营活动,按照国家有关规定给予税收等优惠。

(三)对企业因接受实习学生所实际发生的与取得收入有关的、合理的支出,按现行税收法律规定在计算应纳税所得额时扣除。

(四)通过公益性社会团体或者市和县级市(区)人民政府及其部门向职业院校进行捐赠的,其捐赠按照现行税收法律规定在税前扣除。

(五)除国务院财政、税务主管部门另有规定外,企业发生的职工教育经费支出,不超过工资薪金总额 2.5%的部分,准予扣除;超过部分,准予在以后纳税年度结转扣除。

第十一条 市和县级市(区)人民政府要根据职业院校在校生规模和培养成本,设立职业教育校企合作发展专项资金(以下简称专项资金),专项资金主要由各级财政资金安排,并随着经济社会的发展逐步增长。鼓励各地多渠道筹集专项资金。市和县级市(区)人民政府制定专项资金的使用管理办法。专项资金的具体使用范围包括:

(一)资助职业院校和行业企业联合设立职业教育实习实训基地、学生创业园、技术工艺和产品开发中心、技能大师工作室、实验室或生产车间等校企合作项目。

(二)资助职业院校为教师和学生在实习和实践期间统一办理意外伤害保险。

（三）对企业接纳职业院校学生实习发生的物耗能耗损失及带教师傅津贴给予补助。

（四）资助职业院校聘请行业企业专业技术人员、能工巧匠、经营管理人才担任职业院校专业课程教学和实习、实训指导教师。

（五）对职业院校参与企业技术改造、产品研发、科技攻关和促进科技成果转化取得明显成效的，要给予资助或奖励。

（六）资助职业教育集团、社会团队、行业组织牵头开展的校企合作专题调研、专项研究和经验交流等活动，对其中发挥积极作用、工作成效明显的给予工作经费补助。

（七）其他有关促进职业教育校企合作工作的经费资助。

第十二条　南通市人民政府将每年5月第二周的周一设立为"南通市职业教育体验日"。市和县级市（区）人民政府要定期对职业教育校企合作项目及其实施情况进行检查、评估和督导，对校企合作工作成绩突出的企业、职业院校、相关组织及个人予以表彰、奖励，并通过主流媒体向全社会广泛宣传。

第十三条　市和县级市（区）人民政府实行促进职业教育校企合作工作目标责任制，要把促进校企合作纳入绩效考评体系。上级人民政府加强对下级人民政府落实校企合作工作目标的监督检查。市和县级市（区）人民政府要定期向同级人民代表大会汇报校企合作工作落实情况。

第三章　行业组织

第十四条　行业组织要充分发挥在人才、技术、信息等方面的资源优势，指导和鼓励本行业企业与职业院校开展校企合作，参与校企合作项目的评估、职业技能鉴定以及相关管理工作，发挥行业组织在校企合作中的桥梁和纽带作用。

第十五条　行业组织要加强自身能力建设，通过政府授权委托、购买服务等方式，承担行业组织在促进校企合作中适宜承担的职责，并加强自律性，接受市和县级市（区）人民政府的服务监督和评估，提供独立、专业的增值服务。

第十六条　行业组织在政府相关部门的牵头和指导下，成立由行业组织、企业、职业院校组成的行业职业教育教学指导委员会（以下简称行指委）引导、协调、指导本行业的校企合作工作，发布和预测本行业用人信息；向职业院校推荐开展职业教育校企合作的企业；对职业院校人才培养和教学工作进行宏观指导，推动行业职业教育教学改革创新；与职业院校合作，组织行业内员工培训与继续教育；参与制定职业院校实践教学标准及实习指导教师能力标准；参与行业职业教育技能大赛举办等工作；参与职业教育校企合作项目的评估、职业技能鉴定及相关管理工作，推动职业教育校企合作项目顺利实施。

第十七条　各行业组织可以牵头成立由有关职业院校和企业参加的全市性行业职业教育集团（以下简称职教集团）。在行指委的推动下，充分发挥职教集团的载体作用，以产业和专业为纽带，统筹行业、企业和职业院校等资源，积极开展专业建设、师资队伍建设、实习实训基地建设、实习就业指导等，实现专业设置与产业需求对接、教学过程与生产过程对接、课程内容与职业标准对接、职业教育与终身学习对接。

第四章　企业

第十八条　企业要积极发挥职业教育重要办学主体作用，建立健全适应生产组织方式和人力资源开发需要的校企合作制度。国有企业要把参与职业教育、开展校企合作作为基本职责。规模以上企业要安排专门机构或人员对接职业院校,深度参与职业教育人才培养全过程。

第十九条 企业与职业院校开展多种形式的合作办学,可以通过独资、参股、入股等多种形式举办或参与举办职业教育,推进"校企一体化"培养培训技术技能型人才。对举办职业院校的企业,其办学符合职业教育发展规划要求的,各地可通过政府购买服务等方式给予支持。

第二十条 鼓励企业为职业院校提供资助和捐赠。企业可以通过多种捐助形式支持职业院校建设和发展,在职业院校设立奖学金、助学金、创新创业和教学科研基金等资助项目。

第二十一条 规模以上企业要有机构和人员组织实施职工教育培训、对接职业院校,设立学生实习和教师实践岗位。合作企业要依法接纳职业院校学生实习和教师实践,并按实习实践的有关规定、校企双方协议提供实训场地、设备设施,安排指导人员,做好岗前培训、安全教育,提供劳动保护。对顶岗实习的学生,要按有关规定给予适当的劳动报酬。

第二十二条 禁止合作企业安排实习学生在安全风险较大、与专业实习无关或其他不适宜学生实习的岗位(如从事高空、井下、放射性、高毒、易燃易爆、国家规定的第四级体力劳动强度的工作岗位,酒吧、夜总会、歌厅、洗浴中心等营业性娱乐场所)顶岗实习。不得安排和接受 16周岁以下学生顶岗实习,安排学生顶岗实习时间每天不得超过 8 小时。

第二十三条 合作企业接受学生实习,要与职业院校和学生或监护人三方签订"实习协议",明确三方的权利义务,约定学生生活津贴等实习报酬。对在企业连续顶岗实习 3 个月以上(含 3 个月)的学生,实习报酬发放标准应不低于上年度本地职工最低工资标准。

第二十四条 合作企业与职业院校不得通过中介机构代理组织、安排和管理学生实习工作。

第二十五条 企业必须保障到职业院校兼职的专业技术人员、能工巧匠、经营管理人才的授课时间,并给予其本企业在岗人员待遇,促进校企人员互聘、互用。

第二十六条 企业要严格遵守劳动就业准入制度,优先录用与合作职业院校共同培养的人才。企业要依法履行职工教育培训和足额提取教育培训经费的责任,按照职工工资总额的 1.5%足额提取教育培训经费,从业人员技能要求高、实训耗材多、培训任务重、经济效益较好的企业可按 2.5%提取,其中用于一线职工教育培训的比例不低于 60%。所提取的培训经费列入成本开支,应当用于以下情形:

(一)举办职业院校或选送本企业员工到职业院校进行职业技能培训和继续教育。

(二)指导职业院校学生顶岗实习。

(三)参与职业院校专业建设、课程开发及科技研发活动。

(四)对未能继续升学的初中、高中毕业生进行职业教育和职业技能培训全覆盖。

(五)其他相关职业教育校企合作的培养培训活动。

第五章 职业院校

第二十七条 职业院校要把校企合作作为基本办学制度,制定校企合作发展规划,成立校企合作指导委员会和办事机构,建立健全适应开展校企合作的教育教学组织方式和规章制度,主动与企业、行业组织在专业设置与课程开发、学生实习实训、订单式培养与就业推荐、师资交流与培训、职工培训与继续教育、科技研发等方面开展合作。

第二十八条 职业院校要完善校企合作的现代职业院校治理结构，根据国家有关规定，设立由行业、合作企业、社会人士、政府官员、教师代表等参与组成的理（董）事会，发挥其决策咨询作用；建立由行业、企业技术专家、管理人员参与的专业建设指导委员会，根据行业企业技术、生产工艺、管理服务流程优化专业教学内容、开发专业课程，使人才培养融入企业生产服务流程和价值创造过程。

第二十九条 职业院校要聘请企业的经营管理人才、技术技能人才兼任专业课教师或实习指导教师，到校任教或参与管理工作，参与职业院校的培养目标设定、专业设置、课程改革、教学评价等人才培养的全过程，并和企业协商给予企业来校兼职的经营管理人才、技术技能人才相应的报酬和其他待遇。

第三十条 职业院校要努力营造与企业生产、经营、服务场所一致的教学环境，将先进产业文化引入校园，使校园文化与产业文化相互融通，将职业道德、职业规范、职业情感培养纳入课程内容和教学过程，培养企业欢迎的具有良好职业素养的技术技能型人才。

第三十一条 职业院校要优先安排与其建立校企合作关系的企业职工进校接受职业技能培训或继续教育，优先为合作企业推荐毕业生；积极参与企业的技术改造、产品研发和科技攻关等项目，促进科技成果转化。职业院校教师和学生拥有知识产权的技术开发、产品设计等成果，可依法依规在企业作价入股。

第三十二条 职业院校要建立学生和教师到企业实习、实践制度。

（一）学生到企业顶岗实习时间一般为6个月，原则上由职业院校统一安排。学生到企业实习，由职业院校、企业共同组织实施，并严格执行教育部等五部门印发的《职业学校学生实习管理规定》。

（二）认真执行教育部等七部门印发的《职业学校教师企业实践规定》。职业院校专业课教师（含实习指导教师）每5年必须累计不少于6个月到企业或生产服务一线实践，没有企业工作经历的新任教师应先实践再上岗。公共基础课教师也要定期到企业进行考察、调研和学习。专业教师到企业实践应作为教师职务评聘、晋升的基本条件。

第三十三条 职业院校应根据有关规定为所有实习学生、实践教师办理学生实习责任保险、教师实践责任保险，保险费在各级职业教育校企合作发展专项资金列支，不得向学生、教师另行收取。

第三十四条 职业院校要加强对实习学生和实践教师的职业道德教育和安全教育。实习学生和实践教师要遵守企业规章制度和劳动纪律，保守企业商业秘密。

第三十五条 职业院校按照国家有关规定可以通过参股、入股的形式，与相关企业联合组建经济实体或独立举办经济实体。

第六章 法律责任

第三十六条 违反本条例规定，对在实习实训期间造成安全事故负有责任的职业院校教师、学生和企业职工，由职业院校或企业给予批评教育或处分。因故意或重大过失造成安全事故或重大经济损失的，要依法承担相应的法律责任。

第三十七条　职业院校实习学生和实践教师侵害企业商业秘密、知识产权的;职业院校和企业管理失当,造成实习学生和实践教师人身伤害、名誉损害或重要信息泄露,以及不按时支付劳动报酬、不按规定提供劳动待遇的,依照国家规定承担法律责任。

第三十八条　经批准建立的职业教育公共实习实训基地,参与单位未按期进行建设或未达到预期目标,由批准部门责令其限期改正。拒不改正的,批准部门应当撤销该基地,并追回已发放的补助或奖励经费。

第三十九条　职业院校、企业违反本条例规定,通过弄虚作假获得职业教育校企合作资助或奖励的,按照《财政违法行为处罚处分条例》(国务院令第 427 号),由相关部门追回已发放的资助或奖励,并取消其获得相关资助或奖励的资格。

(一)职业院校有前款行为的,有关部门要给予院校负责人和相关责任人员批评教育、行政处分或依法追究其相关法律责任。

(二)不按规定提取和使用教育培训经费,并拒不改正的企业,由市和县级市(区)人民政府依法收取企业要承担的职业教育经费,统筹用于本地区的职业教育。企业以瞒报或虚报方式获得税收优惠的,由税务部门依法追缴。

第四十条各级行政部门及其工作人员违反本条例规定,在职业教育校企合作促进工作中玩忽职守、滥用职权、徇私舞弊的,由上级机关或其他有关部门责令改正,并依法对直接负责的主管人员和其他直接责任人员依据有关规定给予行政处分;涉嫌犯罪的,依法移送司法机关处理。

第七章　附则

第四十一条　应用型本科高校以及普通本科高校应用型人才培养专业开展校企合作;新办本科高校举办的高等职业教育专业开展校企合作;职业培训机构开展校企合作;职业院校与事业单位、社会团体等机构开展合作等,参照本条例执行。

第四十二条　本条例自颁布之日起施行。

附录六 —— 《南通市职业教育校企合作促进条例（草案）》起草说明

南通职业教育校企合作机制的构建与运行是南通职业教育校企合作治理现代化的核心，做好南通职业教育校企合作治理，就必须建构南通职业教育校企合作的机制，而南通职业教育校企合作机制的建立与运行，也必须依靠南通职业教育校企合作治理。为了更有效地实施南通职业教育校企合作机制，除建立这些机制的实施策略外，还必须使实施南通职业教育校企合作机制制度化和法治化。而要使地方职业教育校企合作机制实施制度化和法治化，建立地方职业教育校企合作机制的法律和法规是基础。南通职业教育校企合作机制的立法既体现了机制与法律制度关系理论上的诉求，又是实践上更好地实施这种机制的需要，从而从法律与法规上保障了南通职业教育校企合作治理的顺利进行。

一、关于南通职业教育发展概况

南通素有崇文重教的优良传统，有着我国"教育之乡"的美誉。职业教育起步也较早，早在上世纪初，著名实业家、教育家、中国近代职业教育拓荒者与奠基人张謇先生即提出"父教育、母实业"的职业教育校企合作办学思想，在南通兴办实业的同时先后创办了农校、纺校、商校、师范、医校、伶工学社、工人艺徒学校、女红传习所等一批近代职业学校和技能培训机构。南通在多年的职业教育办学历程中，秉承张謇先生"学必期于用，用必适于地"的办学理念和"知行并进"、"学问兼理论与阅历乃成"的人才培养理念，借鉴"首重道德，次重学术"、"夫课程之订定，必适应世界之潮流，顾及本国之情势"的课程建设理念以及"校厂一体"的实践教学建设理念，逐步形成了具有鲜明特征的"知行并进，学做合一"人才培养模式和职业教育文化，打造了一张颇有特色的南通职业教育新名片，在全国产生了一定的影响力。

南通职业教育体系发展与南通近代工业同步崛起，为南通经济社会发展发挥了助推器的作用。历经百年发展，南通职业教育规模不断壮大，结构日趋优化，办学水平不断提升，为南通经济社会发展输送了大量高素质技术技能型人才。目前，南通市共有各类职业院校50所，乡镇成人教育中心133所，全市职业院校在校生约20万人。其中，全市中等职业学校中，共有国家级重点学校14所，省合格职教中心11所。6所高职院校中有国家示范性高职院校1所、国家骨干高职院校1所、省级示范院校2所。南通市的职业院校主要开设了纺织服装、机械电子、化工技术、计算机应用、软件技术、物流管理、金融商贸、酒店旅游、建工技术、船舶制造、航空机电维修、艺术传媒、新能源应用技术、护理、医药等专业（群），专业设置与南通产业结构具有较好的适应性,较好地发挥了服务南通经济社会发展的功能。南通市被确定为"地方政府促进高职教育改革发展综合试验区"。

近年来南通市的职业院校积极探索校企合作新模式,通过"共建实习实训基地模式"、"理事会模式"、"校中厂、厂中校"、"订单培养"、"职教集团(联盟)"、"现代学徒制"、"校企一体化办学"、"共建技术研发中心"等形式,不断推进校企合作治理向纵深发展,培养产业发展亟需的高素质技术技能型人才。为促进南通职业教育校企合作治理规范化、制度化,南通市发展和改革委员会在2010年出台了《南通市关于进一步加强职业教育校企合作办学的意见》,从2010年起,南通市教育局、南通市经济和信息化委员会、南通市科技局、南通市科学技术协会联合开展了三批"南通高校校企合作示范基地和校企合作工作先进个人评选工作",充分发挥了校企合作先进单位和个人的示范、引领作用。南通职业教育校企合作的规模不断扩大、内容不断深化、形式不断丰富、水平不断提升。据不完全统计,目前南通市职业院校开展校企合作项目达560多个,涉及企业600余家,每年惠及学生达65000多人。

在当前南通和江苏正处于投资驱动向创新驱动转型的关键时期,"创新、协调、绿色、开放、共享"的发展理念,通过机制和体制创新来加快发展南通现代职业教育,促进南通职业教育治理体系和治理能力现代化,对打造南通经济升级版,创造更大人才红利,促进就业和改善民生,加强社会建设和文化建设,满足人民群众生产生活多样化的需求,实现南通创建国家创新型城市目标,建成长三角北翼创新之都具有重要意义。

二、关于南通职业教育校企合作立法的必要性

法治是社会治理现代化的根本特征。法治能够通过大量程序性规则和制度为企业和职业院校合作治理构造一个理性的公共领域,使得双方通过一种规范和理性的方式来处理双方合作和交易过程中复杂多变的关系和冲突。通过立法形成完备的职业教育法律体系,将企业有限自治与政府立法适度干预有机结合,实现企业参与治理方式的法治化是世界发达国家激励和规范企业参与现代职业教育治理的共性有益经验。这里首先有两个理论问题要弄清:一是机制与制度的关系问题。机制和制度这两个范畴是有区别的,机制是事物现象各部分之间的相互关系及其运行方式,而制度是人和组织的行为规范。然而,机制是可以用制度来体现的,也就是说事物现象的相互关系及其运行方式可以用制度表现,用以更好地约束组织和人的行为,以使机制更好地发挥作用,或者说,更好地形成长效机制。二是机制与法律规范的关系。可以说,法律规范也是一种制度,它是以法的形式所体现的制度,只不过这种法律的制度跟一般的制度比起来其要求的刚性程度更强一些。因此,机制也是可以以法律规范的形式体现出来的。南通校企合作的机制如果以法律法规的制度形式加以规范,就能更好地保证这种机制的实施效果,更有利于形成这种机制的长效机制。

针对我国企业参与现代职业教育治理所必需的公共制度供给不足以及公共治理视角下企业和职业院校缺乏自治理念的客观现实,南通政府作为现代职业教育治理的重要主体,要着眼于职业教育校企合作治理宏观机制、激励机制以及指导—服务机制作用的发挥,通过加快研究南通职业教育校企合作立法,履行好其重要职能——公平与秩序的提供与保障,形成现代职业

教育"有限的政府、规范的市场、专业的行业组织、自律的职业院校、自发的企业、自觉的社会"共同构成高素质技术技能型人才培养治理格局。这在要加强教育法治的今天尤其重要。

（一）促进南通职业教育治理体系和治理能力现代化的需要

职业教育通过对区域人力资源的加工与人力资本的输出方式，实现对区域经济社会发展的"软资本"（技术技能型人力资本）的投入，为区域经济社会发展注入技术技能型人才，从而推动区域经济社会的发展。因此，"抓职教就是抓经济，抓职教就是抓发展，抓职教就是抓民生。"世界职业教育发达国家的发展经验和我国职业教育改革发展的实践证明了"校企合作"是职业教育的本质规律和内在要求，是职业教育人才培养必须遵循的基本范式。没有高水平的校企合作治理，南通职业教育就难以实现治理体系和治理能力现代化的目标。尽管南通职业教育校企合作的规模不断扩大、内容不断深化、形式不断丰富、水平不断提升。但总体而言，由于缺乏较为系统的法律、政策、制度的鼓励和保障，南通职业院校与企业的合作仍处于自发组织状态，校企之间缺乏利益的驱动和有效的互惠互利的激励机制、指导——服务机制，校企合作形式松散，双方无法建立起长期、稳定、互利互惠的合作机制，"学校热，企业冷"的现象依然严重存在，制约着"校企一体化"育人的发展。因此，根据南通经济社会发展实际和职业教育发展现状，制定促进职业教育校企合作治理的地方法规，建立一套切实可行的规范、管理、扶持、引导校企合作发展的长效机制，为增强南通竞争力特别是发展实体经济培养大批技能精湛、爱岗敬业、脚踏实地、精益求精的大国工匠提供制度保障。

（二）职业教育发达国家立法保障校企合作成功经验启示

职业教育属于公共产品范畴，是公益性事业。为社会提供职业教育这一公共产品是国家和政府的责任。计划和市场相结合是公共产品提供法律关系的基本准则。政府以公权力追求公益，市场以私权益实现公益。职业教育校企合作的最终目标是通过促进人的全面发展，提高国家经济增长的效率与效益。因此，世界发达国家的政府都非常重视发展职业教育，将发展职业教育视为推动经济社会发展的"秘密武器"，都制定完善的法律法规保障职业教育校企合作，形成了具有本国特色的职业教育校企合作机制，如德国的"双元制"、新加坡的"教学工厂"、澳大利亚的 TAFE 模式、英国的"现代学徒制"、美国的"合作教育"等，有力地促进了职业教育技术技能型人才培养质量的提高，推动了本国经济社会的发展。凡是繁荣发达的国家一定是技术强国、技能大国，也一定是职业教育校企合作治理强国，这是世界发达国家职业教育发展共同体现的一个规律，非常值得我们在推进我国和地方职业教育校企合作治理实践进程中进行学习借鉴。

（三）国内部分城市通过立法保障和促进校企合作的探索借鉴

为有效克服南通职业教育校企合作出现的"政府失灵"和"市场失灵"现象，明确职业教育多元利益主体在校企合作治理中的权责关系、角色定位，国内一些地方城市近些年纷纷出台了"校企合作条例"、"校企合作促进办法"等地方性法规，如 2009 年宁波市结合实际制定了全国首创的地方性法规——《宁波市职业教育校企合作促进条例》，2012 年又制定实施了《宁波市职业教育校企合作促进条例实施办法》，提出了更加明确的解决方案和措施；2012 年年底沈阳市制定并审议通过了《沈阳市职业教育校企合作促进办法》，2013 年年初正式实施。2014 年苏州市也根据当地的实际情况制定了《苏州市职业教育校企合作促进办法》。因此,很有必要根据相关的法律法规和政策,结合南通实际,制定"管用"的《南通市职业教育校企合作办法》,用以指导、规范南通市职业教育校企合作治理,使其科学化、规范化与法治化,以法治思维有效克服南通市职业教育校企合作实践中出现的"政府失灵"和"市场失灵"现象。

三、关于南通市职业教育校企合作立法的依据

(一)国家相关法律法规的规定

1.《中华人民共和国劳动法》(1995年颁布实施)在第八章"职业培训"中,提出了鼓励和支持企业开展各种形式职业培训的要求,要求企业应按照国家规定建立职业培训制度、提供职业培训经费。

2.《中华人民共和国职业教育法》(1996年颁布实施)在第一章、第三章和第四章中均对校企合作做出了相关规定。如行业组织和企事业组织有实施职业教育的义务;政府、行业、企业都可以举办职业学校或职业培训机构;职业学校、培训机构应当实行产教结合,服务地方经济建设;企业与学校应密切联系,企业可以委托学校培训职工,学校可以举办与职业教育相关的企业或实习场所;企业应当承担职工进行职业教育的费用,不予实施将受到处罚;企业应当接纳学生和教师实习,对上岗实习生给予劳动报酬。该法明确了政府、行业、企业、学校各方在校企合作中的权利和义务,并提出了对不履行义务方的行政处罚措施。

3.《中华人民共和国教育法》(2015年修改实施)在第六章"教育与社会"中指出,国家鼓励企业事业组织、社会团体及其他社会组织同高等学校、中等职业学校在教学、科研、技术开发和推广等方面进行多种形式的合作;企业事业组织、社会团体及其他社会组织和个人,可以通过适当形式,支持学校的建设,参与学校管理;国家机关、军队、企业事业组织及其他社会组织应当为学校组织的学生实习、社会实践活动提供帮助和便利。

4.《中华人民共和国高等教育法》(2015年修改实施)在第一章"总则"中规定,国家鼓励企业事业组织、社会团体及其他社会组织和公民等社会力量依法举办高等学校,参与和支持高等教育事业的改革和发展。

5.《中华人民共和国就业促进法》(2015年修改实施)在第五章"职业教育和培训"中明确规定,国家依法发展职业教育,鼓励开展职业培训,促进劳动者提高职业技能,增强就业能力和创业能力;县级以上人民政府加强统筹协调,鼓励和支持各类职业院校、职业技能培训机构和用人单位依法开展就业前培训、在职培训、再就业培训和创业培训;鼓励劳动者参加各种形式的培训;县级以上地方人民政府和有关部门根据市场需求和产业发展方向,鼓励、指导企业加强职业教育和培训;职业院校、职业技能培训机构与企业应当密切联系,实行产教结合,为经济建设服务,培养实用人才和熟练劳动者。

(二)党中央、国务院、江苏省相关政策的要求

1.《国家中长期教育改革和发展规划纲要(2010—2020年)》第十五条指出:"调动行业企业的积极性。建立健全政府主导、行业指导、企业参与的办学机制,制定促进校企合作办学法规,

推进校企合作制度化"。

2.《国务院关于加快发展现代职业教育的决定》指出："研究制定促进校企合作办学有关法规和激励政策,深化产教融合,鼓励行业和企业举办或参与举办职业教育,发挥企业重要办学主体作用。"

3.《现代职业教育体系建设规划(2014—2020年)》(2014年)指出："健全企业参与制度。研究制定促进校企合作办学有关法规和激励政策,深化产教融合,鼓励行业和企业举办或者参与举办职业教育,发挥企业重要办学主体作用。"

4.《江苏省中长期教育改革和发展规划纲要(2010—2020年)》第十四条指出："制定校企合作办学促进条例,健全校企一体办学规范,明确校企双方权利、义务,形成职业教育校企一体化办学模式。"

5. 中国共产党十八届三中全会通过的《中共中央关于全面深化改革若干重大问题的决定》(2013年)明确提出,要深化教育领域综合改革;加快现代职业教育体系建设,深化产教融合、校企合作,培养高素质劳动者和技能型人才。

6. 中国共产党十八届四中全会通过的《中共中央关于全面推进依法治国若干重大问题的决定》(2014年)明确提出,要全面推进依法治国,总目标是建设中国特色社会主义法治体系,建设社会主义法治国家。建设中国特色社会主义法治体系,必须坚持立法先行,发挥立法的引领和推动作用,抓住提高立法质量这个关键。要把公正、公平、公开原则贯穿立法全过程,完善立法体制机制,坚持立、改、废、释并举,增强法律法规的及时性、系统性、针对性、有效性。

7.《中国共产党第十八届中央委员会第五次全体会议公报》(2015年)强调："实现'十三五'时期发展目标,破解发展难题,厚植发展优势,必须牢固树立并切实贯彻创新、协调、绿色、开放、共享的发展理念。这是关系我国发展全局的一场深刻变革。全党同志要充分认识这场变革的重大现实意义和深远历史意义。"

(三)参考国内地方促进校企合作的相关法律法规

1.《宁波市职业教育校企合作促进条例》(2009年颁布实施)

2.《宁波市职业教育校企合作促进条例实施办法》(2012年颁布实施)

3.《上虞市职业教育校企合作促进办法》(2011年颁布实施)

4.《焦作市职业教育校企合作促进办法(试行)》(2012年颁布实施)

5.《沈阳市职业教育校企合作促进办法》(2013年颁布实施)

6.《唐山市职业教育校企合作促进办法》(2012年颁布实施)

7.《苏州市职业教育校企合作促进办法》(2014年颁布实施)

8.《马鞍山市职业教育校企合作促进办法(试行)》(2015年颁布实施)

四、关于南通市职业教育校企合作立法的目标

南通职业教育校企合作立法的目标主要有两个方面:一是紧扣解决好南通职业教育校企合作治理中"谁来促进、促进什么、如何促进的根本性问题",立足制定"管用"的地方职业教育校企

合作促进法，出台《南通市职业教育校企合作促进条例（草案）》，让南通市职业教育校企合作开展有法可依，有章可循；规范南通职业教育校企合作治理中多元利益主体的职责，使其权利义务清晰化、具体化，具有可执行性；强化政府各部门在校企合作治理中的职责担当，使政府切实承担起校企合作治理顶层设计的任务与职责；充分发挥行业组织在职业教育校企合作中的桥梁和纽带作用；明确职业院校在校企合作中的权利与义务；鼓励和强化企业作为职业教育办学主体履行好社会责任；搭建职业教育校企合作公共网络服务平台；建立预防和妥善处理实习学生发生意外伤害机制；建立职业教育校企合作发展专项资金和公共服务保障体系；明确法律责任追究和权利救济机制等，以法律形式规范和保障南通市职业教育校企合作的各个环节。二是建立能够有效推动南通市职业教育发展的校企合作的层次机制、形式机制和功能机制动态调整、有机结合的机制结构体系，形成能够融利益"激励与约束、增长与协调"于一体、兼顾"效率与公平"内在统一的南通市职业教育校企合作治理结构，使政府、行业组织、企业、职业院校等利益主体在职业教育校企合过程中能够"平等协商、良性互动、各司其职、各尽所能"，形成校企合作的利益共同体，实现人的发展与区域经济社会发展的和谐互动的"善治"效果。

五、关于南通市职业教育校企合作立法的核心与重点

在研究南通市职业教育校企合作立法的过程中要重点做好以下三个方面的工作：一是要明确立法的核心为"政府促进"，要使政府贯彻国家职业教育意志、履行管理和发展国家职业教育的职责，从政府的"鼓励"、"支持"变成为可操作、救济、可切实履行的政府义务和责任。职业教育属于社会公益事业，其最终目标是通过促进人的全面发展，提高地方国家经济增长的效率与效益。因此，职业教育校企合作属于社会公共事务治理范畴，只有政府才能承担起校企合作治理顶层设计的任务与职责，也只有政府才具有将职业院校与行业企业有效"联姻"、为行业企业参与职业教育办学的成本与风险买单的能力与义务，唯有如此才能切实引导企业真正发挥作为职业教育重要办学主体的作用。二是要明确立法的重点为"企业教育"。因为企业是职业院校培养的高素质技术技能型人才的最终的需求者和使用者，企业要充分发挥作为职业教育重要办学主体的作用，自觉履行校企合作育人的社会责任。但是从企业性质看，强行要求企业履行社会责任是较为无理且是无效率的，实现企业与职业院校企合作育人的社会责任需要依靠企业有限自治与政府适度干预有机结合。因此，应该将立法的重点放在校企合作的内容上，在合作内容上，则重点应为企业教育方面，并详尽有关内容。三是以法规的"硬性"形式明确政府、行业组织、企业、职业院校等职业教育利益主体的权责利，克服有义务无责任，法律责任主体不明，表述不清，无法追究违法主体法律责任以及条款表述含糊，缺乏可操作性、不管用等弊端，力求在立法内容上有实质性突破，使校企合作立法具有针对性、强制性，做到有法可依、违法必究。

六、关于《南通市职业教育校企合作促进条例（草案）》的性质和地位

作为江苏省省首批获得地方立法权的辖区市，《南通市职业教育校企合作促进条例（草案）》是由南通市人民代表大会及其常务委员会依据宪法、法律及法规，在自身权限内制定的是地方性法规，是规范南通市行政区域内职业教育校企合作运行、管理、监督与评价的准则。《南通市

职业教育校企合作促进条例(草案)》从文件的性质来看，是地方性法规，是由地方政府强制力保障实施的规范性文件。

七、关于《南通市职业教育校企合作促进条例（草案）》的结构

从形式结构上来看，《南通市职业教育校企合作促进条例(草案)》按照总则、分则和附则的体例来进行设计，以"章—节—条—款"的形式予以展开。总则部分为第一章；分则部分包括第二章到第六章，分别为政府、行业组织、企业、职业院校、法律责任等；附则为第七章。《南通市职业教育校企合作促进条例(草案)》共计七章、四十二条、二十五款。

从内容结构上来讲，《南通市职业教育校企合作促进条例(草案)》的核心内容包括六项：一是南通市职业教育校企合作立法的政策与法律依据、目的、适应范围以及原则等；二是南通市各级政府发挥主导作用，在本行政区域内职业教育校企合作中要履行的职责和公共服务能力；三是为行业组织在南通市职业教育校企合作中的功能定位、职责履行；四是为企业作为职业教育重要办学主体，在南通市职业教育校企合作中要履行的职责和应享有的权利；五是为职业院校在南通市职业教育校企合作中要履行的职责和应享有的权利；六是为南通市职业教育校企合作各利益主体违法的法律责任追究和权利救济。

八、关于《南通市职业教育校企合作促进条例（草案）》内容的说明

（一）关于"第一章总则"部分内容的说明

"第一章总则"包括第一条至第四条，主要为南通市职业教育校企合作立法的政策与法律依据、目的、适应范围以及原则等。

第一条 为深化产教融合，促进职业院校与企业、行业组织的深度合作，形成校企协同育人机制，培养高素质劳动者和技术技能型人才，增强职业教育服务地方经济和社会发展的能力，加快构建南通现代职业教育体系，根据《中华人民共和国职业教育法》和其他有关法律法规，结合南通实际，制定本条例。

该条主要说明了《南通市职业教育校企合作促进条例(草案)》(以下简称《条例(草案)》)制定的目的和依据。《条例(草案)》制定的目的是"为深化产教融合，促进职业院校与企业、行业组织的深度合作，培养高素质劳动者和技术技能型人才，增强职业教育服务地方经济和社会发展的能力，加快构建南通现代职业教育体系"；在制定的依据方面是《中华人民共和国劳动法》(1995年颁布实施)、《中华人民共和国职业教育法》(1996年颁布实施)、《中华人民共和国教育法》(2015年修改实施)、《中华人民共和国高等教育法》(2015年修改实施)、《中华人民共和国就业促进法》(2015年修改实施)、《现代职业教育体系建设规划(2014—2020年)》、《江苏省中长期教育改革和发展规划纲要(2010—2020年)》、《中共中央关于全面深化改革若干重大问题的决定》等法规和政策，并借鉴了国内其他各地制定的地方促进校企合作的法律法规。同时，由于职业教育作为与经济社会发展联系最为紧密的一种教育类型，具有适应区域经济社会发展的灵活性和适应性，职业教育校企合作现状地区之间差异较大，校企合作具体实践模式多种多样。因

此,必须在借鉴其他地方有益经验的基础上,因地制宜,从南通实际出发,制定适合南通本地的校企合作办法。

第二条 本条例所称的职业教育校企合作,是指职业院校与行业企业、事业单位、社会组织等通过协议约定双方权利和义务,以人才培养与职工培训、科技创新与技术服务、资源共享与共同发展为目的的合作活动。本办法所称的职业院校,是指国家或社会力量依法设立的高等职业院校、中等职业院校、技工院校等。

该条主要明确了校企合作的适用范围。校企合作是指职业院校与行业企业、事业单位、社会组织等通过协议约定双方权利和义务,以人才培养与职工培训、科技创新与技术服务、资源共享与共同发展为目的的合作活动。根据《中华人民共和国职业教育法》(1996 年颁布实施)第十三条规定,职业学校教育分为初等、中等、高等职业学校教育。

第三条 促进职业教育校企合作是政府、行业组织、企业、职业院校的共同责任。职业教育校企合作实行政府主导、行业组织协调、企业与职业院校共同参与的多元化合作机制,坚持合作办学、办学育人、合作就业、合作发展的主线,遵循自愿协商、优势互补、利益共享、过程共管、责任共担的原则。

该条主要明确了校企合作的责任主体、机制和应坚持的原则。职业教育属于公共产品范畴,是公益性事业。为社会提供职业教育这一公共产品是国家和政府的责任。计划和市场相结合是公共产品提供法律关系的基本准则。政府以公权力追求公益,市场以私权益实现公益。职业教育校企合作是职业教育资源的配置和整合过程,反映的是教育与经济的联系,校企合作是职业教育计划与市场结合的载体,职业院校是国家教育计划下的职业教育组织机构,企业是政府主导下的学校职业教育合作者。在职业教育校企合作过程中,需要政府计划委托和市场购买相结合,需要用好计划和市场两种手段。因此,校企合作的责任主体包括政府、行业组织、企业、职业院校;机制为实行政府主导、行业组织协调、企业与职业院校共同参与的多元化合作机制;原则为坚持合作办学、办学育人、合作就业、合作发展的主线,遵循自愿协商、优势互补、利益共享、过程共管、责任共担的原则。

第四条 本条例适用于南通市行政区域内的职业教育校企合作及其扶持和保障。

该条主要明确了立法的行政区域适用范围。适用于南通市行政区域内的职业教育校企合作及其扶持和保障。

(二)关于"第二章政府"部分内容的说明

"第二章政府"包括第五条至第十三条,主要为南通市各级政府发挥主导作用,在本行政区域内职业教育校企合作中要履行的职责和公共服务能力。

第五条 市和县级市(区)人民政府统筹推动本行政区域内的职业教育校企合作工作。南通市人民政府成立由市教育局、工业和信息化委、发展和改革委、人力资源和社会保障局、国资委、财政局等部门和部分行业组织、企业、职业院校参加的南通市职业教育校企合作促进委员会(以下简称南通市校企合作促进会)。校企合作促进会下设办公室,具体负责全市职业教育校企合作的规划、资源配置、经费保障、督导评价工作。

县级市(区)人民政府及其有关部门按照各自的职责分工,共同做好促进职业教育校企合作工作。县级市(区)人民政府应结合本地实际,建立校企合作相关组织,负责统筹本地职业教育校企合作工作。

该条主要明确了校企合作的组织领导机构。南通市人民政府专门成立由政府主要部门和部分行业组织、企业、职业院校参加的南通市职业教育校企合作促进委员会,县级市(区)人民政府应结合本地实际,建立校企合作相关组织。

第六条 市教育局、工业和信息化委、人力资源和社会保障局、国资委等部门整合职业院校、行业企业、社会团体等相关资源,建立全市统一的职业教育校企合作公共网络服务平台,及时向社会发布资源需求预测、就业状况、职业院校和企业合作等信息,定期举办职业教育校企合作项目洽谈会、合作论坛等活动,形成线上对接与线下活动结合的校企合作网络协作机制。

该条主要明确了建立全市职业教育校企合作公共网络服务信息平台。服务"互联网＋"战略,树立"平台经济"理念,构建联结校企合作双方,具有区域性、公益性、综合性、共享性和智能性等特点的校企合作公共网络服务信息平台,实现校企合作线上对接与线下活动的有机结合,以降低校企合作成本、加大资源整合力度、促进信息对称,提升校企合作的效能。

第七条 市相关行业部门要引导和鼓励行业相关企业与职业院校开展职业教育校企合作,并对促进当地经济社会发展的重点合作项目优先予以扶持。

该条主要明确了行业相关部门的职责。市相关行业部门应当引导和鼓励行业相关企业与职业院校开展职业教育校企合作,并对促进当地经济社会发展的重点合作项目优先予以扶持。

第八条 各级教育、人力资源和社会保障、发展和改革、财政、科技、工业和信息化、国土资源、国资、农业等部门要在各自职责范围内制定相关优惠政策,引导和推动职业教育校企合作。

(一)发展和改革、科技等有关部门对在职业教育校企合作工作中成绩突出的企业,在技术改造、新产品研发等项目建设上予以优先支持。

(二)国资、工业和信息化等有关部门要将企业的职业教育校企合作情况作为考核与评价企业和企业负责人业绩的重要内容。

(三)国资、工业和信息化部门分别负责国有监管企业、国有中小企业接收职业院校学生实习、教师实践的协调工作。

(四)国资、金融等主管部门要引导和鼓励金融机构改进金融服务,开辟校企合作信贷业务,对校企合作的项目提供支持。对符合贷款条件的校企合作项目企业,优先给予贷款支持。

第九条 教育、人力资源社会保障部门要制定鼓励与支持政策,推动职业院校教师、学生到企业实践、实习,促进企业的高技能人才、专业技术人员兼任职业院校专业课教师或实习指导教师。有企业工作或生产一线服务经历的职业院校专业课教师优先晋升高一级专业技术职务;有辅导职业院校学生实习经历的企业职工优先晋升高一级专业技术职务。建立企业经营管理和技术人员与职业院校管理干部、骨干教师、专业带头人相互聘用、相互兼职机制。

第十条 财政、税务等部门要加大职业教育校企合作经费统筹力度、落实税收优惠政策。

(一)对职业院校设立的,且具有独立法人性质的经营性实训基地从事生产经营的所得,免征企业所得税地方分享部分。

(二)对职业院校自办的,以服务学生实习、实训为主要目的的企业或经营活动,按照国家有关规定给予税收等优惠。

(三)对企业因接受实习学生所实际发生的、与取得收入有关的、合理的支出,按现行税收法律规定在计算应纳税所得额时扣除。

(四)通过公益性社会团体或者市和县级市(区)人民政府及其部门向职业院校进行捐赠的,其捐赠按照现行税收法律规定在税前扣除。

(五)除国务院财政、税务主管部门另有规定外,企业发生的职工教育经费支出,不超过工资薪金总额2.5%的部分,准予扣除;超过部分,准予在以后纳税年度结转扣除。

第八条、第九条、第十条主要明确了各级政府及其主要职能部门要履行的职责。对教育、人社、工信、财政、税务、国资、科技等相关部门应在各自的职责范围内为校企合作提供财政、税收、信贷等政策倾斜或优先支持等公共服务内容做了原则规定,以优化校企合作的制度环境,增强企业参与校企合作的社会责任感和荣誉感。

第十一条 市和县级市(区)人民政府要根据职业院校在校生规模和培养成本,设立职业教育校企合作发展专项资金(以下简称专项资金),专项资金主要由各级财政资金安排,并随着经济社会的发展逐步增长。鼓励各地多渠道筹集专项资金。市和县级市(区)人民政府制定专项资金的使用管理办法。专项资金的具体使用范围包括:

(一)资助职业院校和行业企业联合设立职业教育实习实训基地、学生创业园、技术工艺和产品开发中心、技能大师工作室、实验室或生产车间等校企合作项目。

(二)资助职业院校为教师和学生在实习和实践期间统一办理意外伤害保险。

(三)对企业接纳职业院校学生实习发生的物耗能耗损失及带教师傅津贴给予补助。

(四)资助职业院校聘请行业企业的专业技术人员、能工巧匠、经营管理人才担任职业院校专业课程教学和实习、实训指导教师。

(五)对职业院校参与企业技术改造、产品研发、科技攻关和促进科技成果转化取得明显成效的,给予资助或奖励。

(六)资助职业教育集团、社会团队、行业组织牵头开展的校企合作专题调研、专项研究和经验交流等活动,对其中发挥积极作用、工作成效明显的给予工作经费补助。

(七)其他有关促进职业教育校企合作工作的经费资助。

该条主要明确了市和县级市(区)人民政府要设立校企合作的发展专项资金以及资金的使用范围等。政府设立职业教育校企合作发展专项资金,是对职业教育校企合作的根本保障。其目的是为企业服务、为职业院校服务、为学生就业服务。

第十二条 南通市人民政府将每年5月第二周的周一设立为"南通市职业教育体验日"。市和县级市(区)人民政府要定期对职业教育校企合作项目及其实施情况进行检查、评估和督导,对校企合作工作成绩突出的企业、职业院校、相关组织及个人予以表彰、奖励,并通过主流媒体向全社会广泛宣传。

该条主要明确了设立南通市职业教育体验日和对校企合作的先进典型的奖励、表彰。通过设立南通市职业教育体验日,对校企合作工作成绩突出的企业、职业院校、相关组织及个人予以表彰、奖励,以充分发挥校企合作先进单位和个人的典型示范、先进引领作用,在全社会倡导尊重职业教育、尊重技术技能型人才的社会氛围,提高全社会对职业教育校企合作的认识,使校企合作内化为全社会的自觉意识和自觉行动,为校企合作顺利开展奠定坚实的基础。

第十三条 市和县级市(区)人民政府实行促进职业教育校企合作工作目标责任制,要把促进校企合作纳入绩效考评体系。上级人民政府加强对下级人民政府落实校企合作工作目标的监督检查。市和县级市(区)人民政府要定期向同级人民代表大会汇报校企合作工作落实情况。

该条主要明确了校企合作的工作目标责任制,建立政府校企合作绩效考核体系。把促进校企合作纳入政府绩效考评体系,上级政府加强对下级政府落实校企合作工作目标的监督检查,体现了南通市政府对校企合作、加快发展现代职业教育的决心和力度,以推动各级政府及部门主动开展相关促进校企合作。市和县级市(区)人民政府应定期接受同级人民代表大会汇报校企合作工作落实情况,则体现了对各级政府在促进校企合作工作方面的监督和促进。

(三)关于"第三章行业组织"部分内容的说明

"第三章行业组织"包括第十四条至第十七条,主要为南通市各行业组织在南通市职业教育校企合作中的功能定位以及应履行职责。行业组织是社会中介组织,它的产生和发展是社会分工和市场竞争日益加剧的结果,是行业企业基于共同的利益要求所组成的一种民间性、非营利性的社会团体。行业组织是行业成员利益的代言人和维护者,同时亦是行业成员与政府之间的沟通者和协调者。在当前我国推进政府转型,以及深入推进教育管、办、评分离改革的时代背景下,要发挥各类社会组织在教育治理中的作用。因而,要通过立法赋予行业组织应有的法律地位,发挥充分在人才、技术、信息等方面的资源优势,发挥行业组织作为连接企业、政府和职业院校之间的桥梁、纽带作用,使行业组织成为校企合作的推进者、监督者和评价者。

第十四条 行业组织要充分发挥在人才、技术、信息等方面的资源优势,指导和鼓励本行业企业与职业院校开展校企合作,参与校企合作项目的评估、职业技能鉴定以及相关管理工作,发挥行业组织在校企合作中的桥梁和纽带作用。

该条主要明确了行业组织在校企合作中连接企业、政府和职业院校之间的桥梁、纽带的地位作用。

第十五条 行业组织要加强自身能力建设,通过政府授权委托、购买服务等方式,承担行业组织在促进校企合作中适宜承担的职责,并加强自律性,接受市和县级市(区)人民政府的服务监督和评估,提供独立、专业的增值服务。

该条主要明确了行业组织要加强自身的独立性、专业性建设,通过政府授权委托、购买服务等方式,承担行业组织在促进校企合作中适宜承担的职责。

第十六条 行业组织在政府相关部门的牵头和指导下,成立由行业组织、企业、职业院校组成的行业职业教育教学指导委员会(以下简称行指委)引导、协调、指导本行业的校企合作工作,发布和预测本行业用人信息;向职业院校推荐开展职业教育校企合作的企业;对职业院校人才培养和教学工作进行宏观指导,推动行业职业教育教学改革创新;与职业院校合作,组织行业内员工培训与继续教育;参与制定职业院校实践教学标准及实习指导教师能力标准;参与行业职业教育技能大赛举办等工作;参与职业教育校企合作项目的评估、职业技能鉴定及相关管理工作,推动职业教育校企合作项目顺利实施。

该条主要明确了行业组织在政府相关部门的牵头和指导下,成立由行业组织、企业、职业院校组成的行业职业教育教学指导委员会引导、协调、指导本行业的校企合作工作。

第十七条 各行业组织可以牵头成立由有关职业院校和企业参加的全市性行业职业教育集团(以下简称职教集团)。在行指委的推动下,充分发挥职教集团的载体作用,以产业和专业为纽带,统筹行业、企业和职业院校等资源,积极开展专业建设、师资队伍建设、实习实训基地建设、实习就业指导等,实现专业设置与产业需求对接、教学过程与生产过程对接、课程内容与职业标准对接、职业教育与终身学习对接。

该条主要明确了行业组织牵头成立由有关职业院校和企业参加的全市性行业职业教育集团,统筹行业、企业和职业院校等资源。

(四)关于"第四章企业"部分内容的说明

"第四章企业"部分包括第十八条至二十六条,主要为企业作为职业教育重要办学主体,在南通市职业教育校企合作中要履行的职责和应享有的权利。

第十八条 企业要积极发挥职业教育重要办学主体作用,建立健全适应生产组织方式和人力资源开发需要的校企合作制度。国有企业要把参与职业教育、开展校企合作作为基本职责。规模以上企业要安排专门机构或人员对接职业院校,深度参与职业教育人才培养全过程。

该条主要明确了作为职业教育重要办学主体要建立健全适应生产组织方式和人力资源开发需要的校企合作制度。

第十九条 企业与职业院校开展多种形式的合作办学,可以通过独资、参股、入股等多种形式举办或参与举办职业教育,推进"校企一体化"培养培训技术技能型人才。对举办职业院校的企业,其办学符合职业教育发展规划要求的,各地可通过政府购买服务等方式给予支持。

该条主要明确了企业与职业院校开展多种形式的合作办学以及政府对合乎规划的企业办学的支持。

第二十条 鼓励企业为职业院校提供资助和捐赠。企业可以通过多种捐助形式支持职业院校建设和发展,在职业院校设立奖学金、助学金、创新创业和教学科研基金等资助项目。

该条主要明确了鼓励企业为职业院校发展提供多种形式的支持。

第二十一条 规模以上企业要有机构和人员组织实施职工教育培训、对接职业院校,设立学生实习和教师实践岗位。合作企业要依法接纳职业院校学生实习和教师实践,并按实习实践的有关规定、校企双方协议提供实训场地、设备设施,安排指导人员,做好岗前培训、安全教育,提供劳动保护。对顶岗实习的学生,要按有关规定给予适当的劳动报酬。

该条主要明确了企业为职业院校学生实习和教师实践提供相应保障措施。

第二十二条 禁止合作企业安排实习学生在安全风险较大、与专业实习无关或其他不适宜学生实习的岗位(如从事高空、井下、放射性、高毒、易燃易爆、国家规定的第四级体力劳动强度的工作岗位,酒吧、夜总会、歌厅、洗浴中心等营业性娱乐场所)顶岗实习。不得安排和接受16周岁以下学生顶岗实习,安排学生顶岗实习时间每天不得超过8小时。

该条主要明确了企业接受职业院校学生实习安排过程中的禁止行为。

第二十三条 合作企业接受学生实习,要与职业院校和学生或监护人三方签订"实习协议"，明确三方的权利义务，约定学生生活津贴等实习报酬。对在企业连续顶岗实习3个月以上（含3个月）的学生，实习报酬发放标准应不低于上年度本地职工最低工资标准。

第二十四条 合作企业与职业院校不得通过中介机构代理组织、安排和管理学生实习工作。

该条主要明确了企业与职业院校不得通过中介机构来组织学生实习工作。

第二十五条 企业必须保障到职业院校兼职的专业技术人员、能工巧匠、经营管理人才的授课时间，并给予其本企业在岗人员待遇，促进校企人员互聘、互用。

该条主要明确了企业要保障经营管理人才、技术技能人才到职业院校兼职育人。

第二十六条 企业要严格遵守劳动就业准入制度，优先录用与合作职业院校共同培养的人才。企业要依法履行职工教育培训和足额提取教育培训经费的责任，按照职工工资总额的1.5％足额提取教育培训经费，从业人员技能要求高、实训耗材多、培训任务重、经济效益较好的企业可按2.5％提取，其中用于一线职工教育培训的比例不低于60％。所提取的培训经费列入成本开支，应当用于以下情形：

（一）举办职业院校或选送本企业员工到职业院校进行职业技能培训和继续教育。

（二）指导职业院校学生顶岗实习。

（三）参与职业院校专业建设、课程开发及科技研发活动。

（四）对未能继续升学的初中、高中毕业生进行职业教育和职业技能培训全覆盖。

（五）其他相关职业教育校企合作的培养培训活动。

该条主要明确了企业要严格遵守劳动就业准入制度，优先录用与合作职业院校共同培养的人才，依法履行职工教育培训和足额提取教育培训经费及其培训经费开支规定。

（五）关于"第五章职业院校"部分内容的说明

"第五章职业院校"部分包括第二十七条至第三十五条，主要为职业院校发挥在南通市职业教育校企合作中的基础作用，要履行的职责和应享有的权利，以促进职业院校人才培养与行业企业需求的有效对接。

第二十七条 职业院校要把校企合作作为基本办学制度，制定校企合作发展规划，成立校企合作指导委员会和办事机构，建立健全适应开展校企合作的教育教学组织方式和规章制度，主动与企业、行业组织在专业设置与课程开发、学生实习实训、订单式培养与就业推荐、师资交流与培训、职工培训与继续教育、科技研发等方面开展合作。

该条主要明确了职业院校要把校企合作作为基本办学制度，制定校企合作发展规划，建立健全适应开展校企合作的教育教学组织方式和规章制度。

第二十八条 职业院校要完善校企合作的现代职业院校治理结构，根据国家有关规定，设立由行业、合作企业、社会人士、政府官员、教师代表等参与组成的理（董）事会，发挥其决策咨询作用；建立由行业、企业技术专家、管理人员参与的专业建设指导委员会，根据行业企业技术、生产工艺、管理服务流程优化专业教学内容、开发专业课程，使人才培养融入企业生产服务流程和价值创造过程。

该条主要明确了职业院校要完善校企合作的现代职业院校治理结构，促进校企人才培养对接。

第二十九条 职业院校要聘请企业的经营管理人才、技术技能人才兼任专业课教师或实习指导教师到校任教或参与管理工作,参与职业院校的培养目标设定、专业设置、课程改革、教学评价等人才培养的全过程,并和企业协商给予企业来校兼职的经营管理人才、技术技能人才相应的报酬和其他待遇。

该条主要明确了职业院校要聘请企业经营管理人才、技术技能人才参与人才培养过程。

第三十条 职业院校要努力营造与企业生产、经营、服务场所一致的教学环境,将先进产业文化引入校园,使校园文化与产业文化相互融通,将职业道德、职业规范、职业情感培养纳入课程内容和教学过程,培养企业欢迎的具有良好职业素养的技术技能型人才。

该条主要明确了职业院校要发挥文化育人功能,促进校企文化对接,以文化引领人才培养。

第三十一条 职业院校要优先安排与其建立校企合作关系的企业职工进校接受职业技能培训或继续教育,优先为合作企业推荐毕业生;积极参与企业的技术改造、产品研发和科技攻关等项目,促进科技成果转化。职业院校教师和学生拥有知识产权的技术开发、产品设计等成果,可依法依规在企业作价入股。

该条主要明确了职业院校要为企业职工技能培训和继续教育以及技术攻关服务。

第三十二条 职业院校要建立学生和教师到企业实习、实践制度。

(一)学生到企业顶岗实习时间一般为 6 个月,原则上由职业院校统一安排。学生到企业实习,由职业院校、企业共同组织实施,并严格执行教育部等五部门印发的《职业学校学生实习管理规定》。

(二)认真执行教育部等七部门印发的《职业学校教师企业实践规定》。职业院校专业课教师(含实习指导教师)每 5 年必须累计不少于 6 个月到企业或生产服务一线实践,没有企业工作经历的新任教师应先实践再上岗。公共基础课教师也要定期到企业进行考察、调研和学习。专业教师到企业实践应作为教师职务评聘、晋升的基本条件。

该条主要明确了职业院校要建立学生和教师到企业实习、实践制度并切实执行国家相关规定要求。

第三十三条 职业院校要根据有关规定为所有实习学生、实践教师办理学生实习责任保险、教师实践责任保险,保险费在各级职业教育校企合作发展专项资金列支,不得向学生、教师另行收取。

该条主要明确了职业院校实习学生、实践教师的责任保险要求以及经费安排。

第三十四条 职业院校要加强对实习学生和实践教师的职业道德教育和安全教育。实习学生和实践教师要遵守企业规章制度和劳动纪律,保守企业商业秘密。

该条主要明确了职业院校应当加强对实习学生和实践教师的职业道德、安全以及劳动纪律教育要求。

第三十五条 职业院校按照国家有关规定可以通过参股、入股的形式,与相关企业联合组建经济实体或独立举办经济实体。

该条主要明确了职业院校按照国家有关规定可以通过参股、入股的形式与企业举办经济实体的权利。

（六）关于"第六章法律责任"部分内容的说明

"第六章法律责任"部分包括第三十六条至第四十条，主要为南通市职业教育校企合作各利益主体，包括职业院校及其教师和学生、企业和职工、各级政府部门及其工作人员对违反《办法》的相关规定所要承担的法律责任，以强化对校企合作中各利益主体的责任意识，体现了促进、扶持与管理、监督的有机统一。

第三十六条 违反本条例规定，对在实习实训期间造成安全事故负有责任的职业院校教师、学生和企业职工，由职业院校或企业给予批评教育或处分。因故意或重大过失造成安全事故或重大经济损失的，要依法承担相应的法律责任。

该条主要明确了职业院校教师、学生和企业职工在实习实训期间造成安全事故或重大经济损失要承担的职责或法律责任。

第三十七条 职业院校实习学生和实践教师侵害企业商业秘密、知识产权的；职业院校和企业管理失当，造成实习学生和实践教师人身伤害、名誉损害或重要信息泄露，以及不按时支付劳动报酬、不按规定提供劳动待遇的，依照国家规定承担法律责任。

该条主要明确了职业院校实习学生和实践教师侵害企业商业秘密、知识产权以及职业院校和企业侵害实习学生和实践教师合法权益各自要承担的法律责任。

第三十八条 经批准建立的职业教育公共实习实训基地，参与单位未按期进行建设或未达到预期目标，由批准部门责令其限期改正。拒不改正的，批准部门应当撤销该基地，并追回已发放的补助或奖励经费。

该条主要明确了对参与建设经批准却未达到预期建设目标的公共实训基地的单位责任的追究。

第三十九条 职业院校、企业违反本条例规定，通过弄虚作假获得职业教育校企合作资助或奖励的，按照《财政违法行为处罚处分条例》（国务院令第 427 号），由相关部门追回已发放的资助或奖励，并取消其获得相关资助或奖励的资格。

（一）职业院校有前款行为的，有关部门要给予院校负责人和相关责任人员批评教育、行政处分或依法追究其相关法律责任。

（二）不按规定提取和使用教育培训经费，并拒不改正的企业，由市和县级市（区）人民政府依法收取企业应当承担的职业教育经费，统筹用于本地区的职业教育。企业以瞒报或虚报方式获得税收优惠的，由税务部门依法追缴。

该条主要明确了职业院校、企业骗取得职业教育校企合作资助或奖励的要承担的法律责任。

第四十条 各级行政部门及其工作人员违反本办法规定，在职业教育校企合作促进工作中玩忽职守、滥用职权、徇私舞弊的，由上级机关或其他有关部门责令改正，并依法对直接负责的主管人员和其他直接责任人员依据有关规定给予行政处分；涉嫌犯罪的，依法移送司法机关处理。

该条主要明确了对南通市各级政府部门及其工作人员违法行为的法律责任的追求。

（七）关于"第七章附则"部分内容的说明

"第七章附则"部分包括第四十一条至第四十二条，主要为现代职教体系建设时代背景下，《条例（草案）》适用的特殊情况以及生效的时间。

第四十一条 应用型本科高校以及普通本科高校应用型人才培养专业开展校企合作；新办本科高校举办的高等职业教育专业开展校企合作；职业培训机构开展校企合作；职业院校与事业单位、社会团体等机构开展合作等，参照本条例执行。

该条主要明确了在当前我国构建现代职教体系、举办应用型本科教育、职业教育人才培养层次升级、职业教育办学类型多元化情况下，《条例（草案）》适用的范围。

第四十二条 本条例自颁布之日起施行。

该条主要明确了《条例（草案）》生效的起始时间。

主要参考文献

一、政策法规类

[1] 关于中等教育结构改革的报告,1980.

[2] 关于改革城市中等教育结构发展职业技术教育的意见,1983.

[3] 中共中央关于教育体制改革的决定,1985.

[4] 关于经济部门和教育部门加强合作促进就业前职业技术教育发展的意见,1986.

[5] 关于大力发展职业技术教育的决定,1991.

[6] 中国教育改革和发展纲要,1993.

[7] 中国教育改革和发展纲要,1994.

[8] 关于普通中等专业教育(不含中师)改革与发展的意见,1995.

[9] 中华人民共和国职业教育法,1996.

[10] 面向 21 世纪教育振兴行动计划,1998.

[11] 关于深化教育改革,全面推进素质教育的决定,1999.

[12] 关于大力推进职业教育改革与发展的决定,2002.

[13] 关于进一步加强职业教育工作的若干意见,2004.

[14] 关于以就业为导向深化高等职业教育改革的若干意见,2004.

[15] 教育部关于加快发展中等职业教育的意见,2005.

[16] 关于大力发展职业教育的决定,2005.

[17] 关于职业院校试行工学结合、半工半读的意见,2006.

[18] 关于全面提高高等职业教育教学质量的若干意见,2006.

[19] 关于进一步加强高技能人才工作的意见,2006.

[20] 教育部、财政部关于实施国家示范性高等职业院校建设计划加快高等职业教育改革与发展的意见,2006.

[21] 国务院批转教育部国家教育事业发展"十一五"规划纲要的通知,2007.

[22] 关于进一步深化中等职业教育教学改革的若干意见,2008.

[23] 关于制定中等职业学校教学计划的原则意见,2009.

[24] 中等职业教育改革创新行动计划(2010—2012 年),2010.

[25] 国家中长期教育改革和发展规划纲要(2010—2020 年),2010.

[26] 江苏省中长期教育改革和发展规划纲要(2010—2020 年),2010.

[27] 现代职业教育体系建设规划(2014—2020 年),2014.

[28] 国务院关于加快发展现代职业教育的决定,2014.

[29] 关于推进行业协会商会诚信自律建设工作的意见,2014.

[30] 关于深入推进职业教育集团化办学的意见,2015.

[31] 教育部关于深化职业教育教学改革全面提高人才培养质量的若干意见,2015.

[32] 高等职业教育创新发展行动计划(2015—2018 年),2015.

[33] 职业学校教师企业实践规定,2016.

[34] 高等职业教育创新发展行动计划(2015—2018 年)江苏省实施方案,2016.

[35] 中共中央关于全面推进依法治国若干重大问题的决定,2014.

[36] 中共中央关于全面深化改革若干重大问题的决定,2013.

[37] 关于改革社会组织管理制度促进社会组织健康有序发展的意见,2016.

[38] 中华人民共和国劳动法,1995.

[39] 中华人民共和国职业教育法,1996.

[40] 中华人民共和国教育法,2015.

[41] 中华人民共和国高等教育法,2015.

[42] 中华人民共和国就业促进法,2015.

[43] 宁波市职业教育校企合作促进条例,2009.

[44] 宁波市职业教育校企合作促进条例实施办法,2012.

[45] 上虞市职业教育校企合作促进办法,2011.

[46] 焦作市职业教育校企合作促进办法(试行),2012.

[47] 沈阳市职业教育校企合作促进办法,2013.

[48] 唐山市职业教育校企合作促进办法,2012.

[49] 苏州市职业教育校企合作促进办法,2014.

[50] 马鞍山市职业教育校企合作促进办法(试行),2015.

二、中文类著作

[1] [美]詹姆斯·N·罗西瑙,等.没有政府的治理[M].张胜军,刘晓林,等.南昌:江西人民出版社,2001.

[2] 孙绵涛.教育管理学[M].北京:人民教育出版社 2008.

[3] 孙绵涛.教育管理哲学——现代教育管理观引论[M].武汉:武汉工业大学出版社,1997.

[4] 王伟光.利益论[M].北京:人民出版社,2001.

[5] 于文明.中国公立高校多元利益主体生成与协调研究——构建现代大学制度的新视角[M].北京：高等教育出版社,2007.

[6] 胡赤弟.教育产权与现代大学制度构建[M].广州：广东高等教育出版社,2008.

[7] 柴福洪,陈年友.高等职业教育名词研究[M].北京：高等教育出版社,2012.

[8] 吉利.职业教育经济效能评价分析[M].北京：教育科学出版社 2008.

[9] 李进.新中国高等职业教育发展纪实[M].上海：上海教育出版社,2013.

[10] 马树超,郭扬.高等职业教育跨越·转型·提升[M].北京：高等教育出版社,2008.

[11] 马树超,郭扬.中国高等职业教育历史的抉择[M].北京：高等教育出版社 2009.

[12] 王毅,卢崇高,季跃东.高等职业教育理论探索与实践[M].南京：东南大学出版社,2005.

[13] 曹淑江.教育制度和教育组织的经济学分析[M].北京：北京师范大学出版社,2004.

[14] 董刚.高等职业教育内涵式发展研究[M].北京：高等教育出版社,2014.

[15] 马云鹏.教育科学研究方法导论[M].长春：东北师范大学出版社,2003.

[16] 辞海编辑委员会.辞海[M].上海：上海辞书出版社,2014.

[17] 顾明远.教育大辞典（第三卷）[M].上海：上海教育出版社,1991.

[18] 夏征农.辞海（中册）[M].上海：上海辞书出版社,1999.

[19] 现代汉语编辑委员会.现代汉语词典[M].北京：商务印书馆,2000.

[20] 成有信.教育与生产劳动相结合问题新探索[M].长沙：湖南教育出版社,1998.

[21] [德]马克思,恩格斯.马克思恩格斯全集（1卷）[M].北京：人民出版社,1995.

[22] 陈振明.政策科学——公共政策分析导论[M].北京：中国人民大学出版社,2003.

[23] 俞可平.治理与善治[M].北京：社会科学文献出版社,2000.

[24] 陈英.企业社会责任理论和实践[M].北京：经济管理出版社,2009.

[25] 项贤明.比较教育学的文化逻辑[M].哈尔滨：黑龙江教育出版社,2001.

[26] 衣俊卿.文化哲学十五讲[M].北京：北京大学出版社,2000.

[27] 齐兰芬.国家职业教育改革试验区研究[M].天津：天津社会科学研究院出版社,2009.

[28] 崔玉平.高等教育制度创新的经济学分析[M].北京：北京师范大学出版社,2002.

[29] 刘来泉选译.世界技术与职业教育纵览[M].北京：高等教育出版社,2002.

[30] 王清连,张社字.职业教育社会学[M].北京：教育科学出版社,2008.

[31] 徐国庆,石伟平.职业教育原理[M].上海：上海教育出版社,2007.

[32] 唐远苏.由企业看职业院校：职业教育管理新视角[M].北京：北京大学出版社,2007.

[33] 姜大源.职业教育学研究新论[M].北京：教育科学出版社,2007.

[34] 龙德毅.中国职业教育校企合作报告（2011）[M].北京：高等教育出版社,2013.

[35] 龙德毅.中国职业教育校企合作报告（2012）[M].北京：高等教育出版社,2014.

[36] 刘育锋.面向世界的职业教育新探索[M].北京：北京理工大学出版社,2009.

[37] 贺祖斌.职业教育管理[M].北京：北京师范大学出版社,2010.

[38] 孙绵涛.教育政策分析：理论与实务[M].重庆：重庆大学出版社,2011.

［39］孙绵涛.教育效能论［M］.北京：人民教育出版社,2007.

［40］祁型雨.利益表达与整合——教育政策的决策模式研究［M］.北京：人民出版社,2006.

［41］南通市年鉴编纂委员会.南通年鉴 2015［M］.南京：江苏凤凰科学技术出版社,2015.

［42］袁振国.教育政策学［M］.南京：江苏教育出版社,2002.

［43］陈玉琨.教育评价学［M］.北京：人民教育出版社,1999.

［44］孙绵涛.教育政策学［M］.武汉：武汉工业大学出版社,1997.

［45］吴志宏,陈韶峰,汤林春.教育政策与教育法规［M］.上海：华东师范大学出版社,2002.

［46］谢明.政策透视——政策分析的理论与实践［M］.北京：中国人民大学出版社,2004.

［47］林水波,张世贤.公共政策［M］.台北：台湾五南图书出版公司,1984.

［48］李允傑,丘昌泰.政策执行与评估［M］.台北：台北元照出版有限公司,2003.

三、中文类学术论文

［1］孙绵涛.教育体制理论的新诠释［J］.教育研究,2004(12).

［2］孙绵涛,康翠萍.教育机制理论的新诠释［J］.教育研究,2006(12).

［3］潘懋元.教育内外部关系规律辨析［J］.厦门大学学报,1990(2).

［4］朱德全,徐小容.职业教育与区域经济的联动逻辑和立体路径［J］.教育研究,2014(7).

［5］孙绵涛,康翠萍.教育体制改革与教育机制创新关系探析［J］.教育研究,2010(7).

［6］耿洁.职业学校——企业潜在重要的利益相关者［J］.中国职业技术教育,2010(21).

［7］金卫东.着力机制体制创新深化人才培养模式改革［J］.中国职业技术教育,2011(26).

［8］胡正昌.公共治理理论及其政府治理模式的转变［J］.前沿,2008(5).

［9］腾世华.公共治理理论及其引发变革［J］.国家教育行政学院学报,2003(1).

［10］余军华,袁文艺.公共治理：概念与内涵［J］.中国行政管理,2013(2).

［11］［英］格里·斯托克,华夏风.作为理论的治理：五个论点［J］.国际社会科学(中文版),1999(2).

［12］李超雅.公共治理理论的研究综述［J］.南京财经大学学报,2015(2).

［13］林志鹏.我国公共决策制度创新问题研究［D］.吉林大学博士论文,2005.

［14］雷正光.德国双元制模式的三个层面及其可借鉴的若干经验［J］.全球教育展望,2000(1).

［15］徐平.美国合作教育的基本模式［J］.外国教育研究,2003(8).

［16］李玉静.国际视野下我国学徒制的未来发展——德、英、澳、新学徒制发展特点及对我国学徒制发展的建议［J］.职业技术教育,2015(21).

［17］王玉苗.英国学徒制改革之开拓者项目研究［J］.外国教育研究,2016(3).

［18］徐海峰,李德方.新形势下日本产学合作的举措及启示［J］.世界教育信息,2006(11).

［19］杨一琼.澳大利亚 TAFE 模式对我国职业教育的启示［J］.职教通讯,2016(12).

［20］张慧霞,王东.美、英、澳职业教育校企合作制度化的经验及启示［J］.职业技术教育,

2011(19).

　　[21] 邹珺.高职院校校企合作模式内涵及评价指标体系构建[J].现代教育管理,2014(6).

　　[22] 王亚鹏.职业教育校企合作机制创新研究[J].天津职业大学学报,2012(5).

　　[23] 崔凤华.职业教育校企合作机制的调研和分析[J].职业,2015(5).

　　[24] 陈胜,王虹.校企合作利益主体之间的权责关系及角色定位[J].现代教育管理,2014(3).

　　[25] 吴华.产权视域下的校企合作——市场机制的失效和政府的有限介入[J].现代教育管理,2014(3).

　　[26] 陈玺名.职业教育校企合作中的计划和市场[J].现代教育管理,2015(1).

　　[27] 陈新文.职业教育校企合作的社会学分析[J].教育与职业,2015(7).

　　[28] 耿杰.职业教育校企合作体制机制研究[D].天津大学博士论文,2011.

　　[29] 孙大广.如何完善职业教育校企合作的法规体系[J].职业,2015(36).

　　[30] 齐艳苓.制定"管用"的职业教育校企合作促进法[J].中国职业技术教育,2014(3).

　　[31] 易雪玲,邓志高.对地方性职业教育校企合作政策法规的思考——基于《中山市职业教育校企合作促进办法(草案)》研制[J].中国职业技术教育,2015(6).

　　[32] 臧志军.不要让校企合作条例成为"蹩脚"的法律(一)[J].职教通讯,2014(1).

　　[33] 刘晓,徐珍珍.政府在促进职业教育校企合作中的角色与行为调适[J].河北师范大学学报(教育科学版),2014(5).

　　[34] 张凡.政府推进职业教育校企合作的研究[D].天津大学硕士论文,2011.

　　[35] 胡坚达.职业教育校企合作网络公共服务平台构建——以宁波市为例[J].教育研究,2015(6).

　　[36] 耿洁.职业学校——企业潜在重要的利益相关者[J].中国职业技术教育,2010(21).

　　[37] 周明星.现代职业教育本质属性探析[J].教育与职业,2003(1).

　　[38] 余祖光.职业教育校企的机制研究[J].中国职业技术教育,2009(4).

　　[39] 陈玺名.职业教育校企合作中的计划与市场[J].现代教育管理,2015(1).

　　[40] 曹建,包国祥.南通市:68家试点行业协会商会基本实现与行政机关全面脱钩[J].中国社会组织,2015(21).

　　[41] 费孝通.关于"文化自觉"的一些自白[J].学术研究,2003(7).

　　[42] 马庆发.职业教育发展的若干深层次问题[J].江苏教育,2014(1).

　　[43] 王为民,俞启定.校企合作"壁炉现象"探究——马克思主义企业理论的视角[J].教育研究,2014(7).

　　[44] 蓝洁.职业教育治理体系和治理能力现代化的框架[J].中国职业技术教育,2014(20).

　　[45] 吴建新.职业教育校企合作四维分析概念模型及指标体系构建[J].高教探索,2015(5).

　　[46] 吴建新,欧阳河,黄韬,陈凯.专家视野中的职业教育校企合作长效机制设计——用德尔菲专家咨询法进行的调查分析[J].现代大学教育,2014(5).

[47] 欧阳河,吴建新.以学生成长为目标构建行业企业参与职业教育的长效机制——基于《职业教育法》重新修订的视角[J].中国职业技术教育,2014(36).

[48] 王作兴.完善高职院校内部治理结构的现实选择[J].江苏高教,2011(4).

[49] 周凤华.职业教育校企合作现状与运行机制研究——基于对青岛市的调查[J].职教论坛,2015(13).

[50] 丁红玲,等.职业教育产教深度融合的路径选择[J].教育理论与实践,2015(15).

[51] 殷红,等.我国高职院校校企合作研究综述[J].职教论坛,2011(12).

[52] 包炜,等.职业院校校企合作模式初探[J].职教论坛,2015(12).

[53] 吴向鹏.推进校企深度合作的网络公共服务平台研究——以宁波校企通为例[J].职教论坛,2013(31).

[54] 程宇.宁波市"政府推进、学校跟进"校企合作模式[J].职业技术教育,2013(34)(35).

[55] 席东梅.校企合作:宁波立法路[J].中国职业技术教育,2012(10).

[56] 臧志军.不要让校企合作条例成为"跛脚"的法律(二)[J].职教通讯,2014(4).

[57] 徐涵,周乐瑞,孙珊珊.改革开放以来我国职教校企合作政策的回顾与思考[J].职教论坛,2013(31).

[58] 徐建华.我国校企合作的历史变迁及发展趋势[J].职业技术教育,2009(7).

[59] 黄文伟.我国职业教育校企合作政策变迁的渐进模式研究[J].职教论坛,2016(1).

[60] 戴汉冬,石伟平.区域职业教育校企合作促进政策的动因与逻辑[J].中国职业技术教育,2014(36).

[61] 田平.高职院校校企合作政策的现状、问题及建议[J].十堰职业技术学院学报,2010(3).

[62] 赵海婷.企业参与职业教育校企合作的动因、障碍及促进政策研究[J].职教论坛,2016(9).

[63] 和震.职业教育校企合作中的问题与促进政策分析[J].中国高教研究,2013(1).

[64] 郝志强,米靖.澳大利亚促进职业教育校企合作的管理机制探析[J].职教通讯,2011(9).

[65] 张慧霞,王东.美、英、澳职业教育校企合作制度化的经验及启示[J].职业技术教育,2011(19).

[66] 汪静.澳大利亚职业教育与培训校企合作长效机制及其启示[J].职业技术教育,2014(8).

[67] 屈潇潇.职业院校校企合作中的政府角色与定位[J].中国职业技术教育,2016(3).

[68] 兰小云.关于我国职业教育校企合作税收优惠政策的思考[J].职业技术教育,2013(28).

[69] 欧阳育良,吴晓志.政府有效介入下职业教育校企合作长效机制创新实践[J].中国职业技术教育,2015(30).

[70] 谭璐.国际比较视阈下职业教育校企合作探究[J].职业技术教育,2014(17).

[71] 郭娟.校企合作利益机制构建的若干问题与对策[J].中国职业技术教育,2015(36).

[72] 赵盼,杨挺.新媒体对教育政策执行的影响研究——以"阳光工程"政策为例[J].教育导刊,2016(9).

[73] 吴康宁.教育领域综合改革需要怎样的社会支持[J].教育研究与实验,2013(6).

[74] 孙绵涛.教育现象的基本范畴研究[J].教育研究,2014(9).

[75] 阎光才.高等教育改革顶层设计的逻辑[J].中国高教研究,2014(1).

[76] 韩兆柱,翟文康.西方公共治理理论体系的构建及对我国的启示[J].河北大学学报(哲学社会科学版),2016(6).

[77] 葛道凯.中国职业教育二十年政策走向[J].课程·教材·教法,2015(12).

[78] 王亚鹏.第三次工业革命冲击下的高职教育范式转换[J].教育与职业,2016(21).

[79] 肖凤翔,李亚昕.论企业参与现代职业教育治理的制度供给路径——基于交易费用的分析方法[J].教育研究,2016(6).

[80] 王亚鹏.利益表达与整合——论我国高职教育质量标准[J].职教通讯,2011(23).

[81] 王东,张慧霞.行业企业参与职业教育的本土经验及启示[J].职业技术教育,2011(16).

[82] 祁型雨.利益表达与整合——关于教育政策的决策模式研究[D].华中师范大学博士论文,2003.

[83] 孙绵涛.关于教育政策内容分析的探讨——以中国1978年后教育体制改革政策内容的分析为例[J].教育研究与实验,2007(3).

[84] 陈向阳.合理性视域中的职业教育政策追究[J].教育与职业,2011(5).

[85] 王艳辉.新制度经济学视角下职业教育校企合作长效机制构建研究[J].高等职业教育(天津职业大学学报),2016(4).

[86] 张社字.我国职业教育政策的效度分析[J].教育与职业,2006(32).

[87] 肖远军,李春玲.教育政策评价的概念、类型初探[J].四川师范大学学报(高教研究专号),1995(6).

[88] 李孔珍.教育政策评估的阶段差异取向[J].中国冶金教育,2005(3).

[89] 伟涛.我国教育政策评价中的三个难题及其对策[J].上海教育科研,2002(6).

[90] 林小英.理解教育政策:现象、问题和价值[J].北京大学教育评论,2007(4).

[91] 肖称萍.职业教育校企合作多元治理理念与策略探究——基于互联网思维的视角[J].职教论坛,2016(25).

[92] 祁占勇,陈鹏,张旸.中国教育政策学研究热点的知识图谱[J].教育研究,2016(8).

[93] 李树峰.宏观教育政策决策研究[D].华东师范大学博士论文,2009.

[94] 邓旭.我国教育政策的民意表达及其实现路径[J].教育理论与实践,2013(19).

[95] 祁型雨.论教育决策的内生性品格及其提升[J].华南师范大学学报(社会科学版),2010(2).

[96] 邓旭.我国教育政策评价的实践模式及改进路径[J].国家教育行政学院学报,2013

(8).

[97] 吴南中.职业教育校企合作评价制度的价值、维度与策略[J].教育与职业,2016(11).

[98] 凌云.发达国家高等职业教育校企合作经验及启示[J].厦门城市职业学院学报,2013(1).

[99] 钟秉林,王新凤.我国地方普通本科院校转型发展若干热点问题辨析[J].教育研究,2016(4).

[100] 范婵娟,孟娜.德国职教校企合作办学模式的探讨及对我国的启示[J].天津职业院校联合学报,2011(8).

[101] 李俊.德国职业教育的想象、现实与启示——再论德国职业教育发展的社会原因[J].教育与职业,2016(8).

[102] 潘海生,马晓恒.职业教育中企业办学主体地位的内涵解读及政策启示[J].职教论坛,2014(22).

[103] 狄阳群,丁振中.论企业参与职业教育——以制度为分析视角[J].职业技术教育,2006(25).

[104] 李俊.企业参与职业教育的关键制度要素研究——基于新制度经济学的分析[J].江苏高教,2017(1).

[105] 杨红荃,黄雅茹.我国职业教育校企合作法律制度体系研究[J].教育与职业,2015(8).

[106] 张栋梁.行业协会在企业参与职业教育制度建构中的功能探讨[J].职教通讯,2015(34).

[107] 祁占勇,王君妍.职业教育校企合作的制度性困境及其法律建构[J].陕西师范大学学报(哲学社会科学版),2016(6).

[108] 周晶,姜延秋.职业教育校企合作非正式制度建设的逻辑与路径[J].职业技术教育,2015(34).

[109] 徐桂庭,常静.从校企合作看职业教育的制度设计与组织、个体行为选择[J].中国职业技术教育,2016(33).

[110] 罗先奎,刘人人.高职院校校园文化建设中的地域文化因素[J].扬州大学学报(高教研究版),2014(1).

[111] 郭光亮.高职院校混合所有制改革路向:困境与出路[J].国家教育行政学院学报,2017(2).

[112] 祝士明,等.混合所有制职业院校的办学目标与建设路径[J].职教论坛,2016(6).

[113] 黄文伟.我国职业教育校企合作政策变迁的渐进模式研究[J].职教论坛,2016(6).

[114] 亓俊国.利益博弈:对我国职业教育政策执行的研究[D].天津大学硕士论文,2010.

[115] 汪凌云.我国职业教育政策执行研究——以南通市为例[D].上海交通大学硕士论文,2010.

[116] 于志晶,刘海,程宇等."十二五"以来我国职业教育重大政策举措评估报告[J].职业

技术教育,2017(12).

[117] 兰小云.我国职业教育校企合作政策效度刍议[J].现代教育管理,2012(6).

[118] 李桐,李忠.职业教育改革与发展的政策支持——基于政策执行失效视角的考察[J].职教论坛,2016(16).

四、中文报纸及网页类

[1] 马思援.校企之间怎样合作办学[N].中国教育报,2006-02-27.

[2] 黄卓君.开展职业启蒙是改变社会偏见的良方[N].中国教育报,2015-06-11.

[3] 史望颖,陆灵刚.宁波:十年出台四部地方性法规为教育发展撑腰[N].中国教育报,2014-11-18.

[4] 瞿振元.提高高校教学水平[N].光明日报,2015-11-17.

[5]行业协会商会的组织能力及其建设[EB/OL].http://finance.ifeng.com/a/20160519/14398226_0.shtml.

[6]盛振文:深化校企合作推进现代职业教育发展[EB/OL].http://www.sdedu.gov.cn/sdjy/_wzft/585399/index.html.

[7]完善校企合作机制培养产业适用人才——宁波校企合作人才培养的探索与实践[EB/OL].http://www.zjchina.org/mms/shtml/132/news/738.shtml.

[8]浙江宁波市政府:出台中国首部针对职业教育校企合作条[EB/OL].http://learning.sohu.com/20140829/n403880071.shtml.

[9]2016中国高等职业教育质量年度报告发布会在京召开[EB/OL].http://www.tech.net.cn/web/articleview.aspx?id=20160715140039505&cata_id=N002.

[10]南通市统计局:2016年南通市国民经济和社会发展统计公报[EB/OL].http://tjj.nantong.gov.cn/art/2017/3/31/art_11625_2445625.html.

[11]江苏省教育厅厅长沈健:立法明确企业参与职业教育的社会责任[EB/OL].http://news.163.com/17/0310/12/CF5R3RG8000187VE.html.

后 记

　　《走向合作治理:地方职业教育校企合作机制构建研究》这本研究小著作是在2014年度南通市教育改革发展战略性与政策性研究课题《南通市职业教育校企合作机制研究》研究成果的基础上进一步修改和完善而成的。

　　本书的总体框架构思和主要观点由王亚鹏完成,各个部分的完成人分别为"绪论"(王亚鹏)、"核心概念界定与理论支撑阐释"(王亚鹏)、"改革开放以来我国职业教育校企合作政策的变迁与展望"(张晓冬、王亚鹏)、"国际视域中的职业教育校企合作机制构建"(张晓冬、王亚鹏)、"我国地方促进职业教育校企合作机制构建的实践考察"(张晓冬、蒋丽华、王亚鹏)、"合作治理视角下的地方职业教育校企合作机制构建——以南通市为例"(王亚鹏)、"结论与展望"(王亚鹏)、"《南通市职业教育校企合作促进条例(草案)》起草说明"(王亚鹏)。最后由王亚鹏对书稿进行了整体修改和完善,并最终定稿。

　　在课题研究进行和著作撰写过程中我们得到了很多学界前辈、领导、朋友和单位的大力支持和帮助。首先,要感谢南通市教育局政策法规处、南通市教育局高等教育与职业教育处在课题研究期间给予课题组开展调查研究的大力支持和经费保障,并感谢在南通市职业教育政策制定中对本课题研究有益成果的采纳和吸收。感谢我国著名教育管理学者、沈阳师范大学特聘教授、教育经济与管理研究所所长、博士生导师孙绵涛先生,是他为课题研究提供了系统化的理论指导,并欣然为本书作序。教育体制机制、教育政策是先生的重要研究方向之一,先生不仅在理论上有重大建树,而且对政府的教育决策、国家教育体制机制改革有过重大影响。在此,特向我的尊师孙绵涛先生表示衷心的感谢和深深的敬意。特别感谢江苏工程职业技术学院原校长王毅先生、副校长金卫东先生对我们开展学术研究的大力支持和无私赐教!感谢江苏工程职业技术学院副校长孙兵教授,马斌教授、潘绍来教授、杨林副教授、青年法律学者朱建律师以及丁永久副研究员和吴伟老师对本研究提出的宝贵建议!

　　在本书撰写过程中,我们参考并引用了学者们大量的文献资料,还要感谢许多素未谋面的专家学者通过他们的著述文献给予本研究的理论支撑，尽管已经尽量表明学者们的相关研究文献，但难免有个别观点或者片段的论述系作者平常工作和阅读学习时随手记录或启发而成，其出处已无法有效追溯查证，在此仅向有关专家学者表示深深的谢意，并恳请原谅。

最后，我们要感谢南通市教育局、各区（县）教育局、南通市各职业院校以及企事业单位对课题调研给予的大力支持，感谢江苏工程职业技术学院青年科技人才培养项目基金的资助和南京大学出版社的大力支持，从而使课题研究成果能够以专著的形式得以出版。

实践永无止境，理论创新也就无止境。只有根据发展着的实践进行理论创新，并运用理论创新的成果指导新的实践，才能不断推动改革向纵深发展。随着中国现代职业教育体系建设步伐的不断加快，我国职业教育校企合作机制创新的实践在不断进行和深化。本书关于我国地方职业教育校企合作机制创新的探讨，还存在诸多不足之处，甚至错误，敬请学术界前辈和同仁不吝赐教和指正！

王亚鹏

2017 年 10 月 20 日